机动车维修技术人员从业资格培训教材
（适用于各类机动车维修技术人员）

职业道德和法律法规
（模块A）

中国汽车维修行业协会　组织编写

人民交通出版社

内容提要

本书主要供各类机动车维修技术人员备考使用。全书共分四章。主要内容包括:机动车维修从业人员职业道德、机动车维修法律法规、汽车维修标准体系和汽车维修检测主要技术标准等。

图书在版编目(CIP)数据

职业道德和法律法规(模块A)/中国汽车维修行业协会组织编写.—北京:人民交通出版社,2008.3

机动车维修技术人员从业资格培训教材

ISBN 978-7-114-06967-3

Ⅰ.职… Ⅱ.中… Ⅲ.①机动车－车辆修理－法规－中国－教材②机动车－车辆修理－职业道德－教材 Ⅳ.D922.69 U469

中国版本图书馆CIP数据核字(2008)第009137号

机动车维修技术人员从业资格培训教材
(适用于各类机动车维修技术人员)

书　　名:职业道德和法律法规(模块A)
著 作 者:中国汽车维修行业协会
责任编辑:王振军　白　峭　谢　元
出版发行:人民交通出版社
地　　址:(100011)北京市朝阳区安定门外外馆斜街3号
网　　址:http://www.ccpress.com.cn
总 经 销:人民交通出版社发行部
经　　销:汽车维护与修理杂志社
销售电话:(025)84825381
印　　刷:北京鑫正大印刷有限公司
开　　本:787×1092　1/16
印　　张:17
字　　数:436千
版　　次:2009年1月　第1版
印　　次:2014年7月　第12次印刷
书　　号:ISBN 978-7-114-06967-3
印　　数:49001－52000册
定　　价:33.00元

机动车维修技术人员从业资格培训教材
审定委员会

徐亚华　翁　垒　蔡团结　孟　秋　王振军
王运祥　朱　军　刘春禄　张凤魁　佟浚洲
吴际璋　沈光辉　金守福　杨水阮　范　健
童孟曦　渠　桦　程玉光　蔡伟义　魏俊强

机动车维修技术人员从业资格培训教材
编写委员会

主　任：康文仲
副主任：郭生海　张京伟　徐通法
成　员：于开成　华双法　李东江　张湘衡
杨德华　姚震虞　殷晓辉　袁生林
魏世康　盖　方　袁洁仪

组织编写单位：中国汽车维修行业协会
编写组长：徐通法

机动车维修技术人员从业资格培训教材
《职业道德和法律法规》(模块 A)编写组

组　长：殷晓辉
成　员：张　革　童孟曦

前 言

在交通部发布的《道路运输从业人员管理规定》中，规定了机动车维修技术负责人、质量检验人员及从事机修、电器、钣金、涂漆、车辆技术评估（含检测）作业的技术人员实行从业资格考试制度。从业资格考试应当按照交通部编制的考试大纲、考试题库、考核标准、考试工作规范和程序组织实施。

为配合交通部机动车维修技术人员从业资格考试，做好相关从业人员的培训工作，受交通部公路司委托，由中国汽车维修行业协会组织业内专家、教授和长期从事政策研究、技术管理的有关人员，根据交通部印发的《中华人民共和国机动车维修技术人员从业资格考试大纲》的要求，编写了《职业道德和法律法规》、《技术质量管理》、《维修检验技术》、《发动机与底盘检修技术》（上、下册）、《电器维修技术》、《车身修复》、《车身涂装》和《车辆技术评估》8个模块的机动车维修技术人员从业资格培训教材。

本套教材是根据现代机动车维修服务的实际需要，按照理论和实践相结合的原则编写的。根据从业人员在职学习的特点，理论部分重点介绍与实际工作紧密相关的基础理论和适应机动车维修发展的前沿技术；实操部分重点突出检测诊断技能及综合分析能力的提高。

本套教材适用于机动车维修技术负责人、质量检验人员以从事机修、电器、钣金、涂漆、车辆技术评估（含检测）作业的技术人员的学习，它包含了这些人员实际工作中所应掌握的理论和实操的基本内容，是机动车维修技术人员从业资格考试的配套教材。

鉴于编写时间仓促和水平所限，书中难免存在疏漏和不妥之处，敬请业内同行和使用者批评指正，以便教材再版时不断修改完善和提高。本书的编写是在交通部公路司、交通部职业技能鉴定指导中心悉心指导下完成的，在此表示衷心的感谢。

中国汽车维修行业协会

目 录

第一章　机动车维修从业人员职业道德

第一节　机动车维修职业道德

一、职业和职业道德

(一)职业

职业是社会成员对社会所承担的职责和工作，具有一定的社会责任性。在现实生活中，人们习惯于把每个人在社会中所从事的并作为主要生活来源的工作称之为职业。职业产生于社会分工，并随着生产力的发展，不断产生新的类别。为了规范从业人员的职业行为，确保职业活动的正常进行，必须建立用于调整职业生活中发生的各种关系的职业道德规范。

(二)职业道德

职业道德是所有从业人员在职业活动中应该遵循的行为准则，涵盖了从业人员与服务对象、职业与职工、职业与职业之间的关系。随着现代社会分工的发展和专业化程度的增强，市场竞争日趋激烈，整个社会对从业人员职业观念、职业态度、职业技能、职业纪律和职业作风的要求越来越高。

职业道德不仅是从业人员在职业活动中的行为标准和要求，而且也是本行业对社会所承担的道德责任和义务。

在内容方面，职业道德必须鲜明地表达职业义务、职业责任以及职业行为上的道德准则。由于它是在特定的职业实践基础上形成的，反映的是职业、行业乃至产业特殊利益的要求，因而它往往表现为某一职业特有的道德传统和道德习惯，表现为从事某一职业的人们所特有的道德心理和道德品质。

在表现形式方面，职业道德往往比较具体、灵活、多样。它从本职业的交流活动实际出发，采用制度、守则、公约、承诺、誓言、条例，以及标语口号之类的形式，以便于为从业人员所接受和实行，也有利于形成一种职业的道德习惯。

从调节的范围来看，一方面，职业道德可以用来调节从业人员内部关系，加强职业、行业内部人员的凝聚力；另一方面，也可以用来调节从业人员与其服务对象之间的关系，用来塑造本职业从业人员的形象。

从产生的效果来看，职业道德既能使一定的社会或阶级的道德原则和规范“职业化”，又能使个人道德品质"成熟化"。任何一种形式的职业道德，都在不同程度上体现着阶级道德或社会道德的要求。同时，职业道德与各种职业要求和职业生活结合，具有较强的稳定性和连续性，形成从业人员比较稳定的职业心理和职业习惯，以致在很大程度上会改变人们在学校学习阶段和少年生活阶段所形成的品行，影响道德主体的道德风貌。

（三）社会主义职业道德

社会主义职业道德是人类社会崭新的职业道德，它批判地继承了人类社会各个历史时期的优秀成果，与以往建立在私有制基础上的职业道德有着本质的区别。

1. 社会主义职业道德是一种新型职业道德

社会主义职业道德是建立在社会主义经济基础上的、以共产主义道德为指导的新型职业道德。为人民服务是社会主义道德的集中体现，也是"爱岗敬业、诚实守信、办事公道、服务群众、奉献社会"的社会主义职业道德的核心内容。社会主义职业道德的这些特点，不仅从道德领域反映了有中国特色的社会主义制度的优越性，而且成为调整社会主义社会里职业与职业，以及职业内部利益关系的调节器，成为激励从业人员提高职业认识、培养职业感情、锻炼职业意志、树立职业理想、遵守职业纪律，以及做好本职工作的强大精神力量。

2. 社会主义职业道德体现公民权利与义务相统一的精神

在社会主义社会中，无论从事哪一种职业都是为人民服务。各种职业的从业人员处在共同理想指导下建立起来的平等、互助、团结、友爱的关系之中。在社会主义社会里，人人都是服务对象，人人又都为他人服务。这种崭新的职业关系体现了公民权利与义务相统一的精神和"我为人人，人人为我"的原则，因而易于为职工接受和实践，激发履行义务的自觉性，从而有效地发挥职业道德的作用。

3. 社会主义职业道德是整个社会主义道德结构中的一个重要组成部分

社会主义社会一切职业规范的形成，都贯穿着社会主义、共产主义道德的原则和要求。所以，用社会主义职业道德规范约束从业者的职业生活和职业行为，就为人们进行社会主义道德实践活动提供了极大的可能性和现实性。

二、职业道德的特点、作用和标准

（一）职业道德的特点

1. 适用范围的有限性

每种职业都担负着一种特定的职业责任和职业义务。由于各种职业的职业责任和义务不同，从而形成各自特定的职业道德的具体规范。

2. 发展历史的继承性

职业具有不断发展和世代延续的特征，不仅很多技术世代延续，而且管理方法、经营方式也有一定的历史继承性。因此，职业道德具有发展的历史继承性，如"有教无类"、"学而不厌，诲人不倦"，从古至今始终是教师的职业道德。

3. 表达形式的多样性

由于规范各种职业的职业道德根据职业不同的特性，要求得比较具体、细致，因此，其表达形式也是多种多样。如行业规范、行为公约、内部规定、章程、制度等形式，有的甚至是口耳相传、约定俗成。

4.贯彻执行的纪律性

纪律也是一种行为规范，但它是介于法律和道德之间的一种特殊的规范。它既要求人们能自觉遵守，又带有一定的强制性。兼有道德和法律的双重色彩，具有法令的要求。职业道德有时以制度、章程、条例的形式表达，让从业人员认识到职业道德具有纪律的规范性。

（二）职业道德的作用

职业道德是社会道德体系的重要组成部分，它既具有社会道德的一般作用，又具有自身的特殊作用。

1.有助于调节从业人员内部以及从业人员与服务对象之间的关系

职业道德的基本职能是调节职能。一方面，职业道德可以调节从业人员内部的关系，即运用职业道德规范约束职业内部人员的行为，促进职业内部人员的团结与合作。如职业道德规范要求各行各业的从业人员，都要团结、互助、爱岗、敬业，齐心协力地为发展本行业、本职业服务。另一方面，职业道德又可以调节从业人员和服务对象之间的关系。如，职业道德规定了制造产品的工人怎样对用户负责，营销人员怎样对顾客负责，医生怎样对病人负责，教师怎样对学生负责，机动车维修从业人员怎样对托修方负责等。

2.有助于维护和提高本行业的信誉

一个行业或一个企业的信誉，也就是它们的形象、信用和声誉，是指行业或企业及其产品与服务在社会公众中的信任程度，提高企业的信誉主要靠产品的质量和服务质量，而从业人员高尚的职业道德是产品质量和服务质量的有效保证。若从业人员职业道德水平不高，就很难生产出优质的产品和提供优质的服务。提高行业的信誉，要靠业内企业和从业人员的共同努力。

3.有助于促进本行业的发展

行业或企业的发展有赖于高的经济效益，而高的经济效益源于高的员工素质。员工素质主要包含知识、能力、责任心等三个方面，其中责任心是最重要的。职业道德水平高的从业人员责任心是很强的，能促进本行业的发展。

4.有助于提高全社会的道德水平

职业道德是整个社会道德的重要内容之一。一方面，职业道德涉及到每个从业者如何对待职业，如何对待工作，是一个从业人员态度、价值观念的表现，是一个人道德意识、道德行为发展是否成熟的标志，具有较强的稳定性和连续性。另一方面，职业道德也是一个职业集体，甚至一个行业全体人员的行为表现。如果每个行业、每个职业集体都具备优良的道德，对整个社会道德水平的提高必然会发挥重要的作用。

（三）为人民服务是社会主义职业道德的最高标准

“为人民服务”是社会主义道德的核心。邓小平同志曾经指出：人民满意不满意，人民高兴不高兴，人民赞成不赞成，应当成为衡量我们一切工作与言行的标准。《公民道德建设实施纲要》把“服务群众，奉献社会”作为公民职业道德建设的重要内容鲜明地提了出来。职业生活是人的生命历程中最重要的阶段，也是人们社会实践的最重要的舞台。各种职业活动的属性和目的并不是任意确定的，而要基于人民群众的需要；职业活动的价值评价标准也不是出自从业者的主观臆断，而是掌握在其所服务的对象——人民群众手中。为人民服务就是一切向人民负责，一切从人民利益出发的思想观点和行为准则，因此，它必然成为衡量每个行业制定具体职业道德规范的最高标准。在任何职业活动中，都必须始终坚持为人民服务的宗旨，树立“以服务人民为荣,以背离人民为耻”的社会主义荣辱观。

1.为人民服务是社会主义道德的集中体现

为人民服务体现了社会主义道德的实质。社会主义道德克服了以往社会道德中目的和手段、权利和义务的分离,达到了四者的统一。

在社会主义社会,为人民服务既是目的,又是手段;人民既是权力和义务的主体,也是权力和义务的客体。人民都是服务对象,又都为他人服务,反映到道德上,就是倡导为人民服务,一切从人民利益出发,彼此互相关心、互相爱护、互相帮助,并同一切危害人民利益的现象作斗争。

2.为人民服务是社会主义经济基础的客观要求

职业道德属于上层建筑,它由经济基础决定,同时又为经济基础服务。社会主义社会实行以公有制为主体、多种所有制经济共同发展的经济制度,社会主义社会的本质是解放生产力和发展生产力,改善人民群众的生活,消除两极分化,实现人民共同富裕。因此,社会主义职业道德建设不能忽视广大人民群众的最大利益,要将为人民服务视为社会主义职业道德建设的出发点和根本目的。

3.为人民服务是建立和发展社会主义市场经济的需要

社会主义市场经济的目的是推动生产力的发展,创造更多物质财富,满足人民的需要,使人民生活上富裕、精神上充实。社会主义市场经济的本质就是为人民服务的经济;同时,为人民服务又为社会主义市场的健康发育和整个社会的全面发展,提供强有力的思想道德保证和巨大的精神动力。市场经济本身有它无法克服的弱点,发展社会主义市场经济要靠法制,也需要有社会伦理作为基础。在市场经济中,只有坚持为人民服务的价值导向,才能在市场竞争的强制作用下,培养起人们为人民服务的观念,从而消除市场经济带来的消极影响。

4.为人民服务是履行职业职责的精神动力和衡量职业行为善恶的最高标准

人们在完成本职工作的时候,会遇到各种困难和曲折,需要付出许多努力与辛劳,才能达到要求。这时,只有在为人民服务的精神鼓舞下,才能克服困难,取得最佳成绩。具体的职业道德准则可以规范人们的行为,而为人民服务的精神才能给人以热情与力量。

为人民服务的基本内容包括了把集体利益放在首位,它是正确处理社会主义社会各种利益关系的依据。在社会主义社会,既存在着个人与社会的利益关系,也存在着集体与国家及整个社会之间的利益关系。正确处理好这些关系,是为人民服务思想得到认真贯彻的重要表现。

5.为人民服务体现了社会主义职业道德建设的先进性要求和广泛性要求的统一

为人民服务是共产党人的根本宗旨,同时也是对各行各业人员的共同要求。在社会主义社会,我们既提倡道德的先进性,即共产党员和先进分子为人民的利益公而忘私、勇于献身的崇高共产主义道德品质,也重视其广泛性,即普通劳动者只要诚实劳动,忠于职守,公平交易,按劳取酬,履行公民义务,热心社会公益事业,也属于为人民服务的范畴。社会主义职业道德建设必须从广大人民群众的实际出发,把社会主义道德的先进性要求和广泛性要求结合起来,通过不断教育逐步引导人们不断追求更高道德目标,调动广大人民群众履行为人民服务道德规范的积极性。

三、机动车维修职业道德及其社会性

(一)机动车维修职业道德范畴

机动车维修职业道德范畴反映的是机动车维修职业与其他职业之间、机动车维修与社会之间、机动车维修职业内部职工之间最本质、最重要、最普遍的职业道德关系的概念。认识并掌握这些范畴，对于正确理解和履行机动车维修职业道德，具有重要的指导意义。

机动车维修职业道德范畴主要有如下几方面。

1.机动车维修职业的义务和良心

(1)机动车维修职业义务。是指机动车维修从业人员在职业生活中所履行的道德义务。道德义务是从职业(或岗位)责任中引伸出来的。当机动车维修从业人员认识到自己的职业责任，从而产生积极推动机动车维修行业发展进步的使命感和责任感，并落实到修车行为上，在实际工作中自觉自愿地履行职业责任，这就是一种道德行为，就是履行机动车维修职业义务的表现。机动车维修业是道路运输事业的保障体系，是发展现代化交通运输业的重要组成部分，与社会责任相联系。我国机动车维修职业和机动车维修从业人员应承担和履行的职业道德义务是：热爱机动车维修，献身机动车维修，确保道路运输车辆技术状况完好，努力发展交通运输业。

(2)机动车维修职业良心。是同机动车维修职业义务密切相关的重要道德范畴，是蕴藏在机动车维修从业人员内心深处对职业忠实的一种情感，一种意识活动。如果说义务是自觉意识到的一种道德责任，那么良心就是对道德责任的自觉意识。机动车维修职业良心主要有两层含义：一是机动车维修从业人员内心强烈的对机动车维修业、对服务对象的道德责任感；二是机动车维修从业人员依据机动车维修职业道德的基本要求进行自我评价的能力。机动车维修职业良心对职业行为影响很大，它可以激发、鼓励从业人员行为从善，抑制不道德行为。机动车维修职业良心是从业人员内心的道德法庭，对职业行为的后果和影响有评价作用。履行了职业义务并产生良好后果和影响，良心上会感到满足，否则，就会受到良心的谴责。我们必须在职业活动中自觉培养职业良心，使职业行为更加符合社会主义道德要求。

2.机动车维修职业信誉和尊严

(1)机动车维修职业信誉。包括机动车维修职业的信用和名誉，它表现为社会对机动车维修职业的信任感和机动车维修职业在社会生活中的声誉。在社会主义市场经济条件下，信誉对于机动车维修职业至关重要。信誉高，对社会产生强大的吸引力、凝聚力，增强从业者的职业荣誉感和责任感。机动车维修职业的社会声誉，是机动车维修职业形象的外在反映，是服务对象及社会各界对行业的信誉评价。如，机动车维修质量检验人员作为机动车维修职业的关键岗位，其职业信誉对于保证机动车维修质量，维护机动车维修职业的形象以及社会声誉的树立等尤为重要。因此，机动车维修从业人员，一定要重视职业信誉在道德建设中的作用，牢固树立机动车维修职业信誉的观念。

(2)机动车维修职业尊严。是指社会或他人对机动车维修职业的尊重，也指机动车维修从业人员对机动车维修职业的尊重和爱护。机动车维修职业尊严可以使从业人员自我控制和支配职业行为，使自己的一举一动都从维护机动车维修职业尊严出发，避免发生不利于或有损于职业尊严的行为。

职业尊严是职业形象内在素质的客观反映，与职业义务、职业责任、职业纪律、职业道德有紧密联系。从业者认真履行职业义务，尽职尽责地为服务对象服务，人们就会尊重你的职业活动，尊重你的为人，从而树立起职业形象；如果对服务对象傲慢无礼，甚至妨碍、侵害其利益，就会受到社会的谴责而损害职业形象。因此，维护职业尊严就要忠实地履行职业义务，全心全意地为人民服务。

3. 机动车维修职业责任和情感

(1)机动车维修职业责任。是指机动车维修从业人员所承担的社会责任。在社会主义社会,任何一种正当职业都承担着一定的社会责任。机动车维修职业所承担的社会责任,具体地讲,就是对机动车技术状况负责、对托修方负责。从宏观上讲,就是承担着保障道路运输事业发展的重大职能。

(2)机动车维修职业情感。是指为履行社会责任,而必须具备的对人民高度负责的职业情感。具备了这种情感,才能主动地、自觉地为维修机动车、为托修方服务。在机动车维修职业活动中,对学习掌握维修技术缺乏积极性,对机动车维修工作马马虎虎,使得机动车维修质量低劣等现象,就是缺乏这种职业情感的具体反映。因此,机动车维修从业人员在机动车维修业中承担着重要的社会责任,应时时事事关心托修方的利益,以高度的责任感和热爱机动车维修职业的饱满热情,全心全意地为托修方提供机动车维修服务,保障机动车安全、顺利运行。

(二)机动车维修职业道德的社会性

机动车维修职业道德的社会性是由机动车维修职业的特点及客观要求决定的。

我国机动车维修职业的社会责任是:恢复和提高机动车技术状况,保证安全生产,充分发挥机动车的效能和降低运行消耗。

机动车维修职业最明显的特征就是以其技术上的可靠性,恢复汽车的使用性能,使汽车能正常运行。这就决定了从事机动车维修工作的人员必须牢固树立为客户服务的思想,热爱本职工作,努力钻研技术,爱岗敬业、忠于职守、尽职尽责,以精湛的技术、熟练的业务、优良的服务满足用户对车辆维修的需要。

机动车维修人员为社会提供的不是实物形态的产品,而是维修服务。对车主来说,只要交付了足够的维修费用,就要求获得一个满意的服务。因此,精工细作、完工及时、安全可靠、优质高效地向用户提供维修合格的车辆,就成为每一个机动车维修从业人员的基本职业责任。

机动车维修既有工作量大的连续性作业,也有临时性的小型修理作业,维修企业内部各层次、各环节、各工种之间存在着十分密切的关系,需要相互衔接和配合。同时,机动车维修行业作为道路运输生产的保障体系,它与整个道路运输行业又有着纵横交错的联系,与整个社会有着千丝万缕的关系。

机动车维修工作是一项技术性强、安全要求高的工作,加之机动车维修人员都掌握着一定的修理技术,有于人于己的"方便"之处。这一特点客观上又向从业人员提出了遵章守纪、规范操作、廉洁自律、克己奉公、不谋私利、维护国家和集体利益的基本要求。车辆运输成本开支伸缩性最大的项目是油料费支出和修理费支出。这些既与驾驶员有关,也与维修人员的工作质量有关。这就要求机动车维修从业人员必须规范操作,保证质量,精打细算,点滴节约。

机动车维修业是我国道路运输业的组成部分,是为道路运输和人们出行服务的。我国道路运输生产活动的社会性质,决定了机动车维修职业的利益与社会利益的一致性。机动车维修生产任务的完成状况(生产进度和维修质量)直接影响道路运输的进行,影响到公众的利益和人民生命、国家财产的安全。机动车维修人员从事生产活动过程中,直接或间接地与服务对象(托修方)进行面对面的交往,还经常同社会其他职业(如机动车配件经营行业、机动车销售行业等)发生直接联系,这种特有的工作性质,要求从业者在实践机动车维修职业道德时,首先要履行社会公德,自觉将自己置身于社会大环境下严格自律,为生产、为流通、为消费全方位服务。

四、机动车维修从业人员职业道德规范

机动车维修从业人员职业道德规范，是指机动车维修从业人员在机动车维修工作中必须遵循的职业道德准则和行为规范。每一位机动车维修从业人员都要自觉遵守以爱岗敬业、诚实守信、办事公道、服务群众、奉献社会为主要内容的职业道德，为机动车维修业的发展作出奉献。

（一）爱岗敬业

爱岗敬业是为人民服务思想和集体主义精神的具体体现，是社会主义职业道德基本规范的基础。

爱岗就是热爱自己的工作岗位，热爱本职工作。爱岗是对人们工作态度的一种普遍要求。热爱本职，就是职业工作者以正确的态度对待各种职业劳动，努力培养热爱自己所从事的工作的幸福感和荣誉感。一个人，一旦爱上了自己的职业，他的身心就会融合在工作中，就能在平凡的岗位上作出不平凡的业绩。

所谓敬业就是用一种严肃的态度对待自己的工作，勤勤恳恳、兢兢业业、忠于职守、尽职尽责。敬业包含两层涵义：一为谋生敬业。这种职业态度所反映的敬业道德因素较少，个人利益色彩较重；二为真正认识到自己工作的意义而敬业。这是高一层次的敬业，这种内在的精神，才是鼓舞人们勤勤恳恳、认真负责工作的强大动力。

爱岗与敬业总的精神是相通的，是相互联系在一起的。爱岗是敬业的基础，敬业是爱岗的具体表现，爱岗敬业是为人民服务精神的具体体现。

爱岗敬业不仅仅是一句口号、一种精神，在工作实践中，爱岗敬业实际上是衡量一个从业人员是否合格、是否优秀的重要标准。

热爱机动车维修工作，是机动车维修从业人员职业道德规范的首要内容。它反映了机动车维修从业人员对职业价值的正确认识和对所从事职业的真挚感情。一个人只有先爱岗位，爱自己所从事的工作，才能有高尚的职业道德。

爱岗敬业对于机动车维修从业人员的具体要求是：严守岗位、尽心尽责、注重务实、服务行业，兢兢业业地干好机动车维修各个岗位的本职工作，在机动车维修工作岗位上发扬忘我的工作精神，做到认真履行岗位职责，精通专业知识，熟练掌握专业技能，并在做好本职工作的基础上，在一定程度上和范围内争取全面发展，不断增长知识，增长才干，努力成为多面手，积极为机动车维修行业发展、为整个道路运输业发展服务，从而达到为人民服务的最终目的。

（二）诚实守信

诚实守信是忠诚老实、信守诺言，是为人处事的一种美德。

所谓诚实，就是忠诚老实，不讲假话。诚实的人能忠实于事物的本来面目，不歪曲、不篡改事实，同时也不隐瞒自己的真实思想，光明磊落、言语真切、处事实在。诚实的人反对投机取巧、趋炎附势、吹拍奉迎、见风使舵、争功诿过、弄虚作假、口是心非。

所谓守信，就是信守诺言，说话算数，讲信誉，重信用，履行自己应承担的义务。

诚实和守信两者意思是相通的，是互相联系在一起的。诚实是守信的基础，守信是诚实的具体表现，不诚实很难做到守信，不守信也很难说是真正的诚实。诚实侧重于对客观事实的反映，以及对自己内心的思想、情感的表达是真实的。守信侧重于对自己应承担和应履行的责任

和义务的忠实，毫无保留地实践自己的诺言。

诚实守信不仅是做人的准则，也是做事的基本准则。诚实是我们对自身的一种约束和要求，讲信誉、守信用是社会对我们的一种希望和要求。一个人要想在社会立足，干出一番事业，就必须具有诚实守信的品德。

诚实守信是任何一个从业人员应遵守的职业道德，也是每一个行业树立形象的根本。机动车维修从业人员要明确：在从事机动车维修工作时，他既代表个人，又代表了企业，甚至代表了整个机动车维修行业和道路运输业的形象。如果一个机动车维修从业人员不能诚实守信，那么他所在企业就得不到人们的信任，甚至整个行业的形象也会因此受到损害。

诚实守信对于机动车维修从业人员的具体要求，主要在三个方面：一是严格执行国家、地方及行业相关机动车维修的法律、法规、规章、标准和规范，维护国家和机动车维修行业利益，对国家、行业做到诚实守信；二是重质量、重服务、重信誉，在企业管理、生产过程中建立和实施机动车维修质量保证体系，执行安全操作规程，按工艺规范正确完成维修作业项目，维护企业利益，对企业做到诚实守信；三是诚实劳动、合法经营，正确执行机动车维修工时定额和收费标准，不使用假冒伪劣机动车配件，维护托修方的利益，对消费者做到诚实守信。

（三）办事公道

办事公道是在爱岗敬业、诚实守信的基础上提出的更高层次的职业道德的基本要求。办事公道需要有一定的道德修养基础。

所谓办事公道是指从业人员在办事情、处理问题时，要站在公正的立场上，按照同一标准和同一原则办事的职业道德规范。

公正是几千年来为人所称道的职业道德。当前，我们正处于市场经济的大潮中，市场经济确立平等互利原则，这体现了买卖双方的平等地位，因此在经济领域中要求处事公平、办事公道。人们生活在世界上，要与人打交道，要处理各种关系，这就存在办事是否公道的问题。每个从业人员都要办事公道，例如一个服务员接待顾客不以貌取人，对不同经济能力、不同职业、不同国籍、不同民族的宾客能一视同仁，同样热情服务，这就是办事公道。在机动车维修行业，无论是对团体修车的大主顾，还是对于送车小修的私家车主，同样要热情接待、认真维修，这就是办事公道。

在职业活动中的公正公平，是为了保证每个人在社会上的合法地位和平等权利。如果办事不公正，徇私舞弊，势必会损害社会主义平等竞争的原则，形成不正当竞争，造成新的不平等，就会对社会各方面产生消极的影响，最终会阻碍社会经济的发展。

在职业活动中要做到办事公道，首先要加强从业人员的个人修养，要做到相信真理，追求正义；坚持原则，不徇私情；不谋私利，反腐倡廉；不计个人得失，不怕各种权势；加强学习，不断提高认识能力，明确是非标准，分辨善恶美丑。

办事公道是衡量每一位机动车维修从业人员职业道德水平的重要标志，特别是机动车维修企业负责人、技术负责人、质量检验员和车辆技术评估人员，尤其要做到。

办事公道，对于机动车维修从业人员的具体要求：一是依法办事，严格按照机动车维修各项工艺技术标准，进行机动车维修作业，自觉维护各项技术工艺标准的严肃性，保证机动车维修质量；二是裁量公正，机动车维修质量检验、车辆技术评估的结论要力求公正、准确、合理、适当，维护消费者的合法权益，维护企业的声誉；三是尽职尽责，敢于管理、敢于负责任、敢于承担风险，把严格管理建立在热爱本职工作的基础上，不怕困难，不回避矛盾，坚持原则，任劳任怨，以对党和国家、对行业、对人民高度负责的精神，恪尽职守，保证机动车维修质量和服务水平。

（四）服务群众

服务群众是为人民服务精神的直接表达。

所谓服务群众就是为人民群众服务。服务群众指出了我们的职业与人民群众的关系，指出了我们工作的主要服务对象是人民群众，指出了我们应当依靠人民群众，时时刻刻为群众着想，急群众所急，忧群众所忧，乐群众所乐。

一切依靠人民群众，一切服务于人民群众，是我们党的群众路线的重要内容。服务群众是党的群众路线在社会主义职业道德方面的具体表现，这也是社会主义职业道德与私有制社会职业道德的分水岭。

服务群众是对所有从业人员的要求。在社会主义社会，每个从业人员都是群众中的一员，既是为别人服务的主体，又是别人服务的对象。每个人都有权享受他人职业服务，同时又承担着为他人作出职业服务的义务。因此，服务群众作为职业道德，是对所有从业者的要求。

要做到服务群众，就要树立服务群众的观念，尊重群众，方便群众。要真心对待群众，了解群众所思、所想、所需，把服务群众的观念落实到行动上。每个从业人员无论做任何事情，都要想到群众，想到群众的利益，实实在在地为群众服务，真正为群众谋利益，决不损害群众的利益。

服务群众对于机动车维修从业人员的具体要求：首先，要真正做到服务群众，不仅要树立服务群众的观念，还要将群众观念落实到机动车维修职业活动中去。要做到文明礼貌，优质服务，就要求从业人员说话和气、热情主动、耐心周到。热情主动表现为热情大方、态度积极；耐心周到表现为心平气和、沉着冷静，想服务对象所想、急服务对象所急。真正把服务对象的事情当作自己的事情来办，让服务对象体会到一种宾至如归的感觉，保持承、托修双方之间长期的良好的合作关系。其次，还要认真钻研业务，具备为群众服务的技能。机动车技术发展很快，对维修工艺和维修技术方面的要求越来越高，要做好机动车维修工作，一定要学习机动车电子控制等新技术，学会使用机动车检测诊断设备，学习机动车维修企业的技术质量管理知识，学习质量检验技术的有关理论，勇于实践，不断提高自己的工作技能；认真学习管理业务知识也十分重要，要熟悉机动车维修工时定额和收费标准，努力提高管理工作业务素质，实现岗位的价值；还要不断拓宽知识层面，提高综合分析、解决问题的能力，刻苦学习，勇于钻研，努力提高本职工作能力和水平；对国家的方针、政策、法规和标准，更要认真学习、自觉遵守，提高自主的政治觉悟，树立正确的人生观、价值观，为促进行业的发展和提高企业经济效益而努力工作。

（五）奉献社会

奉献社会，就是全心全意为社会作贡献，这是为人民服务精神的最高体现。有这种精神境界的人，就能把自己的一切都奉献给国家、人民和社会。

所谓奉献，就是不期望等价的回报和酬劳，而愿意为他人、为社会、为真理、为正义献出自己的力量，包括宝贵的生命。奉献社会不仅有明确的信念，而且有崇高的行为。

奉献社会的精神主要强调的是一种忘我的全身心投入的精神。当一个人专注于某种事业时，他关注的是这一事业对于人类、对于社会的意义。他会为此而兢兢业业，任劳任怨，不计较个人得失，甚至不惜献出自己的生命。

一个人不论从事什么行业的工作，不论在什么岗位，都可以做到奉献社会。在市场经济条件下，倡导无私奉献的精神，可以使企业和个人改善服务质量，提高信誉程度，增强竞争实力，从而赢得顾客，赢得市场。

奉献社会是职业道德中的最高境界。奉献社会是一种人生境界，是一种融合在事业中的高尚人格。与爱岗敬业、诚实守信、办事公道、服务群众这四项规范相比较，奉献社会是职业道德中的最高要求，同时也是做人的最高境界。爱岗敬业、诚实守信是对从业人员职业行为的基础要求，做不到这两项要求，就很难做好工作；办事公道、服务群众比前两项要求更高了一些，需要有一定的道德修养作基础；奉献社会，则是这五项要求中最高的，一个人只要达到一心为社会作奉献的境界，他的工作就必然能做得很好，就能实现全心全意为人民服务。

奉献社会对于机动车维修从业人员的具体要求是：以本业为荣，以本职为乐，积极为机动车维修行业发展奉献出自己的力量，不能只讲索取，不讲奉献。在机动车维修服务工作中，不计名利、勇于吃苦、任劳任怨，用“毫不利己，专门利人”的精神，最大限度地满足服务对象的需求，在奉献中充分体现自己的人生价值。

第二节　机动车维修行业行为规范

一、全国汽车维修行业行为规范公约

为加强机动车维修行业精神文明建设，建立机动车维修行业诚信机制，营造良好的机动车维修市场经济秩序，切实维护车辆所有人的合法权益，中国汽车维修行业协会制定了《全国汽车维修行业行为规范公约》，要求全国机动车维修业户共同遵守，自觉执行，相互监督。其主要内容如下：

（一）守法经营，接受监督

遵守国家法律、法规和规章，端正经营行为，全面公开机动车维修作业规范、收费标准、监督电话；严格按照国家有关规定合理结算费用，依法开具发票；自觉接受行政监督、舆论监督、社会监督。

（二）诚信为本，公平竞争

坚持诚信为本，以优质服务、用户满意为宗旨参与市场竞争；公正签订并忠实履行机动车维修合同，不擅自减少作业项目，不使用假冒伪劣配件，不作虚假广告宣传。

（三）尊重客户，热忱服务

牢固树立“质量第一，客户至上”的观念，从业人员持证上岗，亮牌服务，举止文明；建立客户档案，定期跟踪回访，主动征求意见；开展提醒服务，答复客户咨询，排除客户疑虑；努力满足客户要求，维护客户正当权益。

（四）弘扬职业道德，建设精神文明

发展企业文化，建立服务品牌；倡导爱岗敬业精神，树立团队合作意识，充分调动企业员工的积极性，开创奋发向上的比、学、赶、帮新局面；开展服务规范化达标活动，树立行业新风尚。

（五）规范操作，保证质量

建立健全机动车维修质量保证体系，全面贯彻执行国家标准、行业标准、地方标准和企业标准；认真做好机动车维修检验记录，按规定签发《机动车维修出厂合格证》；及时受理客户投诉，承担质量保证责任。

（六）文明生产，保护环境

搞好文明生产和安全生产，防止污染，保护环境，不断完善设施和服务功能，做到厂区整洁，环境优美，布局合理；实现作业现场安静，维修工具、机件、场地、人身清洁，工具、机件、油水不落地。

（七）自我管理，自我发展

自觉抵制非法行为，勇于同侵害行业利益的行为作斗争，捍卫行业合法权益；通过正常渠道反映企业的意见与要求，不断提升行业整体素质。

（八）科技兴业，开拓创新

确立科技兴业新思路，积极推广应用机动车维修新技术、新工艺、新材料、新设备；更新管理理念，优化企业管理，增强市场竞争能力；加强行业培训与交流，开展业内的横向联合与协作，加速行业技术进步。

二、守法经营，建立行业诚信机制

（一）企业诚信的重要性

对于一个企业来说，在市场经济条件下，最重要的是树立良好的信誉，树立起值得他人信赖的企业形象。所谓信誉，是由信用和名誉合成的。信用是指在职业活动中诚实可信，名誉是指在职业活动中重视名声和荣誉。信誉体现了社会承认一个行业在职业活动中的价值，从而影响到该行业的地位和作用。

失信的危害，一是破坏了企业正常经营，败坏了企业的声誉，引发信任危机；二是严重影响社会的投资和消费，企业会失去今后的市场；三是严重干扰了正常信用体系的发展，甚至造成社会风气的败坏和道德水平的滑坡。失信可能会在短时间内牟取暴利，但与种种弊端相比实在得不偿失，最终吃亏的是自己。从长远来看，诚信就是竞争力，诚信度也将成为企业的无形资产。

（二）诚信的基础是守法经营

市场经济是法制经济，一切经济活动必须由带有普遍性、强制性的法律来规范。企业诚信的基础是守法经营，这也是企业能够长期稳定、持续发展的必要条件。作为机动车维修企业只有做到守法经营，端正经营行为，才能真正成为机动车维修市场的主体，才能建立规范有序的机动车维修市场秩序。

首先，要做到经营主体合法，即从事机动车维修经营活动的企业必须符合国家相关法律、法规要求，具备机动车维修企业开业条件，经过审批，取得经营许可后，才能开展经营活动。

其次，要做到经营行为合法，应当严格按照规定的条件和行为规范开展经营活动：一要遵守国家法律、法规和规章；二要严格按照技术标准和工艺流程进行修车作业，确保修车质量，并实行质量保证期制度；三要规范收费行为，公布机动车维修工时定额和收费标准，合理收取费用；四要自觉接受行政监督、舆论监督、社会监督，依法规范经营行为，杜绝无证经营，不按规范作业，“假维护”、“假检测”，使用假冒伪劣配件，不执行质量保证期制度，不按规定明码标价，乱收费用等损害消费者合法权益的失信行为。

（三）建立机动车维修行业诚信机制

信誉是市场经济的重要基础，规范有序的机动车维修市场的经济活动需要良好的信誉环境。在机动车维修行业建立诚信机制，改革管理方式、解决维修市场信息不对称的矛盾，充分发挥优胜劣汰机制的作用，用市场的办法解决市场的问题，是对机动车维修市场实施标本兼治的有效途径。通过诚信机制的建设，促进广大机动车维修企业加强诚信意识，注重人才培养，增强技术能力，规范经营行为，提高维修质量，提供社会满意的服务，实现真正意义上的“诚信修车”，促进整个行业协调发展。

为进一步推动《全国汽车维修行业行为规范公约》的贯彻实施，促进汽车维修行业诚信机制的建设，倡导诚实守信的经营理念，营造公平竞争的市场环境，达到构建和谐社会的目的，中国汽车维修行业协会在全行业开展了创建诚信经营汽车维修企业的活动，并颁发了《全国汽车维修诚信经营企业评估指标体系》。该体系共计 9 项 39 条，几乎涵盖了与汽车维修企业诚信经营密切相关的所有内容，由接待客户、签订合同、车辆维修、车辆验交、配件保证体系、质量保证体系、服务保证体系、财务和社会资信以及客户评价等部分组成。《全国汽车维修诚信经营企业评估指标体系》在突出针对性的同时，重视保证、预防作用，注重权重差异和可操作性，包含了汽车维修诚信经营企业应当具备的物质条件、人员素质、管理水平和服务意识。

通过建立诚信企业评价体系，认真地进行等级评定，真实、及时地发布信息，使企业生产经营社会诚信透明化，让车主了解企业，到诚信企业放心修车；通过企业诚信等级发布，引导维修业务向诚信企业集中，利用市场经济资源优化配置的规律，为诚信企业创造发展机遇，促进企业开展正当竞争；进行诚信评估、定期发布信息，形成行业协会、企业、社会、媒体共同营造促进经济发展、社会进步的诚信环境。实践表明，开展“诚信维修，规范服务”为宗旨的诚信活动，有利于在全行业营造“守信用、讲信誉、重信义”的良好氛围，进一步促进维修企业强化服务意识，转变服务理念，改善服务设施，规范服务行为，提高服务质量，创建服务品牌，切实保护维修市场消费者的合法权益，树立起维修行业在社会上的良好信誉。

三、公民道德建设的主要内容

中共中央 2001 年 9 月 20 日发布了《公民道德建设实施纲要》，相关内容摘要如下：

11. 从我国历史和现实的国情出发，社会主义道德建设要坚持以为人民服务为核心，以集体主义为原则，以爱祖国、爱人民、爱劳动、爱科学、爱社会主义为基本要求，以社会公德、职业道德、家庭美德为着力点。在公民道德建设中，应当把这些主要内容具体化、规范化，使之成为全体公民普遍认同和自觉遵守的行为准则。

12. 为人民服务作为公民道德建设的核心，是社会主义道德区别和优越于其他社会形态道德的显著标志。它不仅是对共产党员和领导干部的要求，也是对广大群众的要求。每个公民不论社会分工如何、能力大小，都能够在本职岗位，通过不同形式做到为人民服务。在新的形势下，必须继续大张旗鼓地倡导为人民服务的道德观，把为人民服务的思想贯穿于各种具体道德规范之中。要引导人们正确处理个人与社会、竞争与协作、先富与共富、经济效益与社会效益等关系，提倡尊重人、理解人、关心人，发扬社会主义人道主义精神，为人民、为社会多做好事，反对拜金主义、享乐主义和极端个人主义，形成体现社会主义制度优越性、促进社会主义市场经济健康有序发展的良好道德风尚。

13. 集体主义作为公民道德建设的原则，是社会主义经济、政治和文化建设的必然要求。在社会主义社会，人民当家作主，国家利益、集体利益和个人利益根本上的一致，使集体主义成为调节三者利益关系的重要原则。要把集体主义精神渗入社会生产和生活的各个层面，引导人们正确认识和处理国家、集体、个人的利益关系，提倡个人利益服从集体利益、局部利益服从整体利益、当前利益服从长远利益，反对小团体主义、本位主义和损公肥私、损人利己，把个人的理想与奋斗融入广大人民的共同理想和奋斗之中。

14. 爱祖国、爱人民、爱劳动、爱科学、爱社会主义作为公民道德建设的基本要求，是每个公民都应当承担的法律义务和道德责任。必须把这些基本要求与具体道德规范融为一体，贯穿公民道德建设的全过程。要引导人们发扬爱国主义精神，提高民族自尊心、自信心和自豪感，以热爱祖国、报效人民为最大光荣，以损害祖国利益、民族尊严为最大耻辱，提倡学习科学知识、科学思想、科学精神、科学方法，艰苦创业、勤奋工作，反对封建迷信、好逸恶劳，积极投身于建设有中国特色社会主义的伟大事业。

15. 社会公德是全体公民在社会交往和公共生活中应该遵循的行为准则，涵盖了人与人、人与社会、人与自然之间的关系。在现代社会，公共生活领域不断扩大，人们相互交往日益频繁，社会公德在维护公众利益、公共秩序，保持社会稳定方面的作用更加突出，成为公民个人道德修养和社会文明程度的重要表现。要大力倡导以文明礼貌、助人为乐、爱护公物、保护环境、遵纪守法为主要内容的社会公德，鼓励人们在社会上做一个好公民。

16. 职业道德是所有从业人员在职业活动中应该遵循的行为准则，涵盖了从业人员与服务对象、职业与职工、职业与职业之间的关系。随着现代社会分工的发展和专业化程度的增强，市场竞争日趋激烈，整个社会对从业人员职业观念、职业态度、职业技能、职业纪律和职业作风的要求越来越高。要大力倡导以爱岗敬业、诚实守信、办事公道、服务群众、奉献社会为主要内容的职业道德，鼓励人们在工作中做一个好建设者。

17. 家庭美德是每个公民在家庭生活中应该遵循的行为准则，涵盖了夫妻、长幼、邻里之间的关系。家庭生活与社会生活有着密切的联系，正确对待和处理家庭问题，共同培养和发展夫妻爱情、长幼亲情、邻里友情，不仅关系到每个家庭的美满幸福，也有利于社会的安定和谐。要大力倡导以尊老爱幼、男女平等、夫妻和睦、勤俭持家、邻里团结为主要内容的家庭美德，鼓励人们在家庭里做一个好成员。

本 章 小 结

本章的主要内容是机动车维修从业人员职业道德，分为两节。

第一节　机动车维修职业道德，介绍了职业和职业道德的概念，职业道德的特点、作用和标准，结合行业特点和《公民道德建设实施纲要》，对机动车维修职业道德及其社会性，以及机动车维修从业人员职业道德规范进行了详细地阐述。

要求学员了解职业和职业道德的概念，了解职业道德的特点和标准，熟悉机动车维修职业的义务和良心、机动车维修职业信誉和尊严、机动车维修职业责任和情感等机动车维修行业职业道德要求及其社会性；掌握机动车维修职业道德的内涵；掌握爱岗敬业、诚实守信、忠于职守、服务群众、奉献社会等机动车维修从业人员必须遵循的具体职业道德规范。

第二节　机动车维修行业行为规范公约，逐条讲述了中国汽车维修行业协会制定的《全国汽车维修行业行为规范公约》，同时抓住当前机动车维修行业中社会关注的热点问题，将建立机动车维修行业诚信机制作为一个重点问题单独阐述。

要求学员掌握八条行规行约的具体内容，熟练掌握行规行约中对“守法经营，接受监督”、“诚信为本，公平竞争”、“尊重客户，热忱服务”、“弘扬职业道德，建设精神文明”、“规范操作，保证质量”、“文明生产，保护环境”、“自我管理，自我发展”、“科技兴业，开拓创新”的具体要求，思考如何守法经营，建立行业诚信机制；如何做到热忱服务，建设精神文明；如何建立健全质量保证体系，提高修车质量，做到文明生产、安全生产；如何加强自我管理，不断开拓创新，实现机动车维修行业可持续性发展；同时，深刻理解建立机动车维修行业诚信机制的必要性，了解如何建立机动车维修行业诚信机制。

复习思考题

1. 什么是道德和职业道德？
2. 试述职业道德的特点、作用和标准。
3. 简述机动车维修职业道德范畴涵盖的主要方面。
4. 机动车维修职业的义务是什么？
5. 机动车维修职业道德的社会性体现在哪些方面？
6. 什么是机动车维修从业人员职业道德规范？
7. 诚实守信对于机动车维修从业人员的具体要求是什么？
8. 完整叙述《全国汽车维修行业行为规范公约》的具体要求。
9.《公民道德建设实施纲要》包括哪些主要内容？

第二章　机动车维修法律法规

第一节《中华人民共和国道路运输条例》

《中华人民共和国道路运输条例》(以下简称《道路运输条例》)经 2004 年 4 月 14 日国务院第 48 次常务会议通过,自 2004 年 7 月 1 日起施行。《道路运输条例》是我国第一部由国务院制定下达的规范道路运输经营活动和管理行为的行政法规。其颁布实施,是国家高度重视道路运输发展的体现,是道路运输业适应全面建设小康社会要求的客观需要,也是全国交通系统企盼已久的一件大事。

机动车维修是道路运输的重要组成部分,在《道路运输条例》中对机动车维修经营与管理有专门的规定和要求。每一位机动车维修从业人员都必须认真学习、深刻理解、坚决贯彻《道路运输条例》,做到知法、懂法、守法,熟知自己的权利、责任和义务,有效地维护自己的合法权益,推动机动车维修市场健康、稳步地发展。

一、对推动我国道路运输业发展的重大意义

道路运输市场是从计划经济体制向社会主义市场经济体制转轨较早的行业。20 世纪 80 年代初,交通部提出了"有路大家行车"的政策,形成了市场主体多元化的格局,极大地解放和发展了运输生产力,缓解了道路运输能力不足的紧张局面。20 世纪 90 年代以来,着力加强运输企业的运力结构调整力度,整顿和规范道路运输市场秩序,逐步实现运输产业的升级换代,提高市场开放的层次和水平,道路运输业从数量扩张为特征的粗放式发展阶段,走向质量效益型的提高阶段,为国民经济和社会发展提供了方便、及时的运输服务。

制定出台《道路运输条例》,主要有以下四个方面的需要:

1.解决了我国道路运输市场管理无法可依的迫切需要

道路运输作为覆盖领域最广、线路最多、与人民群众生产生活联系最为密切的运输方式,长期以来主要依据部门规章和地方性法规进行管理,使全国统一开放、竞争有序的道路运输市场格局难以形成。《道路运输条例》的制定出台,为从根本上整治市场秩序建立了法治基础。《道路运输条例》总结了改革开放以来我国道路运输业发展的成功经验,借鉴了世界发达国家的立法经验与成果,吸收了各地在道路运输管理过程中探索的符合市场经济体制要求的成功做法,规范了政府部门的行业行政管理行为。

2.交通行政部门落实《行政许可法》的需要

《道路运输条例》坚持以人为本和全面、协调、可持续发展观，明确了道路运输管理职责，以保障运输安全为核心，以维护旅客、货主和其他消费者的利益为重点，以建立统一开放、竞争有序的全国道路运输市场为目标，建立和完善了道路运输市场准入、市场监管、市场退出三个机制，大大减少了道路运输行政许可的项目和层次。《道路运输条例》所设定的一系列规章制度，有利于道路运输管理机构转变管理职能，有利于从被动管理向主动管理转变，从重审批弱监管向弱审批重监管方面转变，从传统管理向现代化管理转变。

3.适应我国加入世界贸易组织后的需要

目前，进入我国道路运输领域的外商已达1 000多家。随着全球经济一体化的推进和区域经济的发展，更多的外商包括一些国际上著名的大型跨国公司将进入我国道路运输市场。《道路运输条例》的颁布实施，一方面可以确保国内企业和国外企业的公平竞争，保护国内、国外投资者的合法权益；另一方面可以为外商在我国投资道路运输业提供法律保障，履行我国政府的对外承诺。特别是随着我国对外开放步伐的不断加快，国际道路运输也得到快速发展。我国已与10个国家签订了政府间双边汽车运输协定，与有关国家签署了3个政府间多边汽车运输协定。这些协定的执行也均要有国内权威的道路运输法规作保证。

4.适应了建立全国统一开放、竞争有序的道路运输市场体系的需要

这部法规在规范道路运输经营者的经营行为，破除地方保护和地区封锁，打击车辆超载及非法经营等违法行为方面作出了规定，为交通部门做好市场监管、培育健康的市场发展环境和秩序等方面提供了重要依据。

总之，《道路运输条例》的颁布实施，推动我国道路运输立法上升到行政法规层面，完善了中国特色社会主义的法律体系，将为建立统一开放、竞争有序的道路运输市场，推进依法行政提供有力的法律武器，对我国道路运输走向法制化、规范化和科学化管理轨道具有重要意义。

二、基本内涵和原则

《道路运输条例》根据《行政许可法》的立法精神，体现了有权必有责、用权受监督、侵权需赔偿的权力运作规律，在设立行政许可方面采取了非常慎重的态度。一方面，把关系人民群众生命财产安全的事项，如旅客运输和危险品运输，作为审批的重点，采取严格的市场准入；另一方面，对普通货物运输、运输站场经营、机动车维修和驾驶员培训等事项，放宽了市场准入条件，尽可能体现公平、公正、公开和便民、高效、降低管理成本的要求。

《道路运输条例》分为总则、道路运输经营、道路运输相关业务、国际道路运输、执法监督、法律责任和附则七章，共83条。《道路运输条例》主要坚持了以下原则：

1.保障运输安全生产

《道路运输条例》从市场准入、经营行为规范、市场监管等多个环节把关，设定了严格、有效的法律制度。在市场准入方面，《道路运输条例》要求有与其经营业务相适应并经检测合格的车辆、有符合规定条件的驾驶人员、有健全的安全生产管理制度，对危险货物运输管理更体现了从严管理的原则，要求必须有检测合格的专用车辆和取得上岗资格证的从业人员等。在经营行为规范方面，《道路运输条例》对旅客、运输经营者、押运人员、驾驶人员、运输站（场）经营者等做出了严格的要求。在市场监管方面，《道路运输条例》明确了道路运输管理机构的职责，并对影响运输安全的违法行为设定了相应的行政处罚条款。

2.建立全国统一的道路运输市场

建立全国统一的道路运输市场,规范市场秩序,加强市场监管,维护公平竞争,打击扰乱市场秩序和经营欺诈等违法行为,是行政机关的重要职责。《道路运输条例》从建立诚实信用、公平竞争制度,鼓励发展乡村道路运输,打破地区封锁、地方保护,推动国内、国际市场一体化等方面提出了明确要求。由于近年来我国与周边国家间的国际道路运输发展势头增长迅猛,需求量也越来越大,《道路运输条例》专门列一章对国际道路运输进行了调整和规范,将国内运输市场和国际运输市场进行了有效衔接,实现了国内、国际运输市场和管理的一体化。

3.维护消费者权益

保护公民、法人和其他组织的合法权益,是公共行政和公共服务的一个重要使命,是依法行政所追求的最终目标。维护人民群众利益,以人为本,是《道路运输条例》的立法重点。《道路运输条例》要求客运经营者应当为旅客提供良好的乘车环境,采取必要的措施防止在运输过程发生侵害旅客人身、财产安全的违法行为;设定了旅客和行李赔偿限额制度,规定客运经营者、危险货物运输经营者应当为旅客或者危险货物投保承运人责任险,明确规定要实行机动车维修质量保证期制度。

4.约束和监管行政行为

道路运输管理机构依法作出的行政许可、行政处罚和行政强制措施都涉及到人民群众的切身利益,如果使用不当,会直接损害人民群众的利益。为防止滥用权、乱执法,《道路运输条例》确定了公平、公正、公开和便民的管理原则,加大了对道路运输管理机构和工作人员的监管力度,要求县级以上人民政府交通主管部门加强道路运输管理,实施对道路运输管理工作的指导监督,上级道路运输管理机构应当对下级道路运输管理机构的执法活动实施监督,道路运输管理机构及其工作人员执行职务时,应当严格按照职责权限和程序进行监督检查,不得乱设卡、乱收费、乱罚款,并自觉接受社会和公民的监督。

三、对机动车维修经营的规定

(一)机动车维修经营属于道路运输相关业务

在总则中,规定了《道路运输条例》的立法宗旨、适用范围、道路运输经营活动的含义、基本原则、道路运输管理机关等。其中第二条规定了《道路运输条例》的适用范围和道路运输经营活动的含义,即"从事道路运输经营以及道路运输相关业务的,应当遵守本条例",以及"前款所称道路运输经营包括道路旅客运输经营(以下简称客运经营)和道路货物运输经营(以下简称货运经营);道路运输相关业务包括站(场)经营、机动车维修经营、机动车驾驶员培训"。这一条明确了机动车维修经营属于道路运输相关业务,是《道路运输条例》规范的范围,从事机动车维修经营的行为(或活动)和人(包括公民、法人或其他组织)应当遵守《道路运输条例》。本条所谓"机动车维修经营",是指经营以维持或恢复机动车技术状况和正常功能、延长机动车使用寿命为作业任务所进行的维护和修理。机动车维修分为机动车维护、机动车修理。机动车修理又分为机动车总成修理、机动车整车修理和机动车零部件修理。

在总则中,还规定了"从事道路运输经营以及道路运输相关业务,应当依法经营,诚实信用,公平竞争"。

(二)从事机动车维修经营应当具备的条件

《道路运输条例》第三章"道路运输相关业务"中第三十八条对从事机动车维修经营应当具

备的条件进行了规定:"申请从事机动车维修经营的,应当具备下列条件:

(1)有相应的机动车维修场地;

(2)有必要的设备、设施和技术人员;

(3)有健全的机动车维修管理制度;

(4)有必要的环境保护措施。"

申请从事机动车维修经营的,应当具备《道路运输条例》规定的条件,《道路运输条例》规定的条件是必须具备的法定条件。第三十八条中的四项条件必须同时具备,缺一不可。

1.有相应的机动车维修场地

本条中所指的有相应的机动车维修场地,是指不同的机动车维修企业应当具有不同的维修场地。这是根据机动车维修规模和经营范围来确定的。这里所指的机动车维修场地,包括生产厂房和停车场。

2.有必要的设备、设施和技术人员

本条中所指的有必要的设备、设施和技术人员,也是根据机动车维修企业的规模和经营范围来确定的。不同类型的机动车维修企业应当具备必不可少的设备、设施和技术人员。

设备、设施包括清洗拆装作业设备、发动机总成维修作业设备、底盘和总成维修作业设备、电器修理作业设备、车身总成维修作业设备、通用设备、计量器具和主要手工工具等。不同类别的机动车维修企业所拥有的设施、设备要求不同。

技术人员包括技术管理人员、技术工人、质量检验人员等。必要的技术工人是指机动车维修企业必须聘请符合国务院交通主管部门规定的技术工人。技术工人必须取得相应的从业人员资格证件,方可上岗从事作业。

3.有健全的机动车维修管理制度

包括质量管理制度、检验制度、技术档案制度、标准和计量管理制度、机具设备管理及维修制度等。

4.有必要的环境保护措施

对机动车维修企业提出该项要求是为了保护环境,实现可持续发展。这里所指的环境保护措施是指可以积极防治废气、废水、废渣、粉尘、垃圾等有害物质和噪声的措施。

(三)从事机动车维修经营业务的许可程序

《道路运输条例》第四十条规范了道路运输相关业务许可程序,规定如下:

1.维修经营业务申请

申请从事机动车维修经营业务的,应当向所在地县级道路运输管理机构提出申请。这里所说的"所在地",是指机动车维修经营者的住所地或者主要业务经营地。"提出申请",是申请人向道路运输管理机构提出从事机动车维修经营业务活动的意思表示。一般情况下,以提出书面申请为宜,一是保证提出申请的严肃性,便于道路运输管理机构审查和作出决定;二是防止因是否提出申请发生争议而无据可查。

2.申请条件的材料

提出申请的同时,应当附送《道路运输条例》规定从事机动车维修经营应当具备的条件的相关材料。这些材料应当能够证明申请人符合《道路运输条例》规定的条件。如果申请两项以上业务的,应当同时报送相应材料。

3. 申请受理

县级道路运输管理机构应当自受理申请之日起 15 日内审查完毕，作出许可或者不予许可的决定，并书面通知申请人。

4. 办理营业登记

机动车维修经营者向工商行政管理机关办理有关登记手续，应当事先取得道路运输管理机构的许可证明，并必须持许可证明方可向工商行政管理机关办理有关登记手续。这里所说的“许可证明”，是指县级道路运输管理机构作出许可决定后向被许可人出具的正式文书。

（四）规范机动车维修行为

《道路运输条例》第四十四条对规范机动车维修行为作出了规定：

1. 按照国家有关技术规范对机动车进行维修

《道路运输条例》中规定的技术规范包括国家或行业标准，主要有：《汽车维修质量检查评定标准　整车大修》(GB/T 15746. 1－1995)、《汽车维修质量检查评定标准　发动机大修》(GB/T 15746. 2－1995)、《汽车维修质量检查评定标准　车身大修》(GB/T 15746. 3－1995)和《汽车维护、检测、诊断技术规范》(GB/T 18344—2001)等。

2. 保证维修质量，不得使用假冒伪劣配件维修机动车

机动车维修经营者必须对所承担的机动车维修质量负责，没有达到规定要求的，必须对当事人予以赔偿。机动车维修经营者不得使用假冒伪劣配件维修机动车，如果使用假冒伪劣配件维修机动车，必然危害当事人的合法权益，造成交通安全的事故隐患，必须坚决予以打击。道路运输管理机构据此可以对其予以相应的处罚。

3. 公布机动车维修工时定额和收费标准，合理收取费用

机动车维修经营者应当公布机动车维修工时定额和收费标准，让消费者明明白白消费，了解维修真相；同时，必须按照公开的《汽车维修工时定额》和《汽车维修收费标准》，计算作业工时和收取维修费用，不得随意加价，乱收费。

（五）机动车维修须建立机动车维修检验制度和质量保证期制度

《道路运输条例》第四十五条对机动车维修须建立机动车维修检验制度和质量保证期制度作出了规定：

1. 机动车进行二级维护、总成修理或者整车修理的，必须进行维修质量检验

机动车进行二级维护、总成修理或者整车修理后的维修质量检验是法定的。维修质量检验的方式是多种多样的，鼓励各维修企业可自行建立符合维修质量检验要求的、满足二级维护、总成修理、整车修理检测功能的检验工序，作为机动车维修的一个环节，保证维修质量，方便机动车使用者。

2. 机动车维修实行质量保证期制度

质量保证是在一定的时间范围内即质量保证期内，主要考虑机动车自身技术状况由于磨损会随时间呈下降的特点，否则难以划分质量责任界限。

（六）关于机动车维修的禁止性规定

《道路运输条例》第四十六条规定：

1. 不得承修已报废的机动车

根据国家有关规定，报废汽车应当回收。这里所指的报废车是指达到国家报废标准，或者

虽未达到国家报废标准，但发动机或者底盘严重损坏，经检验不符合国家机动车运行安全技术条件，或者国家机动车污染物排放标准的机动车。

2. 不得擅自改装机动车

改装机动车是指通过改变车辆技术性能，包括动力性能、经济性能，将原车改制成其他用途车辆的行为。擅自改装机动车会影响道路运输安全，本条所指的擅自改装机动车，是指未经批准，随意对机动车进行改装。不包括合法改装机动车。

（七）法律责任

1. 关于非法从事机动车维修业务的法律责任

第六十六条规定，违反本条例的规定，未经许可擅自从事道路运输站（场）经营、机动车维修经营、机动车驾驶员培训的，由县级以上道路运输管理机构责令停止经营；有违法所得的，没收违法所得，处违法所得 2 倍以上 10 倍以下的罚款；没有违法所得或者违法所得不足 1 万元的，处 2 万元以上 5 万元以下的罚款；构成犯罪的，依法追究刑事责任。

2. 关于非法转让、出租道路运输许可证件的法律责任

第六十七条规定，违反本条例的规定，客运经营者、货运经营者、道路运输相关业务经营者非法转让、出租道路运输许可证件的，由县级以上道路运输管理机构责令停止违法行为，收缴有关证件，处 2 000 元以上 1 万元以下的罚款；有违法所得的，没收违法所得。

3. 关于违法维修机动车的法律责任

第七十三条规定，违反本条例的规定，机动车维修经营者使用假冒伪劣配件维修机动车，承修已报废的机动车或者擅自改装机动车的，由县级以上道路运输管理机构责令改正；有违法所得的，没收违法所得，处违法所得 2 倍以上 10 倍以下的罚款；没有违法所得或者违法所得不足 1 万元的，处 2 万元以上 5 万元以下的罚款，没收假冒伪劣配件及报废车辆；情节严重的，由原许可机关吊销其经营许可；构成犯罪的，依法追究刑事责任。

4. 关于机动车维修经营者签发虚假的机动车维修合格证的法律责任

第七十四条规定，违反本条例的规定，机动车维修经营者签发虚假的机动车维修合格证，由县级以上道路运输管理机构责令改正；有违法所得的，没收违法所得，处违法所得 2 倍以上 10 倍以下的罚款；没有违法所得或者违法所得不足 3 000 元的，处 5 000 元以上 2 万元以下的罚款；情节严重的，由原许可机关吊销其经营许可；构成犯罪的，依法追究刑事责任。

四、《中华人民共和国道路运输条例》（节选）

第一章　总　　则

第一条　为了维护道路运输市场秩序，保障道路运输安全，保护道路运输有关各方当事人的合法权益，促进道路运输业的健康发展，制定本条例。

第二条　从事道路运输经营以及与道路运输相关业务的，应当遵守本条例。前款所称道路运输经营包括道路旅客运输经营（以下简称客运经营）和道路货物运输经营（以下简称货运经营）；道路运输相关业务包括站（场）经营、机动车维修经营、机动车驾驶员培训。

第三条　从事道路运输经营以及道路运输相关业务，应当依法经营，诚实信用，公平竞争。

第四条　道路运输管理，应当公平、公正、公开和便民。

第五条　国家鼓励发展乡村道路运输，并采取必要措施提高乡镇和行政村的通班车率，满足广大农民的生活和生产需要。

第六条　国家鼓励道路运输企业实行规模化、集约化经营。任何单位和个人不得封锁或者垄断道路运输市场。

第七条　国务院交通主管部门主管全国道路运输管理工作。县级以上地方人民政府交通主管部门负责组织领导本行政区域的道路运输管理工作。县级以上道路运输管理机构负责具体实施道路运输管理工作。

第三章　道路运输相关业务

第三十八条　申请从事机动车维修经营的，应当具备下列条件：

（一）有相应的机动车维修场地；

（二）有必要的设备、设施和技术人员；

（三）有健全的机动车维修管理制度；

（四）有必要的环境保护措施。

第四十条　申请从事道路运输站（场）经营、机动车维修经营和机动车驾驶员培训业务的，应当向所在地县级道路运输管理机构提出申请，并分别附送符合本条例第三十七条、第三十八条、第三十九条规定条件的相关材料。县级道路运输管理机构应当自受理申请之日起15日内审查完毕，作出许可或者不予许可的决定，并书面通知申请人。

道路运输站（场）经营者、机动车维修经营者和机动车驾驶员培训机构，应当持许可证明依法向工商行政管理机关办理有关登记手续。

第四十四条　机动车维修经营者应当按照国家有关技术规范对机动车进行维修，保证维修质量，不得使用假冒伪劣配件维修机动车。机动车维修经营者应当公布机动车维修工时定额和收费标准，合理收取费用。

第四十五条　机动车维修经营者对汽车进行二级维护、总成修理或者整车修理的，应当进行维修质量检验。检验合格的，维修质量检验人员应当签发机动车维修合格证。机动车维修实行质量保证期制度。质量保证期内因维修质量原因造成机动车无法正常使用的，机动车维修经营者应当无偿返修。机动车维修质量保证期制度的具体办法，由国务院交通主管部门制定。

第四十六条　机动车维修经营者不得承修已报废的机动车，不得擅自改装机动车。

第五章　执 法 监 督

第五十四条　县级以上人民政府交通主管部门应当加强对道路运输管理机构实施道路运输管理工作的指导监督。

第五十五条　道路运输管理机构应当加强执法队伍建设，提高其工作人员的法制、业务素质。道路运输管理机构的工作人员应当接受法制和道路运输管理业务培训、考核，考核不合格的，不得上岗执行职务。

第五十六条　上级道路运输管理机构应当对下级道路运输管理机构的执法活动进行监督。道路运输管理机构应当建立健全内部监督制度，对其工作人员执法情况进行监督检查。

第五十七条　道路运输管理机构及其工作人员执行职务时，应当自觉接受社会和公民的监督。

第五十八条　道路运输管理机构应当建立道路运输举报制度，公开举报电话、通信地址或者电子邮件信箱。任何单位和个人都有权对道路运输管理机构的工作人员滥用职权、徇私舞弊的行为进行举报。交通主管部门、道路运输管理机构及其他有关部门收到举报后，应当依法及时查处。

第五十九条　道路运输管理机构的工作人员应当严格按照职责权限和程序进行监督检查，不得乱设卡、乱收费、乱罚款。道路运输管理机构的工作人员应当重点在道路运输及相关业务经营场所、客货集散地进行监督检查。道路运输管理机构的工作人员在公路路口进行监督检查时，不得随意拦截正常行驶的道路运输车辆。

第六十条　道路运输管理机构的工作人员实施监督检查时，应当有2名以上人员参加，并向当事人出示执法证件。

第六十一条　道路运输管理机构的工作人员实施监督检查时，可以向有关单位和个人了解情况，查阅、复制有关资料。但是，应当保守被调查单位和个人的商业秘密。被监督检查的单位和个人应当接受依法实施的监督检查，如实提供有关资料或者情况。

第六章　法律责任

第六十六条　违反本条例的规定，未经许可擅自从事道路运输站(场)经营、机动车维修经营、机动车驾驶员培训的，由县级以上道路运输管理机构责令停止经营；有违法所得的，没收违法所得，处违法所得2倍以上10倍以下的罚款；没有违法所得或者违法所得不足1万元的，处2万元以上5万元以下的罚款；构成犯罪的，依法追究刑事责任。

第六十七条　违反本条例的规定，客运经营者、货运经营者、道路运输相关业务经营者非法转让、出租道路运输许可证件的，由县级以上道路运输管理机构责令停止违法行为，收缴有关证件，处2 000元以上1万元以下的罚款；有违法所得的，没收违法所得。

第七十一条　违反本条例的规定，客运经营者、货运经营者不按规定维护和检测运输车辆的，由县级以上道路运输管理机构责令改正，处1 000元以上5 000元以下的罚款。违反本条例规定，客运经营者、货运经营者擅自改装已取得车辆营运证的车辆的，由县级以上运输管理机构责令改正，处5 000元以上2万元以下的罚款。

第七十三条　违反本条例的规定，机动车维修经营者使用假冒伪劣配件维修机动车，承修已报废的机动车或者擅自改装机动车的，由县级以上道路运输管理机构责令改正；有违法所得的，没收违法所得，处违法所得2倍以上10倍以下的罚款；没有违法所得或者违法所得不足1万元的，处2万元以上5万元以下的罚款，没收假冒伪劣配件及报废车辆；情节严重的，由原许可机关吊销其经营资格；构成犯罪的，依法追究刑事责任。

第七十四条　违反本条例的规定，机动车维修经营者签发虚假的机动车维修合格证，由县级以上道路运输管理机构责令改正；有违法所得的，没收违法所得，处违法所得2倍以上10倍以下的罚款；没有违法所得或者违法所得不足3 000元的，处5 000元以上2万元以下的罚款；情节严重的，由原许可机关吊销其经营许可；构成犯罪的，依法追究刑事责任。

第七十七条　违反本条例的规定，道路运输管理机构的工作人员有下列情形之一的，依法给予行政处分；构成犯罪的，依法追究刑事责任：

(一)不依照本条例规定的条件、程序和期限实施行政许可的；

(二)参与或者变相参与道路运输经营以及道路运输相关业务的；

(三)发现违法行为不及时查处的；

(四)违反规定拦截、检查正常行驶的道路运输车辆的；

(五)违法扣留运输车辆、车辆营运证的；

(六)索取、收受他人财物，或者谋取其他利益的；

(七)其他违法行为。

第二节 《机动车维修管理规定》

机动车维修行业发展的纲领性文件——《机动车维修管理规定》(交通部令 2005 年第 7 号,以下简称《维修管理规定》)于 2005 年 8 月 1 日起正式实施。

一、颁布实施的意义

《维修管理规定》是《道路运输条例》的重要实施性规章之一,是《道路运输条例》出台以来,我国交通行政法规体系建设的又一件大事,《维修管理规定》的颁布实施必将对维护机动车维修市场秩序,保护机动车维修各方当事人,特别是车主的合法权益,促进机动车维修业的健康发展等产生积极而深远的影响。

(一)是交通部门依法行政,履行维修管理职责的要求

依法行政要求交通主管部门必须严格依照法定的职权和程序履行职责,管理好、引导好机动车维修行业是交通主管部门义不容辞的责任。《道路运输条例》出台前,交通部门主要依据《汽车维修行业管理暂行办法》[(86)交公路字 956 号](以下简称《暂行办法》)对机动车维修实施管理。《暂行办法》是由交通部、原国家经委、原国家工商行政管理局于 1986 年 12 月 12 日联合发布的。它的发布实施对于发展和繁荣我国汽车维修市场起了很大作用。但是《暂行办法》实施至今已有 19 年,已不能适应我国市场经济体制的建立和完善,不能满足汽车制造业与道路运输业的快速发展的需要。从依法行政的角度出发,《维修管理规定》对《暂行办法》进行了修改和完善,特别是严格按照相关法律法规确定政府管理职责和程序,确保行政行为的科学性和规范化。《维修管理规定》具体细化了《道路运输条例》及相关法律、法规的相关要求,规范了许可分类、许可条件、许可管理的层次和程序,设定了经营者应当遵循的管理制度和义务,完善了对经营者从业行为的要求,增强了管理部门实施行政许可、监督检查、行政处罚的可操作性,也为更科学、更规范地履行机动车维修管理职责搭建了服务平台。

(二)是机动车维修行业发展的迫切需要

当前,我国机动车维修行业呈现良好发展态势,机动车维修市场主体多元化、经营多样化、维修专业化日趋明显。一是品牌经营、连锁经营、专业维修、网络服务、全天候维修服务等服务方兴未艾;二是机动车维修市场中国有、集体、私营、外资等不同经济成分协调发展;三是快修、连锁服务等维修经营新形式发展迅猛,特别是汽车工业的集约化发展加快了机动车维修的专业化进程,事故车修理、品牌经营,以及汽车免拆清洗、美容等专一车型、专一维修项目和服务内容的专业维修发展迅速。同时,随着我国市场经济体制的逐步确立,汽车技术的不断进步,以及轿车进入家庭步伐的加快,机动车维修企业正处于一个从传统的"以车为本"的生产型企业向现代的"以人为本"的服务型企业转变过程中,对机动车维修服务提出了更新更高的要求。《维修管理规定》立足于解决行业发展与行业管理的热点、难点问题,对于行业发展方向、质量保证、纠纷调解等,有针对性地提出了解决措施,能动地适应了新形势下行业发展的需要。《维

修管理规定》的制定下达是机动车维修行业法制化进程的重大突破，也是交通部门在机动车维修行业实现依法行政的具体体现。通过《维修管理规定》的实施，机动车维修行业服务社会的能力将有较大幅度的提升。

二、主要内容

《维修管理规定》共分七章，即：总则、经营许可、维修经营、质量管理、监督检查、法律责任和附则，共五十七条。《维修管理规定》以维护市场秩序，保障维修需求为根本出发点，特别注重管理思路的创新、管理方式的改革以及对车主权益的保护，对机动车维修经营范围及经营者义务、监督检查、法律责任等都进行了重新调整和规范。主要内容如下。

（一）总则

共六条，主要包括《维修管理规定》的立法目的、立法依据、适用范围、基本管理思路和引导方向等内容的原则规定。

1. 立法目的

一是规范机动车维修经营活动，维护机动车维修市场秩序；二是保护机动车维修各方当事人的合法权益；三是保障机动车运行安全，保护环境，节约能源；四是促进机动车维修业的健康发展。

2. 适用范围

《维修管理规定》的适用范围，即所有从事机动车维修经营的，应当遵守《维修管理规定》。“从事机动车维修经营的”，既包含行为范围（行为或活动），又包含主体范围（公民、法人或其他组织，即个人和单位）。机动车维修经营，是指以维持或者恢复机动车技术状况和正常功能，延长机动车使用寿命为作业任务所进行的维护、修理以及维修救援等相关经营活动。

3. 机动车维修管理基本思路

机动车维修经营者的经营基本准则：机动车维修经营者应当依法经营，诚实信用，公平竞争，优质服务。

机动车维修管理工作应当遵循的基本原则：公平、公正、公开和便民。

4. 行业发展方向

《维修管理规定》在调整和规范市场经营与管理行为的同时，确立了行业发展方向，鼓励机动车维修企业实行集约化、专业化、连锁经营，促进机动车维修业的合理分工和协调发展，推进行业信息化建设和救援、维修服务网络化建设，提高机动车维修行业整体素质，满足社会需要。

5. 机动车维修管理体制

交通部主管全国机动车维修管理工作。

县级以上地方人民政府交通主管部门负责组织领导本行政区域的机动车维修管理工作。

县级以上道路运输管理机构具体实施本行政区域内的机动车维修管理工作。

（二）经营许可

该部分内容共十四条，规定了机动车维修经营许可的分类、从事机动车维修经营业务的条件、许可申请程序、审批时限、许可证件有效期、许可事项变更等，是机动车维修经营许可必须坚持的最基本原则。

1. 机动车维修经营许可分类

机动车维修经营业务根据维修车型、种类，分为汽车维修经营业务、危险货物运输车辆维修经营业务、摩托车维修经营业务和其他机动车维修经营业务四类。

汽车维修经营业务、其他机动车维修经营业务，根据经营项目和服务能力分为一类维修经营业务、二类维修经营业务和三类维修经营业务。

摩托车维修经营业务根据经营项目和服务能力分为一类维修经营业务和二类维修经营业务。

2.机动车维修经营者的业务范围

(1)获得一类汽车维修经营业务、一类其他机动车维修经营业务许可的，可以从事相应车型的整车修理、总成修理、整车维护、小修、维修救援、专项修理和维修竣工检验工作。

(2)获得二类汽车维修经营业务、二类其他机动车维修经营业务许可的，可以从事相应车型的整车修理、总成修理、整车维护、小修、维修救援和专项修理工作。

(3)获得三类汽车维修经营业务、三类其他机动车维修经营业务许可的，可以分别从事发动机、车身、电气系统、自动变速器维修及车身清洁维护、涂漆、轮胎动平衡和修补、四轮定位检测调整、供油系统维护和油品更换、喷油泵和喷油器维修、曲轴修磨、气缸镗磨、散热器(水箱)维修、空调维修、车辆装潢(篷布、座垫及内装饰)、车辆玻璃安装等专项工作。

(4)获得一类摩托车维修经营业务许可的，可以从事摩托车整车修理、总成修理、整车维护、小修、专项修理和竣工检验工作。

(5)获得二类摩托车维修经营业务许可的，可以从事摩托车维护、小修和专项修理工作。

3.从事机动车维修经营业务应当符合的条件

(1)有与其经营业务相适应的维修车辆停车场和生产厂房。租用的场地应当有书面的租赁合同，且租赁期限不得少于1年。停车场和生产厂房面积按照国家标准《汽车维修业开业条件》(GB/T 16739)相关条款的规定执行。

(2)有与其经营业务相适应的设备、设施。所配备的计量设备应当符合国家有关技术标准要求，并经法定检定机构检定合格。从事汽车维修经营业务的设备、设施的具体要求按照国家标准《汽车维修业开业条件》(GB/T 16739)相关条款的规定执行；从事其他机动车维修经营业务的设备、设施的具体要求，参照国家标准《汽车维修业开业条件》(GB/T 16739)执行，但所配备设施、设备应与其维修车型相适应。

(3)有必要的技术人员。具体规定如下：

①从事一类和二类维修业务的，应当各配备至少1名技术负责人员和质量检验人员。技术负责人员应当熟悉汽车或者其他机动车维修业务，并掌握汽车或者其他机动车维修及相关政策法规和技术规范；质量检验人员应当熟悉各类汽车或者其他机动车维修检测作业规范，掌握汽车或者其他机动车维修故障诊断和质量检验的相关技术，熟悉汽车或者其他机动车维修服务收费标准及相关政策法规和技术规范。技术负责人员和质量检验人员总数的60%应当经全国统一考试合格。

②从事一类和二类维修业务的，应当各配备至少1名从事机修、电器、钣金、涂漆的维修技术人员。从事机修、电器、钣金、涂漆的维修技术人员应当熟悉所从事工种的维修技术和操作规范，并了解汽车或者其他机动车维修及相关政策法规。机修、电器、钣金、涂漆维修技术人员总数的40%应当经全国统一考试合格。

③从事三类维修业务的，按照其经营项目分别配备相应的机修、电器、钣金、涂漆的维修技术人员；从事发动机维修、车身维修、电气系统维修、自动变速器维修的，还应当配备技术负责

人员和质量检验人员。技术负责人员、质量检验人员及机修、电器、钣金、涂漆维修技术人员总数的40%应当经全国统一考试合格。

(4)有健全的维修管理制度。包括质量管理制度、安全生产管理制度、车辆维修档案管理制度、人员培训制度、设备管理制度及配件管理制度。具体要求按照国家标准《汽车维修业开业条件》(GB/T 16739)相关条款的规定执行。

(5)有必要的环境保护措施。具体要求按照国家标准《汽车维修业开业条件》(GB/T 16739)相关条款的规定执行。

(6)从事危险货物运输车辆维修的汽车维修经营者,除具备汽车维修经营一类维修经营业务的开业条件外,还应当具备下列条件:

①有与其作业内容相适应的专用维修车间和设备、设施,并设置明显的指示性标志;

②有完善的突发事件应急预案,应急预案包括报告程序、应急指挥以及处置措施等内容;

③有相应的安全管理人员;

④有齐全的安全操作规程。

(三)维修经营

该部分内容共九条,规定了机动车维修经营者的基本行为准则,以及在安全生产、环保要求、收费结算、行业统计、连锁经营等经营活动中的责任和义务。

1.机动车维修经营者的基本行为准则

(1)机动车维修经营者应当按照经批准的行政许可事项开展维修服务。

(2)机动车维修经营者不得擅自改装机动车,不得承修已报废的机动车,不得利用配件拼装机动车。

2.关于机动车维修经营收费的规定

(1)机动车维修经营收费基本原则。公布机动车维修工时定额和收费标准,合理收取费用,以切实维护机动车维修各方当事人的合法权益。

(2)执行工时定额的方法。机动车维修工时定额可按各省机动车维修协会等行业社团组织统一制定的标准执行,也可按机动车维修经营者报所在地道路运输管理机构备案后的标准执行,也可按机动车生产厂家公布的标准执行。当上述标准不一致时,优先使用机动车维修经营者备案的标准。

(3)实行工时单价报备制度。机动车维修经营者应当将其执行的机动车维修工时单价标准报所在地道路运输管理机构备案。

3.关于机动车维修经营统计工作的规定

(1)机动车维修经营者应当按照规定,向道路运输管理机构报送统计资料。

(2)道路运输管理机构应当为机动车维修经营者保守商业秘密。

(四)质量管理

该部分内容共十五条,围绕机动车维修质量工作设定了一系列法律制度,系统规范了机动车维修经营者在质量管理方面的法定义务。具体规定了机动车维修经营者从事维修作业适用的标准,使用维修配件的要求,维修技术人员的管理制度,维修竣工质量检验制度,维修质量保证期制度,维修质量信誉考核制度,维修质量纠纷的解决途径等。

1.关于机动车维修经营者维修作业适用标准的规定

机动车维修经营者应当按照国家、行业或者地方的维修标准和规范进行维修。尚无标准或规范的，可参照机动车生产企业提供的维修手册、使用说明书和有关技术资料进行维修。

多年来，我国的机动车维修行业已建立健全了机动车维修与检测方面的标准体系，主要标准有：《汽车大修竣工出厂技术条件》（GB/T 3798—2005）、《商用汽车发动机大修竣工技术条件》（GB/T 3799—2005）、《汽车维修术语》（GB/T 5624—2004）、《汽车修理质量检查评定标准整车大修》（GB/T 15746.1—1995）、《汽车维护、检测、诊断技术规范》（GB/T 18344—2001）和《营运车辆综合性能要求和检验方法》（GB 18565—2001）等。

2.关于机动车维修经营者在维修活动中规范使用配件的规定

（1）机动车维修经营者不得使用假冒伪劣配件维修机动车。

（2）机动车维修经营者应当建立采购配件登记制度，记录购买日期、供应商名称、地址、产品名称及规格型号等，并查验产品合格证等相关证明。

（3）机动车维修经营者对于换下的配件、总成，应当交托修方自行处理。

（4）机动车维修经营者应当将原厂配件、副厂配件和修复配件分别标识，明码标价，供用户选择。

3.关于机动车维修质量检验的规定

（1）机动车维修经营者对机动车进行二级维护、总成修理、整车修理的，应当实施维修前诊断检验、维修过程检验和竣工质量检验制度。

（2）承担机动车维修竣工质量检验的机动车维修企业或机动车综合性能检测机构，应当使用符合有关标准并在检定有效期内的检测、计量设备，按照有关标准进行检测，如实提供检测结果证明，并对检测结果承担法律责任。

4.关于机动车维修竣工出厂合格证的规定

机动车维修竣工质量检验合格的，维修质量检验人员应当签发《机动车维修竣工出厂合格证》；未签发《机动车维修竣工出厂合格证》的机动车，不得交付使用，车主可以拒绝交费或接车。《机动车维修竣工出厂合格证》由省级道路运输管理机构统一印制和编号，县级道路运输管理机构按照规定发放和管理。

禁止伪造、倒卖、转借《机动车维修竣工出厂合格证》。

5.关于机动车维修档案管理的规定

机动车维修经营者对机动车进行二级维护、总成修理、整车修理的，应当建立机动车维修档案。机动车维修档案主要内容包括：维修合同、维修项目、具体维修人员及质量检验人员、检验单、竣工出厂合格证（副本）及结算清单等。

6.建立机动车维修专业技术人员的考试和管理制度

道路运输管理机构应当加强对机动车维修专业技术人员的管理，严格执行专业技术人员从业资格考试和管理制度。

7.建立机动车维修竣工出厂质量保证期制度

（1）汽车和危险货物运输车辆整车修理或总成修理质量保证期为车辆行驶 20 000 公里或者 100 日；二级维护质量保证期为车辆行驶 5 000 公里或者 30 日；一级维护、小修及专项修理质量保证期为车辆行驶 2 000 公里或者 10 日。

摩托车整车修理或者总成修理质量保证期为摩托车行驶 7 000 公里或者 80 日；维护、小修及专项修理质量保证期为摩托车行驶 800 公里或者 10 日。

其他机动车整车修理或者总成修理质量保证期为机动车行驶 6 000 公里或者 60 日；维

护、小修及专项修理质量保证期为机动车行驶700公里或者7日。

质量保证期中行驶里程和日期指标，以先达到者为准。

机动车维修质量保证期，从维修竣工出厂之日起计算。

(2)在质量保证期和承诺的质量保证期内，因维修质量原因造成机动车无法正常使用，且承修方在3日内不能或者无法提供因非维修原因而造成机动车无法使用的相关证据的，机动车维修经营者应当及时无偿返修，不得故意拖延或者无理拒绝。

在质量保证期内，机动车因同一故障或维修项目经两次修理仍不能正常使用的，机动车维修经营者应当负责联系其他机动车维修经营者，并承担相应修理费用。

(3)机动车维修经营者应当公示承诺的机动车维修质量保证期。

8.关于机动车维修质量投诉及调解的规定

(1)道路运输管理机构应当受理机动车维修质量投诉，积极按照维修合同约定和相关规定，调解维修质量纠纷。

(2)机动车维修质量纠纷双方当事人均有保护当事车辆原始状态的义务。必要时可拆检车辆有关部位，但双方当事人应同时在场，共同认可拆检情况。

(3)对机动车维修质量的责任认定需要进行技术分析和鉴定，且承修方和托修方共同要求道路运输管理机构出面协调的，道路运输管理机构应当组织专家组或委托具有法定检测资格的检测机构作出技术分析和鉴定。鉴定费用由责任方承担。

9.建立机动车维修经营者质量信誉考核制度

(1)机动车维修质量信誉考核内容应当包括经营者基本情况、经营业绩(含奖励情况)、不良记录等。

(2)道路运输管理机构应当建立机动车维修企业诚信档案。机动车维修质量信誉考核结果是机动车维修诚信档案的重要组成部分。

(3)道路运输管理机构建立的机动车维修企业诚信信息，除涉及国家秘密、商业秘密外，应当依法公开，供公众查阅。

(五)监督检查

该部分内容共四条，规定了道路运输管理机构应当切实履行对机动车维修经营监督检查的职责、道路运输管理机构的执法人员从事监督检查的基本要求、道路运输管理机构要加强机动车维修管理信息化建设的要求、道路运输管理机构实施监督检查和调查取证的措施以及机动车维修经营者应当配合服从道路运输管理监督检查的义务。

(六)法律责任

该部分内容共六条，规定了机动车维修经营者、道路运输管理人员违反本规定所应承担的法律责任。增加了实施《道路运输条例》有关机动车维修经营、管理法律责任内容的可操作性，通过开展道路运输管理的执法工作，依法制裁违反《道路运输条例》和《维修管理规定》的违法行为，保证《道路运输条例》和《维修管理规定》的全面实施，以实现《维修管理规定》的立法目的。

(七)附则

该部分内容共三条，作为辅助性内容，分别是:外商在我国境内从事机动车维修经营的，还应同时遵守的法律法规；机动车维修经营许可证件等工本费收费标准；《维修管理规定》的实施日期与废止《汽车维修行业管理暂行办法》和《汽车维修质量管理办法》的规定。

三、重要特色

《维修管理规定》的总体思路：一是全面贯彻《道路运输条例》，坚持依法行政；二是具体落实国家关于安全、环保、节能等方面的基本政策，坚持将设定的各项管理方式、方法、措施与安全、环保、节能结合起来；三是体现“以人为本”和“执政为民”理念，把树立科学发展观与构建和谐社会，特别是保护消费者权益体现在机动车维修经营管理的制度中；四是着力解决机动车维修业发展和管理中的热点和难点问题，制定有针对性的改进措施；五是努力实现管理方法和管理手段创新，实现行业跨越式发展。围绕这一总体思路，《维修管理规定》特别注重管理思路的创新、管理方式的改革和消费者（车主）权益的保护，突显出了以下重要特色。

（一）引导行业发展方向，推进机动车维修服务体系建设

《维修管理规定》把“任何单位和个人不得封锁或者垄断机动车维修市场。鼓励机动车维修企业实行集约化、专业化、连锁经营，促进机动车维修业的合理分工和协调发展。鼓励推广应用机动车维修环保、节能、不解体检测和故障诊断技术，推进行业信息化建设和救援、维修服务网络化建设，提高机动车维修行业整体素质，满足社会需要”写入总则，并将这一精神贯穿于整个《维修管理规定》的全文，体现了政府管理的重点，明确地指引了行业发展方向，是推进维修技术进步、完善服务功能的重要举措。

在坚持依法行政和执行安全、环保、节能等基本政策的前提下，最大限度地满足维修需求是行业发展的最终目标。《维修管理规定》在调整和规范市场经营与管理行为的同时，确立了行业发展方向，鼓励机动车维修企业实行集约化、专业化、连锁经营，促进机动车维修业的合理分工和协调发展，推进行业信息化建设和救援、维修服务网络化建设，逐步形成机动车维修既有“综合医院”，又有“专科医院”；既有流动“医疗队”，又有固定“诊所”的功能齐全、布局合理的服务体系，提高机动车维修行业整体素质，满足社会需要。

（二）细化许可项目和内容，实行分类许可

为了增强机动车维修市场准入的科学性和针对性，确立专业化的引导方向，《维修管理规定》细化了行政许可项目和内容，依据维修车型种类、服务能力和经营项目实行分类许可。

按照维修车型、种类，将机动车维修分为汽车维修经营业务、危险货物运输车辆维修经营业务、摩托车维修经营业务和其他机动车维修经营业务四类。根据经营项目和服务能力，将汽车及其他机动车维修经营业务分为一类维修经营业务、二类维修经营业务和三类维修经营业务，将摩托车维修经营业务分为一类维修经营业务和二类维修经营业务。

在许可条件设置上，《维修管理规定》基本引用了国家标准《汽车维修业开业条件》和《摩托车维修业开业条件》规定的内容，并进一步强化了设施、设备等硬件要求与维修车型的针对性，更加注重了技术人员素质等软件建设。

（三）引导专业化维修，鼓励连锁经营

按照国务院关于加快连锁经营发展的若干意见，在法律框架内，在行政许可程序和内容上，《维修管理规定》积极引导专业化维修，鼓励机动车维修服务连锁经营，多项条款对机动车维修连锁经营企业给予了政策倾斜。提出申请机动车维修连锁经营服务网点的，可由机动车维修连锁经营企业总部向连锁经营服务网点所在地县级道路运输管理机构提出申请，管理部

门只对材料的完整性进行审查，不再进行实质性审查，不仅简化了审批程序，而且缩短了许可时限，为发展连锁经营营造了宽松环境。

机动车维修的规模化经营与其他行业不同，不是指建立大规模的机动车修理厂、机动车维修中心或机动车维修园区，而是指在品牌建设的基础上，依靠连锁、分支机构的网络化规模，实行集约化经营，逐步形成连锁经营，企业总部负责统一采购、统一配送、统一标识、统一经营方针、统一服务规范和价格；各连锁服务网点按照总部的统一要求，在总部经营许可的范围内开展相应的维修作业的服务网络和市场格局。

（四）建立质量保证期制度，保护消费者权益

《维修管理规定》把“以人为本”、“执政为民”理念，以及“三个代表”重要思想和科学发展观体现在机动车维修管理的具体政策中，把维护机动车维修市场正常秩序和保障消费者的合法权益放在首位。

按照《道路运输条例》的要求，《维修管理规定》建立了维修质量保证期制度。明确了不同车型的维修质量保证期，强调了质量保证期内企业和车主的权利和义务，规范了管理部门对质量纠纷调解和责任认定的办法。维修质量保证期制度的根本出发点，一是保护车主利益，二是促进维修企业不断提高维修质量，确保维修竣工出厂车辆安全、环保、节能各项性能指标达标，该制度将对机动车维修行业发展产生重大深远影响。

对质量保证期的具体指标，《维修管理规定》按照维修车型和维修类别进行分类规定。对最高级别的维修——整车修理或者总成修理，汽车和危险货物运输车辆的质量保证期确定为行驶里程 20 000 公里或 100 日，摩托车的质量保证期为行驶里程 7 000 公里或者 80 日，其他机动车的质量保证期为行驶里程 6 000 公里或者 60 日。这一质量保证期指标是在广泛征求意见的基础上，兼顾了经营者和消费者的不同利益，基本得到社会各界的广泛认可，尤其是在征求意见过程中，中央电视台、人民日报、中央人民广播电台等中央主流媒体，都对该制度给予了高度评价，认为这是政府关注百姓、保护消费者权益的好政策，给予了很高期望。我们一定要把这项制度落实好、实施好、维护好。

（五）转变政府职能，改变监管方式

转变政府职能，建立法制政府、有限政府、服务政府和有效政府是当前政府改革的基本方向。《维修管理规定》除了严格在相关法律、法规的框架内对经营与管理行为予以规范外，特别注重对于检查与监督制度的改革，在管理思路、管理政策、监督手段等多方面提出了许多改革措施：一是积极推进企业诚信体系建设，对相关情况定期进行“公告”，以充分发挥市场配置资源的基础性作用；二是发挥企业、中介组织等各方的积极性，比如在标志牌制作上，确定了由企业按照统一式样和要求自行完成，在维修工时定额制定上，确定了可以由机动车维修行业协会等中介组织具体负责等；三是改变管理方式，由过去“重审批、轻监管”，向审批、监管并重直至重监管、弱审批方向转移，确立了质量信誉考核机制和动态监督机制；四是提高管理服务功能，积极推进政务信息化建设，强化管理上下级和内部监督，实现监管手段的多样化和监管内容、程序的规范化，提高监管的效率和质量。

四、《机动车维修管理规定》

《机动车维修管理规定》全文（附件略）如下。

机动车维修管理规定

第一章 总 则

第一条 为规范机动车维修经营活动，维护机动车维修市场秩序，保护机动车维修各方当事人的合法权益，保障机动车运行安全，保护环境，节约能源，促进机动车维修业的健康发展，根据《中华人民共和国道路运输条例》及有关法律、行政法规的规定，制定本规定。

第二条 从事机动车维修经营的，应当遵守本规定。

本规定所称机动车维修经营是指以维持或者恢复机动车技术状况和正常功能，延长机动车使用寿命为作业任务所进行的维护、修理以及维修救援等相关经营活动。

第三条 机动车维修经营者应当依法经营，诚实信用，公平竞争，优质服务。

第四条 机动车维修管理，应当公平、公正、公开和便民。

第五条 任何单位和个人不得封锁或者垄断机动车维修市场。

鼓励机动车维修企业实行集约化、专业化、连锁经营，促进机动车维修业的合理分工和协调发展。

鼓励推广应用机动车维修环保、节能、不解体检测和故障诊断技术，推进行业信息化建设和救援、维修服务网络化建设，提高机动车维修行业整体素质，满足社会需要。

第六条 交通部主管全国机动车维修管理工作。

县级以上地方人民政府交通主管部门负责组织领导本行政区域的机动车维修管理工作。

县级以上道路运输管理机构负责具体实施本行政区域内的机动车维修管理工作。

第二章 经营许可

第七条 机动车维修经营依据维修车型种类、服务能力和经营项目实行分类许可。

机动车维修经营业务根据维修对象分为汽车维修经营业务、危险货物运输车辆维修经营业务、摩托车维修经营业务和其他机动车维修经营业务四类。

汽车维修经营业务、其他机动车维修经营业务根据经营项目和服务能力分为一类维修经营业务、二类维修经营业务和三类维修经营业务。

摩托车维修经营业务根据经营项目和服务能力分为一类维修经营业务和二类维修经营业务。

第八条 获得一类汽车维修经营业务、一类其他机动车维修经营业务许可的，可以从事相应车型的整车修理、总成修理、整车维护、小修、维修救援、专项修理和维修竣工检验工作；获得二类汽车维修经营业务、二类其他机动车维修经营业务许可的，可以从事相应车型的整车修理、总成修理、整车维护、小修、维修救援和专项修理工作；获得三类汽车维修经营业务、三类其他机动车维修经营业务许可的，可以分别从事发动机、车身、电气系统、自动变速器维修及车身清洁维护、涂漆、轮胎动平衡和修补、四轮定位检测调整、供油系统维护和油品更换、喷油泵和喷油器维修、曲轴修磨、汽缸镗磨、散热器（水箱）、空调维修、车辆装潢（篷布、座垫及内装饰）、车辆玻璃安装等专项工作。

第九条 获得一类摩托车维修经营业务许可的，可以从事摩托车整车修理、总成修理、整车维护、小修、专项修理和竣工检验工作；获得二类摩托车维修经营业务许可的，可以从事摩托车维护、小修和专项修理工作。

第十条 获得危险货物运输车辆维修经营业务许可的，除可以从事危险货物运输车辆维修经营业务外，还可以从事一类汽车维修经营业务。

第十一条　申请从事汽车维修经营业务或者其他机动车维修经营业务的，应当符合下列条件：

(一)有与其经营业务相适应的维修车辆停车场和生产厂房。租用的场地应当有书面的租赁合同，且租赁期限不得少于1年。停车场和生产厂房面积按照国家标准《汽车维修业开业条件》(GB/T16739)相关条款的规定执行。

(二)有与其经营业务相适应的设备、设施。所配备的计量设备应当符合国家有关技术标准要求，并经法定检定机构检定合格。从事汽车维修经营业务的设备、设施的具体要求按照国家标准《汽车维修业开业条件》(GB/T16739)相关条款的规定执行；从事其他机动车维修经营业务的设备、设施的具体要求，参照国家标准《汽车维修业开业条件》(GB/T16739)执行，但所配备设施、设备应与其维修车型相适应。

(三)有必要的技术人员：

(1)从事一类和二类维修业务的应当各配备至少1名技术负责人员和质量检验人员。技术负责人员应当熟悉汽车或者其他机动车维修业务，并掌握汽车或者其他机动车维修及相关政策法规和技术规范；质量检验人员应当熟悉各类汽车或者其他机动车维修检测作业规范，掌握汽车或者其他机动车维修故障诊断和质量检验的相关技术，熟悉汽车或者其他机动车维修服务收费标准及相关政策法规和技术规范。技术负责人员和质量检验人员总数的60%应当经全国统一考试合格。

(2)从事一类和二类维修业务的应当各配备至少1名从事机修、电器、钣金、涂漆的维修技术人员；从事机修、电器、钣金、涂漆的维修技术人员应当熟悉所从事工种的维修技术和操作规范，并了解汽车或者其他机动车维修及相关政策法规。机修、电器、钣金、涂漆维修技术人员总数的40%应当经全国统一考试合格。

(3)从事三类维修业务的，按照其经营项目分别配备相应的机修、电器、钣金、涂漆的维修技术人员；从事发动机维修、车身维修、电气系统维修、自动变速器维修的，还应当配备技术负责人员和质量检验人员。技术负责人员、质量检验人员及机修、电器、钣金、涂漆维修技术人员总数的40%应当经全国统一考试合格。

(四)有健全的维修管理制度。包括质量管理制度、安全生产管理制度、车辆维修档案管理制度、人员培训制度、设备管理制度及配件管理制度。具体要求按照国家标准《汽车维修业开业条件》(GB/T 16739)相关条款的规定执行。

(五)有必要的环境保护措施。具体要求按照国家标准《汽车维修业开业条件》(GB/T 16739)相关条款的规定执行。

第十二条　从事危险货物运输车辆维修的汽车维修经营者，除具备汽车维修经营一类维修经营业务的开业条件外，还应当具备下列条件：

(一)有与其作业内容相适应的专用维修车间和设备、设施，并设置明显的指示性标志；

(二)有完善的突发事件应急预案，应急预案包括报告程序、应急指挥以及处置措施等内容；

(三)有相应的安全管理人员；

(四)有齐全的安全操作规程。

本规定所称危险货物运输车辆维修，是指对运输易燃、易爆、腐蚀、放射性、剧毒等性质货物的机动车维修，不包含对危险货物运输车辆罐体的维修。

第十三条　申请从事摩托车维修经营的，应当符合下列条件：

(一)有与其经营业务相适应的摩托车维修停车场和生产厂房。租用的场地应有书面的租赁合同,且租赁期限不得少于1年。停车场和生产厂房的面积按照国家标准《摩托车维修业开业条件》(GB/T 18189)相关条款的规定执行。

(二)有与其经营业务相适应的设备、设施。所配备的计量设备应符合国家有关技术标准要求,并经法定检定机构检定合格。具体要求按照国家标准《摩托车维修业开业条件》(GB/T 18189)相关条款的规定执行。

(三)有必要的技术人员:

(1)从事一类维修业务的应当至少有1名质量检验人员。质量检验人员应当熟悉各类摩托车维修检测作业规范,掌握摩托车维修故障诊断和质量检验的相关技术,熟悉摩托车维修服务收费标准及相关政策法规和技术规范。质量检验人员总数的60%应当经全国统一考试合格。

(2)按照其经营业务分别配备相应的机修、电器、钣金、涂漆的维修技术人员。机修、电器、钣金、涂漆的维修技术人员应当熟悉所从事工种的维修技术和操作规范,并了解摩托车维修及相关政策法规。机修、电器、钣金、涂漆维修技术人员总数的30%应当经全国统一考试合格。

(四)有健全的维修管理制度。包括质量管理制度、安全生产管理制度、摩托车维修档案管理制度、人员培训制度、设备管理制度及配件管理制度。具体要求按照国家标准《摩托车维修业开业条件》(GB/T 18189)相关条款的规定执行。

(五)有必要的环境保护措施。具体要求按照国家标准《摩托车维修业开业条件》(GB/T 18189)相关条款的规定执行。

第十四条 申请从事机动车维修经营的,应当向所在地的县级道路运输管理机构提出申请,并提交下列材料:

(一)《交通行政许可申请书》;

(二)经营场地、停车场面积材料、土地使用权及产权证明复印件;

(三)技术人员汇总表及相应职业资格证明;

(四)维修检测设备及计量设备检定合格证明复印件;

(五)按照汽车、其他机动车、危险货物运输车辆、摩托车维修经营,分别提供本规定第十一条、第十二条、第十三条规定条件的其他相关材料。

第十五条 道路运输管理机构应当按照《中华人民共和国道路运输条例》和《交通行政许可实施程序规定》规范的程序实施机动车维修经营的行政许可。

第十六条 道路运输管理机构对机动车维修经营申请予以受理的,应当自受理申请之日起15日内作出许可或者不予许可的决定。符合法定条件的,道路运输管理机构作出准予行政许可的决定,向申请人出具《交通行政许可决定书》,在10日内向被许可人颁发机动车维修经营许可证件,明确许可事项;不符合法定条件的,道路运输管理机构作出不予许可的决定,向申请人出具《不予交通行政许可决定书》,说明理由,并告知申请人享有依法申请行政复议或者提起行政诉讼的权利。

机动车维修经营者应当持机动车维修经营许可证件依法向工商行政管理机关办理有关登记手续。

第十七条 申请机动车维修连锁经营服务网点的,可由机动车维修连锁经营企业总部向连锁经营服务网点所在地县级道路运输管理机构提出申请,提交下列材料,并对材料真实性承担相应的法律责任:

(一)机动车维修连锁经营企业总部机动车维修经营许可证件复印件；

(二)连锁经营协议书副本；

(三)连锁经营的作业标准和管理手册；

(四)连锁经营服务网点符合机动车维修经营相应开业条件的承诺书。

道路运输管理机构在查验申请资料齐全有效后，应当场或在5日内予以许可，并发给相应许可证件。连锁经营服务网点的经营许可项目应当在机动车维修连锁经营企业总部许可项目的范围内。

第十八条　机动车维修经营许可证件实行有效期制。从事一二类汽车维修业务和一类摩托车维修业务的证件有效期为6年；从事三类汽车维修业务、二类摩托车维修业务及其他机动车维修业务的证件有效期为3年。

机动车维修经营许可证件由各省、自治区、直辖市道路运输管理机构统一印制并编号，县级道路运输管理机构按照规定发放和管理。

第十九条　机动车维修经营者应当在许可证件有效期届满前30日到作出原许可决定的道路运输管理机构办理换证手续。

第二十条　机动车维修经营者变更许可事项的，应当按照本章有关规定办理行政许可事宜。

机动车维修经营者变更名称、法定代表人、地址等事项的，应当向作出原许可决定的道路运输管理机构备案。

机动车维修经营者需要终止经营的，应当在终止经营前30日告知作出原许可决定的道路运输管理机构，办理注销手续。

第三章　维修经营

第二十一条　机动车维修经营者应当按照经批准的行政许可事项开展维修服务。

第二十二条　机动车维修经营者应当将机动车维修经营许可证件和《机动车维修标志牌》(见附件1)悬挂在经营场所的醒目位置。

《机动车维修标志牌》由机动车维修经营者按照统一式样和要求自行制作。

第二十三条　机动车维修经营者不得擅自改装机动车，不得承修已报废的机动车，不得利用配件拼装机动车。

托修方要改变机动车车身颜色，更换发动机、车身和车架的，应当按照有关法律、法规的规定办理相关手续，机动车维修经营者在查看相关手续后方可承修。

第二十四条　机动车维修经营者应当加强对从业人员的安全教育和职业道德教育，确保安全生产。

机动车维修从业人员应当执行机动车维修安全生产操作规程，不得违章作业。

第二十五条　机动车维修产生的废弃物，应当按照国家的有关规定进行处理。

第二十六条　机动车维修经营者应当公布机动车维修工时定额和收费标准，合理收取费用。

机动车维修工时定额可按各省机动车维修协会等行业中介组织统一制定的标准执行，也可按机动车维修经营者报所在地道路运输管理机构备案后的标准执行，也可按机动车生产厂家公布的标准执行。当上述标准不一致时，优先适用机动车维修经营者备案的标准。

机动车维修经营者应当将其执行的机动车维修工时单价标准报所在地道路运输管理机构

备案。

机动车生产厂家在新车型投放市场后一个月内,有义务向社会公布其维修技术资料和工时定额。

第二十七条 机动车维修经营者应当使用规定的结算票据,并向托修方交付维修结算清单。维修结算清单中,工时费与材料费应分项计算。维修结算清单格式和内容由省级道路运输管理机构制定。

机动车维修经营者不出具规定的结算票据和结算清单的,托修方有权拒绝支付费用。

第二十八条 机动车维修经营者应当按照规定,向道路运输管理机构报送统计资料。

道路运输管理机构应当为机动车维修经营者保守商业秘密。

第二十九条 机动车维修连锁经营企业总部应当按照统一采购、统一配送、统一标识、统一经营方针、统一服务规范和价格的要求,建立连锁经营的作业标准和管理手册,加强对连锁经营服务网点经营行为的监管和约束,杜绝不规范的商业行为。

第四章 质量管理

第三十条 机动车维修经营者应当按照国家、行业或者地方的维修标准和规范进行维修。尚无标准或规范的,可参照机动车生产企业提供的维修手册、使用说明书和有关技术资料进行维修。

第三十一条 机动车维修经营者不得使用假冒伪劣配件维修机动车。

机动车维修经营者应当建立采购配件登记制度,记录购买日期、供应商名称、地址、产品名称及规格型号等,并查验产品合格证等相关证明。

机动车维修经营者对于换下的配件、总成,应当交托修方自行处理。

机动车维修经营者应当将原厂配件、副厂配件和修复配件分别标识,明码标价,供用户选择。

第三十二条 机动车维修经营者对机动车进行二级维护、总成修理、整车修理的,应当实行维修前诊断检验、维修过程检验和竣工质量检验制度。

承担机动车维修竣工质量检验的机动车维修企业或机动车综合性能检测机构应当使用符合有关标准并在检定有效期内的设备,按照有关标准进行检测,如实提供检测结果证明,并对检测结果承担法律责任。

第三十三条 机动车维修竣工质量检验合格的,维修质量检验人员应当签发《机动车维修竣工出厂合格证》(见附件2);未签发机动车维修竣工出厂合格证的机动车,不得交付使用,车主可以拒绝交费或接车。

机动车维修竣工出厂合格证由省级道路运输管理机构统一印制和编号,县级道路运输管理机构按照规定发放和管理。

禁止伪造、倒卖、转借机动车维修竣工出厂合格证。

第三十四条 机动车维修经营者对机动车进行二级维护、总成修理、整车修理的,应当建立机动车维修档案。机动车维修档案主要内容包括:维修合同、维修项目、具体维修人员及质量检验人员、检验单、竣工出厂合格证(副本)及结算清单等。

机动车维修档案保存期为二年。

第三十五条 道路运输管理机构应当加强对机动车维修专业技术人员的管理,严格执行专业技术人员考试和管理制度。

机动车维修专业技术人员考试及管理具体办法另行制定。

第三十六条　道路运输管理机构应当加强对机动车维修经营的质量监督和管理工作，可委托具有法定资格的机动车维修质量监督检验中心，对机动车维修质量进行监督检验。

第三十七条　机动车维修实行竣工出厂质量保证期制度。

汽车和危险货物运输车辆整车修理或总成修理质量保证期为车辆行驶 20 000 公里或者 100 日；二级维护质量保证期为车辆行驶 5 000 公里或者 30 日；一级维护、小修及专项修理质量保证期为车辆行驶 2 000 公里或者 10 日。

摩托车整车修理或者总成修理质量保证期为摩托车行驶 7 000 公里或者 80 日；维护、小修及专项修理质量保证期为摩托车行驶 800 公里或者 10 日。

其他机动车整车修理或者总成修理质量保证期为机动车行驶 6 000 公里或者 60 日；维护、小修及专项修理质量保证期为机动车行驶 700 公里或者 7 日。

质量保证期中行驶里程和日期指标，以先达到者为准。

机动车维修质量保证期，从维修竣工出厂之日起计算。

第三十八条　在质量保证期和承诺的质量保证期内，因维修质量原因造成机动车无法正常使用，且承修方在 3 日内不能或者无法提供因非维修原因而造成机动车无法使用的相关证据的，机动车维修经营者应当及时无偿返修，不得故意拖延或者无理拒绝。

在质量保证期内，机动车因同一故障或维修项目经两次修理仍不能正常使用的，机动车维修经营者应当负责联系其他机动车维修经营者，并承担相应修理费用。

第三十九条　机动车维修经营者应当公示承诺的机动车维修质量保证期。所承诺的质量保证期不得低于第三十七条的规定。

第四十条　道路运输管理机构应当受理机动车维修质量投诉，积极按照维修合同约定和相关规定调解维修质量纠纷。

第四十一条　机动车维修质量纠纷双方当事人均有保护当事车辆原始状态的义务。必要时可拆检车辆有关部位，但双方当事人应同时在场，共同认可拆检情况。

第四十二条　对机动车维修质量的责任认定需要进行技术分析和鉴定，且承修方和托修方共同要求道路运输管理机构出面协调的，道路运输管理机构应当组织专家组或委托具有法定检测资格的检测机构作出技术分析和鉴定。鉴定费用由责任方承担。

第四十三条　对机动车维修经营者实行质量信誉考核制度。机动车维修质量信誉考核办法另行制定。

机动车维修质量信誉考核内容应当包括经营者基本情况、经营业绩(含奖励情况)、不良记录等。

第四十四条　道路运输管理机构应当建立机动车维修企业诚信档案。机动车维修质量信誉考核结果是机动车维修诚信档案的重要组成部分。

道路运输管理机构建立的机动车维修企业诚信信息，除涉及国家秘密、商业秘密外，应当依法公开，供公众查阅。

第五章　监督检查

第四十五条　道路运输管理机构应当加强对机动车维修经营活动的监督检查。

道路运输管理机构的工作人员应当严格按照职责权限和程序进行监督检查，不得滥用职权、徇私舞弊，不得乱收费、乱罚款。

第四十六条　道路运输管理机构应当积极运用信息化技术手段，科学、高效地开展机动车维修管理工作。

第四十七条　道路运输管理机构的执法人员在机动车维修经营场所实施监督检查时，应当有2名以上人员参加，并向当事人出示交通部监制的交通行政执法证件。

道路运输管理机构实施监督检查时，可以采取下列措施：

(一)询问当事人或者有关人员，并要求其提供有关资料；

(二)查询、复制与违法行为有关的维修台账、票据、凭证、文件及其他资料，核对与违法行为有关的技术资料；

(三)在违法行为发现场所进行摄影、摄像取证；

(四)检查与违法行为有关的维修设备及相关机具的有关情况。

检查的情况和处理结果应当记录，并按照规定归档。当事人有权查阅监督检查记录。

第四十八条　从事机动车维修经营活动的单位和个人，应当自觉接受道路运输管理机构及其工作人员的检查，如实反映情况，提供有关资料。

第六章　法律责任

第四十九条　违反本规定，有下列行为之一，擅自从事机动车维修相关经营活动的，由县级以上道路运输管理机构责令其停止经营；有违法所得的，没收违法所得，处违法所得2倍以上10倍以下的罚款；没有违法所得或者违法所得不足1万元的，处2万元以上5万元以下的罚款；构成犯罪的，依法追究刑事责任：

(一)未取得机动车维修经营许可，非法从事机动车维修经营的；

(二)使用无效、伪造、变造机动车维修经营许可证件，非法从事机动车维修经营的；

(三)超越许可事项，非法从事机动车维修经营的。

第五十条　违反本规定，机动车维修经营者非法转让、出租机动车维修经营许可证件的，由县级以上道路运输管理机构责令停止违法行为，收缴转让、出租的有关证件，处以2 000元以上1万元以下的罚款；有违法所得的，没收违法所得。

对于接受非法转让、出租的受让方，应当按照第四十九条的规定处罚。

第五十一条　违反本规定，机动车维修经营者使用假冒伪劣配件维修机动车，承修已报废的机动车或者擅自改装机动车的，由县级以上道路运输管理机构责令改正，并没收假冒伪劣配件及报废车辆；有违法所得的，没收违法所得，处违法所得2倍以上10倍以下的罚款；没有违法所得或者违法所得不足1万元的，处2万元以上5万元以下的罚款，没收假冒伪劣配件及报废车辆；情节严重的，由原许可机关吊销其经营许可；构成犯罪的，依法追究刑事责任。

第五十二条　违反本规定，机动车维修经营者签发虚假或者不签发机动车维修竣工出厂合格证的，由县级以上道路运输管理机构责令改正；有违法所得的，没收违法所得，处以违法所得2倍以上10倍以下的罚款；没有违法所得或者违法所得不足3 000元的，处以5 000元以上2万元以下的罚款；情节严重的，由许可机关吊销其经营许可；构成犯罪的，依法追究刑事责任。

第五十三条　违反本规定，有下列行为之一的，由县级以上道路运输管理机构责令其限期整改；限期整改不合格的，予以通报：

(一)机动车维修经营者未按照规定执行机动车维修质量保证期制度的；

(二)机动车维修经营者未按照有关技术规范进行维修作业的；

（三）伪造、转借、倒卖机动车维修竣工出厂合格证的；

（四）机动车维修经营者只收费不维修或者虚列维修作业项目的；

（五）机动车维修经营者未在经营场所醒目位置悬挂机动车维修经营许可证件和机动车维修标志牌的；

（六）机动车维修经营者未在经营场所公布收费项目、工时定额和工时单价的；

（七）机动车维修经营者超出公布的结算工时定额、结算工时单价向托修方收费的；

（八）机动车维修经营者不按照规定建立维修档案和报送统计资料的；

（九）违反本规定其他有关规定的。

第五十四条　违反本规定，道路运输管理机构的工作人员有下列情形之一的，由同级地方人民政府交通主管部门依法给予行政处分；构成犯罪的，依法追究刑事责任：

（一）不按照规定的条件、程序和期限实施行政许可的；

（二）参与或者变相参与机动车维修经营业务的；

（三）发现违法行为不及时查处的；

（四）索取、收受他人财物或谋取其他利益的；

（五）其他违法违纪行为。

第七章　附　则

第五十五条　外商在中华人民共和国境内申请中外合资、中外合作、独资形式投资机动车维修经营的，应同时遵守《外商投资道路运输业管理规定》及相关法律、法规的规定。

第五十六条　机动车维修经营许可证件等相关证件工本费收费标准由省级人民政府财政部门、价格主管部门会同同级交通主管部门核定。

第五十七条　本规定自2005年8月1日起施行。经商国家发展和改革委员会、国家工商行政管理总局同意，1986年12月12日交通部、原国家经委、原国家工商行政管理局发布的《汽车维修行业管理暂行办法》同时废止，1991年4月10日交通部颁布的《汽车维修质量管理办法》同时废止。

第三节　《道路运输从业人员管理规定》

《道路运输从业人员管理规定》（交通部令2006年第9号，以下简称《从业人员管理规定》），自2007年3月1日正式实施。《从业人员管理规定》是《道路运输条例》关于道路运输从业人员管理的专项配套规章，对加强道路运输从业人员管理、提高道路运输从业人员综合素质进行了专门规定。

一、颁布实施的重要意义

《从业人员管理规定》是《道路运输条例》关于道路运输从业人员管理的专项配套规章，是在总结《营业性道路运输驾驶员职业培训管理规定》（交通部令2001年第7号）实施经验的基础上，综合我国道路运输行业实际和发展需要制定的。

目前，全国道路运输从业人员队伍已经达到1 800万人，为解决城乡居民就业问题，促进和谐社会建设起到了非常重要的作用。但道路运输从业人员素质参差不齐，整体素质不高。要发展道路运输生产力，保障道路运输安全，提高公共服务水平，转变行业经济增长方式，节约能源，减少环境污染，提高运输效率和效益，规范市场竞争秩序，从根本上讲，要靠从业队伍整体素质的提高。这正是制定《从业人员管理规定》的根本出发点。

《从业人员管理规定》对道路运输从业人员的管理原则、管理范围、资格考试和认证程序、从业资格证件管理、从业行为、违章处罚等作了具体规范，是道路运输从业人员管理的一部纲领性、系统性规章。它的颁布实施，对于强化道路运输管理，推进道路运输从业人员队伍建设，全面提升道路运输从业人员综合素质，推动道路运输行政管理改革，培育一个安全、和谐、文明的道路运输市场，实现道路运输又好又快发展，具有重要意义。

从业人员管理既是道路运输行业管理的重要内容，也是重要手段。各级交通主管部门和道路运输管理机构要以《从业人员管理规定》的发布实施为契机，切实加强道路运输从业人员管理，把从业人员管理工作作为道路运输发展和管理中一项基础性、系统性、根本性的大事来抓。地方各级交通主管部门和道路运输管理机构要站在全面推进依法行政的高度，充分认识贯彻实施《从业人员管理规定》的重要性和必要性，切实领会《从业人员管理规定》的立法宗旨，深入贯彻落实《从业人员管理规定》确定的制度，全面规范道路运输从业人员管理。

二、确立的立法宗旨、基本原则和制度

(1)《从业人员管理规定》集中体现了"加强道路运输从业人员管理，提高道路运输从业人员综合素质"的立法宗旨。

《从业人员管理规定》所称道路运输从业人员是指经营性道路客货运输驾驶员、道路危险货物运输从业人员、机动车维修技术人员、机动车驾驶培训教练员、道路运输经理人和其他道路运输从业人员。

(2)《从业人员管理规定》确立了道路运输从业人员管理的基本原则：道路运输从业人员应当依法经营、诚实信用、规范操作、文明作业；道路运输从业人员管理工作应当公平、公正、公开和便民。

(3)国家对道路运输从业人员实行从业资格考试制度，对道路运输从业行为实行诚信考核和计分考核制度。

三、道路运输从业人员资格管理的主要内容

1.明确从业资格条件

从业资格是对道路运输从业人员所从事的特定岗位职业素质的基本评价。《道路运输条例》规定，道路运输从业人员应符合相应年龄、学历、职称、驾驶证件和安全驾车等基本条件，并应经过相应基本知识考试合格。

(1)从事道路客运经营的驾驶人员，应当经设区的市级道路运输管理机构对有关客运法律法规、机动车维修和旅客急救基本知识考试合格；

(2)从事道路货运经营的驾驶人员，应当经设区的市级道路运输管理机构对有关货运法律法规、机动车维修和货物装载、保管基本知识考试合格；

(3)从事危险货物运输经营的驾驶人员、装卸管理人员、押运人员，应当了解危险货物性质、危害特征、包装容器的使用特征和发生意外时的应急措施，经设区的市级道路运输管理机

构考试合格；

(4)从事机动车维修的技术人员，应分别对机动车维修相关政策法规和技术规范，业务知识，维修、检测、诊断和检验技术，服务收费标准等经设区的市级道路运输管理机构考试合格。

2.组织实施从业资格考试

《从业人员管理规定》提出的从业资格考试制度具体内容如下：

第六条　国家对道路运输从业人员实行从业资格考试制度。

机动车维修技术人员、机动车驾驶培训教练员取得从业资格的比例分别是相关经营者依法获取机动车维修和机动车驾驶员培训经营许可的必要条件之一。

第七条　道路运输从业人员从业资格考试应当按照交通部编制的考试大纲、考试题库、考核标准、考试工作规范和程序组织实施。

第八条　经营性道路客货运输驾驶员从业资格考试由设区的市级道路运输管理机构组织实施，每月组织一次考试。

机动车维修技术人员从业资格考试由设区的市级道路运输管理机构组织实施，每季度组织一次考试。

....

其他道路运输从业人员从业资格考试管理权限由省级道路运输管理机构确定。

对从业资格考试的组织实施，《从业人员管理规定》作出的具体规定如下：

第十八条　申请参加机动车维修技术人员从业资格考试的，应当向其户籍地或者暂住地设区的市级道路运输管理机构提出申请，填写《机动车维修技术人员从业资格考试申请表》(式样见附件3)，并提供下列材料：

(一)身份证明及复印件；

(二)学历证明及复印件，申请参加技术负责人员从业资格考试的，也可以提供技术职称证明及复印件；

申请质量检验人员从业资格考试的，还应当同时提供机动车驾驶证及复印件和维修技术工作经历证明。

第二十二条　道路运输从业人员从业资格考试成绩有效期为1年，考试成绩逾期作废。

第二十三条　申请人在从业资格考试中有舞弊行为的，取消当次考试资格，考试成绩无效。

第二十四条　交通主管部门或者道路运输管理机构应当建立道路运输从业人员从业资格管理档案。

道路运输从业人员从业资格管理档案包括：从业资格考试申请材料，从业资格考试及从业资格证件记录，从业资格证件换发、补发、变更记录，违章、事故及诚信考核、继续教育记录等。

第二十五条　交通主管部门和道路运输管理机构应当向社会提供道路运输从业人员相关从业信息的查询服务。

3.实施从业资格证件管理

《从业人员管理规定》中相关条款：

第二十六条　经营性道路客货运输驾驶员、道路危险货物运输从业人员、机动车维修技术人员、道路运输经理人和其他道路运输从业人员经考试合格后，取得《中华人民共和国道路运输从业人员从业资格证》。

《中华人民共和国道路运输从业人员从业资格证》和《中华人民共和国机动车驾驶培训教练员证》统称道路运输从业人员从业资格证件。

第二十七条　道路运输从业人员从业资格证件全国通用。

第二十八条　已获得从业资格证件的人员需要增加相应从业资格类别的，应当向原发证机关提出申请，并按照规定参加相应培训和考试。

第二十九条　道路运输从业人员从业资格证件由交通部统一印制并编号。具体工作委托交通专业人员资格评价中心负责.

经营性道路客货运输驾驶员从业资格证件、机动车维修技术人员从业资格证件由设区的市级道路运输管理机构发放和管理。

其他道路运输从业人员从业资格证件发放和管理权限由省级道路运输管理机构确定。

第三十条　交通主管部门和道路运输管理机构应当建立道路运输从业人员从业资格证件管理数据库，使用全国统一的管理软件核发从业资格证件，并逐步采用电子存取和防伪技术，确保有关信息实时输入、输出和存储。

交通主管部门和道路运输管理机构应当结合道路运输从业人员从业资格证件的管理工作，建立道路运输从业人员管理信息系统，并逐步实现异地稽查信息共享和动态资格管理。

第三十一条　道路运输从业人员从业资格证件有效期为6年。道路运输从业人员应当在从业资格证件有效期届满30日前到原发证机关办理换证手续。

道路运输从业人员从业资格证件遗失、毁损的，应当到原发证机关办理证件补发手续。

道路运输从业人员服务单位变更的，应当到交通主管部门或者道路运输管理机构办理从业资格证件变更手续。

道路运输从业人员从业资格档案应当由原发证机关在变更手续办结后30日内移交户籍迁入地或者现居住地的交通主管部门或者道路运输管理机构。

第三十二条　道路运输从业人员办理换证、补证和变更手续，应当填写《道路运输从业人员从业资格证件换发、补发、变更登记表》。

第三十三条　交通主管部门和道路运输管理机构应当对符合要求的从业资格证件换发、补发、变更申请予以办理。

申请人违反相关从业资格管理规定且尚未接受处罚的，受理机关应当在其接受处罚后换发、补发、变更相应的从业资格证件。

第三十五条　道路运输从业人员有下列情形之一的，由发证机关注销其从业资格证件：

（一）持证人死亡的；

（二）持证人申请注销的；

（三）经营性道路客货运输驾驶员、道路危险货物运输从业人员、机动车驾驶培训教练员年龄超过60周岁的；

（四）经营性道路客货运输驾驶员、道路危险货物运输驾驶员、机动车维修质量检验人员、机动车驾驶培训教练员的机动车驾驶证被注销或者被吊销的；

（五）超过从业资格证件有效期180日未申请换证的。

凡被注销的从业资格证件，应当由发证机关予以收回，公告作废并登记归档；无法收回的，从业资格证件自行作废。

第三十六条　交通主管部门和道路运输管理机构应当将道路运输从业人员的违章行为记

录在《中华人民共和国道路运输从业人员从业资格证》的违章记录栏内，并通报发证机关。发证机关应当将该记录作为道路运输从业人员诚信考核和计分考核的依据，并存入管理档案，机动车驾驶培训教练员违章记录直接记入教练员档案，并作为诚信考核的重要内容。

第三十七条　道路运输从业人员诚信考核和计分考核周期为12个月，从初次领取从业资格证件之日起计算，诚信考核等级分为优良、合格、基本合格和不合格，分别用AAA级、AA级、A级和B级表示。在考核周期内，累计计分超过规定的，诚信考核等级为B级.

省级交通主管部门和道路运输管理机构应当将道路运输从业人员每年的诚信考核和计分考核结果向社会公布，供公众查阅。

四、申请道路运输从业人员资格考试的办理程序和条件

申请参加经营性道路客货运输驾驶员、机动车维修技术人员和道路危险货物运输驾驶人员、装卸管理人员、押运人员从业资格考试的，应当向其户籍地或者暂住地的设区的市级道路运输管理机构和设区的市级交通主管部门提出申请；申请参加机动车驾驶培训教练员从业资格考试的，应当向户籍地或者暂住地的省级道路运输管理机构提出申请。

申请参加道路运输从业人员资格考试，应当符合《从业人员管理规定》要求的相应条件，填写相应的《道路运输从业人员资格考试申请表》，提供《从业人员管理规定》所要求的身份证、驾驶证、学历证等复印件和安全驾驶证明、相关工作经历证明、相关培训证明等材料。

申请参加道路运输从业资格考试的人员，应当如实提交有关材料和反映真实情况，并对其申请材料内容的真实性承担法律责任。

五、道路运输从业人员从业资格证件管理及新、旧从业资格证件衔接问题

道路运输从业人员从业资格证件由交通部统一印制、编号，有效期6年，全国通用。道路运输从业人员在从事道路运输活动时，应当携带相应的从业资格证件。

在2007年3月1日前，按相关规定已经取得的相应从业资格证件(2006年4月1日后取得的“中华人民共和国机动车驾驶培训教练员证”除外)，且有效期在2008年3月1日前的，按照《从业人员管理规定》的要求，在原证件有效期届满30日前，到原发证机关办理换证手续；证件有效期在2008年3月1日之后的，应在2008年6月30前，到原发证机关办理换证手续；2008年7月1日后，旧证件无效，持旧证件从事道路运输经营业务的，按照《从业人员管理规定》第四十八条的规定实施处罚。2006年4月1日后取得的“中华人民共和国机动车驾驶培训教练员证”，在证件到期后，按《从业人员管理规定》换发新的证件。

六、法律责任

《从业人员管理规定》第四十八条规定：违反本规定，有下列行为之一的人员，由县级以上道路运输管理机构责令改正，处200元以上2 000元以下的罚款；构成犯罪的，依法追究刑事责任：

(一)未取得相应从业资格证件，驾驶道路客货运输车辆的；

(二)使用失效、伪造、变造的从业资格证件，驾驶道路客货运输车辆的；

(三)超越从业资格证件核定范围，驾驶道路客货运输车辆的。

《从业人员管理规定》第四十九条明确规定：违反本规定，有下列行为之一的人员，由设区

的市级人民政府交通主管部门处2万元以上10万元以下的罚款；构成犯罪的，依法追究刑事责任：

（一）未取得相应从业资格证件，从事道路危险货物运输活动的；

（二）使用失效、伪造、变造的从业资格证件，从事道路危险货物运输活动的；

（三）超越从业资格证件核定范围，从事道路危险货物运输活动的。

《从业人员管理规定》第五十条明确规定：道路运输从业人员有下列不具备安全条件情形之一的，由发证机关吊销其从业资格证件：

（一）经营性道路客货运输驾驶员、道路危险货物运输从业人员、机动车驾驶培训教练员身体健康状况不符合有关机动车驾驶和相关从业要求且没有主动申请注销从业资格的；

（二）经营性道路客货运输驾驶员、道路危险货物运输驾驶员、机动车驾驶培训教练员发生重大以上交通事故，且负主要责任的；

（三）机动车维修技术人员发生重大生产安全事故，且负主要责任的；

（四）发现重大事故隐患，不立即采取消除措施，继续作业的。

被吊销的从业资格证件应当由发证机关公告作废并登记归档。

七、对机动车维修从业人员的管理规定

（一）机动车维修从业人员管理的范围

机动车维修从业技术人员包括：机动车维修技术负责人员、质量检验人员以及从事机修、电器、钣金、涂漆、车辆技术评估（含检测）作业的技术人员。

机动车维修其他从业人员是指除上述人员以外的机动车维修企业价格核算员及业务接待员。

（二）机动车维修技术人员从业基本条件

《从业人员管理规定》相关条款：

第三条　道路运输从业人员应当依法经营，诚实信用，规范操作，文明从业。

第十三条　机动车维修技术人员应当符合下列条件。

（一）技术负责人员

1.具有机动车维修或者相关专业大专以上学历，或者具有机动车维修或相关专业中级以上专业技术职称；

2.熟悉机动车维修业务，掌握机动车维修相关政策法规和技术规范。

（二）质量检验人员

1.具有高中以上学历；

2.熟悉机动车维修检测作业规范，掌握机动车维修故障诊断和质量检验的相关技术，熟悉机动车维修服务收费标准及相关政策法规和技术规范。

（三）从事机修、电器、钣金、涂漆、车辆技术评估（含检测）作业的技术人员

1.具有初中以上学历；

2.熟悉所从事工种的维修技术和操作规范，并了解机动车维修及相关政策法规。

（三）从业资格考试制度

从业资格是对道路运输从业人员所从事的特定岗位职业素质的基本评价。《从业人员管

理规定》中提出从业资格考试制度的具体内容如下：

第六条 国家对道路运输从业人员实行从业资格考试制度。

机动车维修技术人员、机动车驾驶培训教练员取得从业资格的比例分别是相关经营者依法获取机动车维修和机动车驾驶员培训经营许可的必要条件之一。

第七条 道路运输从业人员从业资格考试应当按照交通部编制的考试大纲、考试题库、考核标准、考试工作规范和程序组织实施。

第八条 经营性道路客货运输驾驶员从业资格考试由设区的市级道路运输管理机构组织实施，每月组织一次考试。

机动车维修技术人员从业资格考试由设区的市级道路运输管理机构组织实施，每季度组织一次考试。

其他道路运输从业人员从业资格考试管理权限由省级道路运输管理机构确定。

对从业资格考试的组织实施，《从业人员管理规定》作出具体规定如下：

第十八条 申请参加机动车维修技术人员从业资格考试的，应当向其户籍地或者暂住地设区的市级道路运输管理机构提出申请，填写《机动车维修技术人员从业资格考试申请表》(式样见附件3)，并提供下列材料：

(一)身份证明及复印件；

(二)学历证明及复印件，申请参加技术负责人员从业资格考试的，也可以提供技术职称证明及复印件；

申请质量检验人员从业资格考试的，还应当同时提供机动车驾驶证及复印件和维修技术工作经历证明。

第二十二条 道路运输从业人员从业资格考试成绩有效期为1年，考试成绩逾期作废。

第二十三条 申请人在从业资格考试中有舞弊行为的，取消当次考试资格，考试成绩无效。

第二十五条 交通主管部门和道路运输管理机构应当向社会提供道路运输从业人员相关从业信息的查询服务。

(四)从业资格证件管理

《从业人员管理规定》对从业资格证件管理作出如下规定：

第二十六条 经营性道路客货运输驾驶员、道路危险货物运输从业人员、机动车维修技术人员、道路运输经理人和其他道路运输从业人员经考试合格后，取得《中华人民共和国道路运输从业人员从业资格证》。

《中华人民共和国道路运输从业人员从业资格证》和《中华人民共和国机动车驾驶培训教练员证》统称道路运输从业人员从业资格证件。

第二十七条 道路运输从业人员从业资格证件全国通用。

第二十八条 已获得从业资格证件的人员需要增加相应从业资格类别的，应当向原发证机关提出申请，并按照规定参加相应培训和考试。

第二十九条 道路运输从业人员从业资格证件由交通部统一印制并编号。具体工作委托交通专业人员资格评价中心负责。

经营性道路客货运输驾驶员从业资格证件、机动车维修技术人员从业资格证件由设区的市级道路运输管理机构发放和管理。

其他道路运输从业人员从业资格证件发放和，管理权限由省级道路运输管理机构确定。

第三十条 交通主管部门和道路运输管理机构应当建立道路运输从业人员从业资格证件管理数据库，使用全国统一的管理软件核发从业资格证件，并逐步采用电子存取和防伪技术，确保有关信息实时输入、输出和存储。

交通主管部门和道路运输管理机构应当结合道路运输从业人员从业资格证件的管理工作，建立道路运输从业人员管理信息系统，并逐步实现异地稽查信息共享和动态资格管理。

第三十一条 道路运输从业人员从业资格证件有效期为6年。道路运输从业人员应当在从业资格证件有效期届满30日前到原发证机关办理换证手续。

道路运输从业人员从业资格证件遗失、毁损的，应当到原发证机关办理证件补发手续。

道路运输从业人员服务单位变更的，应当到交通主管部门或者道路运输管理机构办理从业资格证件变更手续。

道路运输从业人员从业资格档案应当由原发证机关在变更手续办结后30日内移交户籍迁入地或者现居住地的交通主管部门或者道路运输管理机构。

第三十二条 道路运输从业人员办理换证、补证和变更手续，应当填写《道路运输从业人员从业资格证件换发、补发、变更登记表》。

第三十三条 交通主管部门和道路运输管理机构应当对符合要求的从业资格证件换发、补发、变更申请予以办理。

申请人违反相关从业资格管理规定且尚未接受处罚的，受理机关应当在其接受处罚后换发、补发、变更相应的从业资格证件。

第三十四条 经营性道路客货运输驾驶员、道路危险货物运输从业人员在发证机关所在地以外从业，且从业时间超过3个月的，应当到服务地管理部门备案。

第三十五条 道路运输从业人员有下列情形之一的，由发证机关注销其从业资格证件：

（一）持证人死亡的；

（二）持证人申请注销的；

（三）经营性道路客货运输驾驶员、道路危险货物运输从业人员、机动车驾驶培训教练员年龄超过60周岁的；

（四）经营性道路客货运输驾驶员、道路危险货物运输驾驶员、机动车维修质量检验人员、机动车驾驶培训教练员的机动车驾驶证被注销或者被吊销的；

（五）超过从业资格证件有效期180日未申请换证的。

凡被注销的从业资格证件，应当由发证机关予以收回，公告作废并登记归档；无法收回的，从业资格证件自行作废。

第三十六条 交通主管部门和道路运输管理机构应当将道路运输从业人员的违章行为记录在《中华人民共和国道路运输从业人员从业资格证》的违章记录栏内，并通报发证机关。发证机关应当将该记录作为道路运输从业人员诚信考核和计分考核的依据，并存入管理档案，机动车驾驶培训教练员违章记录直接记入教练员档案，并作为诚信考核的重要内容。

第三十七条 道路运输从业人员诚信考核和计分考核周期为12个月，从初次领取从业资格证件之日起计算，诚信考核等级分为优良、合格、基本合格和不合格，分别用AAA级、AA级、A级和B级表示。在考核周期内，累计计分超过规定的，诚信考核等级为B级。

省级交通主管部门和道路运输管理机构应当将道路运输从业人员每年的诚信考核和计分考核结果向社会公布，供公众查阅。

(五)从业行为规定

《从业人员管理规定》中相关条款:

第四十条　道路运输从业人员应当按照规定参加国家相关法规、职业道德及业务知识培训。

第四十六条　机动车维修技术人员应当按照维修规范和程序作业,不得擅自扩大维修项目,不得使用假冒伪劣配件,不得擅自改装机动车,不得承修已报废的机动车,不得利用配件拼装机动车。

(六)法律责任

《从业人员管理规定》中相关条款:

第五十条　道路运输从业人员有下列不具备安全条件情形之一的,由发证机关吊销其从业资格证件:

机动车维修技术人员发生重大生产安全事故,且负主要责任的;

发现重大事故隐患,不立即采取消除措施,继续作业的;

被吊销的从业资格证件应当由发证机关公告作废并登记归档。

第四节　《机动车维修企业质量信誉考核办法(试行)》

为加强机动车维修市场管理,加快机动车维修市场诚信体系建设,建立和完善优胜劣汰的市场竞争机制及退出机制,引导和促进机动车维修企业依法经营、诚实守信、公平竞争、优质服务,依据《机动车维修管理规定》及有关规章,交通部(公路司)组织起草了《机动车维修企业质量信誉考核办法(试行)》(以下简称《考核办法》),2006 年 12 月 25 日交通部以(交公路发[2006]719 号文)《关于印发〈机动车维修企业质量信誉考核办法(试行)〉的通知》,颁布实施。

在全国机动车维修行业实施质量信誉考核,将有利于全面贯彻中共中央《全民道德建设实施纲要》,在全行业建立诚信服务机制;有利于激励企业改进管理,增强服务意识和水平;有利于用户的理性选择和有效监督,维护其正当权益;有利于引导市场发育,加速企业结构调整;有利于完善市场服务功能,合理配置资源;有利于规范企业经营行为,保护守法经营;有利于提升行业整体素质,提高服务质量;有利于完善从市场准入、动态监控,到退出市场的全过程管理体制,实现行业跨越式发展。

一、质量信誉考核的原则

质量信誉考核,是指在考核周期内对机动车维修企业的从业人员素质、安全生产、维修质量、服务质量、环境保护、遵章守纪和企业管理等方面进行的综合评价。凡在中华人民共和国境内已获取经营许可的机动车维修企业,均应遵守《考核办法》。

机动车维修企业质量信誉考核工作应当遵循公平、公正、公开和便民的原则。《考核办法》要求机动车维修企业应当自觉遵守国家有关法律、法规及规章,加强管理,诚信经营,履行社会责任,为社会提供安全、优质、方便的维修服务;各级交通主管部门和道路运输管理机构应当鼓励和支持质量信誉等级高的机动车维修企业发展。

交通部负责全国机动车维修企业质量信誉考核工作。县级以上人民政府交通主管部门负责组织领导本行政区域的机动车维修企业质量信誉考核工作。县级以上道路运输管理机构按照本办法规定的职责，负责具体实施机动车维修企业质量信誉考核工作。

二、质量信誉等级与考核指标

机动车维修企业质量信誉等级分为优良、合格、基本合格和不合格，分别用AAA级、AA级、A级和B级表示。

机动车维修企业质量信誉考核指标包括以下内容。

(1)从业人员素质指标：维修技术人员获取从业资格证件情况；

(2)安全生产指标：安全生产制度实施情况及安全生产状况；

(3)维修质量指标：质量保证体系建设和实施情况；

(4)服务质量指标：服务公示情况、有责投诉次数、服务质量事件和用户满意度；

(5)遵章守纪指标：守法经营和违章情况；

(6)环境保护指标：环保设施设备技术状况和运用情况，废气、废水、废油以及空调制冷剂等维修废物回收处理情况；

(7)企业管理指标：质量信誉档案建立情况、企业形象、获奖情况、连锁经营情况。

三、质量信誉考核方法

机动车维修企业质量信誉考核实行计分制，考核总分为1000分，加分为100分。在考核总分中从业人员素质考核占100分，安全生产考核占150分，维修质量考核占200分，服务质量考核占200分，遵章守纪考核占150分，环境保护考核占150分，企业管理考核占50分。企业管理指标中企业形象、获奖情况、连锁经营情况为加分项目。

一二类汽车维修企业质量信誉考核记分标准由交通部统一制定(《考核办法》附件)；三类汽车维修企业及一二类摩托车维修企业和其他机动车维修企业的质量信誉考核记分标准由省级道路运输管理机构参照一二类汽车维修企业质量信誉考核记分标准统一制定。

机动车维修企业质量信誉等级，由道路运输管理机构按照下列条件进行考核：

(一)AAA级企业

(1)考核期内未发生一次死亡1人及以上的安全生产责任事故和重大、特大恶性服务质量事件；

(2)考核期内未出现超越许可事项或使用无效、伪造、变造机动车维修经营许可证件，非法从事机动车维修经营的违法违章行为；

(3)考核期内未出现使用假冒伪劣配件维修机动车、承修已报废的机动车、擅自改装机动车或利用配件拼装机动车的违法违章行为；

(4)考核总分和加分合计不低于850分，且企业从业人员素质、安全生产等考核分数在该项总分的80%以上。

(二)AA级企业

(1)未达到AAA级企业的考核条件；

(2)考核期内未发生一次死亡1人及以上的安全生产责任事故和重大、特大恶性服务质量事件；

(3)考核期内未出现超越许可事项或使用无效、伪造、变造机动车维修经营许可证件，非法从事机动车维修经营的违法违章行为；

(4)考核期内未出现使用假冒伪劣配件维修机动车、承修已报废的机动车、擅自改装机动车或利用配件拼装机动车的违法违章行为；

(5)考核总分和加分合计不低于700分，且企业从业人员素质、安全生产等考核分数在该项总分的65%以上。

(三)A级企业

(1)未达到AA级企业的考核条件；

(2)考核期内未发生一次死亡1人及以上的安全生产责任事故和特大恶性服务质量事件；

(3)考核期内未出现超越许可事项或使用无效、伪造、变造机动车维修经营许可证件，非法从事机动车维修经营的违法违章行为；

(4)考核期内未出现使用假冒伪劣配件维修机动车、承修已报废的机动车、擅自改装机动车或利用配件拼装机动车的违法违章行为；

(5)考核总分和加分合计不低于600分，且企业从业人员素质、安全生产等考核分数在该项总分的60%以上。

(四)B级企业

考核期内有下列情形之一的，质量信誉等级为B级：

(1)发生一次死亡1人及以上的安全生产责任事故或特大恶性服务质量事件；

(2)出现超越许可事项或使用无效、伪造、变造机动车维修经营许可证件，非法从事机动车维修经营的违法违章行为；

(3)出现使用假冒伪劣配件维修机动车、承修已报废的机动车、擅自改装机动车或利用配件拼装机动车的违法违章行为；

(4)考核总分和加分合计低于600分或者企业从业人员素质、安全生产等考核分数在该项总分的60%以下的。

重大恶性服务质量事件是指由于企业原因，对社会造成不良影响，而受到市级交通主管部门或者道路运输管理机构通报批评的服务质量事件；特大恶性服务质量事件是指由于企业原因，对社会造成恶劣影响，而受到省级以上交通主管部门或者道路运输管理机构通报批评的服务质量事件。

四、建立质量信誉档案

机动车维修企业应当建立质量信誉档案，并及时将相关内容和材料记入质量信誉档案。主要内容包括：

(1)企业基本情况，包括企业名称、法人代表名称、机动车维修经营许可证件、工商执照、分公司名称及所在地、从业人员情况等；

(2)安全生产事故记录，包括每次事故的时间、地点、事故原因、死伤人数、经济损失及处理情况；

(3)服务质量事件记录,包括每次事件的时间、原因、社会影响、通报部门或机构;

(4)违章经营情况,包括每次违章经营的时间、责任人、违章事实、查处机关、行政处罚和通报情况;

(5)投诉情况,包括每次投诉的投诉人、投诉内容、受理部门、投诉方式、曝光媒体名称、社会影响及处理等情况;

(6)企业管理情况,包括质量信誉档案建立情况、连锁经营情况、服务人员统一标志及示证上岗情况,以及获得市、厅级以上集体荣誉称号的情况。

机动车维修企业所在地县级或者设区的市级道路运输管理机构应当通过企业上报、行政执法、纠纷调解、受理投诉和社会举报等多种渠道,收集并汇总有关信息,建立包含机动车维修企业各年度质量信誉考核表及考核结果为主要内容的机动车维修企业诚信档案,并将相关信息存入机动车维修企业管理信息系统。

五、质量信誉考核程序

机动车维修企业质量信誉考核工作每年进行一次。考核周期为每年的 1 月 1 日至 12 月 31 日。考核工作应当在考核周期次年 3 月至 6 月进行。机动车维修企业应在每年的 3 月底前,根据本企业的质量信誉档案对上年度的质量信誉情况进行总结,向所在地县级或设区的市级道路运输管理机构申请考核,并提交质量信誉考核申请表、本企业上年度的质量信誉情况总结及与质量信誉考核指标相对应的相关材料。

在异地设有分公司的机动车维修企业,按上述要求提供材料时,应当提供分公司的质量信誉情况。分公司所在地县级或设区的市级道路运输管理机构应当对分公司的质量信誉情况进行核实,出具书面证明,并对确认结果负责。

连锁经营机动车维修企业可直接由总部向所在地县级或设区的市级道路运输管理机构提出申请,按上述要求提供材料时,应当提供连锁经营网点的质量信誉情况。连锁经营网点的质量信誉情况由连锁经营总部进行核实,出具书面保证,并承担由此引发的法律责任。道路运输管理机构对连锁网点的相关情况不再进行实质考核。

对机动车维修企业进行质量信誉考核,应当依照下列程序进行:

(1)机动车维修企业所在地的县级道路运输管理机构应当根据本机构的机动车维修企业质量信誉管理档案,对机动车维修企业报送的质量信誉材料进行核实。发现不一致的,应当要求机动车维修企业进行说明或者组织调查。核实结束后,应当根据各项考核指标的初步结果进行打分,对机动车维修企业质量信誉等级进行初评,并将各项考核指标数据和所得分数、初评结果上报设区的市级道路运输管理机构。

机动车维修企业所在地为设区市的,由所在地设区的市级道路运输管理机构负责对机动车维修企业质量信誉情况进行核实,并对企业质量信誉等级进行初评。

(2)设区的市级道路运输管理机构应当将机动车维修企业的考核数据、所得分数和初步考核结果,书面通知被考核机动车维修企业。

(3)设区的市级道路运输管理机构将辖区机动车维修企业的各项考核指标数据、所得分数和初步考核结果,在当地主要新闻媒体、本机构网站或本级交通主管部门网站上进行为期 15 天的公示。

(4)被考核企业或其他单位、个人对公示结果有异议的,可在公示期间向设区的市级道路运输管理机构书面申诉或举报。

举报人应如实签署姓名或单位名称，并附联系方式，否则，不予受理。

道路运输管理机构应当为举报人保密，不得向其他单位或个人泄漏举报人的姓名及有关情况。

(5)公示结束后，设区的市级道路运输管理机构应当对企业的申诉和社会反映的情况进行调查核实，根据调查核实结果对企业的质量信誉等级进行评定，并将考核结果上报省级道路运输管理机构。

省级和设区的市级道路运输管理机构应于6月30日前在当地主要新闻媒体、本机构网站或本级交通主管部门网站上公布上一年度机动车维修企业质量信誉考核结果，并在网站上建立专项查询系统，方便社会各界查询机动车维修企业历年的质量信誉等级。

AAA级机动车维修企业可由省级道路运输管理机构向社会发布，AA级及以下的机动车维修企业可由设区的市级道路运输管理机构向社会发布。具体发布权限由省级道路运输管理机构确定。

机动车维修企业下设的分公司与总公司一起进行质量信誉考核；分公司所在地县级或设区的市级道路运输管理机构应当对分公司的质量信誉情况进行核实，出具书面证明，并对确认结果负责。

连锁经营机动车维修企业可直接由总部向所在地县级或设区的市级道路运输管理机构提出申请，包括提供连锁经营网点的质量信誉情况。连锁经营网点的质量信誉情况由连锁经营总部进行核实，出具书面保证，并承担由此引发的法规责任。道路运输管理机构对连锁网点的相关情况不再进行实质考核。

具备质量信誉等级的机动车维修企业需要分立或合并，应当按照本办法规定重新进行质量信誉考核，原质量信誉等级自动失效。

六、质量信誉管理

机动车维修企业质量信誉等级标注在机动车维修经营许可证件(副本)的备注栏内。

对新办机动车维修企业，在经营满一个日历年度后，依照本办法规定进行质量信誉考核，首次考核周期为经营许可之日至考核年度的12月31日，并在质量信誉等级后注明“新办企业”，自第二个考核年度开始直接标注质量信誉等级。

机动车维修企业发生名称、法定代表人等事项变更，应当在办理经营许可证变更手续时，一并办理质量信誉管理相关手续，原质量信誉等级不变。

道路运输管理机构可以根据机动车维修企业质量信誉等级的高低，对企业采取推荐参加政府采购招投标、重大事故车维修、加入全国机动车维修救援网络等激励措施。

连续三年考核为AAA级的机动车维修企业，在许可证件有效期届满时，申请继续经营的，可由作出原许可决定的道路运输管理机构直接办理换证手续。鼓励AAA级的机动车维修企业投资参股(股比超过50%)或以特许经营、品牌连锁等形式扩大维修网点，维修网点可享用原企业的质量信誉等级。

道路运输管理机构应当加强对机动车维修企业质量信誉的宣传工作，引导托修车辆的单位和个人优先选择质量信誉等级高的机动车维修企业，运用市场机制鼓励机动车维修企业注重质量、维护信誉。机动车维修企业可以使用其质量信誉等级进行新闻宣传或者从事相关的商业活动。

机动车维修企业质量信誉等级为B级的，道路运输管理机构应当责令其进行整改，实施重点监管，整改不合格且存在重大安全隐患或者因维修质量问题造成一次死亡3人以上道路交通事故的，由作出原许可决定的道路运输管理机构予以通报。

机动车维修企业有下列情形之一的，其年度质量信誉等级为B级。

(1)不按要求参加年度质量信誉考核或不按要求提供质量信誉考核材料，且不按要求补正的；

(2)在质量信誉考核过程中弄虚作假、隐瞒情况或提供虚假材料的；

(3)未按要求建立质量信誉档案，或在质量信誉考核过程中不配合，导致质量信誉考核工作无法进行的。

七、一二类汽车维修企业质量信誉考核记分标准(《考核办法》附件)

《考核办法》中由交通部统一制定的一二类汽车维修企业质量信誉考核记分标准见表2-1所示。

一二类汽车维修企业质量信誉考核记分标准　　表2-1

考核项目		分值(分)	评分标准
一、从业人员素质		100	
从业人员获取从业资格证件比例	(1)技术负责人员和质量检验人员	50	经全国统一考试合格人数占总人数比例100%起，每降低5%，扣4分
	(2)其他维修技术人员	50	经全国统一考试合格人数占总人数比例100%起，每降低5%，扣3分
二、安全生产		150	
1.安全生产制度		60	无安全生产责任制或安全应急预案的，不得分，制度不健全或执行不到位的，扣10分/项
2.安全保护措施和消防设施		30	不符合要示的，扣10分/项
3.安全事故		60	发生生产安全责任事故，造成人员住院的，扣30分/起；造成人员死亡的，扣60分
三、维修质量		200	
1.质量保证体系		40	质量保证体系建设不完善或执行不到位的，扣10分/项
2.维修配件	(1)采购登记	20	采购的维修配件未按要求进行登记的，扣5分/件
	(2)旧件处理	20	换下的配件、总成未交托修方自行处理的，扣5分/件
	(3)配件明示	20	未将原厂件、副厂件、修复件分别明码标价的，扣5分/件
3.质量保证		50	未按规定执行机动车维修质量保证制度的，扣10分/辆次
4.出厂合格证		50	未按规定签发出厂合格证的，扣10分/辆次
四、服务质量		200	
1.服务公示		20	未公示服务机构、流程、监督台(包括服务人员照片、工号、监督电话)以及投诉程序的，扣5分/项
2.维修透明度		40	维修项目未与车主沟通的，扣10分/辆次；修车现场不可视的，扣10分

续上表

考核项目	分值(分)	评分标准
4. 有责投诉	60	扣30分/次，被媒体曝光，经查实存在严重损害维修行业信誉行为的，扣60分/次
5. 服务质量事件	50	发生重大服务质量事件的，扣50分/起
五、遵章守纪	150	
1. 未将机动车维修经营许可证件和《机动车维修标志牌》悬挂在经营场所的醒目位置的	10	扣10分
2. 变更名称、法定代表人、地址等事项，未按规定备案的	10	扣10分
3. 未按规定公布机动车维修工时定额和收费标准的	15	扣15分
4. 机动车维修工时单价未按规定备案的	10	扣10分
5. 只收费不维修或者虚列维修作业项目的	20	扣10分/辆次
6. 未使用规定的结算清单格式的	10	扣5分/辆次
7. 未按规定报送统计资料的	10	扣10分/次
8. 伪造、倒卖或转借机动车维修合格证的	25	扣5分/张
9. 未按照有关技术规范进行维修作业的	15	扣5分/辆次
10. 非法转让、出租机动车维修经营许可证件的	25	扣25分
六、环境保护	150	
1. 环保设施设备	30	环保设施设备技术状况不能满足要求的，扣10分/台(套)
2. 维修废物	80	废气、废水、废油、空调制冷剂、废蓄电池、废轮胎及垃圾等有害维修废物回收处理不符合要示的，扣20分/项
3. 厂区环保	40	通风、吸尘、净化、消声效果不符合要求的，扣10分/项
七、企业管理	50	
质量信誉档案建立	50	未建立，扣50分，建立不完善，扣30分
八、加分项目	100	
1. 企业形象	30	工统一标志并示证上岗的，加30分
2. 连锁经营	20	连锁经营超过3个网点的，加20分
3. 市、厅级以上集体荣誉称号	50	获得市、厅级的，加20分，获得省、部级以上的，加50分

注：1. 所有项目的考核分，不计负分，扣完本项目规定分数为止。

2. 连锁经营是指企业总部按照统一采购、统一配送、统一标识、统一经营方针、统一服务规范和价格的要求，建立连锁经营的作业标准和管理手册，并由企业总部对连锁经营服务网点经营行为实施监管和约束

第五节 机动车维修管理相关法规概述

一、环境保护法规

（一）《中华人民共和国大气污染防治法》

《中华人民共和国大气污染防治法》(以下简称《大气污染防治法》)由中华人民共和国第九

届全国人民代表大会常务委员会第十五次会议于2000年4月29日修订通过，自2000年9月1日起施行。《大气污染防治法》共分七章：总则、大气污染防治的监督管理、防治燃煤产生的大气污染、防治机动车船排放污染、防治废气、尘和恶臭污染、法律责任、附则，共六十六条。

1.《大气污染防治法》的主要内容

修订后的《大气污染防治法》对重点城市的大气污染防治突出了以下内容：一是加强对机动车的污染防治；二是加大城市扬尘的控制力度；三是禁止超过排放标准排放污染物；四是实行大气污染物排放的总量控制和许可制度；五是建立排污收费制度；六是强化法律责任。

我国大中城市机动车排气污染越来越严重，而且排放多种污染物。就以氮氧化物来说，近年来，北京、广州、上海、武汉等城市都呈增长趋势，机动车已成为城市的主要污染源。为加强机动车排气污染的控制，修订草案将防治机动车船污染单独作为一章，从机动车制造、在用车使用和维修、燃油质量、监督检查等几个环节，分别作出了规定。对新机动车船，规定："机动车船向大气排放污染物不得超过规定的排放标准。""任何单位和个人不得制造、销售或者进口污染物排放超过规定排放标准的机动车船。"对在用机动车，规定"在用机动车不符合污染物排放标准的，不得上路行驶"。对燃油质量也作出了规定，"国家鼓励和支持生产、使用优质燃料油，采取措施减少燃料油中有害物质对大气环境的污染。单位和个人应当按照国务院规定的期限，停止生产、进口、销售含铅汽油"。对机动车排气污染的监督检查，草案从年度检查和日常检查两个方面作出了规定。在征求意见的过程中，国务院有关部门普遍表示，加强机动车排气污染的防治，不仅有利于污染控制，也将缩短我国汽车工业与国际先进水平的差距，并表示按照新修改的规定，制定相应的标准和实施细则。

2.《大气污染防治法》提出有关防治机动车船排放污染的措施

法规相关条款：

第三十二条　机动车船向大气排放污染物不得超过规定的排放标准。

任何单位和个人不得制造、销售或者进口污染物排放超过规定排放标准的机动车船。

第三十三条　在用机动车不符合制造当时的在用机动车污染物排放标准的，不得上路行驶。

省、自治区、直辖市人民政府规定对在用机动车实行新的污染物排放标准并对其进行改造的，须报经国务院批准。

机动车维修单位，应当按照防治大气污染的要求和国家有关技术规范进行维修，使在用机动车达到规定的污染物排放标准。

第三十四条　国家鼓励生产和消费使用清洁能源的机动车船。

国家鼓励和支持生产、使用优质燃料油，采取措施减少燃料油中有害物质对大气环境的污染。单位和个人应当按照国务院规定的期限，停止生产、进口、销售含铅汽油。

《大气污染防治法》的上述规定，提出了防治机动车船排放污染的具体措施主要是：

(1)机动车船必须达标排放。这是对机动车船排放大气污染物控制最基本的要求。这里所说的"达标"，是指达到依照本法第七条规定制定的国家或者地方机动车船大气污染物排放标准。为贯彻《环境保护法》和《大气污染防治法》，控制机动车污染物排放，改善环境空气质量，近些年国家质量技术监督局和环保局组织陆续制定或修订发布了一系列有关机动车排放污染物限值及测试方法方面的国家标准，如最新更新发布的《点燃式发动机汽车排气污染物排放限值及测量方法(双怠速法及简易工况法)》(GB 18285—2005)，规定了点燃式发动机汽车怠速和高怠速工况下排气污染物排放限值及测量方法，也规定了点燃式发动机轻型汽车稳态工况法、瞬态工况法和简易瞬态工况法三种简易工况的测量方法。另外，根据本法第七条的规定，省、自治区、直辖市人民政府经国务院批准，也可以制定严于国家标准的地方机动车船大气污染物排放标准。目前，北京等城市就针对本地区的实际情况，制定了严于国家排放标准的地方排放标准。在已制定地方排放标准的地区，机动车船排放大气污染物应当符合地方标准。

(2)超过排放标准的机动车船，任何单位和个人不得制造、销售或者进口。国家鼓励生产和消费使用清洁能源的机动车船。这主要是针对新车而言的，对新车的污染加以控制，是控制机动车船排放污染的基础。只有控制住这一源头，机动车船排放污染才有可能逐步缓解。

(3)加强对机动车船排放污染的监督。要控制日益严重的机动车污染，一方面是要从新车着手，控制机动车污染物排放的源头；另一方面，对在用车排放的控制也是绝对不可忽视的。但是，对新车和在用车的控制方法有着本质的区别。对新车而言，国家可以通过制定机动车污染物排放标准，并要求新制造的车辆必须符合该标准。这在管理和控制方面相对比较容易。行政机关可以通过对机动车制造、销售单位和市场的监管实现上述目标。而对在用车而言，一方面，机动车的用户比较分散，很难集中统一管理，无形中加大了管理和控制的成本；另一方面，从污染防治技术的角度看，要求在用车达标排放，必须对在用车进行改造，比如安装尾气净化装置，安装三元催化转化器等。由于在用车的车况各不相同，改造技术目前也还很难达到完全控制机动车排放污染的程度，在这种情况下，要求在用车达到新车的污染物排放标准显然是不现实的。考虑到上述原因，本法对机动车实行了“新车新标准，老车老标准”的办法。这也是国际上通行的惯例。

在用机动车必须符合制造当时的在用机动车污染物排放标准。这一规定正是“新车新办法，老车老办法”原则的充分体现。所谓“制造当时的在用机动车污染物排放标准”是指该机动车制造时国家规定的在用车污染物排放标准。根据我国的机动车污染物排放标准体系，新车和在用车分别适用不同的标准和不同的测试方法。在用车不需要达到新车的排放标准，也不需要达到目前实施的在用车排放标准。比如，一辆1995年出厂的汽车，在2000年接受检验时，只需要达到1995年国家规定的在用车污染物排放标准，就可以上路行驶，而不必达到2000年国家新发布实施的在用机动车污染物排放新标准。

对于达不到制造当时的在用车污染物排放标准的机动车，一律不得上路行驶。所谓“上路行驶”，其立法本意就是“使用该机动车”。至于是否将机动车开到马路或者公路上，开到什么样的道路上，并不是本条所要强调的。只要是使用该机动车，产生大气污染的，一律加以禁止。控制的方法一般通过国家有关部门核发牌照、年检等手段来实现。

对于机动车等流动污染源，国家一般要求实行统一的污染物排放标准。如果有的省、自治区、直辖市人民政府根据本法第七条的授权，要对在用机动车实行新的污染物排放标准并采取措施对其进行改造的，应当报经国务院批准。

对在用机动车进行改造，比如安装三元催化转化器、尾气净化装置等措施，涉及的问题比较复杂。从大的方面看，主要有：①目前的在用车改造技术不完全合格，难以满足实际工作的需要。②在用车改造所需费用由谁承当，实践中争议较大。西方发达国家一般实行自愿原则，改造费用由政府负担。而我国一般规定由用户自行承担，用户负担较重。再加上改造技术本身存在的缺陷，有时出现经改造仍然不能达标的情况，用户对此反映比较强烈。③地方政府在实施改造的过程中，容易产生地方保护主义和市场垄断。比如垄断经营改造设备和装置，给本地生产的机动车实施倾斜政策等，不利于市场经济的发展，也很难收到防治大气污染的效果。

④改造的过程比较复杂，涉及社会的方方面面，它所针对的用户千差万别，很难统一对待，处理不当，容易产生一些社会矛盾和纠纷，不利于社会稳定。考虑到上述因素，修订后的法律从程序和审批权限的角度对实施在用机动车新的污染物排放标准并对在用车进行改造的行为进行限制，要求必须报经国务院批准。未经批准，擅自实施改造行为的，不具有合法性。这表明了国家对机动车实施新的排放标准并对在用车进行改造的行为并不持鼓励的态度，只是考虑到有的地方有其本身的实际困难，如果不对在用车进行改造，就很难控制大气污染，比如北京市。因此，修订后的法律为这些城市和地区采取更严格的措施留下了一定的法律空间，允许省级政府经国务院批准后实施上述行为。

《机动车排放污染防治技术政策》(国家环保总局文件，环发[1999]134 号)中也规定，在用车进行排放控制技术改造，是一种补救措施，必须首先详细研究分析该城市或者地区的大气污染状况和分担率，确定进行改造的必要性和应重点改造的车型。针对要改造的车型，必须进行系统的匹配研究和一定规模的改造示范，并经整车工况法检测，确保可达到明显的有效性或者更严格的排放标准，经国家环境保护行政主管部门会同有关部门进行技术认证后，方可由该车型的原生产厂商或者其指定的代表，进行一定规模的推广改造。

(4)对机动车维修单位的要求。在用车的排放控制，应当以强化检查/维护(I/M)制度为主，使其保持良好的技术状态，并根据各城市的具体情况，采取适宜的鼓励车辆淘汰和更新的措施。这是控制在用车污染物排放的基本原则。机动车维修单位，应当按照防治大气污染的要求和国家有关技术规范进行维修，使在用机动车达到规定的污染物排放标准。在实际中，经常出现有的维修单位，对机动车维修采取不负责任的态度，使得经维修的机动车并不能达到规定的污染物排放标准。因此，修订后的法律对维修行为提出了要求：一是满足防治大气污染的要求，机动车维修单位不能无视机动车污染物排放状况，不采取合理、科学的措施加以维修；二是满足国家有关技术规范的要求，严格把关，合理维修。要确保经维修的机动车达到国家规定的机动车污染物排放标准，机动车维修单位必须配备必要的机动车排放检测和诊断手段，正确使用各种检测诊断仪器，提高维修技术水平，并加强对维修人员的技术培训，提高维修人员的素质和责任心，保证维修后的机动车排放污染物达到国家规定的标准要求。另外，为了防止汽车维修过程中产生的有害气体排入大气，按机动车维修企业环境保护条件要求，调试车间或调试工位应设置“汽车尾气收集净化装置”。

(二)《中华人民共和国固体废物污染环境防治法》

《中华人民共和国固体废物污染环境防治法》(以下简称《固废防治法》)于 2004 年 12 月 29 日修订通过，自 2005 年 4 月 1 日起施行。修订后的《固废防治法》共有六章九十一条，除了总则、法律责任、附则外，还包括：固体废物污染环境防治的监督管理、固体废物污染环境的防治、危险废物污染环境防治的特别规定。

修订后的《固废防治法》与工厂企业和百姓的日常生活都息息相关，它对固体废物污染环境防治的监督管理、固体废物污染环境的防治作出了详细规定，并对危险废物污染环境防治作了特别规定，运用于工业固体废物、城市生活垃圾和危险废物的环境管理。

该法总则中指出：国家对固体废物污染环境的防治，实行减少固体废物的产生量和危害性、充分合理利用固体废物和无害化处置固体废物的原则，促进清洁生产和循环经济发展；国家采取有利于固体废物综合利用活动的经济、技术政策和措施，对固体废物实行充分回收和合理利用；国家鼓励、支持采取有利于保护环境的集中处置固体废物的措施，促进固体废物污染环境防治产业的发展;国务院有关部门、县级以上地方人民政府及其有关部门组织编制城乡建设、土地利用、区域开发、产业发展等规划,应当统筹考虑减少固体废物的产生量和危害性,促进固体废物的综合利用和无害化处置。国家对固体废物污染环境防治实行污染者依法负责的原则。国家鼓励单位和个人购买、使用再生产品和可重复利用产品。国务院有关部门在各自的职责范围内,负责固体废物污染环境防治的监督管理工作。

该法规定:产生固体废物的单位和个人,应当采取措施,防止或者减少固体废物对环境的污染。收集、储存、运输、利用、处置固体废物的单位和个人,必须采取防扬散、防流失、防渗漏或者其他防止污染环境的措施;不得擅自倾倒、堆放、丢弃、遗撒固体废物。

(三)《中华人民共和国水污染防治法》及其实施细则

1.《中华人民共和国水污染防治法》

《中华人民共和国水污染防治法》(以下简称《水污染防治法》)于1984年5月11日由第六届全国人民代表大会常务委员会第五次会议通过,自1984年11月1日起施行。根据1996年5月15日第八届全国人民代表大会常务委员会第十九次会议《关于修改〈中华人民共和国水污染防治法〉的决定》修订。

修订后的《水污染防治法》,共七章六十二条。除总则、法律责任和附则外,还有水环境质量标准和污染物排放标准的制定、水污染防治的监督管理、防止地表水污染、防止地下水污染等内容。

(1)立法目的:制定《水污染防治法》的目的是,通过防治水污染,维持生态平衡,保护和改善环境,以保障公民健康,保证水资源的有效利用,促进社会主义经济的发展。

(2)适用范围:适用于中华人民共和国领域内的江河、湖泊、运河、渠道、水库等地表水体以及地下水体的污染防治。

(3)"水污染":是指水体因某种物质的介入,而导致其化学、物理、生物或者放射性等方面特性的改变,从而影响水的有效利用,危害人体健康或者破坏生态环境,造成水质恶化的现象。"污染物"是指能导致水污染的物质。"有毒污染物"是指那些直接或者间接为生物摄入体内后,导致该生物或者其后代发病、行为反常、遗传异变、生理机能失常、机体变形或者死亡的污染物。"油类"是指任何类型的油及其炼制品。

(4)排放污染物单位和个人的责任:一切单位和个人都有责任保护水环境,并有权对污染损害水环境的行为进行监督和检举。因水污染危害直接受到损失的单位和个人,有权要求致害者排除危害和赔偿损失。

(5)水污染防治的监督管理对企业的要求。主要有:

①新建、扩建、改建直接或者间接向水体排放污染物的建设项目和其他水上设施,必须遵守国家有关建设项目环境保护管理的规定。建设项目的环境影响报告书,必须对建设项目可能产生的水污染和对生态环境的影响作出评价,规定防治的措施,按照规定的程序报经有关环境保护部门审查批准。在运河、渠道、水库等水利工程内设置排污口,应当经过有关水利工程管理部门同意。建设项目中防治水污染的设施,必须与主体工程同时设计、同时施工、同时投产使用。防治水污染的设施必须经过环境保护部门检验,达不到规定要求的,该建设项目不准投入生产或者使用。环境影响报告书中,应当有该建设项目所在地单位和居民的意见。

②直接或者间接向水体排放污染物的企业事业单位,应当按照国务院环境保护部门的规定,向所在地的环境保护部门申报登记拥有的污染物排放设施、处理设施和在正常作业条件下

排放污染物的种类、数量和浓度，并提供防治水污染方面的有关技术资料。

③企业事业单位向水体排放污染物的，按照国家规定缴纳排污费；超过国家或者地方规定的污染物排放标准的，按照国家规定缴纳超标准排污费。超标准排污的企业事业单位必须制定规划，进行治理，并将治理规划报所在地的县级以上地方人民政府环境保护部门备案。

④省级以上人民政府可以依法规定生活饮用水地表水源保护区。禁止向生活饮用水地表水源一级保护区的水体排放污水。禁止在生活饮用水地表水源一级保护区内从事旅游、游泳和其他可能污染生活饮用水水体的活动。禁止在生活饮用水地表水源一级保护区内新建、扩建与供水设施和保护水源无关的建设项目。

⑤企业应当采用原材料利用率高、污染物排放量少的清洁生产工艺，并加强管理，减少水污染物的产生。

(6)防止地表水污染的相关规定(节选)：

禁止向水体排放油类、酸液、碱液或者剧毒废液。

禁止在水体清洗装贮过油类或者有毒污染物的车辆和容器。

禁止将含有汞、镉、砷、铬、铅、氰化物、黄磷等的可溶性剧毒废渣向水体排放、倾倒或者直接埋入地下。存放可溶性剧毒废渣的场所，必须采取防水、防渗漏、防流失的措施。

禁止向水体排放、倾倒工业废渣、城市垃圾和其他废弃物。

2.《中华人民共和国水污染防治法实施细则》

《中华人民共和国水污染防治法实施细则》(以下简称《水污染防治法实施细则》)经过全面修改，于2000年3月20日由国务院第284号令发布施行。

《水污染防治法实施细则》着重对1996年修改的《水污染防治法》中新增加的条款作出具体细化和完善补充，并根据1996年《国务院关于环境保护若干问题的决定》(以下简称《环境保护若干问题的决定》)的基本精神，提出了新的举措。《水污染防治法实施细则》的颁布，对新时期我国环境保护部门实施《水污染防治法》提供了有力的法律依据，是《水污染防治法》的进一步补充和完善，特别是对加强重点流域水污染防治工作，加强监督，严格执法，具有重大的意义。《水污染防治法实施细则》共六章四十九条，具有针对性和现实性，可操作性强，更利于实施等特点。主要有以下内容：

(1)强化和完善水污染防治的流域管理。根据《水污染防治法》流域管理原则的精神，《水污染防治法实施细则》从流域水环境功能区划、规划内容、水量保证、流域监测等方面，进一步细化了流域统一管理的规定。

(2)细化重点污染物排放总量控制和排污许可制度。《水污染防治法》原则规定了重点污染物排放的总量控制制度。《环境保护若干问题的决定》中亦有同样规定。为实施这一制度，《水污染防治法实施细则》对总量控制作出细化和更具可操作性的规定：明确提出总量控制制度的核心要求是在冻结排放总量的基础上，实施总量削减，以使环境质量得到切实改善；通过对总量控制计划和实施方案内容的规定，确定了总量控制制度的适用范围、实施原则和要求及责任等实施方面的具体内容；将总量控制与排污许可制度结合在一起，通过这两个制度的一体化，使其法律要求更为明确，法律效力更为确定，实施措施更为有力，也更具有可操作性；对总量控制计划的制定程序、总量控制实施方案的制定程序、排污单位重点污染物排放量核定制度以及排污许可证的发放与管理，作出了具体的程序法方面的规定；明确规定指标的分配原则是公开、公平、公正原则，并按科学、统一的标准执行；规定总量控制实施方案确定的削减污染物排放量的单位，必须按照国务院环境保护部门的规定设置排污口，并安装总量控制的监测设备。

(3)确立了“达标排放”的原则并界定了具体范围。《水污染防治法》中提出了“达标排放”的要求，但并未予以明确规定。《水污染防治法实施细则》通过多种规定方式，明确确立了“达标排放”原则。“达标排放”的要求和范围包括：排放污染物的浓度应达标；总量应达标，即达标排放要求亦适用于总量控制；达标要求也适用于流域控制和水环境质量控制；达标要求还包括了饮用水质达标；城市污水集中处理设施出水水质达标；船舶防污设备达标；按规定设置排污口即排污口设置达标和排污口管理规范化达标。

(4)完善了城市污水集中治理的要求。《水污染防治法》确立了城市污水集中处理的原则，并对城市污水集中处理设施的建设作了原则规定，但并未对设施建设的具体要求和设施的营运及监督管理作出规定。《环境保护若干问题的决定》要求设市的城市，要建设城市污水集中处理设施。《水污染防治法实施细则》在这些方面进行了完善补充。

(5)突出了对生活饮用水源的保护。《水污染防治法实施细则》对《水污染防治法》中加强生活饮用水源保护的规定，以及《环境保护若干问题的决定》中要求重点保护与人民生活密切相关的饮用水源等规定进行了六个方面的补充和细化。

(6)充实了水污染事故的应急处理制度。明确规定了企业事业单位在发生水污染事故时立即采取应急措施的强制性责任和具体的事故报告程序及内容。对有关环境监督部门的事故调查、监测、处理、报告和通报及应急措施，作出了具体的补充规定。对发生或可能发生跨行政区域危害和损害的水污染事故的通报制度作出了规定。

(7)强化了法律责任，加大了法律制裁力度。增加了应受处罚的情节种类，细化了应受处罚的情节。

(四)环境保护法规在机动车维修企业的实施

机动车维修企业承担着维护和修复机动车排放性能的艰巨任务，同时在自身生产过程中也会产生废油、废水、废气，以及废旧蓄电池、废旧轮胎、废旧汽车配件和生产与办公垃圾等大量固体废物，如果不加以控制，或回收、处理不当，对环境、对企业员工的职业健康都会造成一定危害。

为保证国家有关环境保护法规在机动车辆维修企业得以贯彻落实，在《中华人民共和国道路运输条例》和交通部《机动车维修管理规定》中所规定的“申请从事机动车维修经营应具备的四个条件”中专门列入一条：“有必要的环境保护措施。”具体要求按照国家标准《汽车维修业开业条件》(GB/T 16739)相关条款的规定执行。

机动车维修企业应具备的环境保护条件，应在环境保护管理制度和环境保护措施两部分加以落实，如下：

1.环境保护管理制度

企业应针对环境保护法规的宣传贯彻、环境保护工作的责任和具体工作制定相关环境保护管理制度，内容主要包括：

(1)认真贯彻执行“预防为主、防治结合、综合治理”的环境保护方针，遵守国家《环境保护法》、《大气污染防治法》、《环境噪声污染防治法》等有关环境保护的法律法规、规章及标准。

(2)定期进行环境保护教育和环保常识培训，教育职工严格执行各工种工艺流程、工艺规范和环境保护制度。

(3)建立废油、废液、废气、废蓄电池、废轮胎及垃圾等有害物质集中收集、有效处理和保持环境整洁的环境保护管理制度,包括危险废物管理计划。

(4)对"三废"处理、通风、吸尘、净化、消声等设施落实管理责任,确保运行良好。

(5)严禁违法转移和非法经营危险废物回收的行为。

(6)全面实施在用车辆的检查/维护制度(I/M 制度),严格作业规范,确保车辆排放和噪声达标。

2. 环境保护措施

(1)建造符合标准、防雨防渗的固体废物,尤其是危险废物的暂存设施;有害物质存储区域应界定清楚,必要时应有隔离、控制措施。

(2)作业环境以及按生产工艺安装、配置的处理"三废"、通风、吸尘、净化、消声等设施,均符合国家环境保护法规、标准的规定。

(3)涂漆车间设有专用的废水排放及处理设施,采用干打磨工艺的,设有粉尘收集装置和除尘设备,并设有通风设备。

(4)机动车维修调试车间或调试工位设置汽车尾气收集净化装置。

(5)在维修作业过程中,严禁车辆使用不合格的净化装置和消声装置。

(6)车辆竣工出厂前,要严格检查车辆尾气排放和噪声指标,对尾气排放和噪声指标不符合国家标准的,不得放行出厂。

二、质量管理法规

(一)《中华人民共和国产品质量法》

《中华人民共和国产品质量法》于 1993 年 2 月制定,2000 年 7 月作了修订。新修订的《中华人民共和国产品质量法》(以下简称《产品质量法》)自 2000 年 9 月 1 日起实施。该法对于加强产品质量监督管理、提高产品质量水平、明确产品质量责任、保护消费者的合法权益、维护社会经济秩序具有十分重要的意义。

1.《产品质量法》的立法目的和调整范围

(1)《产品质量法》的立法目的。制定《产品质量法》是为了加强对产品质量的监督管理,提高产品质量水平,明确产品质量责任,保护消费者的合法权益,维护社会经济秩序。

坚持质量第一,把质量看作是一个战略问题,高度重视产品质量,这是贯穿于《产品质量法》中的根本指导思想。因此,将产品质量管理纳入法制的轨道,用法律手段治理产品质量,严肃地对待产品质量,就成为制定和运用《产品质量法》的重要指导原则,从而在法律上确定,产品进入市场都应具有满足需要的能力,达到要求的质量水平,对消费者、对社会负责,用国家的强制力来保障产品质量秩序。

(2)《产品质量法》的调整范围。《产品质量法》的调整对象是产品。《产品质量法》所称的产品是指经过加工、制作,用于销售的物品。这里所指的产品必须同时具备以下三个条件:

①产品必须是经过加工、制作的物品。而未经人们加工、制作的天然物品和自然生长品不属于《产品质量法》所称的产品;

②产品必须是用于销售的。凡不是用于销售目的产品,不是《产品质量法》所调整的产品;

③产品应是动产。《产品质量法》所称产品不包括不动产。

(3)《产品质量法》的适用范围。总则第二条规定:在中华人民共和国境内从事产品生产、销售活动，必须遵守本法。本法所称产品是指经过加工、制作，用于销售的产品。

机动车维修质量管理虽然不在《产品质量法》的适用范围，但必须遵循《产品质量法》提出的有关质量管理的基本原则。

2.《产品质量法》的主要内容

修订后的《产品质量法》共六章七十四条。除了总则、法律责任、附则外，还包括：产品质量的监督，生产者、销售者的产品质量责任和义务，损害赔偿等内容。

(1)总则对本法若干重大问题作了原则规定。主要内容包括：

①本法的立法目的；

②本法的适用范围；

③对生产者、销售者内部产品质量管理的基本要求；

④产品质量责任的责任主体及产品质量责任的法律适用；

⑤对产品质量欺诈行为的禁止性规定；

⑥国家鼓励提高产品质量的主要措施；

⑦各级人民政府在产品质量问题上的主要职责；

⑧产品质量的监督体制；

⑨对政府及其他国家机关工作人员包庇、放纵产品生产、销售中违反本法规定行为的禁止性规定；

⑩对违反本法的行为的检举及对检举的奖励；

⑪禁止在产品质量问题上搞地方保护和部门保护。

(2)产品质量的监督。强调了政府作为社会经济活动的宏观组织者和管理者，也必须对产品质量进行必要的监督和宏观管理，以维护社会经济秩序，保护消费者的合法权益。

明确提出了对产品质量都应经检验合格的要求，并以法律形式确立了国家对产品质量实施监督的基本制度，主要包括：

①对涉及保障人体健康和人身、财产安全的产品，实行严格的强制监督管理的制度；

②产品质量监督部门依法对产品质量实行监督抽查并对抽查结果进行公告的制度；

③推行企业质量体系认证和产品质量认证的制度；

④产品质量监督部门和工商行政管理部门对涉嫌在产品生产、销售活动中从事违反本法的行为，可以依法实施强制检查和采取必要的查封、扣押等强制措施的制度等。

(3)生产者、销售者的产品质量责任和义务。

生产者的产品质量责任和义务包括：

①生产者应当对其生产的产品质量负责；

②产品或者其包装上的标识必须真实，符合要求；

③易碎、易燃、易爆、有毒、有腐蚀性、有放射性等危险物品，以及储运中不能倒置和其他有特殊要求的产品，其包装质量必须符合相应要求，依照国家有关规定作出警示标志或者中文警示说明，标明储运注意事项；

④生产者不得生产国家明令淘汰的产品；

⑤生产者不得伪造产地，不得伪造或者冒用他人的厂名、厂址；

⑥生产者不得伪造或者冒用认证标志等质量标志；

⑦生产者生产产品，不得掺杂、掺假，不得以假充真、以次充好，不得以不合格产品冒充合

格产品。

销售者的产品质量责任和义务包括：

①销售者应当建立并执行进货检查验收制度，验明产品合格证明和其他标识；

②销售者应当采取措施，保持销售产品的质量；

③销售者不得销售国家明令淘汰并停止销售的产品和失效、变质的产品；

④销售者销售的产品的标识应当符合本法第二十七条的规定；

⑤销售者不得伪造产地，不得伪造或者冒用他人的厂名、厂址；

⑥销售者不得伪造或者冒用认证标志等质量标志；

⑦销售者销售产品，不得掺杂、掺假，不得以假充真、以次充好，不得以不合格产品冒充合格产品。

(4)损害赔偿。本章是关于因产品质量问题引起的损害赔偿的规定，共九条，分别规定了以下内容：

①关于销售者对其出售产品的质量问题应承担的民事责任；

②关于产品质量存在缺陷造成他人损害的民事责任即产品责任的规定；

③产品缺陷的定义；

④产品质量纠纷的解决途径；

⑤仲裁机构或者人民法院的委托检验。

3.《产品质量法》在机动车维修行业的贯彻实施

(1)建立健全机动车维修质量管理体系和质量管理制度。《产品质量法》明确的产品质量的管理方针和原则，可指导本行业进一步健全机动车维修质量管理体系，完善机动车维修质量评定标准和质量管理制度，进一步强化质量监督检查工作，积极推行企业质量体系认证，促进行业质量管理工作进一步走向规范化。

(2)加强机动车配件质量监控。机动车配件质量严重影响机动车维修质量，除了配件生产者对质量负有主要责任外，机动车维修企业同样承担着配件使用质量监控和配件代销的任务。为贯彻《产品质量法》，机动车维修企业应建立健全机动车配件质量管理制度，落实配件入库检验工作和配件质量索赔工作，切实保障承、托修双方的合法权益，保障机动车维修质量。

(二)《中华人民共和国标准化法》

1.《中华人民共和国标准化法》的主要内容

《中华人民共和国标准化法》(以下简称《标准化法》)于 1989 年 4 月 1 日起施行。《标准化法》是中华人民共和国的一项重要法律，规定了我国标准化工作的方针、政策、任务和标准化体制等。《标准化法》分为五章二十六条，其主要内容是：确定了标准体制和标准化管理体制，规定了制定标准的对象与原则以及实施标准的要求，明确了违法行为的法律责任和处罚办法。

"标准化"的含义是：在经济、技术、科学及管理等社会实践中，对重复性事物和概念通过制定、实施标准，达到统一，以获得最佳秩序和社会效益的过程。制定《标准化法》的目的是，"发展社会主义商品经济，促进技术进步，改进产品质量，提高社会经济效益，维护国家和人民的利益"。标准化立法的作用是，通过标准化立法，"使标准化工作适应社会主义现代化建设和发展对外经济关系的需要"。

《标准化法》是制定标准，推行标准化，实施标准化管理和监督的依据。《标准化法》的颁布，标志着我国标准化工作已进入法制管理的新阶段。标准化是组织专业化生产的技术纽带，

《标准化法》的颁布，有利于发展社会化大生产，有利于发展社会主义商品经济；标准是科研、生产、交换和使用的技术依据。《标准化法》规定，企业必须按标准组织生产，对于那些涉及人民生命财产安全的产品，必须强制执行，对违反者要追究其法律责任。《标准化法》的颁布，有利于维护国家、集体和个人三者的利益。

《标准化法》将我国标准分为国家标准、行业标准、地方标准、企业标准四级。国家标准、行业标准分为强制性标准和推荐性标准。保障人体健康，人身、财产安全的标准和法律、行政法规规定强制执行的标准是强制性标准；其他标准是推荐性标准。

《标准化法》第六条规定：对需要在全国范围内统一的技术要求，应当制定国家标准。

国家标准由国务院标准化行政主管部门制定。对没有国家标准而又需要在全国某个行业范围内统一的技术要求，可以制定行业标准。行业标准由国务院有关行政主管部门制定，并报国务院标准化行政主管部门备案，在公布国家标准之后，该项行业标准即行废止。

《标准化法》第十四条规定：强制性标准，必须执行。不符合强制性标准的产品，禁止生产、销售和进口。"强制性标准，必须执行"是指，从事科研、生产、经营的单位和个人，必须严格执行强制性标准。"推荐性标准，国家鼓励企业自愿采用"是指：推荐性标准，企业自愿采用；国家将采取优惠措施，鼓励企业采用推荐性标准。推荐性标准一旦纳入指令性文件，将具有相应的行政约束力。

《标准化法》第十七条规定：企业研制新产品、改进产品，进行技术改造，应当符合标准化要求。"应符合标准化要求"是指，符合国家标准化法律、行政法规、规章和有关强制性标准的要求。

标准的实施是指有组织、有计划、有措施地贯彻执行标准的活动，是标准制定部门、使用部门或企业将标准规定的内容贯彻到生产、流通、使用等领域中去的过程。它是标准化工作的任务之一。

2.《标准化法》在机动车维修行业的实施

目前，我国机动车维修行业执行的国家标准有：《汽车维修业开业条件》(GB/T 16739.1～16739.2—2004)、《摩托车维修业开业条件》(GB/T 18189—2000)、《汽车维护、检测、诊断技术规范》(GB/T 18344—2001)、《营运车辆综合性能要求和检验方法》(GB 18565—2001)、《机动车运行安全技术条件》(GB 7258—2004)和《在用汽车排放污染物限值及测试方法》(GB 18285—2005)等，是规范机动车维修行业管理，指导汽车维修、检测工作的重要依据。

(三)《中华人民共和国计量法》

计量是物质生活的基础，为了加强计量监督管理，健全计量法制，保障国家计量单位制的统一和量值的准确可靠，有利于生产、贸易和科学技术的发展，适应社会主义现代化建设的需要，维护国家和人民的利益，国家制定了《中华人民共和国计量法》(以下简称《计量法》)，1986年7月1日起实施。《计量法》共六章，三十五条，除了总则、法律责任、附则外，还包括：计量基准器具、计量标准器具和计量检定、计量器具管理、计量监督等内容。

1.《计量法》的适用范围

《计量法》用于调整在中华人民共和国境内，机关、团体、部队、企业事业单位和个人之间，在建立计量基准器具、计量标准器具，进行计量检定，制造、修理、销售、使用计量器具等方面所发生的各种法律关系。

2. 法定计量单位制

国家采用国际单位制。国际单位制计量单位和国家选定的其他计量单位，为国家法定计量单位。国家法定计量单位的名称、符号由国务院公布。非国家法定计量单位应当废除。

3. 计量工作的监督管理

国务院计量行政部门对全国计量工作实施统一监督管理。县级以上地方人民政府计量行政部门对本行政区域内的计量工作实施监督管理。

4. 计量器具和计量检定

(1)计量基准器具：国务院计量行政部门负责建立各种计量基准器具，作为统一全国量值的最高依据。

(2)计量标准器具：县级以上地方人民政府计量行政部门根据本地区的需要，建立社会公用计量标准器具，经上级人民政府计量行政部门主持考核，合格后使用。

5. 计量检定

计量检定必须按照国家计量检定系统表进行。国家计量检定系统表由国务院计量行政部门制定。

计量检定必须执行计量检定规程。国家计量检定规程由国务院计量行政部门制定。没有国家计量检定规程的，由国务院有关主管部门和省、自治区、直辖市人民政府计量行政部门分别制定部门计量检定规程和地方计量检定规程，并向国务院计量行政部门备案。

计量检定工作应当按照经济合理的原则，就地就近进行。

6. 计量器具管理

(1)制造、修理计量器具的企业、事业单位，必须具备与所制造、修理的计量器具相适应的设施、人员和检定仪器设备，经县级以上人民政府计量行政部门考核合格，取得《制造计量器具许可证》或者《修理计量器具许可证》。

(2)生产计量器具新产品，必须经省级以上人民政府计量行政部门对其计量性能考核合格，方可投入生产。

(3)进口计量器具，必须经省级以上人民政府计量行政部门检定合格后，方可销售。

7. 计量监督与计量纠纷的处理

(1)县级以上人民政府计量行政部门设置计量检定机构(计量所)，执行强制检定和其他检定、检测任务。

(2)计量纠纷的处理，以国家计量基准器具或者社会公用计量标准器具检定的数据为准。

8. 机动车维修质量检验中的计量管理工作

(1)计量器具的购置要求：①按照计量法的总则规定，使用计量器具必须遵守《计量法》，自觉遵守《计量法》的规定，所以，机动车维修企业在购置计量器具时，一定要认准产品是否具有生产许可证和计量检定合格证；②在购买进口计量器具时，也应注意其是否符合计量检定的要求。

(2)计量器具的使用要求：①保持计量器具的清洁和测量准确度；②定期将计量器具送计量检定机构检定；③不使用准确度有误的计量器具。

(3)计量管理工作内容：①建立计量器具管理台账；②严格使用法定计量单位；③定期进行计量检定；④服从计量行政管理部门的计量监督检查。

三、经营管理法规

(一)《中华人民共和国合同法》

1.《中华人民共和国合同法》的主要内容

《中华人民共和国合同法》(以下简称《合同法》)于1999年3月15日经第九届全国人民代表大会第二次会议审议通过,1999年10月1日起施行。《合同法》施行之日起,《经济合同法》、《涉外合同法》、《技术合同法》同时废止。《合同法》是民商法的重要组成部分,是规范市场交易,保护合同当事人合法权益,维护社会经济秩序,促进社会主义现代化建设的基本法律。《合同法》分为总则、分则和附则三部分,共二十三章四百二十八条。

《合同法》涉及到生产、生活领域的方方面面,与企业的生产经营和人们的生活密切相关。据不完全统计,每年订立的合同大约有40亿份;法院每年受理的合同纠纷案件,大约300万件。因此,制定一部统一的、较为完备的《合同法》,规范各类合同,能够更好地适应社会主义市场经济发展的需要,对于及时解决经济纠纷,保护当事人的合法权益,维护社会经济秩序,促进社会主义现代化建设,具有十分重要的作用。

2.《合同法》在机动车维修行业的实施

为加强机动车维修行业管理,维护机动车维修经营活动的正常秩序,保障承、托修双方当事人的合法权益,1992年,交通部会同国家工商行政管理局联合发布了《汽车维修合同实施细则》;2005年,交通部7号令《机动车维修管理规定》中有关机动车维修档案管理明确规定:机动车维修档案主要内容包括维修合同。

(1)机动车维修合同属于《合同法》规范的范围。因此,必须遵循《合同法》的一般规定。

相关条款:

合同当事人的法律地位平等,一方不得将自己的意志强加给另一方。

当事人依法享有自愿订立合同的权利,任何单位和个人不得非法干预。

当事人应当遵循公平原则,确定各方的权利和义务。

当事人行使权利、履行义务,应当遵循诚实信用原则。

当事人订立、履行合同,应当遵守法律、行政法规,尊重社会公德,不得扰乱社会经济秩序,损害社会公共利益。

依法成立的合同,对当事人具有法律约束力。当事人应当按照约定履行自己的义务,不得擅自变更或者解除合同。依法成立的合同,受法律保护。

(2)机动车维修合同在《合同法》中属于“承揽合同”规范的范畴。承揽合同是承揽人按照定作人的要求完成工作,交付工作成果,定作人给付报酬的合同。承揽合同的内容包括承揽的标的、数量、质量、报酬、承揽方式、材料的提供、履行期限、验收标准和方法等条款。《合同法》“分则”第十五章“承揽合同”对承揽合同的方式、材料的提供、履行期限、支付报酬、保管责任、留置权等承揽人与定作人之间的权利义务作了规定。承揽合同具有三方面特征:一是承揽合同以完成一定工作为目的;二是承揽合同的标的具有特定性,是按照定作人特定要求,只能由承揽人为满足定作人特殊需求通过自己与众不同的劳动技能而完成的;三是承揽合同的承揽人应以自己的风险独立完成工作。承揽人应承担取得工作成果的风险,对工作成果的完成负全部责任。承揽人不能完成工作而取得定作人所指定的工作成果,就不能向定作人要求报酬。

机动车维修被认为是具有特定性的承揽工作,承修方是承揽人,托修方是定作人,因此,还必须遵循《合同法》内以下条款：

第二百五十三条 承揽人应当以自己的设备、技术和劳力，完成主要工作，但当事人另有约定的除外。

第二百五十四条 承揽人可以将其承揽的辅助工作交由第三人完成。承揽人将其承揽的辅助工作交由第三人完成的，应当就该第三人完成的工作成果向定作人负责。共同承揽人对定作人承担连带责任，但当事人另有约定的除外。

第二百五十五条 承揽人提供材料的，承揽人应当按照约定选用材料，并接受定作人检验。

第二百五十六条 承揽人对定作人提供的材料，应当及时检验，发现不符合约定时，应当及时通知定作人更换、补齐或者采取其他补救措施。承揽人不得擅自更换定作人提供的材料，不得更换不需要修理的零部件。

第二百五十七条 承揽人发现定作人提供的图纸或者技术要求不合理的，应当及时通知定作人。因定作人怠于答复等原因造成承揽人损失的，应当赔偿损失。

第二百五十八条 定作人中途变更承揽工作的要求，造成承揽人损失的，应当赔偿损失。

第二百五十九条 承揽工作需要定作人协助的，定作人有协助的义务。定作人不履行协助义务致使承揽工作不能完成的，承揽人可以催告定作人在合理期限内履行义务，并可以顺延履行期限；定作人逾期不履行的，承揽人可以解除合同。

第二百六十条 承揽人在工作期间，应当接受定作人必要的监督检验。定作人不得因监督检验妨碍承揽人的正常工作。

第二百六十一条 承揽人完成工作的，应当向定作人交付工作成果，并提交必要的技术资料和有关质量证明。定作人应当验收该工作成果。

第二百六十二条 承揽人交付的工作成果不符合质量要求的，定作人可以要求承揽人承担修理、重作、减少报酬、赔偿损失等违约责任。

第二百六十三条 定作人应当按照约定的期限支付报酬。对支付报酬的期限没有约定或者约定不明确，依照本法第六十一条的规定仍不能确定的，定作人应当在承揽人交付工作成果时支付；工作成果部分交付时，定作人应当相应支付。

第二百六十四条 定作人未向承揽人支付报酬或者材料费等价款的，承揽人对完成的工作成果享有留置权，但当事人另有约定的除外。

第二百六十五条 承揽人应当妥善保管定作人提供的材料以及完成的工作成果，因保管不善造成毁损、灭失的，应当承担损害赔偿责任。

第二百六十六条 承揽人应当按照定作人的要求保守秘密，未经定作人许可，不得留存复制品或者技术资料。

(二)**《中华人民共和国消费者权益保护法》**

消费者是指为生活消费需要，购买、使用商品或者接受服务的单位和个人。

消费者权益保护法规是调整国家、经营者和消费者三者之间在保护消费者权益的过程中发生的社会关系的法律规范的总称。它是经济法的重要组成部分。1993年10月31日第八届全国人大常委会第四次会议通过了《中华人民共和国消费者权益保护法》(以下简称《消费者权益保护法》)，自1994年1月1日起实施。《消费者权益保护法》共八章五十五条，除了总则、法律责任、附则外，还包括：消费者的权利、经营者的义务、国家对消费者合法权益的保护、消费者组织、争议的解决。

1.《消费者权益保护法》的立法宗旨和运用范围

(1)《消费者权益保护法》的立法宗旨是：通过制定保护消费者权益的专门法律，来保护消费者的合法权益，维护社会经济秩序，促进社会主义市场经济的健康发展。

(2)《消费者权益保护法》的适用范围是：消费者为生活消费需要而购买、使用商品或者接受服务，其权益受该法保护；经营者为消费者提供其生产、销售的商品或者提供服务，其行为受该法规范。

2.《消费者权益保护法》的基本原则

(1)在经营者与消费者进行交易方面，应遵循自愿、平等、公平、诚实信用原则。

(2)在国家对消费者权益的保护方面，应遵循保护消费者的合法权益不受侵害原则、尊重和保障人权原则。

3.消费者的权利

消费者在购买、使用商品和接受服务时享有的权利：

(1)人身、财产安全不受损害的权利；

(2)知悉其购买、使用的商品或者接受服务的真实情况的权利；

(3)自由选择商品或者服务的权利；

(4)公平交易的权利；

(5)当购买、使用商品或者接受服务受到人身、财产损害时，依法获得赔偿的权利；

(6)依法成立维护自身合法权益的社会团体的权利；

(7)获得有关消费和消费者权益保护方面知识的权利；

(8)人格尊严、民族风俗习惯得到尊重的权利；

(9)对商品和服务以及保护消费者权益工作进行监督的权利。

4.经营者的义务

经营者在向消费者提供商品或者服务时应履行的义务：

(1)依照法律、法规和与消费者约定的条款履行义务；

(2)听取消费者对其提供的商品或者服务的意见，接受消费者的监督；

(3)保证其提供的商品或者服务符合保障人身、财产安全的要求；

(4)向消费者提供有关商品或者服务的真实信息；

(5)标明商品或者经营场地、经营者真实名称和标记；

(6)向消费者出具购货凭证或者服务单据；

(7)保证在正常使用商品或者接受服务的情况下，其提供的商品或者服务应当具有的性质、性能、用途和有效期限；

(8)按照国家规定或者约定，履行包修、包换、包退或者其他责任；

(9)不得以格式合同、通知、声明、店堂告示等方式作出对消费者不公平、不合理的规定，或者减轻、免除其损害消费者合法权益应当承担的民事责任；

(10)不得对消费者进行侮辱、诽谤，不得搜查消费者身体及其携带的物品，不得侵犯消费者人身自由。

5.国家及各级人民政府对消费者合法权益保护的法律责任

(1)国家制定有关消费者权益的法律、法规和规章时，应当听取消费者的意见和要求；

(2)各级人民政府应当加强领导,组织、协调、督促有关行政部门做好保护消费者合法权益的工作;

(3)工商行政管理部门和其他有关行政部门应当依照法律、法规的规定,在各自的职责范围内,采取措施,保护消费者的合法权益;

(4)有关国家机关应当依照法律、法规的规定,惩处经营者在提供商品和服务中侵害消费者合法权益的违法犯罪行为;

(5)人民法院应当采取措施,方便消费者提起诉讼。对符合《中华人民共和国民事诉讼法》起诉条件的消费者权益争议,必须受理,及时审理。

6.消费组织

消费者协会和其他消费者组织是依法成立的、对商品和服务进行社会监督的、保护消费者合法权益的社会团体。

7.争议的解决

消费者和经营者发生消费者权益争议的,可以通过下列途径解决:

(1)与经营者协商和解;

(2)请求消费者协会调解;

(3)向有关行政部门申诉;

(4)根据与经营者达成的仲裁协议,提请仲裁机构仲裁;

(5)向人民法院提起诉讼。

8.损害赔偿责任的承担

(1)消费者在购买、使用商品时,其合法权益受到损害的,可以向销售者要求赔偿。销售者赔偿后,属于生产者的责任或者属于向销售者提供商品的其他销售者的责任的,销售者有权向生产者或者其他销售者追偿。

(2)消费者或者其他受害人因商品缺陷造成人身、财产损害的,可以向销售者要求赔偿,也可以向生产者要求赔偿。属于生产者责任的,销售者赔偿后,有权向生产者追偿;属于销售者责任的,生产者赔偿后,有权向销售者追偿。

(3)消费者在接受服务时,若其合法权益受到损害,消费者可以向服务者要求赔偿。

(4)消费者在购买、使用商品或者接受服务时,其合法权益受到损害,因原企业分立、合并的,消费者可以向变更后承受其权利义务的企业要求赔偿。

(5)用他人营业执照的违法经营者,若其提供的商品或服务损害了消费者的合法权益,则消费者可以直接向其要求赔偿,也可以向营业执照的持有人要求赔偿。

9.《消费者权益保护法》在机动车维修行业的实施

根据《消费者权益保护法》对消费者的法定范围,在机动车维修服务中,托修方是服务对象,是消费者。

(1)托修方的权益主要有以下几个方面:

①送修车的财产安全不受损害;

②有权了解机动车维修所用材料与配件价格和修车工时单价;

③有权选择与其报修作业项目相适应的机动车维修企业和作业项目;

④所付维修费用符合收费标准;

⑤受到损害有权索赔;

⑥有权监督、投诉机动车维修服务质量等侵害其权益的行为。

(2)承修方对托修方权益保护应尽的法律责任包括：

①严格履行双方约定的机动车维修合同；

②认真听取托修方对机动车维修的要求和意见，接受托修方的监督；

③确保生产安全；

④向托修方提供修理工时定额标准、实际消耗的工时以及维修所用的配件、材料价格的真实信息(工时清单、材料清单)，供审核；

⑤严格执行机动车维修技术标准，确保机动车维修质量，出具《机动车维修竣工出厂合格证》(含质量保证卡)；

⑥建立并向托修方提供机动车维修检验记录、检测数据等机动车维修技术档案。

四、安全与劳动保护法规

(一)《中华人民共和国安全生产法》

安全生产，事关人民群众生命财产安全、国民经济持续快速健康发展和社会稳定大局，党中央、全国人大和国务院高度重视安全生产立法工作。《中华人民共和国安全生产法》(以下简称《安全生产法》)于2002年6月29日第九届全国人民代表大会常务委员会第二十八次会议通过，自2002年11月1日起施行。制定《安全生产法》，主要是要解决社会主义市场经济体制下安全生产工作如何法律化、制度化的问题。《安全生产法》共七章九十七条，除了总则、法律责任、附则外，还包括：生产经营单位的安全生产保障、从业人员的权利和义务、安全生产的监督管理、生产安全事故的应急救援与调查处理等内容。

1. 立法目的

为了加强安全生产监督管理，防止和减少生产安全事故，保障人民群众生命和财产安全，促进经济发展。

2. 适用范围

本法适用于在中华人民共和国领域内从事生产经营活动的单位的安全生产管理。

3. 安全生产管理方针

安全生产管理坚持安全第一、预防为主的方针。

4. 生产经营单位在安全生产方面的义务

(1)生产经营单位必须遵守有关安全生产的法律、法规。

(2)生产经营单位必须加强安全生产管理。生产经营单位加强安全生产管理，是一项法定义务，主要内容包括：

①生产经营单位的负责人必须重视安全生产工作，抓生产经营，也必须抓安全生产；

②生产经营单位必须建立健全有关安全生产的各项规章制度；

③生产经营单位必须具备基本的安全生产条件，包括必要的安全生产投入；

④生产经营单位必须对从业人员进行相应的安全生产教育、培训，使其掌握基本的安全生产知识和技能；

⑤根据本单位的具体情况，如生产经营活动的特点和危险程度等，建立内部的安全生产监督检查制度，督促、检查生产经营单位内部的安全生产管理工作。

(3)建立、健全安全生产责任制度，包含以下几个方面的内容：

①明确、具体的安全生产要求，这些安全生产要求主要是为了保证有效地预防生产安全事故的发生；

②明确、具体的安全生产管理程序，即为了安全生产，要进行哪些常规检查和防范工作；

③明确、具体的安全生产管理人员，即哪个岗位由哪个人来负责，责任落实到人；

④明确、具体的安全生产培训要求，包括哪个岗位要经过什么样的安全生产培训，应当具备什么样的安全生产知识等；

⑤明确、具体的安全生产责任，即对安全生产方面存在的问题，具体由谁负责，负什么样的责任等。

确保安全生产的关键是建立、健全安全生产责任制度，使安全生产有人管，安全生产责任制的落实有人抓。通过安全生产责任制度的落实，从源头上消除事故隐患，从制度上预防生产安全事故的发生。

(4)完善安全生产条件。这里的“安全生产条件”是指生产经营单位在安全生产中的设施、设备、场所、环境等“硬件”方面的条件，这些条件是与安全生产责任制度相配套的。仅有责任制度，没有基本的安全生产条件，或者仅有安全生产条件，缺乏严格的安全生产责任制度，都不能保障安全生产。安全生产条件通常表现在以下几个方面：

①工作场所方面符合安全生产要求。生产经营单位新建、改建、扩建工程项目的安全设施，应当与主体工程同时设计、同时施工、同时投入生产和使用。

②生产设备符合安全生产要求。生产经营单位安全设备的设计、制造、安装、使用、检测、维修、改造和报废，应当符合国家标准或者行业标准，生产经营单位必须对安全设备进行经常性维护，并定期检测，保证正常运转。

③特殊的作业场所符合安全生产要求。生产经营单位必须在有危险因素的生产经营场所和有关设施、设备上，设置明显的安全警示标志，并应当向从业人员告知作业场所和工作岗位存在的危险因素、防范措施及事故应急措施。完善安全生产条件，要求生产经营单位必须保证必要的安全生产资金投入。

5.生产经营单位的从业人员在安全生产方面的权利与义务

从业人员既是安全生产保护的对象，又是实现安全生产的基本要素。为了实现安全生产，防止和减少生产安全事故，必须保障生产经营单位的从业人员依法享有获得安全保障的权利，同时，从业人员也必须履行安全生产方面的义务。

(1)从业人员在安全生产方面的权利主要包括：

①从业人员有依法获得社会保险的权利。生产经营单位在与从业人员订立的劳动合同中，应当载明有关保障从业人员劳动安全和依法为从业人员办理工伤社会保险的事项。生产经营单位与从业人员订立的合同中，不得含有免除或者减轻生产经营单位对从业人员因生产安全事故伤亡依法应承担的责任的内容。

②从业人员有了解作业场所和工作岗位存在的危险因素的权利。生产经营单位有义务将从业人员作业场所和工作岗位中存在的可能导致生产安全事故的危险因素如实、全面地告诉从业人员。

③从业人员有权了解和掌握事故的防范措施和事故应急措施，并对本单位的安全生产工作提出意见和建议。生产经营单位有义务将生产安全事故的防范措施和事故的应急措施告知从业人员。

④从业人员有对安全生产工作中存在的问题提出批评、检举和控告的权利，有权拒绝违章指挥和强令冒险作业。生产经营单位不得因从业人员对本单位安全生产工作提出批评、检举、控告或者拒绝违章指挥和强令冒险作业而降低从业人员的工资、福利等待遇或者解除与其签订的劳动合同。

⑤从业人员发现直接危及人身安全的紧急情况时，有进行紧急避险的权利。即可以停止作业或者在采取可能的应急措施后撤离作业场所。

⑥从业人员因生产安全事故受到损害时，除依法享有工伤社会保险外，还有依照民事法律的相关规定，向本单位提出赔偿要求的权利。

(2)生产经营单位的从业人员在享有安全生产保障的权利的同时，也必须履行相应的安全生产方面的义务。生产经营单位从业人员在安全生产方面的义务主要包括：

①遵守国家有关安全生产的法律、法规和规章。有关安全生产的法律、法规和规章是安全生产的基本要求和保证。每一个从业人员都有义务认真遵守。

②从业人员在作业过程中，应当严格遵守本单位的安全生产规章制度和操作规程，服从安全生产管理。

③从业人员在作业过程中，应当正确佩戴和使用劳动防护用品，严禁在作业过程中放弃使用防护、保护用品或者不正确佩戴和使用劳动防护用品。

④从业人员应当自觉地接受生产经营单位有关安全生产的教育和培训，掌握所从事工作应当具备的安全生产知识。

⑤从业人员在作业过程中发现事故隐患或者其他不安全因素的，应当立即向现场安全生产管理人员或者本单位的负责人报告。

6.安全生产工作监督管理体制

(1)国务院负责安全生产监督管理的部门依照本法，对全国安全生产工作实施综合监督管理；县级以上地方各级人民政府负责安全生产监督管理的部门依照本法，对本行政区域内安全生产工作实施综合监督管理。

(2)国务院有关部门依照本法和其他有关法律、行政法规的规定，在各自的职责范围内对有关的安全生产工作实施监督管理；县级以上地方各级人民政府有关部门依照本法和其他有关法律、法规的规定，在各自的职责范围内对有关的安全生产工作实施监督管理。

7.生产经营单位应当认真执行有关安全生产的国家标准或者行业标准

按照《标准化法》的规定，保障人体健康，人身、财产安全的标准和法律、行政法规规定强制执行的标准是强制性标准，其他标准是推荐性标准。根据这一规定，《安全生产法》中规定的保障安全生产的国家标准和行业标准，无疑应当属于强制性标准，具有和法律、法规同等的效力。生产经营单位必须执行，不得置国家标准和行业标准于不顾，我行我素，盲目追求经济效益，忽视安全生产。任何单位和个人都无权擅自变更、降低这类标准。严格执行有关安全生产的法规是生产经营单位的一项法定义务，也是防患于未然、减少或者杜绝生产安全事故的基本条件。

8.国家实行生产安全事故责任追究制度

国家有关部门将依照本法和有关法律、法规的规定，追究生产安全事故责任人员的法律责任。

9.《安全生产法》在机动车维修企业中的具体实施

机动车维修企业是涉及多工种综合施工的生产企业，因此其安全生产问题也备受社会各方面的关注。

《机动车维修管理规定》第二十四条规定，机动车维修经营者应当加强对从业人员的安全教育和职业道德教育，确保安全生产。机动车维修从业人员应当执行机动车维修安全生产操作规程，不得违章作业。

按照《安全生产法》的有关管理原则和交通部上述规定，机动车维修企业在创立之初就应该建立完善的安全生产管理制度及各项安全生产操作规程，并配备有丰富经验的人员，专职从事安全教育和安全监督管理工作。

机动车维修企业的安全生产管理工作主要体现在以下方面：

(1)企业员工生产过程中的安全管理。机动车维修企业的车间操作员工，面临着许多操作安全问题。对从业人员从进入企业的第一天开始，除了不断强化安全意识之外，必须不间断地对他们进行安全操作规范教育和实际生产时的监督管理，让他们牢记机动车维修中的安全“六防”，并由专职安全生产管理人员随时加以监督管理。

①防溜车。机动车是随时都可以吞噬生命的“铁老虎”，而维修车间以及车间周围又是车辆频繁移动的场所，职工在这样的环境中作业，首先要有足够的防范意识，具体要做到：车辆被千斤顶举升或者开进检查地沟时，必须将前后车轮用三角木块塞紧，工作人员才能接近车辆和进行维修作业；人工移动车辆或者指挥倒车，必须选择安全位置，并且应该有两人以上共同完成操作；严禁无驾驶资格的人员在作业区域驾驶操作；试车员试车时，必须悬挂试车牌照，在公安机关核定的时间和路段试车，试车时，不得随意搭乘其他人员；拖曳损坏车辆应该指派有经验的员工，按照操作要领进行作业。

②防坠落。车间举升车辆，一定要确认设备负载是否匹配，设备是否完好，确信支承位置恰当、绑扎牢靠、锁止有效之后，作业人员始得进入车下工作；在车辆上部操作的人员，首先要顾及下部操作人员的安全，不得随意将工具、配件摆放在作业部位，以免重物下滑击打下部工位操作人员，引起伤害事故；指挥重物起吊，不能站在有可能被坠落重物击打的位置。

③防挤压。车辆之间要留有足够的操作空间；搬抬重物要有专人指挥、协调动作，以免伤及动作缓慢的个人；多人协调操作的工作，要有一人负责口令指挥。

④防中毒。机动车维修作业中涉及的有毒有害物质比较多，应该特别引起重视，主要包括：对运输危险品的车辆，维修前一定要认真冲洗，不要钻进储罐内作业；充电间要与蓄电池作业间隔离开，并且要安装通风设备；充电操作人员不进行充电操作时，要远离充电间；喷漆车间要与漆工作业间隔离；喷漆操作人员要加强个人防护；危险品仓库与一般物品分开存放；剧毒物资要专门设库存放，指定专人保管，并且有严格的进出库审批手续和领发料登记台账。

⑤防烫伤。散热器“开锅”时严禁发动机熄火和开启散热器盖；清洗蒸煮锅没有泄压前严禁开启；利用过热蒸汽清洗零件时，必须采取有效的防护措施；焊工、锻工以及热处理车间带有余热的零件不得随意乱放，应设立明显的隔离圈；利用经验法判断零件温升时，只能用手背测试。

⑥防意外伤害。如压缩空气吹干零件时，气管不能对着人体头、面部；所有经过机械加工的零件，不要用手触摸零件尖角处，以免割伤皮肤；不能将水倒入浓硫酸中进行稀释；车间里行走要防止误踩油污或者可以滚动的零件而滑跌；不能戴着手套操作机械设备等。

(2)企业用电安全管理。机动车维修企业使用的移动设备多,某些车间空气湿度高,车间里导电物体多,用电安全的责任重大,应引起高度重视。企业用电安全管理的具体工作主要包括:

①要经常检查移动用电设施完好状况,发现破损漏电器材,必须立即停止使用,进行更换或者维修;

②教育职工不能乱拉私接电线,不得在车间里扔工具和零件等,以免碰断电线引起短路或者触电事故;

③低压工作灯不能错插进高压电插座;

④一旦发生触电事故,首先切断电源,再用绝缘物对触电人员施救,以防连锁事故的发生。

(3)企业消防安全管理。机动车维修企业生产的一个显著特点是“油火不分家”,因此,消防安全是维修企业的重要职责。企业消防安全管理的具体工作主要包括:

①使用石油产品作为清洗剂和稀释剂的企业或者车间,不允许进行焊接等有明火的作业;

②运输危险品的车辆,只能在具有危险品车辆维修资格的企业维修;

③维修企业的废油废液要经常清理,不得乱堆乱放;

④机修、喷漆、缝工、充电作业等车间及仓库区,严禁烟火。

(4)环境安全管理。机动车维修企业要做好环境安全管理工作,主要包括:

①对存放剧毒品、危险品等要建立完整的安全管理规定,实行专库、专人保管;

②对送修的机动车要严格检验、识别,发现有走私、盗抢、拼装等可疑迹象时,要稳住客户,及时报警;

③严禁企业违反环保法规随意排放废液、废气;

④喷漆车间和钣金、轮胎作业等排放高噪声的车间,应该设立在下风口和尽量远离人员居住的方位;

⑤企业应加强夜间巡逻值班,防止偷盗待修或者修竣机动车辆的行为。

(5)职业病防治安全管理工作。主要包括:

①对某些仓库保管员、喷漆工、充电工、轮胎作业工、钣金工等接触有毒有害物质和噪声危害的工作人员,要加强劳动防护,并且定期组织职工进行必要的体检,按照规定发放必须的营养补贴;

②对处于妊娠期的女工、患有慢性病的职工和已经患有职业病的职工,要调剂工种,减轻劳动强度和职业危害。

(二)《中华人民共和国劳动法》

《中华人民共和国劳动法》(以下简称《劳动法》)于 1994 年 7 月 5 日颁布,自 1995 年 1 月 1 日起施行。《劳动法》以基本法的形式确定了统一的劳动力市场规则和劳动标准,从而为调整劳动关系提供了法律准则。作为新中国成立以来第一部以确认和保护劳动者合法权益为宗旨,全面规范和调整劳动关系的法律,十多年来,《劳动法》在建立和谐稳定的劳动关系,维护职工合法权益,规范劳动体制从计划经济体制向社会主义市场经济体制转变,推动我国劳动法制建设进程,促进经济发展和保持社会稳定等方面发挥着越来越重要的作用。

《劳动法》共十三章一百零七条,内容丰富,规定具体,针对性强,除了总则、监督检查、法律责任、附则外,还包括促进就业、劳动合同和集体合同、工作时间和休息休假、工资、劳动安全卫生、女职工和未成年工特殊保护、职业培训、社会保险和福利、劳动争议等九章,对劳动者的权利和义务、劳动关系的确立和调整、劳动标准的确定和执行以及劳动部门的工作规范和职责，都作了明确规定。

1.《劳动法》立法的基本原则

(1)《劳动法》是依据《宪法》中有关劳动者基本权利和义务的规定制定的。

(2)《劳动法》的主要宗旨是保护劳动者的合法权益，同时也考虑到劳动者与用人单位双方的权利与义务的对等。比如在规定职工可以辞职的同时，也规定用人单位可以依法辞退职工，从而保证了劳动者择业自主权和用人单位的用人自主权。

(3)既要充分考虑到中国国情，又要借鉴外国的成功经验，承担我国已批准的国际劳工公约所应履行的义务，为逐步与国际惯例接轨创造条件。

(4)在制定《劳动法》时，既考虑到法律的统一性，又考虑到地域和经济发展水平的差异性。比如关于最低工资的规定，国家对确定和调整最低工资标准的参考因素作了明确规定，但最低工资的具体标准由各省、市、自治区自行确定。

2.《劳动法》的重大意义

《劳动法》的制定有着重大意义：

(1)《劳动法》突破了计划经济按不同所有制形式分别立法的传统模式，对不同所有制下的劳动者的权利和义务，按照同一标准作了统一规定，适应了我国社会经济发展中公有制经济与非公有制经济并存的局面，有利于保护全体劳动者和不同所有制单位的合法权益，形成劳动者及企业之间平等竞争的局面，从而会促进社会主义统一市场的形成。

(2)《劳动法》以法律形式确定建立劳动关系应当建立劳动合同。

(3)按照市场经济的规律，确定了集体合同制度。《劳动法》规定工会可以代表职工与企业就劳动报酬、工作时间、休息休假、劳动安全卫生、保险福利等事项，在平等协商的基础上订立集体合同。

(4)《劳动法》以基本法律的形式第一次明确了工时休假制度，使宪法规定的劳动者这一基本权利得到具体确认。

(5)充分落实了劳动者择业、辞职自主权和企业用人、分配自主权，为劳动者成为择业主体和企业成为用人主体提供了法律保障。

(6)确立了最低工资保障制度，规定了工资支付的基本原则。

(7)《劳动法》明确了国家确定职业分类，制定职业技能标准，实行职业资格证书制度，实施职业技能考核鉴定，为我国建立职业技能开发体系，深化职业培训制度改革，全面开发劳动者的职业技能，提高我国劳动者整体素质，提供了法律依据和保障。

(8)《劳动法》肯定了社会保险制度改革的成果，充分体现了党的十四届三中全会关于社会保险制度改革的精神，明确了逐步向社会统筹过渡的方向，对基本保险、企业补充保险和个人储蓄性保险分别作了原则规定；对社会保险基金经办机构和监督机构的职责制定了法律规范，同时规定了用人单位和劳动者缴纳社会保险费的义务和法律责任，为建立有中国特色的社会保险制度指明了方向。

3.劳动者的权利和义务

(1)《劳动法》规定，劳动者的权利主要有：

①劳动权；

②民主管理权；

③休息权；

④获得劳动报酬权；

⑤劳动保护权；

⑥职业培训和业务进修权；

⑦物质帮助权等。

(2)《劳动法》规定，劳动者的义务主要有：

①按照规定的数量和质量完成生产任务和工作任务；

②遵守劳动纪律和用人单位各项规章制度；

③学习科学文化和技术业务知识；

④保守企业商业秘密；

⑤遵守各项劳动法律规范等。

4.用人单位的权利和义务

(1)《劳动法》规定，用人单位的权利主要有：

①决定录用、调动和解除与职工劳动关系的权利；

②用人单位机构设置的决定权；

③用人单位管理人员的任用、聘任权及解聘权；

④工资、奖金分配的提出权；

⑤对职工依法奖惩权等。

(2)《劳动法》规定，用人单位的义务主要有：

①依法考核录用和招聘职工；

②合理组织生产；

③保障职工代表大会和工会行使其职权；

④支付职工劳动报酬；

⑤不断改善劳动条件等。

5.关于劳动安全卫生

(1)《劳动法》规定劳动者在劳动安全卫生方面的权利主要有：

①劳动者对用人单位管理人员违章指挥、强令冒险作业，有权拒绝执行；

②对危害生命安全和身体健康的行为，有权提出批评、检举和控告；

③劳动者在劳动安全卫生方面的义务主要是，劳动者在劳动过程中必须遵守安全操作规程。

(2)《劳动法》规定用人单位在劳动安全卫生方面的义务是：

①用人单位必须建立、健全劳动安全卫生制度，严格执行国家劳动安全卫生规程和标准，对劳动者进行劳动安全卫生教育，防止劳动过程中的事故，减少职业危害；

②用人单位必须为劳动者提供符合国家规定的劳动安全卫生条件和必要的劳动防护用品，对从事有职业危害作业的劳动者应当定期进行健康检查；

③劳动安全卫生设施必须符合国家规定的标准。新建、改建、扩建工程的劳动安全卫生设施必须与主体工程同时设计、同时施工、同时投入生产和使用。

6.关于职业培训

《劳动法》规定：

(1)国家通过各种途径,采取各种措施,发展职业培训事业,开发劳动者的职业技能,提高劳动者素质,增强劳动者的就业能力和工作能力;

(2)国家确定职业分类,对规定的职业制定职业技能标准,实行职业资格证书制度,由经过政府批准的考核鉴定机构负责对劳动者实施职业技能考核鉴定;

(3)用人单位应当建立职业培训制度,按照国家规定提取和使用职业培训经费,根据本单位实际,有计划地对劳动者进行职业培训;

(4)从事技术工种的劳动者,上岗前必须经过培训。

7.《劳动法》在机动车维修企业中的具体实施

《劳动法》从法律的角度规范了劳资双方的行为,成为最直接关系到劳动者权益的法律依据,因此对《劳动法》在企业的实施广泛受到各行各业劳动者的关注。在机动车维修企业中,《劳动法》的具体实施主要体现在以下方面:

(1)与劳动者签订有效的劳动合同。机动车维修企业的劳动力资源流动比较频繁,许多企业高技能员工的流失现象,已经成为令企业经营者头痛的问题。另一方面,由于许多企业没有按时与员工签订有效的劳动合同,员工的切身利益也受到种种侵害。长此以往,这个问题将变为困扰企业良性发展的障碍之一。

签订劳动合同应该在双方自愿和平等的基础上,严格依照劳动法所规定的条款和劳动主管部门与合同主管部门所设定的劳动合同示范文本格式进行,不能采取实用主义和各取所需的态度,任意节选和删改这些相关条款。

机动车维修企业在与劳动者签订劳动合同时,一定要注意以下问题:

①除了明确双方的权利和义务之外,还要写明双方均认为合情合理的违约责任,以便于双方互相约束,逐步减少技术工人频繁"跳槽"、影响整个行业健康发展的问题;

②在签订劳动合同时,不要将合同期限定得过于短暂,特别是对那些具有一定技术专长的技术人员和操作能手,更要给他们一个比较稳定和宽松的工作环境,以利于促进企业的技术进步;

③在企业和劳动者之间,企业是强者,对劳动合同的格式条款,更要注意其所拟的劳动合同应该符合法律规定,否则,一旦发生劳动争议,劳动仲裁部门将会作出不利于企业的解释。

(2)按照国家有关规定,及时给付劳动者合理的报酬。现在有部分机动车维修企业的经营者,为了眼前利益和进行不公平竞争,往往采取压低劳动者报酬的错误做法,尽量降低必要的企业成本,譬如,实行低于当地政府制定的最低生活保障水平的低薪酬制度;对固定岗位的技术工人不核发基本生活费,只采用工时收入低标准提成的方法发放报酬,企业处于生产淡季时,工人无法以丰补欠,基本生活没有保障;仅以"为劳动者提供免费午餐和简易的住宿条件"为交换,骗取劳动者的廉价劳动力;借技术培训或者竞赛比武等名义,组织劳动者提供无偿技术服务,从中赚取利润等。这些做法极大地损害了劳动者的权益,同时也使企业丧失了基本的信誉。按照《劳动法》的有关规定,企业在给付劳动者报酬时应该具体做到:

①企业必须向劳动者提供必要的生活保障,严格实行不低于当地政府制定的最低生活保障水平的薪酬制度;

②实行计件工资制的企业,在确定工资发放方案时,应该保证职工在生产淡季也能取得不低于当地政府规定的最低基本生活费用。

(3)对员工进行必要的技能培训。机动车维修行业不仅是一个劳动密集型产业链,同时也是一个技能密集型产业机构。企业要想取得良好的业绩，必须花大力气着力提高从业人员的业务素质、技术水平和操作技能。有些企业贪图眼前利益，或者借口保守企业商业机密，或者是害怕职工在本企业获得了新的技能之后“跳槽”，就对职工实行核心技术封锁，让许多具有技术潜质的优秀员工长期徘徊于低层次简单劳动之中，极大地挫伤了职工的劳动积极性和创新思维能力。纵观许多跨国集团或者经营有道的优秀企业，他们不惜代价培养职工，最终取得了骄人的成就。所以，机动车维修企业经营者应该摒弃陈旧落后的用人观念，把员工视作企业的宝贵财富，为其提供一切可能的机会和条件，采取技术交流、外派学习、业余培训、技术比武等多种形式，努力提高员工的文化水平、业务能力、技术素质和操作技能，不断用新技术、新工艺、新知识武装员工的头脑，让企业走良性发展的道路。

(4)重视劳动保护。勿庸置疑，机动车维修企业的许多工种，作业条件都比较艰苦，其中部分工种作业中还会产生有毒有害物质，直接威胁着职工的身体健康。因此，企业一定要关注工作场所的环境治理和重视职工的劳动保护，具体工作主要包括：

①车身维修车间要单独设置，与周围其他车间有效隔离，以避免钣金作业中的噪声侵扰和喷漆作业中的芳香烃等有害气味危害，造成对职工身体的不良影响；

②喷漆作业车间应该具有良好通风条件和污水处理装置，要与漆工作业间有效隔离；

③为钣金工配备消声耳塞和护目眼镜，为喷漆工配备防毒口罩，并给他们发放相应营养补贴，定期进行尘肺等职业健康安全检查；

④蓄电池作业间应该与充电间实施隔离，充电车间要阴凉通风，避免使用可能产生电火花的无屏蔽插座和禁止一切明火作业；

⑤设置专门的焊接车间、锻工车间和热处理车间、电镀车间的企业，对这些工种要按照规定发放相应的劳动防护用品，避免高温作业和有毒有害物质对这些职工的伤害；

⑥轮胎维修作业人员应佩戴护目眼镜和防尘口罩，定期对他们进行尘肺检查；

⑦危险品和剧毒品仓库应该指定专人负责，加强安全保护，防止意外发生；

⑧禁止使用含铅汽油和其他危害人体健康的清洗剂，注意车间的夏季通风和冬期保暖；

⑨定期组织职工参加常规体检。

(5)合理解决劳资纠纷。机动车维修企业和其他行业一样，都难免存在劳资纠纷。解决劳资纠纷应该体现人性化的管理思路，尽量避免激化矛盾，通过平等协商、亲情呼唤，调解纠纷，达成共识。解决劳资纠纷应特别注意以下方面：

①在企业与员工发生分歧时，严禁使用暴力手段威胁、恐吓员工，企业经营者应该心平气和地约请职工代表对话协商，或者采取召开特别职工代表大会以及通过工会组织出面广泛征求意见的方法，化解矛盾、取得谅解；

②在企业没有能力化解纠纷的情况下，可以动员职工通过向上一级主管部门反映，劳动仲裁，或者运用法律途径寻求妥善解决的办法，使劳资纠纷得到在法律规定范围内的合理解决。

本章小结

本章的主要内容是机动车维修法律法规，分为五节。

第一节　《中华人民共和国道路运输条例》，介绍了《道路运输条例》对推动我国道路运输业发展的重大意义，《道路运输条例》的基本内涵和原则，《道路运输条例》对机动车维修的规定以及相关的法律责任。

要求学员了解《道路运输条例》对推动我国道路运输业发展的重大意义，了解《道路运输条例》的基本内涵和原则，掌握《道路运输条例》的总则、第三十八条、第四十条、第四十四条、第四十五条、第四十六条等与机动车维修相关的规定及其释义。掌握《道路运输条例》第六章法律责任中的第六十六条、第六十七条、第七十三条、第七十四条等内容。

第二节　《机动车维修管理规定》，介绍了《机动车维修管理规定》的立法目的、意义，根据《维修管理规定》具体内容，按照经营许可、维修经营、质量管理、监督检查、法律责任等五个方面进行了详细地讲解。

要求学员在熟悉《机动车维修管理规定》的立法目的和重大意义的基础上，掌握机动车维修经营许可的分类、从事机动车维修经营业务的条件、许可申请程序、审批时限、许可证件有效期、许可事项变更登记等；掌握机动车维修经营者在维修经营方面的责任和义务；掌握机动车维修经营者在质量管理方面的法定义务；了解道路运输管理机构应当履行的职责，掌握机动车维修经营者应当配合和服从监督检查的义务；了解道路运输管理人员违反《机动车维修管理规定》应承担的法律责任，掌握机动车维修经营者违反《机动车维修管理规定》应承担的法律责任。

第三节　《道路运输从业人员管理规定》，介绍了该规定颁布实施的重要意义，要求学员充分认识贯彻实施该规定的重要性和必要性，切实领会该规定的立法宗旨，深入贯彻落实该规定确定的制度；熟练掌握该规定对道路运输从业人员的管理原则、管理范围、资格考试和认证程序、从业资格证件管理、从业人员经营行为、违章处罚等方面的具体规范，尤其是该规定中对机动车维修从业人员的具体要求。

第四节　《机动车维修企业质量信誉考核办法(试行)》，要求学员了解在全行业建立诚信服务机制的意义，熟练掌握信誉考核的原则、质量信誉等级、考核指标、建立质量信誉档案、质量信誉考核程序、质量信誉管理等内容，自觉改进管理，规范经营行为，进一步提高自身素质，增强服务意识和水平，提高服务质量。

第五节　机动车维修管理相关法规概述，从环保、质量、经营行为、安全与劳动保护等四个方面，介绍了《大气污染防治法》、《合同法》、《标准化法》、《产品质量法》、《计量法》中与机动车维修行业相关的条款，简单介绍了《消费者权益保护法》、《劳动法》、《水污染防治法》及其实施细则、《安全生产法》、《计量法》、《劳动法》等法律法规中关于在机动车维修企业实施相关的内容。

本章重点要求学员了解《大气污染防治法》主要内容，掌握第四章“防治机动车船排放污染”；了解《大气污染防治法》、《合同法》、《标准化法》、《产品质量法》、《计量法》、《消费者权益保护法》、《劳动法》、《水污染防治法》及其实施细则、《安全生产法》等法规的主要内容及其在机动车维修行业的适用条款和实施要求。

复习思考题

1. 制定出台《道路运输条例》有哪几个方面的需要？

2.《道路运输条例》主要坚持了什么原则？

3.《道路运输条例》规定从事机动车维修经营应当具备的条件是什么？

4.《道路运输条例》对规范机动车维修行为作出了怎样的规定?

5.《机动车维修管理规定》颁布实施的重大意义是什么?

6.《机动车维修管理规定》所倡导的机动车维修行业的发展方向是什么?

7.一、二、三类机动车维修经营者的业务范围分别是什么?

8.机动车维修经营收费应遵循哪些规定?

9.简述《机动车维修管理规定》的重要特色。

10.按《道路运输从业人员管理规定》,各类机动车维修技术人员应当分别符合哪些条件?

11.开展机动车维修企业质量信誉考核有什么意义?

12.《大气污染防治法》对机动车维修经营者的要求是什么?

13.如何在机动车维修行业实施《安全生产法》?

14.《消费者权益保护法》中规定的经营者的义务是什么?

15.《劳动法》规定劳动者有哪些主要权利和义务?

第三章 汽车维修标准体系

《机动车维修管理规定》第三十条明确规定:机动车维修经营者应当按照国家、行业或者地方的维修标准和规范进行维修。尚无标准或规范的,可参照机动车生产企业提供的维修手册、使用说明书和有关技术资料进行维修。

机动车维修标准和规范是从事机动车维修作业活动的技术准则,严格地贯彻执行与机动车维修相关的标准与规范,是保证维修质量的基本要求。机动车维修技术人员,要把学习好、掌握好、执行好相关标准,作为做好本职工作的首要前提。

第一节 标准的基本知识

一、标准的定义和作用

根据国家《标准化和有关领域的通用术语第一部分:基本术语》(GB 3935.1—1996)的规定,标准是对重复性事物和概念所做的统一规定。它以科学、技术和实践经验的综合成果为基础,经有关方面协商一致,由主管机构批准,以特定形式发布,作为共同遵守的准则和依据。

国际标准化组织(ISO)于1991年与国际电工委员会(IEC)联合发布第2号指南《标准化与相关活动的基本术语及其定义(1991年第六版)》。该指南将“标准”定义如下:“标准是由一个公认的机构制定和批准的文件,它对活动或活动的结果规定了规则、导则或特性值,供共同和反复使用,以实现在预定结果领域内最佳秩序的效益。”

上述我国和国际标准化组织的定义包含下列含义:

(1)制定标准的对象是重复性事物或概念。虽然制定标准的对象,早已从生产、技术领域延伸到经济工作和社会活动的各个领域,但这里所指的并不是所有事物或概念,而是比较稳定的重复性事物或概念。如,汽车维修工作。

(2)标准产生的客观基础是“科学、技术和实践经验的综合成果”。这就是说,一是科学技术成果,二是实践经验的总结,并且这些成果与经验都是经过分析、比较和选择,能综合反映其客观规律性的“成果”。

(3)标准在产生过程中要“经有关方面协商一致”。标准不能凭少数人的主观意志,而应该发扬民主、与各有关方面协商一致,“三稿定标”。如产品标准不能仅由生产、制造部门来决定。这样,制定出来的标准才能考虑各方面,尤其是使用方的利益,才更具有权威性、科学性和实用性，实施起来也较容易。

(4)标准的本质特征是统一。标准是“由标准主管机构批准以特定形式发布，作为共同遵守的准则和依据”的统一规定。不同级别的标准是在不同适用范围内进行统一，不同类型的标准是从不同侧面进行的统一。此外，标准的编写格式也应该是统一的。各种各类标准都有自己统一的“特定形式”，有统一的编写顺序和方法。“标准”的这种编写顺序、方法、印刷、幅面格式和编号方法的统一，既可保证标准的编写质量，又便于标准的使用和管理，同时也体现出“标准”的严肃性和权威性。

实践表明：标准以科学、技术和实践经验的综合成果为基础，是指导生产与管理、规范工艺、保证产品质量的行为准则。在激烈的市场竞争中，标准已成为规范市场行为、仲裁质量纠纷的“游戏规则”。随着全球经济一体化进程的加快，技术标准更是在其技术法规的地位上，成为世界各国发展贸易、保护民族产业、规范市场秩序、推动技术进步和实现高新技术产业化的重要手段，在经济和社会发展中发挥着越来越重要的作用。

二、标准的分类及代号

(一)标准的分类

标准为适应不同的要求而构成一个庞大而复杂的系统。为便于研究和应用，在我国标准化的实施过程中提出以下分类方法。

1.按标准的约束性分类

标准具有相对统一的、固定的特性，既具有法律的约束性，在理论上又是可协调的。依据《中华人民共和国标准化法》(以下简称《标准化法》)的规定，标准按法律的约束性程度不同分为强制性标准和推荐性标准两类。

(1)强制性标准。国家通过法律的形式明确要求对于一些标准所规定的技术内容和要求必须强制执行，不允许以任何理由或方式加以违反或变更，这样的标准称之为强制性标准。根据《标准化法》规定，保障人体健康，人身、财产安全的标准和法律、行政法规规定强制执行的标准是强制性标准，其他标准是推荐性标准。省、自治区、直辖市标准化行政主管部门制定的有关工业产品安全、卫生要求的地方标准，在本行政区域内是强制性标准。

强制性标准具体包括：

①药品标准、食品卫生标准、兽药标准；

②产品及产品生产、储运和使用中的安全、卫生标准，劳动安全、卫生标准，运输安全标准；

③工程建设的质量、安全、卫生标准及国家需要控制的其他工程建设标准；

④环境保护的污染物排放标准和环境质量标准；

⑤重要的通用技术术语、符号、代号和制图方法；

⑥通用的试验、检验方法标准；

⑦互换配合标准；

⑧国家需要控制的重要产品质量标准。

强制性标准是国家技术法规的重要组成部分。根据《标准化法》的规定，企业和有关部门对涉及经营、生产、服务、管理有关的强制性标准都必须严格执行，不允许以任何理由或方式加以违反、变更,包括强制性的国家标准、行业标准和地方标准。对违反强制性标准而造成不良后果以至重大事故者由法律、行政法规规定的行政主管部门依法根据情节轻重给予行政处罚,直至由司法机关追究刑事责任。

(2)推荐性标准(在标准代号后加"/T")。国家鼓励自愿采用的具有指导作用而又不宜强制执行的标准属于推荐性标准。推荐性标准所规定的技术内容和要求具有普遍的指导作用,允许使用单位结合自身的实际情况,灵活加以选用。推荐性标准的定义基本上与WTO/TBT对标准的定义接轨,即"由公认机构批准的,非强制性的,为了通用或反复使用的目的,为产品或相关生产方法提供规则、指南或特性的文件。"推荐性标准是自愿性、协调一致的文件,不受政府和社会团体的利益干预,能更科学地规定特性或指导生产。《标准化法》鼓励企业积极采用推荐性标准,同时,为了防止企业利用标准欺诈消费者,要求采用低于推荐性标准的企业标准组织生产的企业,必须向消费者明示其产品的标准水平。

2.按标准的适用范围或审批权限分类

标准按适用范围,即应用领域和有效范围可分为国际标准、国外先进标准(区域标准)、国家标准、行业标准、地方标准和企业标准。

(1)国际标准。是指国际标准化组织(ISO)和国际电工委员会(IEC)等所制定的标准,以及目前国际标准化组织已列入《国际标准题内关键词索引》中的27个国际组织制定的标准和公认具有国际先进水平的其他国际组织制定的某些标准。如ISO 9000质量保证标准就是由国际标准化组织(ISO)制定的国际标准。国家鼓励积极采用国际标准。

(2)国外先进标准。是指国际上有影响的区域标准,包括:世界主要经济发达国家制定的国家标准和其他国家某些具有世界先进水平的国家标准;国际上通行的团体标准以及先进的企业标准等。

(3)国家标准。由国务院标准化行政主管部门,包括国家质量监督检验检疫总局、中国国家标准化管理委员会等制定的需要在全国范围内统一的技术要求。

(4)行业标准。没有国家标准而又需在全国某个行业范围内统一的技术标准,由国务院有关行政主管部门制定并报国务院标准化行政主管部门备案。

(5)地方标准。没有国家标准和行业标准而又需在省、自治区、直辖市范围内统一的工业产品的安全、卫生要求,由省、自治区、直辖市标准化行政主管部门制定并报国务院标准化行政主管部门和国务院有关行业行政主管部门备案的标准。

(6)企业标准。企业生产的产品没有国家标准、行业标准和地方标准,由企业制定的作为组织生产的依据的相应标准,或在企业内制定适用的严于国家标准、行业标准或地方标准的企业标准(含内控标准),并按省、自治区、直辖市人民政府的规定备案(不含内控标准)的标准。

综上所述,虽然各类标准有各自不同的适用范围,但在权威性方面,国内各级标准中国家标准权威最高,其他标准在类似要求上不得与其抵触。如,行业标准是对国家标准的补充,且行业标准的制定不得与国家标准相抵触,一旦国家相关标准公布实施后,相应的行业标准即行废止。同理,地方标准是对国家标准和标业标准的补充,但不得与之相抵触。国家标准、行业标准公布实施后,相应的地方标准即行废止。

3. 按标准的内容属性分类

标准可分为技术标准、管理标准和工作标准。各类标准分别介绍如下：

(1)技术标准。技术标准是对标准化领域中需要协调统一的技术事项而制定的标准。技术标准主要用以规范事物的技术性内容，主要包括：基础标准、产品标准、方法标准和安全、卫生与环保标准、信息技术标准等。

(2)管理标准。管理标准是对标准化领域中需要协调统一的管理事项所制定的标准。其主要作用是规定人们在生产活动和社会生活中的组织结构、职责权限、过程方法、程序文件以及资源分配等事宜。管理标准主要包括生产管理、技术管理、经营管理和劳动组织管理等。它是合理组织国民经济，正确处理各种生产关系，正确实现资源合理分配，提高生产效率和效益的管理依据。

(3)工作标准。工作标准是对标准化领域中需要协调统一的工作事项所制定的标准。工作标准主要包括作业方法、设计程序、工艺流程等，也包括针对具体岗位而规定的人员和组织在生产经营管理活动中的职责、权限，对各种过程的定性要求，以及活动程序和考核评价要求。如包装工作业标准，技术科科长工作标准。

技术标准、管理标准、工作标准三者既彼此联系又各有侧重。如，管理标准与技术标准之间并没有非常严格的界限，有的管理标准也具有技术标准的属性，而许多技术标准同样具有管理功能。如，《汽车维修业开业条件》既是企业建设的技术标准，又是规范汽车维修市场准入的管理标准。对于工作标准，就其属性来说是管理标准的一种类型，是同管理业务标准相辅相成的，二者在执行时常常互相渗透、互相补充。

国务院《关于加强企业管理的若干规定》国发(86)71 号中要求：企业要建立以技术标准为主，包括有管理标准和工作标准在内的、完善科学的企业标准体系。

4. 按标准作用的对象分类

按作用的对象分类，技术标准可分为基础标准、产品标准、方法(检测、试验)标准、安全标准、卫生标准和环境保护标准等。

(1)基础标准。在一定范围内作为其他标准的基础并普遍通用，具有广泛指导意义的标准。如，名词、术语、符号、代号、标志、方法等标准；计量单位制、公差与配合、形状与位置公差、表面粗糙度、螺纹及齿轮模数标准；图形符号和工程制图；产品环境条件及可靠性要求等均属于基础标准。

(2)产品标准。为保证产品的适用性，对产品必须达到的某些或全部特性要求所制定的标准，包括产品的品种、规格、技术要求、试验方法、检验规则、包装、标志、运输和储存要求等。

(3)方法(检测、试验)标准。以产品性能与质量方面的试验、检查、分析、抽样、统计、计算、测定、作业等各种方法为对象而制定的标准。包括操作和精度要求，对所用仪器、设备、检测或试验条件、方法、步骤、数据计算、结果分析、合格标准及复验规则等方面的统一规定。如《营运车辆综合性能要求与检验方法》(GB 18565—2001)。

(4)安全标准。以保护人和物的安全为目的而制定的标准。如《机动车安全运行技术条件》(GB 7258—2004)。

(5)卫生标准。为保护人的健康，对食品、医药及其他方面的卫生要求而制定的标准。

(6)环境保护标准。为保护环境和有利于生态平衡对大气、水体、土壤、噪声、振动、电磁波等环境质量、污染管理、监测方法及其他事项而制定的标准。

(二)标准的代号

为便于研究和应用标准,国家规定了标准的编号规则。标准代号由4部分组成,例如"《汽车维护、检测、诊断技术规范》(GB/T 18344—2001)"。标准代号第1部分为标准级别代号(如例中的"GB/T",表示推荐性国家标准);第2部分为标准顺序号(如例中的"18344");第3部分为标准发布年号(如例中的"2001");第4部分为标准名称(如例中的"《汽车维护、检测、诊断技术规范》")。标准级别代号的编制规则如下:

1.国家标准代号

强制性国家标准代号为GB,推荐性国家标准代号为GB/T。

2.行业标准代号

按行业不同分别代号,一般取行业汉语拼音的前两个字母。如机械行业标准代号为JB,汽车行业标准代号为QC,交通行业标准代号为JT,电子行业标准代号为SJ,环境保护行业标准代号为HJ,新闻出版行业标准代号为CY,公共安全行业标准代号为GA。推荐性行业标准为行业标准代号后加"/T"。

3.地方标准代号

由汉语拼音字母"DB"加上省、自治区、直辖市行政区划代码前两位数再加斜线,组成强制性地方标准代号。再加"/T",组成推荐性地方标准代号。各省、自治区、直辖市代码,如:北京市为110000、上海市为310000、江苏省为320000、广东省为440000、台湾省为710000。

4.企业标准代号

由符号"Q/"加企业代号(3位字母)组成企业标准代号。

三、标准的制定、发布、管理、实施与监督

在经济、技术、科学及管理等社会实践中,对重复性事物和概念通过制定、发布和实施标准,达到统一,以获得最佳秩序和社会效益的活动过程称之为标准化。《中华人民共和国标准化法》是我国标准化管理工作的根本法。

(一)标准的制定与发布

目前,世界上约有近300个国际和区域性组织制定标准或技术规则,其中最大的是国际标准化组织(ISO)、国际电工委员会(IEC)、国际电信联盟(ITU)。ISO、IEC、ITU标准为国际标准。此外,被ISO认可的其他国际组织制定的标准也视为国际标准。我国的标准化工作职责,按照《标准化法》规定,具体分工和落实要求如下:

(1)国家标准由国务院标准化行政主管部门制定;

(2)行业标准由国务院有关行政主管部门按行业标准计划的安排,组织行业标准负责起草单位提出行业标准征求意见稿,经征求各有关方面意见的修改为送审稿,送全国专业标准化技术委员会或专业标准化技术归口单位,并报国务院标准化行政主管部门备案,在公布相关国家标准之后,该项行业标准即行废止。行业标准由行业标准归口部门审批、编号、发布;

(3)地方标准由省、自治区、直辖市标准化行政主管部门制定,并报国务院标准化行政主管部门和国务院有关行政主管部门备案,在公布国家标准或者行业标准之后,该项地方标准即行废止;

(4)企业的产品标准须报当地政府标准化行政主管部门和有关行政主管部门备案。已有国家标准或者行业标准的,国家鼓励企业制定严于国家标准或者行业标准的企业标准,在企业内部适用。法律对标准的制定另有规定的,依照法律的规定执行。

国家《标准化法》要求:标准制定以科学、技术和经验的综合成果为基础,应遵循三项原则:①从全局利益出发,认真贯彻国家技术经济政策;②充分满足使用要求;③有利于促进科学技术发展。《标准化法》还要求:制定标准应当发挥行业协会、科学研究机构和学术团体的作用。制定标准的部门应当组织由专家组成的标准化技术委员会,负责标准的草拟,参加标准草案的审查工作。

(二)标准的管理、实施与监督

1.标准的修订、更新与废止

《标准化法》要求:标准实施后,制定标准的部门应当根据科学技术的发展和经济建设的需要适时进行复审,以确认现行标准继续有效或者予以修订或废止。标准复审周期一般不超过5年。

2.标准的组织实施

标准的实施,即有组织、有计划、有措施地将标准规定的内容贯彻到生产、流通、使用等领域中去的过程。它是标准化工作的任务之一,也是标准化工作的目的。标准的组织实施工作,大致分为计划、准备、实施、检查和总结5个阶段。标准实施的主要形式有3种:①直接贯彻,即对标准的条文不作任何压缩和补充,原原本本地进行贯彻;②压缩贯彻,即标准贯彻时,对标准的内容进行压缩与部分选用;③补充贯彻,即其内容比较概括、标准中的指标不能满足需要时,对其内容和质量指标补充,以技术规范的形式下达,包括质量手册、维修手册(作业指导书)等贯彻落实。

3.标准实施的监督

标准实施的监督是国家行政机关对标准贯彻执行情况进行督促、检查、处理的活动。它是政府标准化行政主管部门和其他有关行政主管部门领导和管理标准化活动的重要手段,也是标准化工作任务之一,其目的是促进标准的贯彻,监督标准贯彻执行的效果,考核标准的先进性和合理性。通过标准实施的监督,随时发现标准中存在的问题,为进一步修订标准提供依据。

第二节　汽车维修标准体系

多年来,我国的汽车维修行业已初步建立健全了汽车维修与检测方面的标准体系。归口汽车维修行业标准管理职责的汽车维修标准化技术委员会,遵循"全面成套、层次恰当、划分明确"的原则,结合国外成功经验,把汽车维修专业范围内的标准按标准对象、标准项目、标准级别与性质及相互间内在联系,编制成系统性技术文件,形成标准体系表,使其按内在联系形成一个整体,既便于标准制定与管理部门对标准不断更新和完善,更方便标准使用部门对标准更好地掌握和运用。

一、汽车维修标准体系结构

汽车维修标准体系总结构分为两个部分三个层次，如图 3-1 所示。其中，两个部分为“汽车维修管理、服务标准”和“汽车维修基础和通用标准”；三个层次的第一层(101～102)为基础和通用标准，这类标准在一定范围内作为其他标准的基础并普遍使用，对汽车维修工作具有广泛的指导作用；第二层(201～203)为专用修理技术标准，也可称为方法标准，是以试验、检查、分析、抽样、统计、计算、测定、作业等各种方法为对象制定的标准；第三层(301～303)为维护、修理、检测设备标准，属于产品标准，包括品种规格、技术性能、试验方法、检验规则、包装、储存、运输等标准。每个层次的类别不同，但是标准内在之间都有着密切联系。考虑到标准的发展，结构框图中预留了“质量保证”的位置。

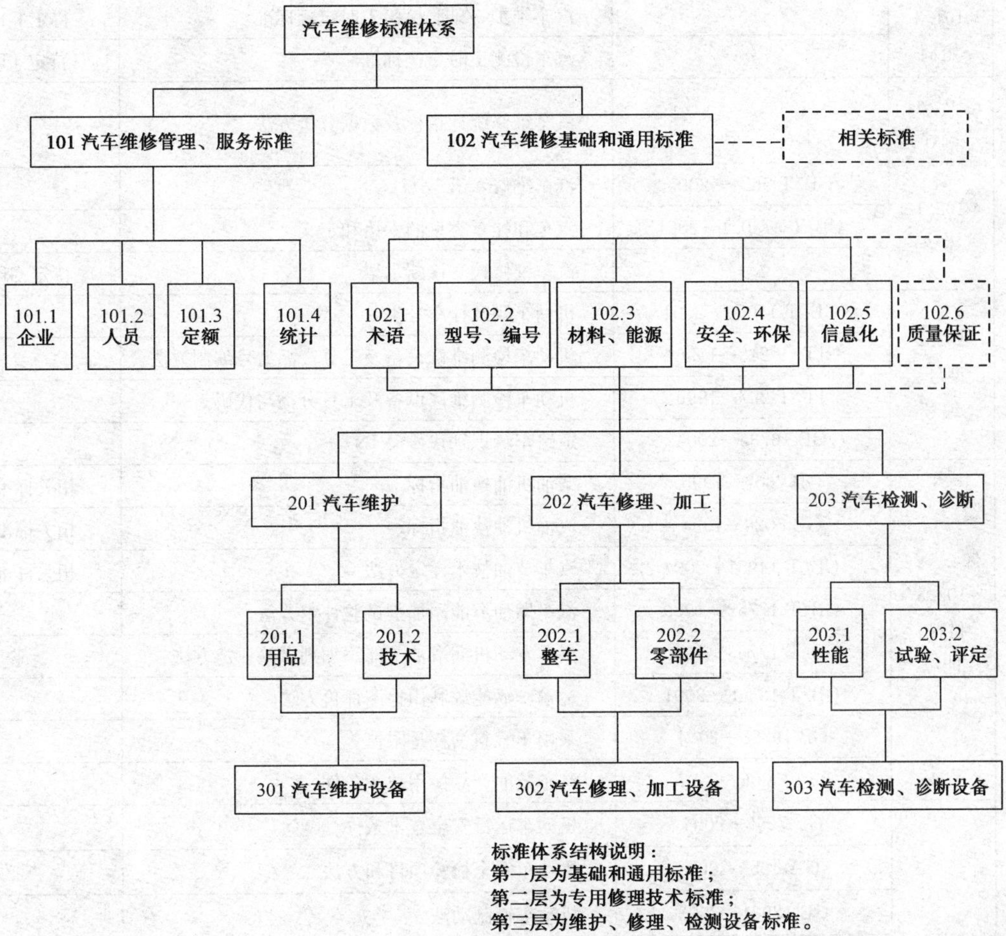

图 3-1 汽车维修标准体系结构

二、汽车维修标准明细表

汽车维修标准体系标准明细(简称“汽车维修标准明细表”)由已发布标准和待制定标准两部分组成(表 3-1)，对业内人士系统掌握和应用行业相关标准具有指导作用。

汽车维修标准体系标准明细表 表 3-1

分类		标准代号	标准名称	备注
基础和通用标准	101.1 企业	GB/T 16739.1—2004	汽车维修业开业条件 第1部分：汽车整车维修企业	
		GB/T 16739.2—2004	汽车维修业开业条件 第2部分：汽车专项维修业户	
		GB/T 18189—2000	摩托车维修业开业条件	
		GB/T 17993—2005	汽车综合性能检测站能力的通用要求	
	101.2 人员	JT/T 425—2000	汽车修理业质量检验人员技术水平要求	
			机动车维修从业人员从业资格条件	待发布 GB/T
			汽车检测站检测人员上岗技术要求	待定 JT
	101.3 定额		汽车维护、修理、检验工时定额标准	待定 GB
			汽车检测工时定额标准	待定 JT
	101.4 统计		汽车维修统计指标及数据分析方法	待定 JT/T
	102.1 术语	GB/T 5624—2005	汽车维修术语	
		GB/T 3730.1—2001	汽车和挂车类型的术语和定义	
			汽车维修检测诊断术语	待定 GB
	102.2 型号、编号	GB/T 15089—2001	机动车辆及挂车分类	
		JT/T 218—1996	机动车检测维修设备及工具产品型号编制方法	
		JT/T 297—1996	机动车检测维修设备及工具分类与代码	
		GB 16735—2004	道路车辆识别代号(VIN)	
	102.3 材料、能源	GB 7607—1995	柴油机油换油指标	相关标准
		GB 8028—1994	汽油机油换油指标	相关标准
		GB/T 14951—2007	汽车节油技术评定方法	相关标准
		GB/T 17752—1999	汽车燃油节能添加剂试验评定方法	
		GB/T 17753—1999	汽车发动机润滑油节能添加剂试验评定方法	
		GB/T 18566—2001	运输车辆能源利用检测评价方法	
		GB 19758—2004	乘用车燃料消耗量限值	
		JT/T 306—2007	汽车节油产品使用技术条件	
	102.4 安全、环保	GB 7258—2004	机动车运行安全技术条件	
		GA 468—2004	机动车安全检验项目和方法	
		GB 12981—2003	机动车辆制动液	
		JT/T 225—1996	汽车发动机冷却液安全使用技术条件	
		JT/T 226—1996	汽车制动液检测规范	
			轻负荷车辆用乙二醇型发动机冷却液安全使用技术条件	待定 GB
		GB 18285—2005	点燃式发动机汽车排气污染物限值及测量方法(双怠速法和简易工况法)	

续上表

分类		标准代号	标准名称	备注
基础和通用标准	102.4 安全、环保	GB 3847—2005	车用压燃式发动机和压燃式发动机汽车排气烟度排放限值及测量方法	
		GB 11340—2005	装用点燃式发动机重型汽车曲轴箱污染物排放限值及测量方法	
		GB 14763—2005	装用点燃式发动机重型汽车燃油蒸发污染物排放限值及测量方法	
		GB 4569—2005	摩托车和轻便摩托车定置噪声排放限值及测量方法	
		GB/T 17956—2005	三轮汽车和低速货车用柴油发动机排气污染物排放限值及测量方法(中国Ⅰ、Ⅱ阶段)	
			汽车维修作业安全、环保通用规范	待定 GB/T
			汽车清洗、清洁作业安全、环保规范	待定 JT/T
			汽车漆工作业安全、环保规范	待定 JT/T
	102.5 信息化	JT/T 297—1996	机动车检测维修设备及工具分类与代码	
		JT/T 478—2002	汽车检测站计算机控制系统技术规范	
		JT/T 640—2005	汽车维修行业计算机管理信息系统技术规范	
			汽车维修数据库编目编码规则	待定 JT/T
			汽车检测数据库编目编码规则	待定 JT/T
专用修理技术标准	201.1 用品		汽车车窗玻璃清洗液使用技术条件	待定 JT/T
			汽车散热器清洗剂使用技术条件	待定 JT/T
			汽车散热器防锈剂使用技术条件	待定 JT/T
			汽车散热器堵漏剂使用技术条件	待定 JT/T
			汽车车体清洗剂使用技术条件	待定 JT/T
			沥青清洗剂	待定 JT/T
			发动机表面清洗剂	待定 JT/T
			发动机内部清洗剂	待定 JT/T
			燃油系统清洗剂	待定 JT/T
			汽车化油器清洗剂使用技术条件	待定 JT/T
			汽油喷油嘴清洗剂使用技术条件	待定 JT/T
			柴油喷油嘴清洗剂使用技术条件	待定 JT/T
			汽车用玻璃贴膜使用技术条件	待定 JT/T
			车身研磨剂	待定 JT/T
			汽车保护蜡	待定 JT/T
			汽车轮胎保护剂	待定 JT/T
			汽车底盘保护漆	待定 JT/T
			发动机保护剂	待定 JT/T

续上表

分 类		标准代号	标准名称	备 注
专用修理技术标准	201.2 技术	GB/T 18344—2001	汽车维护、检测、诊断技术规范	正在修订
		JT/T 509—2004	轿车车身维护技术要求	
		JT/T 511—2004	液化石油气汽车维护检测规范	
		JT/T 512—2004	压缩天然气汽车维护检测规范	
		JT/T 303—1996	汽车轮胎使用与维修要求	
		JT/T 501—2004	汽车防抱死制动系统检测技术条件	
			客车车身维护技术条件	待定 JT/T
			汽车蓄电池维护技术条件	待定 JT/T
			底盘电子控制装置的检测、维修规范	待定 JT/T
			汽车二级维护竣工出厂技术条件	待定 JT/T
			安全带、安全气囊检修、维护规范	待定 JT/T
	202.1 整车	GB/T 15746.1—1995	汽车修理质量检查评定标准—整车大修	
		GB 1589—2004	道路车辆外廓尺寸、轴荷及质量限值	
		GB/T 3798.1—2005 GB/T 3798.2—2005	汽车大修竣工出厂技术条件 第1部分:载客汽车 汽车大修竣工出厂技术条件 第1部分:载货汽车	
		JT/T 328—1997	货运半挂车通用技术条件	
	202.2 零部件	GB/T 3799.1—2005 GB/T 3799.2—2005	商用汽车发动机大修竣工出厂技术条件 第1部分:汽油发动机 商用汽车发动机大修竣工出厂技术条件 第2部分:柴油发动机	
		GB/T 15746.2—1995 GB/T 15746.3—1995	汽车修理质量检查评定标准—发动机大修 汽车修理质量检查评定标准—车身大修	
		GB/T 5336—2005	大客车车身修理技术条件	
		GB/T 18274—2000	汽车鼓式制动器修理技术条件	
		GB/T 18343—2001	汽车盘式制动器修理技术条件	
		GB/T 18275.1—2000 GB/T 18275.2—2000	汽车制动传动装置修理技术条件 气压制动 汽车制动传动装置修理技术条件 液压制动	
		GB/T 19910—2005	汽车发动机电子控制系统修理技术要求	
		GB 19344—2003	在用燃气汽车燃气供给系统泄漏安全技术要求及检验方法	
			汽油发动机燃料供给系修理技术条件	待定 JT/T
			柴油发动机燃料供给系修理技术条件	待定 JT/T
			在用燃气汽车改装技术要求	待定 JT/T
			轿车车身修理技术条件	待定 JT/T
			汽车空调系统修理技术条件	待定 JT/T
			汽车自动变速器修理技术条件	待定 JT/T
			汽车防抱死制动系统修理技术条件	待定 JT/T

续上表

分类		标准代号	标准名称	备注
专用修理技术标准	202.2 零部件		汽车空气悬架系统修理技术条件	待定 JT/T
			燃气汽车专用装置修理技术条件	待定 JT/T
	203.1 性能	GB/T 12479—1990	客车防尘密封性限值	
		GB/T 12481—1990	客车防雨密封性限值	
		GB 18565—2001	营运车辆综合性能要求和检验方法	
	203.2 试验评定	JT/T 198—2004	营运车辆技术等级划分和评定要求	
		GB 12676—1999	汽车制动系统结构、性能和实验方法	
		JT/T 487—2003	货车挂车气压制动系统技术要求和试验方法	
		JT/T 488—2003	轿车运输挂车性能试验方法	
		GB/T 12478—1990	客车防尘密封性试验方法	
		GB/T 12480—1990	客车防雨密封性试验方法	
		GB/T 18286—2000	汽车制动性台架试验方法和评价指标	
		JT/T 510—2004	汽车防抱制动系统检测技术条件	
		JT/T 497—2004	乘用车悬架特性评定指标和检测方法	
			汽车室内检测通用技术条件	待定 JT/T
			发动机汽缸压力检测方法、评价指标	待定 JT/T
			发动机进气歧管真空度检测方法、评价指标	待定 JT/T
			汽车转向系状况评定指标、检测方法	待定 JT/T
			汽车行走系状况评定指标、检测方法	待定 JT/T
			汽车滑行性能评定指标、检测方法	待定 JT/T
维护、修理检测设备标准	301 汽车维护设备	JT/T 155—2004	汽车举升机	
		JT/T 290—1995	喷射式汽车外部清洗机	
		JT/T 299—1996	汽车车轮螺母拆装机、汽车钢板弹簧 U 形螺栓拆装机	
		JT/T 324—1997	汽车喷烤漆房通用技术条件	
		JT/T 635—2005	轮胎拆装机	
			龙门式洗车机	待定 JT/T
			汽车润滑脂、润滑油加注机	待定 JT/T
	302 汽车修理、加工设备	JT/T 113—1993	汽缸镗磨机技术条件	
		JT/T 114—1993	气动气门研磨器技术条件	
		JT/T 115—1993	移动式汽缸镗床技术条件	
		JT/T 122—1993	连杆轴瓦镗床技术条件	
		JT/T 123—1993	汽缸体轴瓦镗床	
		JT/T 124—1993	制动蹄摩擦片切削机技术条件	
		JT/T 125—1993	汽缸珩磨机技术条件	
		JT/T 126—1993	制动鼓切削机技术条件	
		JT/T 129—1993	磨气门机技术条件	

续上表

分类		标准代号	标准名称	备注
维护、修理检测设备标准	302 汽车修理、加工设备	JT/T 130—1993	气门座修磨机技术条件	
		JT/T 3154—1992	汽缸体轴瓦拉床技术条件	
		JT/T 636—2005	立轴缸体缸盖平面磨床	
		JT/T 637—2005	气门座镗床	
		JT/T 638—2005	汽车发动机电喷嘴清洗检测仪	
		JT/T 639—2005	汽车车体校正机	
			汽车发动机曲轴磨床	待定 JT/T
	303 汽车检测、诊断设备	GB/T 13563—2007	滚筒式汽车车速表检验台	
		GB/T 13564—2005	滚筒式反力式汽车制动检验台	
		JT/T 413—2000	旧车式汽车车速表检验台	
		JT/T 445—2001	汽车底盘测功机通用技术条件	
		JT/T 448—2001	汽车悬架装置检测台	
		JT/T 507—2004	汽车侧滑检验台	
		JT/T 508—2004	机动车前照灯检测仪	
		JT/T 632—2005	汽车故障电脑诊断仪	
		JT/T 649—2006	多功能汽车制动性能检验台技术条件	
		JT/T 386—2004	汽车排气分析仪	
		JT/T 506—2004	不透光烟度计	
		JT/T 504—2004	前轮定位仪	
		JT/T 505—2004	四轮定位仪	
		JT/T 503—2004	汽车发动机综合检测仪	
		JT/T 633—2005	汽车悬架转向系间隙检查仪	
		JT/T 634—2005	汽车前轮转向角检查仪	
			汽车油耗仪技术条件	待定 JT/T
			汽车电气性能测试台技术条件	待定 JT/T
			汽车检测设备标定试验方法	待定 JT/T
			离车式车轮动平衡仪技术条件	待定 JT/T
			汽车轴载称重装置技术条件	待定 JT/T
			汽车轴距差检测仪	待定 JT/T
			汽车制动踏板力计技术条件	待定 JT/T
			平板制动试验台	待定 GB
			汽车转向盘转向力-转向角检测仪技术条件	待定 JT/T

三、汽车维修检测技术标准的发展方向

(一)国外有关汽车维修技术标准制定的情况

当前,世界上汽车工业发达的国家,如美国、日本、德国等国家已经在汽车维修、检测标准

方面各自形成体系。国外汽车维修、检测标准的制定主要侧重以下几个方面：

(1)涉及新技术领域。如微电子技术、计算机技术，以及通信技术在汽车检测维修领域的应用。

(2)汽车安全设施与技术方面。如乘员安全、维修人员安全、环境影响，与汽车标准整个体系融为一体。

(3)环境保护。如汽车排放、噪声、电磁干扰、清洗等，其中大部分作为国家标准或国际标准。

(4)汽车检测与维修技术要求的细化。如汽车维修的焊接技术要求、人员安全、环境保护；检测与维修人员的划分、培训、继续教育以及资质要求；普通层次的标准如计算机、通信、电子技术、焊接技术、安全技术、环境保护在汽车维修与检测领域的细化，特别是针对计算机、电子技术、传感器、汽车车载或专用诊断监视器类的标准中，都详细规定了如关键字、关键字格式化、ECU 等的规范，力求实现检测诊断仪器设备关键技术参数的统一。

(5)有的国家，如日本、美国将涉及汽车安全、环境以及注册的有关要求以国家法的形式予以颁布，如日本的《道路运输车辆法》及《指定自动车整备事业规则》，美国的美国第 107 次国会会议 H. R. 2735 法案，其他细节由标准化组织、行业、企业和协会具体制定。

(6)有的国家由标准化协会直接规划、组织、协调制定、修订和出版标准，国家或标准化协会仅负责带有普遍性的根本性法规。例如，列入德国标准化协会(DIN)标准汇编的 StVZO，就是以国家法的形式颁布的，并按照标准实施的机动车安全运行的基础性法规，类似我国的《机动车运行安全技术条件》(GB 7258－2004)。在德国，其他较为具体的技术要求由行业、企业或协会以标准、规范、细则的形式颁布，或者直接引用 ISO 标准以及欧洲标准(EN)。

(7)目前，国外标准中针对具体的某一类汽车检测设备的技术标准、测试标准和维修设备技术标准还很少，可以说，这些恰好是我国制定相关标准的重要领域，同时，在我国提出和制定这些标准，对国内汽车检测和维修标准化有相当重要的意义。

(二)发展我国汽车维修标准的设想

为了进一步发挥汽车维修标准在推动行业技术进步、规范市场秩序方面的作用，根据我国目前有关汽车维修标准的现状与国外先进国家的差距，全国汽车维修标准化技术委员会提出发展我国汽车维修标准步骤的设想，主要包括：

1. 优先制定、修订汽车维修行业最高层次的基础标准

基础标准的重要性已被标准化工作者所认识，近几年来，已陆续组织制定并发布了如《汽车维修术语》(GB/T 5624－2005)、《汽车维修业开业条件》(GB/T 16739. 1～. 2－2004)、《汽车综合性能检测站通用技术条件》(GB/T 17993－2005)、《汽车修理业质量检验人员技术水平要求》(JT/T 425－2000)等标准，被排在“体系表”中“101”、“102”的基础标准之中。这些标准都是为政府或行业规范汽车维修市场、提高汽车维修行业整体素质及水平的一些重要标准，今后还应优先考虑这些基础标准的制定、修订工作，已列入计划的有：《汽车检测人员上岗技术要求》(JT/T)，汽车自动变速器修理技术条件(JT)等。

2. 重视有关安全、环保、节能方面的标准

这类标准有《在用燃气汽车改装技术要求》、《汽车防抱制动系统检测技术条件》(JT/T 510－2004)、《汽车举升机》(JT/T 155－2004)、《滚筒反力式汽车制动检验台》(GB/T 13564－2005)、《汽车排气分析仪》(JT/T 386－2004)等。这些标准紧紧围绕了国家可持续发展的战略方针，在制定标准时也要重点考虑，大多于近年完成了制(修)订，并将工作向纵深推进。

3. 发动企业开发产品标准

产品标准在“体系表”中占了很大的比重，主要有汽车维护设备、修理加工设备和检测诊断设备。这类标准是提高汽车维修行业汽车维修质量和效率的基础。随着汽车的技术进步和汽车维修向专业化方向发展，产品不断更新换代，产品标准将发挥越来越重要的作用。制定、修订产品标准应发挥企业的优势和积极性，尽可能多使企业参加到产品标准的制定、修订工作中来。在2015年前将逐步完成这类标准的制定、修订，并随行业的发展不断完善。

第三节　汽车维修企业标准化工作

为了加强企业标准化工作，根据《中华人民共和国标准化法》和《中华人民共和国标准化法实施条例》及有关规定，国家制定了《企业标准化管理办法》。汽车维修从业人员应当增强标准化意识，严格执行汽车维修标准，规范职业行为，确保汽车维修质量，满足社会需求。

一、企业标准化工作的重要性

（一）技术标准是企业科学管理的基础

1. 技术标准是合同中确认质量的重要依据

市场经济进行的商品交换和经济往来，主要通过合同的形式来实现，在这些合同中，技术标准是质量的技术依据。如汽车维修竣工出厂质量验收的技术标准，合同中应明确规定，并以此作为供需双方检验产品质量的依据，当然首先是作为生产单位的质量考核依据。

2. 技术标准是企业组织生产的重要技术依据

企业进行正常生产，必须有适合的原辅材料，只有使用合格的原辅材料，只有规范的操作工艺才能生产出合格的产品。何谓“合格”、“规范”，其衡量的载体就是技术标准。如汽车维修过程中每一道工序的操作规范、零部件维修或更换件的质量也都要相应的标准作为技术依据。只有严格按照技术标准组织生产、进行质量把关，才能确保最终产品的合格。因此，技术标准是企业正常生产过程中必不可少的技术支撑。

3. 技术标准是质量纠纷仲裁的重要依据

随着汽车维修质量保证期的法定化，车主维权意识的日益增强，汽车维修质量纠纷处理会越来越成为困扰企业经营者和维修行业管理部门的难题。汽车维修质量问题主要反映在维修过程中执行操作规范的到位程度，因而，质量纠纷的调解、仲裁或判决，很大程度上取决于技术标准的执行情况。

（二）运用技术标准战略提高企业竞争能力

在当今知识经济时代，专利、著作权、商标、专有权、政策、互联网域名等，所有有价值的知识资源，都正在成为新经济的先知先觉者们“争圈”的对象。如今，若对知识做一个全新的分类，可分为：内容类知识、方法类知识、规则类知识等。方法类知识比内容类知识重要，规则类知识则是最有力量的知识。因为内容类知识是关于“是什么”和“为什么”的知识，方法类知识是关于“怎么做”及“谁来做”的知识，而规则类知识不但约束了怎么做事，约束了什么人做事，更重要的是约束了竞争对手:你只能这样做,不能那样做。所以,从这个角度看,秦始皇最伟大的成就不是修了长城,而是统一了度量衡。拿这个观点去衡量,也就能够理解人们当今流行的一种说法,即:三流企业卖力气,二流企业卖产品,一流企业卖技术,而超一流企业则是卖规则!这里讲的规则是什么?在技术领域与知识产权战略领域就是技术标准,在市场经济中就是"游戏规则"。超一流企业是通过创造和运作标准或规则获得超额利润的。因此,企业实施技术标准战略的最高目标就是要形成自己的技术标准,然后推而广之有效地用它来左右市场,跨越技术性的贸易壁垒。

但是,在目前我国总体技术标准水平比较落后的大背景下,企业直接引进、使用别国或国际先进的技术标准,既有利于提高产品质量和市场竞争力,也有助于扩大服务领域,也是技术标准战略在企业层面运用的重点。因此,目前在许多以引进国外先进的管理规范和维修技术标准而建立的集汽车销售、维修、配件供应及质量信息反馈为一体的4S站,在市场上的技术竞争力是突出的,得到了广泛的社会认可,就是一个很好的例证。

二、企业标准化工作的任务

根据《企业标准化管理办法》的规定,企业标准化管理工作的基本任务是:执行国家有关标准化的法律、法规,实施国家标准、行业标准和地方标准,制定和实施企业标准,并对标准的实施进行检查。

作为专业从事汽车维修的企业或业户,应根据企业规模的大小,酌情在企业技术质量管理层次设置专门机构(技术科或质检科)或专人(技术员、质量检验员、档案员),专职负责企业标准化工作。其任务是:

(1)贯彻国家的标准化工作方针、政策、法律、法规,编制本企业标准化工作计划;

(2)收集、整理、更新、统一归口管理各类企业相关技术、管理标准和国内外标准化资料,建立档案;组织制定、修订企业标准,健全企业标准体系;

(3)组织实施国家标准、行业标准、地方标准和企业标准;

(4)负责对本企业实施标准的情况进行监督检查;

(5)参与研制新产品、改进产品、技术改造和技术引进中的标准化工作,提出标准化要求,做好标准化审查;

(6)做好标准化效果的评价与计算,总结标准化工作经验;

(7)对本企业有关人员进行标准化宣传教育,对本企业有关部门的标准化工作进行指导;

(8)承担上级标准化行政主管部门和有关行政主管部门委托的标准化工作任务。

三、企业标准的收集、选用、制定和管理

(一)企业标准选用和制定的基本原则

(1)贯彻国家和地方有关的方针、政策、法律、法规,全面收集并及时更新有关标准版本,严格执行强制性国家标准、行业标准和地方标准,即企业标准一定要保证严于上级标准,包括国家、行业及地方标准;

(2)保证安全、卫生,充分考虑使用要求,保护消费者利益,保护环境;

(3)有利于企业技术进步,保证和提高产品质量,改善经营管理和增加社会经济效益;

(4)积极采用国际标准和国外先进标准;

(5)有利于合理利用国家资源、能源,推广科学技术成果,有利于产品的通用互换,符合使用要求,技术先进,经济合理;

(6)有利于对外经济技术合作和对外贸易;

(7)本企业内的企业标准之间应协调一致。

(二)制定企业标准的程序

制定企业标准的程序主要包括:编制计划、调查研究,起草标准草案、征求意见,对标准草案进行必要的验证,审查、批准、编号,发布标准。

四、标准与规范的实施和监督

汽车维修标准是指导企业生产过程与经营管理的基本准则,标准可以通过相配套的技术规范,包括维修手册、检验规程等,在企业生产技术管理过程中得到具体实施,主要体现在以下方面:

(1)用国标《汽车维修业开业条件》等来指导企业建设和经营发展的决策;

(2)用国际《机动车维修从业人员从业资格条件》等实施企业人力资源管理;

(3)用国标《汽车维护、检测、诊断技术规范》及维护工艺规程、车型维修手册等维修技术标准和规范指导维修作业、实施生产技术管理;

(4)用国际《机动车安全运行技术条件》、《营运车辆综合性能要求和检验方法》和具体各项检验规范,指导维修质量检验工作。

对标准与规范的执行实施监督是企业管理的重要手段,目前通过企业建立健全 ISO 质量管理体系的形式,完善企业标准化工作,使技术规范渗透到每个工位、每一个生产经营管理过程,是经实践证明行之有效的一种技术质量管理模式,值得推广。

本 章 小 结

本章以便于学员真正了解、掌握"汽车维修标准体系",掌握正确选用标准的知识为目的,分三个小节,分别对"标准的基础知识"、"汽车维修标准体系",以及"汽车维修企业标准化工作"作了介绍(约 6 课时的内容)。其中:

第一节　标准的基本知识。包括标准的定义和作用;标准的分类及代号;标准的制定、发布、管理、实施与监督。这部分内容的编写主要依据国家《标准化法》的有关规定,以帮助学员建立最基本的标准化知识概念,为正确理解"汽车维修标准化体系"打下基础。

第二节　汽车维修标准体系。包括:汽车维修标准体系结构、汽车维修标准明细表、我国汽车维修技术标准的发展方向。其中"标准体系结构"和"明细表"依据"中国汽车维修标准化技术委员会"所建立的体系(见"中国汽车维修标准化技术委员会"相关文件),并结合最新相关国家和行业技术标准作了相应充实、完善和补充。

第三节　汽车维修企业标准化工作。这部分内容包括:企业标准化工作的重要性,企业标准化工作的任务,企业标准的收集、选用、制定和管理,标准与规范的实施和监督等 4 个方面。主要帮助学员掌握企业应如何做好标准化工作。因为,如果企业不开展此项工作,即标准没有人收集保管、不知道本企业在生产经营活动应采用哪些标准、标准执行情况没有监督检查,那标准的实施就会成为一句空话。

通过本章内容的学习，应能够达到：了解国家《标准化法》的有关规定，掌握标准使用的相关知识，全面、系统地了解汽车维修标准体系的目的，自觉地开展企业标准化工作。

复习思考题

1.“标准”是如何定义的？
2.标准制定以什么为基础？
3.按标准的约束性分成哪几类？
4.如何理解“强制性标准是国家技术法规的重要组成部分”？
5.如何理解国内各级标准之间的关系？
6.技术标准主要包括哪些方面？
7.标准在汽车维修生产过程中有何重要作用？
8.国家有关部门为什么要对标准实施进行监督？
9.汽车维修标准体系表是如何形成的？
10.汽车维修标准体系总结构分为哪两个部分、三个层次？
11.汽车维修作业技术标准归口在哪一类？
12.《汽车维修业开业条件》属于哪一类标准？
13.汽车安全性能检测的标准归口在哪一类？
14.为什么说技术标准是企业科学管理的基础？
15.企业标准化工作的任务和目的是什么？
16.制定企业标准应进行哪些主要程序？
17.企业标准选用和制定的基本原则有哪些？
18.标准与规范是什么关系？
19.如何运用技术标准实施维修生产技术管理？
20.怎样具体落实汽车维修标准的实施与监督工作？

第四章　汽车维修检测主要技术标准

第一节　汽车维修管理主要技术标准

汽车维修管理标准在“汽车维修标准体系结构”中属于“基础和通用标准”类，是为协调统一汽车维修行业管理事项所制定的标准，如规范企业市场准入条件的标准、规范行业从业人员技术要求的标准等，是行业管理和企业管理的重要依据。此类标准主要内容介绍如下：

一、《汽车维修业开业条件》(GB/T 16739.1～2—2004)

该标准由中华人民共和国国家质量监督检验检疫总局、中国国家标准化管理委员会 2004 年 1 月 6 日发布，2005 年 1 月 1 日起实施。该标准是对 GB/T 16739 的第一次修订，并代替 GB/T 16739.1～.3—1997。

该标准分为两部分：《汽车维修业开业条件　第 1 部分：汽车整车维修企业》(GB/T 16739.1—2004)；《汽车维修业开业条件　第 2 部分：汽车专项维修业户》(GB/T 16739.2—2004)。两部分分别规定了汽车整车维修企业和汽车专项维修业户必须具备的人员、组织管理、设施、设备等条件。

该标准属于推荐性国家标准，但是，交通部门规章《机动车维修管理规定》(交通部令 2005 年第 7 号)将其确定为汽车维修企业开业的必要条件，而具有强制力。该标准是交通行政主管部门对汽车整车维修企业(一类、二类)和专项维修业户(三类)进行开业审核和管理的依据。标准第 1 部分适用于汽车整车维修企业；第 2 部分适用于汽车专项维修业户，分别介绍如下：

(一)《汽车维修业开业条件　第 1 部分：汽车整车维修企业》(GB/T 16739.1—2004)

1. 汽车整车维修企业的定义及分类

标准定义的“汽车整车维修企业”为：有能力对所维修车型的整车、各个总成及主要零部件进行各级维护、修理及更换，使汽车的技术状况和运行性能完全(或接近完全)恢复到原车的技术要求，并符合相应国家标准和行业标准的规定的汽车维修企业。整车维修企业按规模大小分为一类汽车整车维修企业和二类汽车整车维修企业。这里所说的一类汽车整车维修企业和二类汽车整车维修企业与原来概念上的一二类维修企业是有区别的，主要是原来的二类维修企业的经营范围不包括“整车和各个总成”修理。换句话说，也就是现在的二类整车维修企业比原来的二类企业经营范围扩大了。

2.汽车整车维修企业按主修车型的分类

整车维修企业可以有主修车型，并根据主修车型的不同在开业条件方面有所区别。标准将主修车型分为三种情形，具体划分规定是：

(1)小型车——车身总长不超过 6 m 的载客车辆和最大设计总质量不超过 3 500 kg 的载货车辆；

(2)大中型客车——车身总长超过 6 m 的载客车辆；

(3)大型货车——最大设计总质量超过 3 500 kg 的载货车辆、挂车及专用汽车的车辆部分。

3.汽车整车维修企业人员条件

标准对企业关键岗位人员的数量配备和持证上岗等人员条件作了明确规定。企业关键岗位人员包括：管理负责人、技术负责人及检验、业务、价格核算、维修(机修、电器、钣金、油漆)等。标准对企业关键岗位人员的法规知识、管理能力、专业知识和业务技能等分别作了规定。

标准相关条款：

4　人员条件

4.1　企业管理负责人、技术负责人及检验、业务、价格核算、维修(机修、电器、钣金、油漆)等关键岗位至少应配备 1 人，并应经过有关培训，取得行业主管部门颁发的从业资格证书，持证上岗。

4.2　企业管理负责人应熟悉汽车维修业务，具备企业经营、管理能力，并了解汽车维修及相关行业的法规及标准。

4.3　技术负责人应具有汽车维修或相关专业的大专以上文化程度，或具有汽车维修或相关专业的中级以上专业技术职称。应熟悉汽车维修业务，并掌握汽车维修及相关行业的法规及标准。

4.4　检验人员数量应与其经营规模相适应，其中至少应有 1 名总检验员和 1 名进厂检验员。

4.5　业务人员应熟悉各类汽车维修检测作业，从事汽车维修工作 3 年以上，具备丰富的汽车技术状况诊断经验，熟练掌握汽车维修服务收费标准及相关政策法规。

4.6　企业工种设置应覆盖维修业务中涉及到的各专业。维修人员的专业知识和业务技能应达到行业主管部门规定的要求。

4.汽车整车维修企业组织管理条件

标准重点对汽车整车维修企业在经营管理和质量管理条件方面作出相应规定。

(1)经营管理条件。标准从具备相关法规等文件资料、规范业务工作流程、健全经营管理体系、实行计算机管理等制度 4 个方面对整车维修企业经营管理条件作出相应规定。

标准相关条款：

5.1　经营管理

5.1.1　应具有与汽车维修有关的法规等文件资料。

5.1.2　应具有规范的业务工作流程，并明示业务受理程序、服务承诺、用户抱怨受理制度等。

5.1.3　应具有健全的经营管理体系，设置技术负责、业务受理、质量检验、文件资料管理、材料管理、仪器设备管理、价格结算等岗位并落实责任人。

5.1.4　应实行计算机管理。

(2)质量管理条件。标准从具备技术标准和相关维修资料、健全各项制度、建立技术档案等制度 4 个方面对整车维修企业质量管理条件作出相应规定。

标准相关条款：

5.2　质量管理

5.2.1　应具有汽车维修的国家标准和行业标准以及相关技术标准。

5.2.2 应具有所维修车型的维修技术资料及工艺文件，确保完整有效并及时更新。

5.2.3 应具有汽车维修质量承诺、进出厂登记、检验、竣工出厂合格证管理、技术档案管理、标准和计量管理、设备管理及维护、人员技术培训等制度。

5.2.4 应建立汽车维修档案和进出厂登记台账。汽车维修档案应包括维修合同，进厂、过程、竣工检验记录，出厂合格证副页，结算凭证和工时、材料清单等。

5.汽车整车维修企业安全生产条件

标准重点对汽车整车维修企业在建立安全管理制度和安全保护措施，健全安全操作规程，具有危险品使用与存储安全防护措施和设施，厂房场地符合安全、环保和消防的要求等4个方面提出汽车整车维修企业安全生产条件。

标准相关条款：

6 安全生产条件

6.1 企业应具有与其维修作业内容相适应的安全管理制度和安全保护措施，建立并实施安全生产责任制。安全保护设施、消防设施等应符合有关规定。

6.2 企业应有各工种、各类机电设备的安全操作规程，并将安全操作规程明示在相应的工位或设备处。

6.3 使用、存储有毒、易燃、易爆物品，腐蚀剂，压力容器等均应有相应的安全防护措施和设施。

6.4 生产厂房和停车场应符合安全、环保和消防等各项要求。

6.汽车整车维修企业环境保护条件

标准对建立环境保护管理制度，"三废"处理，涂漆车间和测试车间的环境保护等4个方面作出规定。

标准相关条款：

7 环境保护条款

7.1 企业应具有废油、废液、废气、废蓄电池、废轮胎及垃圾等有害物质集中收集、有效处理和保持整洁的环境保护管理制度。有害物质存储区域应界定清楚，必要时应有隔离、控制措施。

7.2 作业环境以及按生产工艺配置的处理"三废"(废油、废液、废气)、通风、吸尘、净化、消声等设施，均应符合有关规定。

7.3 涂漆车间应设有专用的废水排放及处理设施，采用干打磨工艺的，应用粉尘收集装置和除尘设备，应设有通风设备。

7.4 调试车间或调试工位应设置汽车尾气收集净化装置。

7.汽车整车维修企业设施条件

标准规定汽车整车维修企业接待室、停车场、生产厂房三者在面积和设置方面应满足相关设施条件。

(1)接待室(含客户休息室)。一类企业的面积不少于40 m^2，二类企业的面积不少于20 m^2，有关接待室设置，对一类企业、二类企业有统一要求。

(2)停车场。一类企业的面积不少于200 m^2，二类企业的面积不少于150 m^2，对停车场地的合法性、对地面、对区域界定标志有统一要求。

(3)生产厂房。一类企业的面积不少于800 m^2，二类企业的面积不少于200 m^2。对生产厂房的合法性、对地面、对面积是否满足相应设备的工位布置、生产工艺和正常作业有统一要求。

8.汽车整车维修企业设备条件

标准规定汽车整车维修企业应在量具、机工具及手工具配备，通用设备、专用设备及主要检测设备的品种、规格、数量配备，所选用设备的产品技术性能，量具、设备的计量检定等方面满足相关设备条件。在汽车维修专用设备配置方面，该标准较原标准作了较大幅度的改革，对维修不同类型车辆的企业提出不同的设备配置要求，并规定部分不常用设备或大型设备允许外协，主要检测设备中检测排放污染以外的设备对二类企业允许外协，强调了一类企业和二类企业在规模和功能上的区别，也充分体现了标准的科学性和合理性。

(1)整车维修企业通用设备配置要求见表4-1(标准中表1，以下表×均为相应标准中原有表序)，对一二类企业有统一要求。

整车维修企业通用设备 表4-1

序 号	设备名称
1	钻床
2	电焊及气体保护焊设备
3	气焊设备
4	压力机
5	空气压缩机

(2)整车维修企业专用设备配置要求见表4-2(标准中表2)。其中对主修车型不同的企业分别提出不同要求。

整车维修企业专用设备 表4-2

<table>
<tr><th>序号</th><th>设备名称</th><th>大中型客车</th><th>大型货车</th><th>小型车</th><th>其他要求</th></tr>
<tr><td>1</td><td>换油设备</td><td colspan="3">√</td><td></td></tr>
<tr><td>2</td><td>轮胎轮辋拆装设备</td><td colspan="3">√</td><td></td></tr>
<tr><td>3</td><td>轮胎螺母拆装机</td><td>√</td><td>√</td><td>—</td><td></td></tr>
<tr><td>4</td><td>车轮动平衡机</td><td colspan="3">√</td><td></td></tr>
<tr><td>5</td><td>四轮定位仪</td><td>—</td><td>—</td><td>√</td><td></td></tr>
<tr><td>6</td><td>转向轮定位仪</td><td>√</td><td>√</td><td>—</td><td></td></tr>
<tr><td>7</td><td>制动鼓和制动盘维修设备</td><td>√</td><td>√</td><td>—</td><td></td></tr>
<tr><td>8</td><td>汽车空调冷媒加注回收设备</td><td>√</td><td>—</td><td>√</td><td></td></tr>
<tr><td>9</td><td>总成吊装设备</td><td colspan="3">√</td><td></td></tr>
<tr><td>10</td><td>汽车举升机</td><td>—</td><td>—</td><td>√</td><td>一类应不少于5台</td></tr>
<tr><td>11</td><td>地沟设施</td><td>√</td><td>√</td><td>—</td><td>一类应不少于2个</td></tr>
<tr><td>12</td><td>发动机检测诊断设备</td><td colspan="3">√</td><td>应具备示波器、转速表、发动机检测专用真空表的功能</td></tr>
<tr><td>13</td><td>数字式万用电表</td><td colspan="3">√</td><td></td></tr>
<tr><td>14</td><td>故障诊断设备</td><td>—</td><td>—</td><td>√</td><td></td></tr>
<tr><td>15</td><td>汽缸压力表</td><td colspan="3">√</td><td></td></tr>
<tr><td>16</td><td>汽油喷油器清洗及流量测量仪</td><td>—</td><td>—</td><td>√</td><td></td></tr>
<tr><td>17</td><td>正时仪</td><td colspan="3">√</td><td></td></tr>
<tr><td>18</td><td>燃油压力表</td><td>—</td><td>—</td><td>√</td><td></td></tr>
<tr><td>19</td><td>液压油压力表</td><td colspan="3">√</td><td></td></tr>
<tr><td>20</td><td>连杆校正器</td><td colspan="3">√</td><td>允许外协</td></tr>
</table>

续上表

<table>
<tr><th>序号</th><th>设备名称</th><th>大中型客车</th><th>大型货车</th><th>小型车</th><th>其他要求</th></tr>
<tr><td>21</td><td>无损探伤设备</td><td colspan="3">√</td><td>修理大中型客车必备，其他允许外协</td></tr>
<tr><td>22</td><td>车身清洗设备</td><td>—</td><td>—</td><td>√</td><td></td></tr>
<tr><td>23</td><td>打磨抛光设备</td><td>√</td><td>—</td><td>√</td><td></td></tr>
<tr><td>24</td><td>除尘除垢设备</td><td>√</td><td>—</td><td>√</td><td></td></tr>
<tr><td>25</td><td>型材切割机</td><td colspan="3">√</td><td></td></tr>
<tr><td>26</td><td>车身整形设备</td><td colspan="3">√</td><td></td></tr>
<tr><td>27</td><td>车身校正设备</td><td>—</td><td>—</td><td>√</td><td></td></tr>
<tr><td>28</td><td>车架校正设备</td><td>√</td><td>√</td><td>—</td><td>二类允许外协</td></tr>
<tr><td>29</td><td>悬架试验台</td><td>—</td><td>—</td><td>√</td><td>二类允许外协</td></tr>
<tr><td>30</td><td>喷烤漆房及设备</td><td>√</td><td>—</td><td>√</td><td></td></tr>
<tr><td>31</td><td>喷油泵试验设备</td><td colspan="3" rowspan="2">√</td><td rowspan="11">允许外协</td></tr>
<tr><td>32</td><td>喷油器试验设备</td></tr>
<tr><td>33</td><td>调漆设备</td><td>√</td><td>—</td><td>√</td></tr>
<tr><td>34</td><td>自动变速器维修设备（见 GB/T 16739.2—2004 中 5.4.4）</td><td>—</td><td>—</td><td>√</td></tr>
<tr><td>35</td><td>立式精镗床</td><td colspan="3">√</td></tr>
<tr><td>36</td><td>立式珩磨机</td><td colspan="3">√</td></tr>
<tr><td>37</td><td>曲轴磨床</td><td colspan="3">√</td></tr>
<tr><td>38</td><td>曲轴校正设备</td><td colspan="3">√</td></tr>
<tr><td>39</td><td>凸轮轴磨床</td><td colspan="3">√</td></tr>
<tr><td>40</td><td>激光淬火设备</td><td colspan="3">√</td></tr>
<tr><td>41</td><td>曲轴、飞轮与离合器总成动平衡机</td><td colspan="3">√</td></tr>
</table>

注：√——要求具备，
—— ——不要求具备。

(3)整车维修企业主要检测设备配置要求见表 4-3（标准中表 3）。对一二类企业有不同要求。

整车维修企业主要检测设备　　表 4-3

序　号	设备名称	其他要求
1	声级计	
2	排气分析仪或烟度计	
3	汽车前照灯检测设备	二类允许外协
4	侧滑试验台	二类允许外协
5	制动检验台	修理大型货车及二类允许外协
6	车速表检验台	二类允许外协
7	底盘测功机	允许外协

(二)《**汽车维修业开业条件 第2部分:汽车专项维修业户**》(GB/T 16739.2—2004)

1.汽车专项维修业户的定义及分类

该标准将汽车专项维修业户定义为:从事汽车发动机、车身、电气系统、自动变速器、车身清洁维护、涂漆、轮胎动平衡及修补、四轮定位检测调整、供油系统维护及油品更换、喷油泵和喷油器维修、曲轴修磨、汽缸镗磨、散热器(水箱)、空调维修、汽车装璜(篷布、座垫及内装饰)、门窗玻璃安装等专项维修作业的业户(三类),共16项。

2.汽车专项维修业户开业通用条件

对汽车专项维修业户开业通用条件,即在其服务技术能力上的基本要求,标准第4条作了详细规定,包括:

(1)人员条件。标准对汽车专项维修业户从事专项维修关键岗位的人员的数量配置和持证上岗作了原则规定。汽车专项维修业户从事专项维修关键岗位因专项不同而有所区别,具体要求见"汽车专项维修业户开业专用条件"。

(2)法规、标准、技术文件要求。标准对汽车专项维修业户应拥有哪些方面的法规、标准、技术文件,以及保证其完整性和时效性作了规定。

(3)业务工作流程与明示内容的要求。

(4)设施条件(一般性要求)。包括生产厂房、停车场地的面积、结构及设施、安全、环保和消防等,应满足专项维修作业设备的工位布置、生产工艺和正常作业的一般性要求。

(5)设备条件(一般性要求)。包括设备配备与生产工艺的适应性、设备技术性能、检测设备的计量检定等一般性要求。

(6)安全生产与环境保护条件。标准提出企业应具有使用、存储危险品的安全措施,具备对"三废"等的处理装置,车间应具有通风、净化、消声等设施。

标准相关条款:

4 通用条件

4.1 从事专项维修关键岗位的人员数量应能满足生产的需要,并取得行业主管部门颁发的从业资格证书,持证上岗。

4.2 应具有相关的法规、标准、规章等文件以及相关的维修技术资料和工艺文件等,并确保完整有效、及时更新。

4.3 应具有规范的业务工作流程,并明示业务受理程序、服务承诺、用户抱怨受理制度等。

4.4 生产厂房的面积、结构及设施应满足专项维修作业设备的工位布置、生产工艺和正常作业要求。停车场地界定标志明显,不得占用道路和公共场所进行作业和停车,地面应平整坚实。租赁的生产厂房、停车场地应具有合法的书面合同书。应符合安全生产、环保和消防等各项要求。

4.5 配备的设备应与其生产作业规模及生产工艺相适应,其技术状况应完好,符合相应的产品技术条件等国家标准或行业标准的要求,并能满足加工、检测精度的要求和使用要求。检测设备及量具应按规定经有资质的计量检定机构检定合格。

4.6 使用、存储有毒、易燃、易爆物品,粉尘、腐蚀剂、污染物、压力容器等均应有安全防护措施和设施。作业环境以及按生产工艺安装、配置的处理"三废"(废油、废液、废气)、通风、吸尘、净化、消声等设施,均应符合国家有关法规、标准的规定。

3.汽车专项维修业户开业专用条件

汽车专项维修业户开业，除必须具备通用技术条件外，标准还分别就各类专项维修的不同经营范围规定了开业的专用条件，分别简述如下：

(1)发动机专项修理开业专用条件：

标准第4.1条规定了发动机专项修理开业专用条件包括：

①人员条件。标准对发动机专项维修业户人员，包括企业管理负责人、技术负责人、检验人员及发动机主修人员的数量配置及持证上岗作了明确规定，并对企业管理负责人、技术负责人提出在行业法规与标准知识、维修专业知识、技术职称、经营管理能力等方面的要求。

②组织管理。标准对汽车发动机专项维修业户应具有健全的经营管理体系，包括制度和人员责任落实，应具有健全的企业技术管理制度，健全技术档案，严格实施各项制度。

③设施条件。标准对汽车发动机专项维修业户接待室、停车场和厂房面积有明确规定，其要求几乎与二类企业相当。

④主要设备。从发动机总成修理工艺需求出发，标准规定应配置：压力机，空气压缩机，发动机解体清洗设备，发动机等总成吊装设备，发动机试验设备，汽油喷油器清洗及流量测量仪，喷油泵试验设备，喷油器试验设备，排气分析仪，立式精镗床，立式珩磨机，曲轴磨床，曲轴、飞轮与离合器总成动平衡机等，共25项维修设备。

(2)车身专项维修开业专用条件：

车身专项维修开业专用条件包括：

①人员条件。标准对车身专项维修业户人员，包括：企业管理负责人、技术负责人、检验人员及车身主修及维修涂漆人员的数量配置及持证上岗作了明确规定，并对企业管理负责人、技术负责人提出有关行业法规与标准知识、维修专业知识、技术职称、经营管理能力的要求。

②组织管理条件。标准对车身专项维修业户应具有健全的经营管理体系，包括制度和人员责任落实；应具有健全的企业技术管理制度，健全技术档案，严格实施各项制度等提出要求。

③设施条件。标准对车身专项维修业户接待室、停车场和厂房面积有明确规定。

④主要设备。从车身维修工艺需求出发，标准规定应配置：电焊及气体保护焊设备，气焊设备，压力机，空气压缩机，汽车外部清洗设备，打磨抛光设备，除尘除垢设备，型材切割机，车身整形设备，车身校正设备，车身尺寸测量设备，喷烤漆房及设备，调漆设备(允许外协)，共13项维修设备。

(3)电器系统专项维修开业专用条件：

①人员条件。标准对电器系统专项维修业户人员，包括企业管理负责人、技术负责人、检验人员及电子电器主修人员的数量配置及持证上岗作了明确规定，并对企业管理负责人、技术负责人提出在行业法规与标准知识、维修专业知识、技术职称、经营管理能力等方面的要求。

②组织管理条件。标准对电器系统专项维修业户应具有健全的经营管理体系，包括制度和人员责任落实；应具有健全的企业技术管理制度，健全技术档案，严格实施各项制度等提出了要求。

③设施条件。标准对电器系统专项维修业户接待室、停车场和厂房面积有明确规定。

④主要设备。从电器系统维修工艺需求出发，标准规定应配置：空气压缩机，故障诊断设备，数字式万用电表，充电机，电解液比重计，高频放电叉，汽车前照灯检测设备(允许外协)，电路检测设备等，共8项维修设备。

(4)自动变速器专项修理开业专用条件:

自动变速器专项修理开业特定条件包括:

①人员条件。标准对自动变速器专项修理业户人员,包括企业管理负责人、技术负责人、检验人员及自动变速器专业主修人员的数量配置及持证上岗作了明确规定,并对企业管理负责人、技术负责人提出在行业法规与标准知识、维修专业知识、技术职称、经营管理能力方面的要求。

②组织管理条件。标准对自动变速器专项修理业户提出应具有健全的经营管理体系,包括制度和人员责任落实;应具有健全的企业技术管理制度,健全技术档案,严格实施各项制度。

③设施条件。标准对自动变速器专项修理业户接待室、停车场和厂房面积有明确规定。

④主要设备。从自动变速器修理工艺需求出发,标准规定应配置:自动变速器翻转设备,自动变速器拆解设备,变扭器维修设备,变扭器切割设备,变扭器焊接设备,变扭器检测(漏)设备,零件高压清洗设备,电控变速器测试仪,油路总成测试机,液压油压力表,自动变速器总成测试机,自动变速器专用测量器具等,共12项维修设备。

(5)车身清洁维护专项维修开业专用条件:

①人员条件。标准对车身清洁人员的数量有要求,并规定应经过专业培训。

②设施条件。标准对其生产厂房和停车场面积有明确规定。

③主要设备。标准规定应配置:举升设备或地沟,汽车外部清洗设备及污水处理设备,吸尘设备,除尘、除垢设备,打蜡设备,抛光设备,共6项维修设备。

④节水条件。标准规定从事车身清洁维护专项作业应取得节水管理部门批准。

(6)车身涂漆专项维修开业专用条件:

①人员条件。标准对汽车维修涂漆人员的数量有要求,并规定应经过专业培训。

②设施条件。标准对其生产厂房和停车场面积有明确规定。

③主要设备。标准规定应配置:举升设备或地沟,举升设备,除锈设备,砂轮机,空气压缩机,喷烤漆房(从事轿车喷漆必备)或喷漆设备,调漆设备(允许外协),吸尘,通风设备,共7项维修设备。

(7)轮胎动平衡及修补专项维修开业专用条件:

①人员条件。标准对汽车轮胎维修人员的数量有要求,并规定应经过专业培训。

②设施条件。标准对其生产厂房和停车场面积有明确规定。

③主要设备。标准规定应配置:空气压缩机,漏气试验设备,轮胎气压表,千斤顶,轮胎螺母拆装机或专用拆装工具,轮胎轮辋拆装、除锈设备或专用工具,轮胎修补设备,车轮动平衡机,共9项维修设备。

(8)四轮定位检测调整专项维修开业专用条件:

①人员条件。标准对从事四轮定位检测调整的汽车维修人员数量有要求,并规定应经过专业培训。

②设施条件。标准对其生产厂房和停车场面积有明确规定。

③主要设备。标准规定应配置:举升设备,四轮定位仪,空气压缩机,轮胎气压表,共4项维修机具设备。

(9)供油系统维护及油品更换专项维修开业专用条件:

①人员条件。标准对从事供油系统维护及油品更换的汽车维修人员数量有要求,并规定

应经过专业培训。

②设施条件。标准对其生产厂房和停车场面积有明确规定。

③主要设备。标准规定应配置:不解体油路清洗设备,换油设备,废油收集设备,举升设备或地沟,空气压缩机,共5项维修设备。

(10)喷油泵、喷油器专项维修开业专用条件:

①人员条件。标准对从事喷油泵维修的汽车维修人员数量有要求,并规定应经过专业培训。

②设施条件。标准对其生产厂房和停车场面积有明确规定。

③主要设备。标准规定应配置:喷油泵、喷油器清洗和试验设备,喷油泵一喷油器密封性试验设备(从事喷油泵、喷油器维修的业户),弹簧试验仪,千分尺,厚薄规,共5项维修机具设备。

(11)曲轴修磨专项维修开业专用条件:

①人员条件。标准对从事曲轴修磨的汽车维修人员数量有要求,并规定应经过专业培训。

②设施条件。标准对其生产厂房和停车场面积有明确规定。

③主要设备。标准规定应配置:曲轴磨床,曲轴校正设备,曲轴动平衡设备,平板,V形块,百分表及磁力表座,外径千分尺,无损探伤设备,吊装设备,共9项维修机具设备。

(12)汽缸镗磨专项维修开业专用条件:

①人员条件。标准对从事汽缸镗磨的汽车维修人员数量有要求,并规定应经过专业培训。

②设施条件。标准对其生产厂房和停车场面积有明确规定。

③主要设备。标准规定应配置:立式精镗床,立式珩磨机,压力机,吊装起重设备,汽缸体水压试验设备,量缸表,外径千分尺,厚薄规,激光淬火设备(从事激光淬火必备),平板,共10项维修机具设备。

(13)散热器专项维修开业专用条件:

①人员条件。标准对从事散热器维修的汽车维修人员数量有要求,并规定应经过专业培训。

②设施条件。标准对其生产厂房和停车场面积有明确规定。

③主要设备。标准规定应配置:清洗及管道疏通设备,气焊设备,钎焊设备,空气压缩机,喷漆设备,散热器密封试验设备,共6项维修机具设备。

(14)空调专项维修开业专用条件:

①人员条件。标准对从事空调维修的汽车维修人员数量有要求,并规定应经过专业培训。

②设施条件。标准对其生产厂房和停车场面积有明确规定。

③主要设备。标准规定应配置:汽车空调冷媒加注回收设备,气焊设备,空调电器检测设备,空调专用检测设备,数字式万用电表,共5项维修机具设备。

(15)汽车装璜(篷布、座垫及内装饰)专项维修开业专用条件:

①人员条件。标准对从事汽车装璜(篷布、座垫及内装饰)的汽车维修人员数量有要求,并规定应经过专业培训。

②设施条件。标准对其生产厂房和停车场面积有明确规定。

③主要设备。标准规定应配置:缝纫机,锁边机,工作台或工作案,台钻或手电钻,电熨斗,裁剪工具,烘干设备,共7项维修机具设备。

(16)汽车玻璃安装专项维修开业专用条件：

①人员条件。标准对从事汽车玻璃安装的汽车维修人员数量有要求，并规定应经过专业培训。

②设施条件。标准对其生产厂房和停车场面积有明确规定。

③主要设备。标准规定应配置：工作台，玻璃切割工具，注胶工具，玻璃固定工具，直尺、弯尺，玻璃拆装工具，吸尘器，共 7 项维修机具设备。

二、《摩托车维修业开业条件》(GB/T 18189—2000)

该标准由中华人民共和国国家质量监督检验检疫总局、中国国家标准化管理委员会于 2000 年 9 月 7 日发布，2001 年 10 月 1 日起实施。该标准规定了一类摩托车维修企业的环境与场地、设备、人员、管理制度以及流动资金等条件。该标准属于推荐性国家标准，适用于一类、二类摩托车维修企业，是交通行政主管部门对摩托车维修企业开业审核和管理的依据。标准的主要内容介绍如下：

(一)有关摩托车维修的定义

该标准对摩托车维修、摩托车总成大修、摩托车维护、摩托车小修、摩托车维修企业开业条件等分别进行了定义。

(二)摩托车维修业的分类与经营范围

标准规定：摩托车维修业共分两类，分别为一类摩托车维修企业和二类摩托车维修业户。标准第 3.1、3.2 条分别对一类摩托车维修企业和二类摩托车维修业户作了定义，规定了其经营范围。

(三)一类摩托车维修企业开业条件

标准第 4.1～4.6 条规定了一类摩托车维修企业开业必须具备的条件，包括：

1. 环境与场地条件

包括生产厂房和停车场要求、生产作业厂房面积(不少于 80 ㎡)、厂房材料及设施，以及环境保护 4 方面的要求。

2. 设备条件

标准要求：一类摩托车维修企业应配备与其维修作业相适应的维修、检测设备。所有设备应保持完好，其性能精度应符合有关要求。标准第 4.2.1、4.2.2 条分别列出一类摩托车维修企业应配备的维修设备(工具)和量具、仪表的项目，并规定部分设备，如镗缸设备、磨缸设备、涂漆设备、制动试验台等，允许外协。

3. 人员条件

标准第 4.3.1～4.3.3 条分别对一类摩托车维修企业的管理人员、技术工人和质量检验人员配备的数量、持证上岗的要求，以及各类人员的素质要求作了明确规定。其中：

(1)对企业管理人员的要求。标准规定：负责技术管理和质量管理工作的专职技术人员应具有本专业知识和初级以上专业技术任职资格证书；财务人员和价格结算人员(可以兼任)，但必须分别取得“会计证”和“经过交通行业价格结算员培训”。

(2)对技术工人的要求。标准对直接从事生产的技术工人总人数、中级以上摩托车维修工人数、持证焊工配备，以及各工种技术工人持证上岗提出要求。

(3)对质量检验人员的要求。标准规定:必须至少配备 1 名专职质量检验员,负责摩托车进厂检验、过程检验和竣工出厂检验,并对质量检验人员持证上岗提出具体规定。

4. 企业管理制度条件

标准重点对企业质量管理和安全生产管理相关制度的建立,技术标准、维修资料、安全操作规程等相关基础资料的备有提出了要求。

5. 流动资金条件

为保证企业经营正常运行,标准提出:一类摩托车维修企业的流动资金不少于 5 万元。

6. 中外合资(合作)维修企业和特约维修中心(站)开业条件

标准第 4.6.1、4.6.2 条规定:中外合资(合作)的摩托车维修企业和特约维修中心(站)必须是一类摩托车维修企业,除符合本标准的有关规定外,还应分别符合国家对合资(合作)企业或摩托车生产厂家对特约维修中心(站)特定的各项要求。

(四)二类摩托车维修业户开业条件

1. 环境与场地条件

标准对二类摩托车维修业户提出应有生产厂房和停车场、生产作业厂房面积(不少于 30 ㎡)、厂房材料及设施,以及环境保护 4 方面的要求。

2. 设备条件

标准要求:二类摩托车维修业户应配备与其维修作业相适应的维修、检测设备。所有设备应保持完好,其性能精度应符合有关要求。标准第 5.2.1、5.2.2 条分别列出二类摩托车维修业户应配备的维修设备(工具)和量具、仪表的项目。

3. 人员条件

标准第 5.3.1~5.3.3 条分别对二类摩托车维修业户"必须有专人负责技术、质量管理工作"、技术工人配备的数量和持证上岗的要求作了明确规定。

4. 管理制度条件

标准重点对企业质量管理和安全生产管理相关制度的建立,技术标准、维修资料、安全操作规程等相关基础资料的备有提出了要求。

5. 流动资金

标准规定:二类摩托车维修业户的流动资金不少于 1 万元。

三、《机动车维修从业人员从业资格条件》(GB/T 待发布)

该标准由中国汽车维修行业协会受交通部委托组织起草,将由中华人民共和国国家质量监督检验检疫总局、中国国家标准化管理委员会批准发布实施。该标准规定了机动车维修技术负责人、机动车维修质量检验员、机修人员、电器维修人员、车身修复(钣金)人员和车身涂装(涂漆)人员的职业资格标准。该标准属于推荐性国家标准,适用于机动车维修企业中的技术负责人、质量检验员、机修人员、电器维修人员、车身修复(钣金)人员和车身涂装(涂漆)人员。

(一)有关机动车维修从业人员的定义

该标准对机动车维修从业人员及相关概念,包括机动车维修技术负责人、机动车维修质量检验员、机修人员、电器维修人员、车身修复(钣金)人员、车身涂装(涂漆)人员、机动车电器系统等分别进行了定义。

标准相关条款：

3 术语和定义

本标准采用下列定义。

3.1 机动车维修技术负责人

指在机动车维修企业中负责专业技术、技术管理和质量管理工作的人员。

3.2 机动车维修质量检验员

指机动车维修企业中从事机动车维修进厂和竣工出厂检验以及监控维修过程质量的人员。

3.3 机修人员

指机动车维修企业中从事机动车发动机、底盘及其控制系统维修作业的人员。

3.4 电器维修人员

指机动车维修企业中从事机动车电器系统维修作业的人员。

3.5 车身修复(钣金)人员

指机动车维修企业中从事车身修复作业的人员。

3.6 车身涂装(涂漆)人员

指机动车维修企业中从事车身涂装作业的人员。

3.7 机动车电器系统

指除发动机、底盘及其控制系统以外的机动车电源系统、起动系统，辅助安全、照明、仪表、信号、报警、空调、防盗、音响、导航等车身电器系统。

(二)机动车维修技术负责人岗位职责和职业资格

标准第4.1、4.2条分别对机动车维修技术负责人的岗位职责和任职资格作了明确规定，其中：

1.机动车维修技术负责人的岗位职责

标准第4.1.1～4.1.7条提出7项有关机动车维修技术负责人岗位职责的内容，主要包括：执行法规、标准，建立和实施企业机动车维修质量保证体系，制定并组织实施企业各项技术质量管理制度和工艺文件，负责企业日常技术质量管理工作，负责制定并组织实施企业技术推广工作，负责制定和实施技术培训计划，贯彻执行机动车维修工时定额和收费标准。

标准相关条款：

4 机动车维修技术负责人

4.1 岗位职责

4.1.1 执行国家、地方和行业相关法律、法规、规章、标准和规范。

4.1.2 负责建立和实施企业机动车维修质量保证体系，对质量保证体系进行监控和修订。

4.1.3 负责制定企业各项技术质量管理制度和工艺文件，并组织实施、检查和修订。

4.1.4 负责企业日常技术管理工作，对机动车维修质量负责，组织解决机动车维修中出现的疑难技术问题，对机动车维修质量事故和质量纠纷提出处理意见和改进措施。

4.1.5 负责制定本企业技术开发、技术改造、技术革新方案并组织实施，对技术成果组织推广运用。

4.1.6 负责制定和实施技术培训计划，对机动车维修的新技术、新工艺、新设备、新材料进行培训。

4.1.7 规范经营行为，贯彻执行机动车维修工时定额和收费标准。

2.机动车维修技术负责人的任职资格

标准第4.2.1～4.2.3条提出3方面的要求，主要包括：

(1)基本条件要求。标准提出包括文化程度(或技术职称)和企业工作实践两方面的具体规定。

标准相关条款：

4.2.1 具有机动车维修或相关专业的大专以上(含大专)文化程度，或具有机动车维修或相关专业的中级以上专业技术职称。

(2)专业知识要求。标准提出：

①掌握有关法规标准、相关专业知识，并列举了相关国家、地方和行业相关的法律、法规、规章、标准和规范的主要项目；

②掌握(或熟悉和了解)有关机动车维修专业知识的要求，包括汽车各部电子控制技术，故障分析、诊断技术，车身测量技术；

③掌握有关机动车维修企业的技术质量管理知识，包括掌握(或熟悉)企业日常技术管理内容和流程，机动车维修质量管理体系，维修事故或质量纠纷分析处理的原则和方法；

④熟悉机动车维修工时定额和收费标准。

标准相关条款：

4.2.2 专业知识

4.2.2.1 掌握国家、地方和行业相关的法律、法规、规章、标准和规范。

(1)掌握《中华人民共和国道路运输条例》、《中华人民共和国道路交通安全法》及其实施条例中与车辆维修相关的内容。

(2)掌握《机动车维修管理规定》。

(3)熟悉《中华人民共和国大气污染防治法》中有关机动车排放方面的内容。

(4)了解《中华人民共和国合同法》、《中华人民共和国标准化法》、《中华人民共和国产品质量法》、《中华人民共和国消费者权益法》和《劳动保护法》等的相关内容。

4.2.2.2 熟悉机动车维修专业知识。

(1)熟悉电控发动机(含柴油机)、电控自动变速器(含CVT)、电控制动(ABS)系统(含EBD、ASR等)、电控动力转向(EPS)、电控悬架、电控自动空调、车载网络、线控技术(X—BY—WIRE)等的结构原理。

(2)掌握应用故障代码分析、数据流分析、波形分析、温度分析、四轮定位参数分析和尾气分析的方法分析机动车故障的知识。

(3)了解常见车身测量设备的结构原理，了解车身测量技术。

4.2.2.3 掌握机动车维修企业的技术质量管理知识。

(1)熟悉机动车维修企业日常技术管理工作的内容和流程。

(2)掌握制定和运作机动车维修质量管理体系的知识。

(3)掌握维修事故分析处理和协调处理维修质量纠纷的原则和方法。

4.2.2.4 熟悉机动车维修工时定额和收费标准。

(3)专业技能要求。标准第4.2.3.1～4.2.3.8款包括：能熟练使用机动车检测诊断设备，对车辆进行检测诊断；具有机动车故障分析诊断能力，组织解决机动车维修中出现的疑难技术问题；具有制定企业各项技术质量管理制度和工艺文件的能力；具有处理机动车维修质量事故和质量纠纷的能力；能搜集和整理技术资料，指导生产实践；能制定完善的技术培训计划并付诸实施；具有计算机办公和管理软件的操作应用能力；具有规范企业经营行为，贯彻执行机动车维修工时定额和收费标准的能力等8个方面的要求，并在各个方面提出了各项具体的技能要求。

标准相关条款：

4.2.3　专业技能

4.2.3.1　能熟练使用机动车检测诊断设备，对车辆进行检测诊断。

(1)能熟练使用故障诊断仪进行故障代码、动态数据流检测，并能根据检测结果进行故障分析，确定相应的维修项目。

(2)能熟练使用故障诊断仪进行电控单元编码、匹配和设定操作，并能对防盗系统进行匹配设定和配钥匙。

(3)能熟练使用示波器进行相关波形检测，并能根据波形进行故障分析，确定相应的维修项目。

(4)能熟练使用发动机综合分析仪进行发动机性能检测，并能根据检测结果，分析发动机的工作性能，确定相应的维修项目。

(5)能熟练使用四轮定位仪进行车轮定位检测，并能根据检测结果，分析车轮定位技术状况，确定相应的维修项目。

(6)能熟练使用尾气分析仪进行尾气检测，并能根据尾气检测结果，分析车辆技术状况，确定相应的维修项目。

(7)能熟练使用红外测温仪对车辆进行温度检测，根据检测结果，分析确定相应的维修项目。

4.2.3.2　具有机动车故障分析诊断能力，组织解决机动车维修中出现的疑难技术问题。

(1)能根据疑难故障的具体情况，组织相关人员进行分析。

(2)能对疑难故障进行综合分析，提出疑难故障的检测诊断思路或处理方案，并综合利用故障诊断仪、示波器、发动机综合分析仪、尾气分析仪等相关检测工具对疑难故障车辆进行检测诊断。

4.2.3.3　具有制定企业各项技术质量管理制度和工艺文件的能力。

4.2.3.4　具有处理机动车维修质量事故和质量纠纷的能力。

(1)能提出机动车维修质量事故的合理处理方案。

(2)能提出机动车维修质量纠纷的合理调解方案。

4.2.3.5　能搜集和整理技术资料，指导生产实践。

4.2.3.6　能制定完善的技术培训计划并付诸实施。

4.2.3.7　具有计算机办公和管理软件的操作应用能力。

4.2.3.8　具有规范企业经营行为，贯彻执行机动车维修工时定额和收费标准的能力。

(三)机动车维修质量检验员岗位职责和职业资格

标准第5.1、5.2条分别对机动车维修质量检验员的岗位职责和任职资格作了明确规定。

1.机动车维修质量检验员的岗位职责

标准第5.1.1～5.1.条提出9项有关机动车维修质量检验员岗位职责的内容，主要包括：执行法规、标准，负责机动车维修进厂检验、维修过程检验，指导维修，负责竣工出厂检验，协助技术负责人分析处理质量事故和纠纷，配合业务员完成车辆进出厂交接，负责配件质量监控，负责检验工作的指导和培训，正确执行机动车维修工时定额和收费标准等。

标准相关条款：

5 机动车维修质量检验员

5.1 岗位职责

5.1.1 执行国家、地方及行业相关机动车维修的法律、法规、规章、标准和规范。

5.1.2 负责机动车维修进厂检验，确定维修项目，填写进厂检验单。

5.1.3 负责机动车维修过程的质量监控，填写过程检验单，并指导维修人员对维修车辆的故障进行深入诊断。

5.1.4 负责机动车维修竣工出厂检验，填写维修竣工出厂检验单，签发维修竣工出厂合格证。

5.1.5 协助技术负责人分析处理质量事故和纠纷，提出改进和预防措施，并组织实施。

5.1.6 配合业务员完成机动车或总成维修进厂和竣工出厂的交接工作。

5.1.7 负责对机动车配件的质量进行监控。

5.1.8 负责指导和培训相关人员对机动车维修质量进行检验。

5.1.9 正确执行机动车维修工时定额和收费标准。

2.机动车维修质量检验员的任职资格

标准第5.2.1～5.2.3条提出3方面的要求，主要包括：

(1)基本条件要求。标准第5.2.1条提出包括获得机修人员或电器维修人员职业资格，并连续在该岗位工作2年以上、具有与本企业承修车型相适应的机动车驾驶证，并安全驾驶2年以上的要求。

(2)专业知识要求。标准第5.2.2条提出：掌握相关法规、标准；掌握机动车专业知识和主修车型的维修技术规范；掌握机动车检测诊断技术和质量检验技术规范；掌握常用仪器、仪表和量具知识；掌握常用检测诊断设备知识；熟悉机动车维修质量保证体系知识；熟悉常用材料和配件质量控制知识；了解机动车综合性能要求和检验方法；熟悉机动车维修工时定额和收费标准等9方面的具体规定。

标准相关条款：

5.2.2 专业知识

5.2.2.1 熟悉机动车维修管理的相关法律、法规、规章、标准和规范。

(1)熟悉《中华人民共和国道路运输条例》、《中华人民共和国道路交通安全法》及其实施条例中与机动车辆维修相关的内容。

(2)掌握《机动车维修管理规定》。

(3)熟悉《中华人民共和国大气污染防治法》有关机动车排放方面的内容。

(4)掌握《中华人民共和国标准化法》、《中华人民共和国产品质量法》、《中华人民共和国消费者权益法》的相关内容。

5.2.2.2 掌握机动车的结构、原理和性能以及主修车型的维修技术标准和规范。

5.2.2.3 掌握机动车检测诊断和机动车维修质量检验原理、方法和技术规范。

5.2.2.4 掌握常用仪器、仪表和量具的结构原理、性能和使用方法，了解其标定方法。

5.2.2.5 掌握常用检测诊断设备的结构原理、性能和使用方法，了解其标定方法。

5.2.2.6 熟悉机动车维修质量保证体系知识。

5.2.2.7　熟悉机动车常用材料的性能和机动车配件质量控制知识。

5.2.2.8　了解机动车综合性能要求和检验方法。

5.2.2.9　熟悉机动车维修工时定额和收费标准。

(3)专业技能要求。标准第5.2.3.1～5.2.3.7款提出:使用相应检验手段实施各类检验的技能;协助技术负责人对维修质量事故和质量纠纷进行分析和鉴定的能力;配合业务员进行检验交接的能力;对机动车配件质量进行常规检验的能力;查阅和运用技术资料指导维修检测诊断的能力;执行维修工时定额和收费标准的能力等7个方面的规定。

标准相关条款:

5.2.3　专业技能

5.2.3.1　能熟练运用相应检验仪器、仪表和量具以及检测诊断设备完成机动车维修进厂、维修过程和维修竣工出厂的各项质量检验工作,正确填写机动车维修进厂检验单、过程检验单和维修竣工出厂检验单,并签发维修竣工出厂合格证。

5.2.3.2　能协助技术负责人对机动车维修质量事故进行分析和鉴定,提出改进和预防措施,并组织实施。

5.2.3.3　能配合业务员进行车辆或总成维修进厂和维修竣工出厂的检验交接。

5.2.3.4　能对机动车配件质量进行常规检验。

5.2.3.5　能指导和培训相关人员对机动车维修质量进行检验。

5.2.3.6　具有查阅和运用技术资料对维修车辆的故障进行深入诊断的能力。

5.2.3.7　具有执行机动车维修工时定额和收费标准的能力。

(四)机动车维修机修人员岗位职责和职业资格

标准第6.1、6.2条分别对机动车维修机修人员的岗位职责和任职资格作了明确规定。

1.机动车维修机修人员的岗位职责

标准第6.1.1～6.1.8条提出8项内容,主要包括:执行相关法规、标准,从事发动机、底盘及其控制系统检测诊断和维修作业,严格执行工艺规范和安全操作规程,协助质量检验员工作,指导和培训本岗位其他人员,配合协调其他岗位的工作,负责本岗位技术问题的信息处理,负责本岗位的现场管理等。

标准相关条款:

6　机修人员

6.1　岗位职责

6.1.1　执行与本岗位相关的法规、规章、标准和规范。

6.1.2　从事发动机、底盘及其控制系统的检测诊断和维修作业。

6.1.3　在生产过程中执行安全操作规程,按工艺规范正确完成发动机、底盘及其控制系统的维修作业。

6.1.4　协助质量检验员工作,对机修质量负责。

6.1.5　指导和培训本岗位其他人员的技术操作。

6.1.6　配合协调其他岗位的工作。

6.1.7　负责本岗位技术问题的收集、整理和上报。

6.1.8　负责本岗位的现场管理。

2. 机动车维修机修人员的任职资格

标准第6.2.1～6.2.3条提出机动车维修机修人员3方面的任职资格要求，主要包括：

(1)基本条件要求。具有高中以上(含高中)文化程度；连续从事机修工作3年以上，或本专业中职毕业连续从事机修工作2年以上，或本专业高职以上(含高职)毕业连续从事机修工作1年以上。

(2)专业知识要求。作为岗位主修人员，标准第6.2.2条提出应掌握(或了解)的专业知识有9个方面，包括：相关法规、标准；安全、环境和质量管理知识；汽车电器相关知识；机械制图、液压传动、公差与配合；常用材料知识；维修专业知识及汽车新技术；零部件的常规检验方法；维修工艺规程和竣工验收标准；故障诊断原理和方法；常用维修检测仪器和设备的结构原理。

标准相关条款：

6.2.2　专业知识

6.2.2.1　了解与本岗位相关的法规、规章、标准和规范，熟悉本岗位的工时定额和收费标准，了解其他岗位的工时定额和收费标准。

6.2.2.2　熟悉安全生产、环境保护和质量管理的知识。

6.2.2.3　熟悉电工电子学的基本知识，掌握机动车电路图识图知识。

6.2.2.4　掌握机械制图、液压传动、公差与配合、机动车常用材料知识。

6.2.2.5　掌握机动车维修专业知识，了解机动车新材料、新工艺、新设备和新技术。

6.2.2.6　掌握发动机、底盘及其控制系统零部件的常规检验方法。

6.2.2.7　掌握发动机、底盘及其控制系统维修工艺规程和竣工验收标准。

6.2.2.8　掌握发动机、底盘及其控制系统故障诊断原理和方法。

6.2.2.9　了解常用维修检测仪器和设备的结构原理。

(3)专业技能要求。作为岗位主修人员，标准第6.2.3.1～6.2.3.5款提出机动车维修机修人员应具备的专业技能有5个方面，包括：完成发动机、底盘及其控制系统的故障诊断和维修作业的能力；能熟练使用维修检测仪器和设备，准确诊断并排除车辆发动机、底盘及相应电控系统的故障；能熟练应用技术资料解决本岗位的技术问题；具有收集整理、分析处理本岗位技术问题的能力；能对本岗位其他人员进行培训并指导其完成机修作业。其中，对准确诊断并排除车辆故障能力方面，标准第6.2.3.2款重点提出了7条具体规定，以确保机修人员适应现代汽车维修、检测诊断技术发展的需要。

标准相关条款：

6.2.3　专业技能

6.2.3.1　具有完成机动车发动机、底盘及其控制系统的故障诊断和维修作业的能力。

6.2.3.2　能熟练使用维修检测仪器和设备准确诊断并排除车辆故障。

(1)能熟练使用故障诊断仪进行故障代码、动态数据流检测，能根据检测结果进行故障分析，准确诊断并排除车辆故障。

(2)能熟练使用故障诊断仪进行电控单元编码、匹配和设定操作，能对防盗系统进行匹配设定和配钥匙。

(3)能熟练使用示波器进行相关波形检测，能根据波形进行故障分析，准确诊断并排除车辆故障。

(4)能熟练使用发动机综合分析仪进行发动机性能检测，能根据检测结果，准确诊断并排除车辆故障。

(5)能熟练使用尾气分析仪进行尾气检测,能根据尾气检测结果,准确诊断并排除车辆故障。

(6)能熟练使用红外测温仪对车辆进行温度检测,能根据检测结果,准确诊断并排除车辆故障。

(7)能熟练使用四轮定位仪进行车轮定位检测,并能根据检测结果,准确诊断并排除车辆故障。

6.2.3.3 能熟练应用技术资料解决本岗位的技术问题。

6.2.3.4 具有收集整理、分析处理本岗位技术问题的能力。

6.2.3.5 能对本岗位其他人员进行培训并指导其完成机修作业。

(五)机动车维修电器维修人员岗位职责和职业资格

标准第7.1、7.2条分别对机动车维修电器维修人员的岗位职责和任职资格作了明确规定。

1.机动车维修电器维修人员的岗位职责

标准第7.1.1~7.1.7条提出7项内容,主要包括:负责机动车电器系统的检测诊断和维修作业;执行安全操作规程和工艺规范;协助质量检验员工作;指导和培训本岗位其他人员;配合协调其他岗位的工作;负责本岗位技术信息的处理;负责本岗位的现场管理等。

标准相关条款:

7.1 岗位职责

7.1.1 负责机动车电器系统的检测诊断和维修作业。

7.1.2 在生产过程中执行安全操作规程,按工艺规范正确完成机动车电器系统的维修作业。

7.1.3 协助质量检验员工作,对机动车电器维修质量负责。

7.1.4 指导和培训本岗位其他人员的技术操作。

7.1.5 配合协调其他岗位的工作。

7.1.6 负责本岗位技术问题的收集、整理和上报。

7.1.7 负责本岗位的现场管理。

2.机动车维修电器维修人员的任职资格

标准第7.2.1~7.2.3条提出3方面的要求,主要包括:

(1)基本条件要求。标准第7.2.1条规定:应具有高中以上(含高中)文化程度;连续从事机动车电器维修工作3年以上,或本专业中职毕业连续从事机动车电器维修工作2年以上,或本专业高职以上(含高职)毕业连续从事机动车电器维修工作1年以上。

(2)专业知识要求。作为岗位主修人员,标准第7.2.2条提出电器维修人员应掌握(或了解)的专业知识有6个方面,包括:相关法规、标准;安全、环境和质量管理知识;汽车电器相关知识;机动车电器的结构、电路原理和检测诊断方法;发动机、底盘及其控制系统的结构和基本工作原理;常用维修检测仪器和设备的结构原理。

标准相关条款:

7.2.2 专业知识

7.2.2.1 了解与本岗位相关的法规、规章、标准和规范,熟悉本岗位的工时定额和收费标准,了解其他岗位的工时定额和收费标准。

7.2.2.2　熟悉安全生产、环境保护和质量管理的知识。

7.2.2.3　掌握电工电子学的基本知识，掌握电路图识图知识。

7.2.2.4　掌握机动车电器的结构、电路原理和检测诊断方法。

7.2.2.5　熟悉发动机、底盘及其控制系统的结构和基本工作原理。

7.2.2.6　熟悉常用机动车维修检测仪器和设备的结构原理。

(3)专业技能要求。作为岗位主修人员，标准第7.2.3.1～7.2.3.5款提出电器维修人员应具备的专业技能有5个方面，包括：完成机动车电器系统故障诊断和维修作业的能力；能熟练使用维修检测仪器和设备准确诊断并排除车辆故障；能熟练应用技术资料解决本岗位的技术问题；具有收集整理、分析处理本岗位技术问题的能力；能对本岗位其他人员进行培训并指导其完成机修作业。其中，对准确诊断并排除车辆故障能力方面，标准第7.2.3.2款重点提出了4条具体规定，以确保电器维修人员适应现代汽车维修、检测诊断技术发展的需要。

标准相关条款：

7.2.3　专业技能

7.2.3.1　具有完成机动车电器系统故障诊断和维修作业的能力。

7.2.3.2　能熟练使用电器维修所需要的各种检测仪器和设备，准确判断并排除车辆电器系统故障。

(1)能熟练使用故障诊断仪进行故障代码、动态数据流检测，能根据检测结果进行故障分析，准确诊断并排除车辆电器系统故障。

(2)能熟练使用故障诊断仪进行电控单元编码、匹配和设定操作，能对防盗系统进行匹配设定和配钥匙。

(3)能熟练使用示波器进行相关波形检测，能根据波形进行故障分析，准确诊断并排除车辆电器系统故障。

(4)能熟练使用红外测温仪对车辆进行温度检测，能根据检测结果，准确判断并排除车辆电器系统故障。

7.2.3.3　能应用技术资料解决机动车电器维修的技术问题。

7.2.3.4　具有收集整理、分析处理机动车电器维修技术问题的能力。

7.2.3.5　能对本岗位其他人员进行培训并指导其完成机动车电器维修作业。

(六)机动车维修车身修复(钣金)人员岗位职责和职业资格

标准第8.1、8.2条分别对机动车维修车身修复(钣金)人员的岗位职责和任职资格作了明确规定。

1.机动车维修车身修复(钣金)人员的岗位职责

标准第8.1.1～8.1.7条提出7项内容，主要包括：负责制定合理的车身修复工艺方案；从事车身修复作业；指导和培训本岗位其他人员；配合协调其他岗位的工作；协助质量检验员工作；负责本岗位技术信息的处理；负责本岗位的现场管理等。

标准相关条款：

8.1　岗位职责

8.1.1　负责制定合理的车身修复工艺方案。

8.1.2　从事车身修复作业。

8.1.3　配合协调其他岗位的工作。

8.1.4　指导和培训本岗位其他人员的技术操作。

8.1.5　协助质量检验员工作，对车身修复质量负责。

8.1.6　负责本岗位技术问题的收集、整理和上报。

8.1.7　负责本岗位的现场管理。

2.机动车维修车身修复(钣金)人员的任职资格

标准第8.2.1～8.2.3条提出3方面的要求，主要包括：

(1)基本条件要求。标准第8.2.1条规定：应具有初中以上文化程度；连续从事车身修复工作4年以上，或相关专业中职毕业连续从事车身修复工作2年以上，或相关专业高职毕业连续从事车身修复工作1年以上。

(2)专业知识要求。作为岗位主修人员，标准第8.2.2条提出车身修复(钣金)人员应掌握(或了解)的专业知识有8个方面，包括：安全、环境和工时收费知识；机动车构造与维修知识及车身材料知识；机械基础知识与机动车碰撞知识；车辆定损评估知识；车身尺寸图读图知识；车身测量知识；车身修复设备的结构原理与使用维护知识。

标准相关条款：

8.2.2　专业知识

8.2.2.1　了解劳动安全与环境保护知识，熟悉本岗位的工时定额和收费标准，了解其他岗位的工时定额和收费标准。

8.2.2.2　了解机动车构造知识与维修知识，了解车身材料知识。

8.2.2.3　了解机械基础知识与机动车碰撞知识。

8.2.2.4　了解车辆定损评估知识。

8.2.2.5　掌握车身尺寸图读图知识。

8.2.2.6　掌握车身修复工艺知识与车身修复相关的技术标准。

8.2.2.7　掌握车身测量知识。

8.2.2.8　掌握车身修复设备的结构原理与使用维护知识。

(3)专业技能要求。作为岗位主修人员，标准第8.2.3.1～8.2.3.8款提出车身修复(钣金)人员应具备的专业技能有8个方面，包括：能制定合理的车身修复工艺方案；能进行车身修复作业；能应用车身技术资料正确实施车身修复；能正确使用和维护车身检测、维修设备；能根据车身材料采取相应的防腐工艺；能进行车身修复过程检验并建立车身修复档案；能对本岗位其他人员进行培训并指导其完成车身修复作业；能按照劳动安全和环境保护操作规程作业，能正确使用各种防护器具，能实施简单救护。其中，对能应用车身技术资料正确实施车身修复，标准第8.2.3.3款重点提出了3条具体规定，以确保车身修复(钣金)人员适应现代汽车维修、检测、诊断技术发展的需要。

标准相关条款：

8.2.3　专业技能

8.2.3.1　能制定合理的车身修复工艺方案。

8.2.3.2　能进行车身修复作业。

8.2.3.3　能应用车身技术资料正确实施车身修复。

(1)能熟练进行车身三维尺寸测量。

(2)能熟练拆装车身各部件，实施车身变形的修复作业。

(3)能进行各种车身材料的切割、焊接和黏接等操作。

8.2.3.4　能正确使用和维护车身检测、维修设备。

8.2.3.5　能根据车身材料采取相应的防腐工艺。

8.2.3.6　能进行车身修复过程检验并建立车身修复档案。

8.2.3.7　能对本岗位其他人员进行培训并指导其完成车身修复作业。

8.2.3.8　能按照劳动安全和环境保护操作规程作业，能正确使用各种防护器具，能实施简单救护。

(七)机动车维修车身涂装(涂漆)人员岗位职责和职业资格

标准第9.1、9.2条分别对机动车维修车身涂装(涂漆)人员的岗位职责和任职资格作了明确规定。

1.机动车维修车身涂装(涂漆)人员的岗位职责

标准第9.1.1～9.1.7条提出7项内容，主要包括：负责制定合理的车身涂装工艺方案；从事车身涂装作业；指导和培训本岗位其他人员；配合协调其他岗位的工作；协助质量检验员工作；负责本岗位技术信息的处理；负责本岗位的现场管理等。

标准相关条款：

9　车身涂装(涂漆)人员

9.1　岗位职责

9.1.1　负责制定合理的车身涂装工艺方案。

9.1.2　从事车身涂装作业。

9.1.3　配合协调其他岗位的工作。

9.1.4　指导和培训本岗位其他人员的技术操作。

9.1.5　协助质量检验员工作，对车身涂装质量负责。

9.1.6　负责本岗位技术问题的收集、整理和上报。

9.1.7　负责本岗位的现场管理。

2.机动车维修车身涂装(涂漆)人员的任职资格

标准第9.2.1～9.2.3条提出3方面的要求，主要包括：

(1)基本条件要求。标准第9.2.1条规定：应具有初中以上文化程度；连续从事车身涂装工作4年以上，或相关专业中职毕业连续从事车身涂装工作2年以上，或相关专业高职毕业连续从事车身涂装工作1年以上。

(2)专业知识要求。作为岗位主修人员，标准第9.2.2条提出车身涂装(涂漆)人员应掌握(或了解)的专业知识主要有6个方面，包括：安全、环境和工时收费知识；机动车构造与维修知识、车身材料与化工相关知识；车身涂装材料知识与相关的色彩知识；车身涂装工艺知识与相关技术标准；车身养护基本知识。

标准相关条款：

9.2.2　专业知识

9.2.2.1　熟悉本岗位的工时定额和收费标准，了解其他岗位的工时定额和收费标准，了解劳动安全与环境保护知识。

9.2.2.2　了解机动车材料知识与相关的化工知识，了解机动车结构与机动车维修的基本知识。

9.2.2.3 掌握车身涂装材料知识与相关的色彩知识。

9.2.2.4 掌握机动车涂装设备的结构原理与使用维护知识。

9.2.2.5 掌握车身涂装工艺知识与相关技术标准。

9.2.2.6 掌握车身养护基本知识。

(3)专业技能要求。作为岗位主修人员，标准第 9.2.3.1～9.2.3.10 款提出车身涂装(涂漆)人员应具备的专业技能有 10 个方面，包括：能制定合理的车身涂装工艺方案；能进行车身涂装作业；能熟练进行调漆操作；能根据车身材料采取相应的防腐工艺；能进行车身养护的基本作业和划痕修复；能熟练使用三种以上品牌的涂料进行涂装作业；能熟练使用、维护涂装工具和设备；能进行车身涂装过程检验并建立车身涂装档案；能对本岗位其他人员进行培训、指导；能规范使用各种防护器具，能实施简单救护。

标准相关条款：

9.2.3 专业技能

9.2.3.1 能制定合理的车身涂装工艺方案。

9.2.3.2 能进行车身涂装作业。

9.2.3.3 能熟练进行调漆操作。

9.2.3.4 能根据车身材料采取相应的防腐工艺。

9.2.3.5 能进行车身养护的基本作业和划痕修复。

9.2.3.6 能熟练使用三种以上品牌的涂料进行涂装作业。

9.2.3.7 能熟练使用、维护涂装工具和设备。

9.2.3.8 能进行车身涂装过程检验并建立车身涂装档案。

9.2.3.9 能对本岗位其他人员进行培训并指导其完成车身涂装作业。

9.2.3.10 能按照劳动安全和环境保护操作规程作业，能正确使用各种防护器具，能实施简单救护。

四、《汽车维修行业计算机管理信息系统技术规范》(JT/T 640—2005)

该标准由中华人民共和国交通部于 2005 年 9 月 21 日发布，2006 年 1 月 1 日起实施。该标准规定了汽车维修行业计算机管理信息系统的构成、数据信息、系统功能、配置、接口和性能，以及系统的安装和维护要求。该标准属于推荐性交通行业标准，适用于道路运输管理机构的汽车维修行业计算机信息管理和汽车维修企业计算机信息管理。其他机动车维修行业的计算机信息管理可参照执行。标准的主要内容介绍如下：

(一)系统构成和数据信息

1. 系统构成

该标准规定，汽车维修行业计算机管理信息系统由两部分组成：一是汽车维修行业管理信息系统；二是汽车维修企业管理信息系统。

2. 汽车维修行业管理信息系统建立的基本原则

该标准规定：汽车维修行业管理信息系统数据信息集应符合 GB/T 297、GB/T 5624，以及 JT/T 414 等规定的要求，主要数据信息包括：业户信息、车辆信息、人员信息、单证信息，并以附录 A 规定了该系统的详细数据信息项目。

3.汽车维修企业管理信息系统建立的基本原则

该标准规定:汽车维修企业管理信息系统数据信息集应符合 GB/T 5624 等规定的要求,主要数据信息包括:基本信息、车辆维修业务管理信息,并以附录 B 规定了该系统的详细数据信息项目。

(二)系统功能

1.汽车维修行业管理信息系统功能

该标准规定:汽车维修行业管理信息系统对业户、车辆、从业人员等管理应具有相应的增加、删除、修改等权限控制机制,实现业务办理、业户管理、车辆管理、从业人员管理、单据管理、查询统计等功能。

2.汽车维修企业管理信息系统功能

该标准规定:汽车维修企业管理信息系统对业务接待、采购进货、配件销售、工具、人员等管理应具有相应的增加、删除、修改等权限控制机制,实现以下功能:

(1)车辆维修管理,包括业务接待、生产调度、检验、车辆维修技术档案、维修结算、查询统计等。

(2)配件管理,包括采购进货、配件销售、库存管理、账务管理、工具设备管理、人员管理、基本信息管理、查询统计等。

(三)系统配置

该标准对系统软件设计时有关系统配置方面作了详细规定,包括系统运行的基础参数设置的要求、可对系统所用各种辅助代码进行处理的要求、对操作者具有权限分配和控制的设置等。

(四)系统数据接口

该标准从用户端使用便利和系统联网数据传递等需要出发,对系统数据接口提出具体要求,包括可扩展性和开放性、上下级管理部门之间及企业与管理部门之间数据的可传递性、完善的数据报送和接收机制、数据加密处理等。

(五)系统性能

该标准对系统设计提出应具备如下主要性能:

1.安全性

系统安全性即防止他人非法操作,造成数据修改、丢失等情况,确保数据的真实性。

2.可靠性

系统可靠性即在用户误操作时能保证系统的正常运行及数据的安全,保证数据的完整性和有效性。

3.扩展性

系统扩展性即能根据管理工作的变化进行相应的功能扩展,并易于维护。

4.时效性

系统时效性即能够快速完成对数据的传送、处理、统计和查询。

(六)系统安装和维护

该标准对系统安装和维护提出如下规定:

(1)具备系统软件的安装软件包,方便用户需要时能自主安装、恢复工作程序。

(2)具备相应的用户文档(例如手册、指南等),指导用户正确使用该系统。

(3)软件具有继承性,即升级时能够继承原有数据。

(七)标准的附录

1. 附录A(规范性附录) 汽车维修行业计算机管理信息系统数据信息

附录A规定了汽车维修行业计算机管理信息系统数据信息所包含的内容。对汽车维修行业管理部门在日常工作中注意组织收集和整理行业有关信息有指导意义,这些信息主要有:业户基本信息(标准中表A.1,下同)、业户证照(表A.2)、业户异动(表A.3)、业户人数(表A.4)、业户质量信誉考核(表A.5)、维修业户设施信息(表A.6)、维修业户维修量(表A.7)、维修业户维修设备(表A.8)、检测站基础信息(表A.9)、检测量(表A.10)、业户违规信息(表A.11)、车辆基本信息(表A.12)、检测维护(表A.13)、营运状况(表A.14)、车辆技术等级评定(表A.15)、车辆技术等级信息(表A.16)、人员基本信息(表A.17)、证件信息(表A.18)、培训信息(表A.19)、人员异动(表A.20)、单证入库(表A.21)、单证领用(表A.22)、单证返回(表A.23)、单证结存(表A.24)、领用单位单证结存(表A.25)、单证作废(表A.26)。

2. 附录B(规范性附录) 汽车维修企业计算机管理信息系统数据信息

附录B规定了汽车维修企业计算机管理信息系统数据信息所包含的内容,对维修企业在日常工作中注意组织收集和整理相关信息有指导意义,这些信息主要包括:单位基本信息(表B.1)、配件档案(表B.2)、人员档案(表B.3)、客户/供应商档案(表B.4)、车辆档案(表B.5)、维修工作单(表B.6)、维修项目档案(表B.7)、维修项目明细(表B.8)、组合维修项目档案(表B.9)、组合维修项目明细(表B.10)、维修用料明细(表B.11)、配件进销/领用凭证/临时表(表B.12)、配件进销/领用明细/临时表(表B.13)、盘点单/临时表(表B.14)、盘点单明细/临时表(表B.15)、内部调拨单/临时表(表B.16)、内部调拨单明细/临时表(表B.17)、配件库存统计(表B.18)、配件库存统计(表B.19)、配件库存统计明细(表B.20)、维修费用明细(表B.21)、维修其他费用定义(表B.22)、维修派工明细(表B.23)、费率标准(表B.24)、设备台账(表B.25)、工具管理(表B.26)、工具入库/临时表(表B.27)、工具借出/临时表(表B.28)、工具归还/临时表(表B.29)、工具报废/临时表(表B.30)、投诉管理(表B.31)、维修派工明细(表B.32)、维修费用明细(表B.33)、客户/供应商总账(表B.34)、客户/供应商往来明细(表B.35)、应付/应收明细(表B.26)、实收/实付明细(表B.27)、税率设置(表B.38)、优惠标准定义(表B.39)、营业报表(表B.40)。

五、《汽车综合性能检测站能力的通用要求》(GB/T 17993—2005)

该标准由中华人民共和国国家质量监督检验检疫总局、中国国家标准化管理委员会于2005年7月21日发布,2005年12月1日起实施。

该标准规定了汽车综合性能检测站开展汽车综合性能检测工作应具备的服务功能,管理、技术能力,以及场地和设施的要求。

该标准代替《汽车综合性能检测站通用技术条件》(GB/T 17993—1999),与原标准相比主要取消了汽车综合性能检测站的分类,增加了对汽车综合性能检测站的服务功能要求,充实并细化了对汽车综合性能检测站质量管理和技术能力、场地和设施的要求。该标准属于推荐性国家标准,适用于汽车综合性能检测站建设、运行管理,以及对汽车综合性能检测站能力认定、委托检测和监督管理。标准的主要内容介绍如下：

（一）汽车综合性能及汽车综合性能检测站的定义

1.汽车综合性能

该标准将汽车综合性能定义为：在用汽车动力性、安全性、燃料经济性、使用可靠性、排气污染物和噪声，以及整车装备完整性与状态、防雨密封性等多种技术性能的组合。

2.汽车综合性能检测站

该标准将汽车综合性能检测站定义为：按照规定程序、方法，通过一系列技术操作行为，对在用汽车综合性能进行检测（验）评价工作并提供检测数据、报告的社会化服务机构，简称综检站。

（二）综检站的功能

该标准规定综检站应具有以下4方面的功能：

（1）依法对营运车辆的技术状况进行检测；

（2）依法对车辆维修竣工质量进行检测；

（3）接受委托，对车辆改装（造）、延长报废期，及其相关新技术、科研鉴定等项目进行检测；

（4）接受交通、公安、环保、商检、计量、保险和司法机关等部门、机构的委托，对其进行规定项目的检测。

（三）综检站管理要求

该标准对综检站在组织，质量体系，文件控制，服务，抱怨处理，事故、差错控制，记录、报告的控制，质量审核和评审等方面的具体管理要求作了详细规定。

（四）综检站技术能力要求

综检站作为一个提供技术性能检测服务的机构，应该具有一定的技术能力，为此，该标准从人员、检测项目与参数、检测仪器设备、计算机控制检测系统等方面的技术能力要求作了具体规定。包括：

（1）人员基本要求，包括人员设置、人员培训制度，持证上岗和知识结构方面的要求；

（2）站长、技术负责人、质量负责人、计算机控制网络系统管理员、检测员、引车员、仪器设备管理员、文件资料档案管理员等，在文化素质、法律法规政策水平和岗位技能的要求；

（3）综检站检测项目或检测参数要求；

（4）计算机联网方式要求；

（5）检测仪器设备产品标准，适应性、联网配置、周期检定等主要技术要求；

（6）计算机控制检测系统的功能、系统配制、操作和联网控制的可靠性等要求。

（五）综检站场地和设施要求

该标准对综检站在场地和设施方面规定了基本要求，并对检测线的工位设计、检测工艺流程布置、检测线出入口指示及安全防护装置，检测间的空间布局、通风和防雨设施、通道地面平整度以及采光照明、停车场和试车道路等的设计要求作了严格规定。

（六）附录

附录A（规范性附录）检测项目、技术参数能力。规定了综检站各项功能应达到的技术要求，主要包括：

A.1 车辆唯一性确认能力应满足表 A.1 规定。

A.2 整车装备完整有效性基本检验能力应满足表 A.2 规定。

A.3 发动机技术性能检测能力应满足表 A.3 规定。

A.4 使用可靠性基本检验能力应满足表 A.4 规定。

A.5 动力性检测能力应满足表 A.5 规定。

A.6 燃料经济性检测能力应满足表 A.6 规定。

A.7 整车滑行性能检测能力应满足表 A.7 规定。

A.8 噪声控制检测能力应满足表 A.8 规定。

A.9 车速表、里程表核准检测能力应满足表 A.9 规定。

A.10 制动性能检测能力应满足表 A.10 规定。

A.11 转向操纵性检测能力应满足表 A.11 规定。

A.12 前照灯性能检测能力应满足表 A.12 规定。

A.13 排气污染物检测能力应满足表 A.13 规定。

A.14 悬架特性检测能力应满足表 A.14 规定。

A.15 客车密封性检测能力应满足表 A.15 规定。

第二节　汽车维修主要技术标准

汽车维修技术标准在“汽车维修标准体系结构”中属于“专用修理技术标准”类，也称为“方法”类标准，用以规范汽车维修作业行为，如有关汽车维护作业规范、汽车修理竣工技术要求方面的标准等，是汽车维修技术质量管理的重要依据。此类标准主要介绍如下：

一、《汽车维护、检测、诊断技术规范》(GB/T 18344—2001)

该标准由中华人民共和国国家质量监督检验检疫总局、中国国家标准化管理委员会于2001年3月26日发布，2001年12月1日起实施。该标准规定了汽车日常维护、一级维护、二级维护的周期，作业内容和技术规范。该标准是在《汽车维护工艺规范》(JT/T 201—95)基础上制定的。该标准属于推荐性国家标准，适用于所有在用汽车。标准的主要内容包括：

(一)汽车维护的定义及作业中心内容

该标准对汽车维护相关的概念进行了定义，包括：日常维护、一级维护、二级维护。通过定义，标准进一步明确了各级维护的作业中心内容，明确了落实汽车强制维护的责任。各级维护作业中心内容规定如下：

1.日常维护

以清洁、补给和安全检视为作业内容，由驾驶员负责执行。

2.一级维护

除日常维护作业外，以清洁、润滑、紧固为作业中心，由维修企业负责执行的车辆维护作业。

3.二级维护

除一级维护作业外，以检查、调整安全部件、发动机工作状况和排气污染控制装置等为主，由维修企业负责执行。

（二）汽车维护分级和周期

标准第4.1条规定：汽车维护分为日常维护、一级维护和二级维护，各级维护周期分别是：

（1）日常维护的周期为出车前，行车中，收车后。

（2）一级维护、二级维护周期的确定，应以汽车行驶里程为基本依据，即依据车辆使用说明书的有关规定，同时依据汽车使用条件的不同，由省级交通行政主管部门确定。标准同时规定：对于不便用行程里程统计、考核的汽车，可用行驶时间间隔确定一二级维护周期。其时间（天）间隔可依据汽车使用强度和条件的不同，参照汽车一二级维护里程周期确定。

（三）日常维护作业规范

标准第5.1～5.3条规定了汽车日常维护的作业项目，包括外观清洁，检视补给油液、轮胎气压，检查汽车安全部位和发动机状况，达到"确保行驶安全"的目的。

标准相关条款：

5　日常维护

5.1　对汽车外观、发动机外表进行清洁，保持车容整洁。

5.2　对汽车各部润滑油（脂）、燃油、冷却液、制动液、各种工作介质、轮胎气压进行检视补给。

5.3　对汽车制动、转向、传动、悬挂、灯光、信号等安全部位和位置以及发动机运转状态进行检视、校紧，确保行车安全。

（四）一级维护作业规范

标准第6条规定了一级维护作业内容，包括作业项目和技术要求，以表4-4列出（标准中表1）。

汽车一级维护作业规范充分体现了以清洁、润滑、紧固为作业中心，以确保行车安全和排放合格为目标，作业项目设置包括：清洁各滤清器，检查点火系统和排放控制装置，检查全车密封性，检查蓄电池和灯光、仪表、信号装置，检查、紧固各连接螺栓，全车润滑点润滑，共17项作业。其项目设置与制造厂规定的最短周期的定期保养作业要求相当。

（五）二级维护作业规范

1.二级维护工艺过程

标准第7.1条规定了汽车二级维护作业过程，并以第7.2条将此过程以流程图的形式加以明确。汽车二级维护工艺过程如图4-1所示。

标准对汽车二级维护工艺过程特别强调如下：

（1）首先要进行检测，检测项目确定的依据是汽车技术档案和驾驶员对车况的反映；

（2）依据检测结果及车辆实际技术状况进行故障诊断，确定附加作业；

（3）附加作业项目确定后与基本作业项目一并进行二级维护作业；

（4）二级维护过程中要进行过程检验；

（5）二级维护作业完成后，应经维护企业进行竣工检验；

（6）竣工检验合格的车辆，由维护企业填写《汽车维修竣工出厂合格证》。

一级维护作业内容　　表 4-4

序号	项　目	作业内容	技术要求
1	点火系	检查、调整	工作正常
2	发动机空气滤清器、空压机空气滤清器、曲轴箱通风系空气滤清器、机油滤清器和燃油滤清器	清洁或更换	各滤芯应清洁无破损，上下衬垫无残缺，密封良好；滤清器应清洁，安装牢固
3	曲轴箱油面、化油器油面、冷却液液面、制动液液面高度	检查	符合规定
4	曲轴箱通风装置、三效催化转化装置	外观检查	齐全、无损坏
5	散热器、油底壳、发动机前后支垫、水泵、空压机、进排气歧管、化油器、输油泵、喷油泵连接螺栓	检查校紧	各连接部位螺栓、螺母应紧固，锁销、垫圈及胶垫应完好有效
6	空压机、发电机、空调机皮带	检查皮带磨损、老化程度，调整皮带松紧度	符合规定
7	转向器	检查转向器液面及密封状况，润滑万向节十字轴、横直拉杆、球头销、转向节等部位	符合规定
8	离合器	检查调整离合器	操纵机构应灵敏可靠；踏板自由行程应符合规定
9	变速器、差速器	检查变速器、差速器液面及密封状况，润滑传动轴万向节十字轴、中间轴承，校紧各部连接螺栓，清洁各通气塞	符合规定
10	制动系	检查紧固各制动管路、检查调整制动踏板自由行程	制动管路接头应不漏气，支架螺栓紧固可靠。制动联动机构应灵敏可靠，储气筒无积水、制动踏板自由行程符合规定
11	车架、车身及各附件	检查、紧固	各部螺栓及拖钩、挂钩应紧固可靠，无裂损，无窜动，齐全有效
12	轮胎	检查轮辋及压条挡圈；检查轮胎气压（包括备胎），并视情补气；检查轮毂轴承间隙	轮辋及压条挡圈应无裂损、变形；轮胎气压应符合规定，气门嘴帽齐全；轮轴承间隙无明显松旷
13	悬架机构	检查	无损坏、连接可靠
14	蓄电池	检查	电解液液面高度应符合规定，通气孔畅通，电桩夹头清洁、牢固
15	灯光、仪表、信号装置	检查	齐全有效，安装牢固
16	全车润滑点	润滑	各润滑油嘴安装正确，齐全有效
17	全车	检查	全车不漏油、不漏水、不漏气、不漏电、不漏尘，各种防尘罩齐全有效

注：技术要求栏中的“符合规定”指符合实际使用中的有关规定。

2.二级维护检测、诊断技术规范

标准第 7.3 条明确了汽车二级维护检测、诊断技术规范。主要包括：

（1）检测诊断的技术手段。标准第 7.3.1 条规定要用合格的检测项目适用的专用检测仪器。这主要针对那些有明确要求的技术参数的检测。一是强调了一定要用仪器或设备进行检测；二是强调要合理选择使用符合技术要求的专用检测仪器，保证检测数据的准确性。随着电子控制技术在汽车上的迅速普及，现代汽车的结构日益复杂化，加之交通部令 1990 年第 13 号提出了“强制维护、视情修理”的原则，大大推进了汽车不解体检测技术的发展和维修技术水平的提高。现在市场上各种引进的和国产的检测诊断设备、仪器品种繁多，修理厂在建厂或发展过程中，应按照《汽车维护、检测、诊断技术规范》提出的要求，结合本单位实际需要（所维修的主要车型）进行设备配置。在设备使用过程中还应按照仪器设备计量管理的要求，定期进行计量检定，以确保仪器、设备的检测精度。

(2)检测项目的技术要求。标准第 7.3.2 条规定：汽车二级维护检测项目的技术要求应参照国家有关的技术标准，或原厂要求。

(3)检测项目设置。标准第 7.3.3 条规定了以检测诊断汽车动力性、排放性能和安全可靠运行状况为宗旨的汽车二级维护检测项目（表 4-5），结合实际车况检测的需要确定附加项目，共同作为二级维护前检测项目。

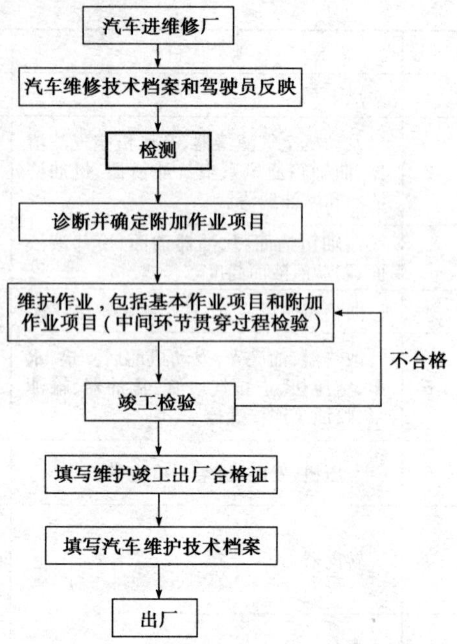

图 4-1 汽车二级维护工艺过程图

汽车二级维护检测项目 表 4-5

序号	检测项目
1	发动机功率，汽缸压力
2	汽车排气污染物，三效催化转化装置的作用
3	电控燃油喷射系统
4	柴油车检查供油提前角、供油间隔角和喷油泵供油压力
5	制动性能、检查制动力
6	转向轮定位，主要检查前轮定位角和转向盘自由转动量
7	车轮动平衡
8	前照灯
9	操纵稳定性，有无跑偏、发抖、摆头
10	变速器，有无泄漏、异响、松脱、裂纹等现象，换挡是否轻便灵活
11	离合器，有无打滑、发抖现象，分离是否彻底，接合是否平稳
12	传动轴，有无泄漏、异响、松脱、裂纹等现象
13	后桥，主减速器有无泄漏、异响、松动、过热等现象

汽车二级维护检测项目共有 13 项，按检测目的和范围可归纳为以下 7 个方面：

(1)发动机动力性能检测（表 4-5 第 1 项）。确保发动机动力性能达到良好技术状态是汽车维护的重要内容。在二级维护前，通过不解体检测“发动机功率”和“汽缸压力”等技术参数，主要判断汽缸密封性和磨损状况，以及发动机工作性能，确定是否需要对影响发动机动力性的有关工作部件进行检修或更换，或进行发动机解体维护（如换活塞环、磨气门），或总成大修。

(2)排放净化性能检测(表4-5第2项)。汽车是大气污染的主要污染源之一，确保汽车排放净化性能，满足国家环境保护的要求是汽车维修业义不容辞的责任。在二级维护前，通过对汽车排放污染物的检测，掌握汽车排放净化性能是否符合有关标准，判断发动机工作状况和三效催化转化器等排放净化装置的技术状况，以确定对发动机和排放净化装置的维修作业项目。这方面的内容充分体现了排放治理I/M(检查/维护)制度在汽车维护中的实施。

(3)电控燃油喷射系统检测(表4-5第3项)。随着汽车技术和环保要求的不断严格，采用电控燃油喷射系统的发动机(俗称电喷发动机)在现代汽车上得到了广泛应用。电喷发动机结构复杂，主要由电控系统和执行元件(主要是机械部分)所组成，因此，不解体检测判断电控燃油喷射系统工作性能主要有两方面的要求：一是通过电控燃油喷射自诊断系统故障信息存储(故障代码)的查询，以及电控燃油喷射系统各部件的相关工作参数(数据流)来判断系统工作状况，确定传感器或喷射系统工作部件(执行元件)是否需要检修；二是通过检测燃油喷射系统工作压力，确定燃油泵、燃油压力调节器、喷油器和燃油管道等是否完好、密封、工作正常，是否需要进行拆检、清洗或更换。

(4)柴油机工作性能检测(表4-5第4项)。柴油机目前在国内主要配置在货车和大客车上，在国外，小轿车上配置柴油发动机已呈一定的发展趋势，因此，标准强调了对柴油机工作性能检测的要求。要求在二级维护前，通过对柴油机供油提前角、供油间隔角和喷油泵供油压力的检测，判断柴油机供油系统的工作状况，确定是否需要对喷油泵进行拆卸维护和调试，输油泵是否需要拆检，喷油器是否需要拆洗并检测喷油雾化状况。

(5)安全性能检测(表4-5第5、8项)。一是制动性能检测。在汽车二级维护时，为保证制动性能，对制动器有拆检的要求，这是在新的以不解体为主导的维护作业规范中，特别强调要解体作业的内容。但对于制动控制系统(气压控制或液压控制系统)的技术状况，必须通过制动力、制动力平衡和制动协调时间等制动性能参数的检测来予以判断，以确定是否需要拆检维护有关部件。如液压控制系统的制动总缸、制动轮缸、制动增压器；气压控制系统的空气压缩机、制动气室等，保证汽车制动性能。二是前照灯检测。通过对汽车前照灯发光强度和光束照射位置的检测，确定是否需要进行灯光调整或部件更换，保证行驶安全性。

(6)操纵和行驶系统检测(表4-5第6、7、9项)。一是通过对前轮定位角的检测，判断汽车前轴和转向传动杆系是否变形，是否需要校正；主销衬套等是否损坏需要更换。二是通过对转向盘自由转动量的检测，判断转向器和转向轴的技术状况，确定是否需要进行转向器总成拆修。三是通过对车轮动不平衡量的检测和调试，找到其动不平衡产生的原因，确定轮胎检修方案，确保不会因车轮不平衡质量在旋转时产生的离心力，而引起车轮的振动和摇摆，使汽车的操纵性能下降，加剧轮胎的磨损。四是通过对操纵稳定性的路试，观察行驶时有无跑偏、转向盘发抖或摆头等现象，确定是否需要进行操纵系统拆检。

(7)底盘传动系统技术状况检测(表4-5第10～13项)。检查离合器、变速器、传动轴和后桥主减速器、差速器等的技术状况，检视有无泄漏、异响、连接松脱和裂纹等，齿轮油有无过热现象，判断各总成工作是否良好，确定是否需要进行调整或总成拆修。

随着现代汽车技术的发展，其结构越来越复杂，新装置越来越多，技术含量越来越高，在维护前和维护过程中需要通过不解体检测来进行分析诊断的情况也越来越多。因此,汽车二级维护检测项目并不受上述标准给出的内容所限,在维护执行过程中应以"及时消除故障和隐患,保证汽车完好技术状态"为目标,结合实际需要进行合理安排。

3.汽车二级维护附加作业项目的确定

标准第7.3.4条规定了附加作业项目确定的基本原则,即:确定的前提——根据检测结果进行汽车故障诊断;附加作业项目设置的目的——消除汽车故障、恢复汽车的正常技术状况。依据上述原则,确定附加作业的深度就能较好地得以把握。汽车是一个复杂的运动机械,其技术性能与其使用环境有着千丝万缕的联系,特别是带电控系统的汽车,一个故障现象可能会牵涉到很多方面的因素。因此,通过维护前不解体检测,准确评定汽车技术状况,确定合适的附加作业项目,是一项技术难度较大的工作,应根据检测结果,结合汽车运行等各方面的信息(驾驶员反映、性能检测结果、汽车技术档案等),对汽车技术状况进行综合评价,确定合适的附加作业项目。

4.汽车二级维护基本作业项目

根据二级维护工艺过程的描述,二级维护作业包括基本作业项目和根据车辆实际情况确定的附加作业。标准第7.5条规定:二级维护作业内容包含一级维护作业内容。标准对二级维护基本作业项目提出明确规定(表4-6,标准中表3)。

二级维护基本作业项目是无论车辆技术状况如何都必须完成的作业内容,它的设置真正体现了"强制维护"的精神。由于车辆结构差异和技术含量的差异,作为一个适用于所有在用车辆的二级维护基本作业项目,其设置具有原则指导意义。"表4-6 二级维护基本作业项目"所列包括作业内容和技术要求(以下称"基本作业项目")共35项,可以从以下几方面来加深对其原则性和指导性的理解。

(1)基本作业项目的设置。《汽车维护、检测、诊断技术规范》对二级维护基本作业项目的设置,密切结合了当前国内车辆技术装备的现状。自20世纪80年代改革开放以来,我国道路运输市场蓬勃发展,大量具有先进技术装备的汽车进入国内市场,同时也带动了我国汽车工业的技术进步。在人类跨入新世纪,我国加入世界贸易组织,加大环境治理、举办奥运会的促进下,给电喷燃油控制系统、ABS等高新技术装置在汽车上的普遍运用和代用清洁燃料汽车的市场开发创造了极好的时机。目前,国内车辆技术装备的现代化程度发展迅猛,大中城市电喷车的普及率已经很高,有的城市出租汽车几乎全部电喷化,公交客车燃气化工作也正在迅速展开。但是,从另一个侧面也应看到,由于经济发展的不平衡,在我国许多偏远地区和经济落后地区,还主要以传统汽车为主,农用车老旧破的就更多。针对国内车辆技术装备的这一现状,《汽车维护、检测、诊断技术规范》在基本作业项目的设置上体现了全面性,具有普遍指导意义的特点。作业项目从发动机、底盘,到车身、电器、内装饰和空调装置,涵盖了汽车的各个系统的相关内容。如发动机维护作业项目设置,对汽油发动机有传统化油器式的维护作业(第11项清洁、检查、紧固化油器及联动机构),也有电控燃油喷射系统的维护作业内容(第16项检查电控燃油喷射系统供油管路的密封状况);对柴油机有对喷油器、喷油泵的维护作业(第12项检查喷油器和喷油泵的作用,必要时检测喷油压力和喷油状况,视情况调整供油提前角),也有针对提高柴油机工作效率的新装置的维护(第9项检查、清洁增压器、中冷器)。这样,使得《汽车维护、检测、诊断技术规范》在具体执行过程中,可以结合当地车辆技术装备水平的现状,有针对性地实施技术指导。

二级维护基本作业项目　　表 4-6

序号	维护项目	作业内容	技术要求
1	发动机润滑油、机油滤清器	①更换润滑油； ②视情更换机油滤清器	①润滑油规格性能指标符合规定； ②液面高度符合规定； ③机油滤清器密封良好，无堵塞，完好有效
2	检查润滑油油面高度	检查转向器、变速器、主减速器等润滑油规格和液面高度，不足时按要求补给	符合出厂规定
3	空气滤清器	清洁空气滤清器	空气滤清器清洁有效，安装可靠，恒温进气装置、真空软管安装可靠。进气转换阀工作灵敏、准确
4	①油箱及油管； ②燃油滤清器； ③燃油泵	①检查接头及密封情况； ②清洁燃油滤器，并视情更换； ③检查燃油泵，必要时更换	①接头无破损、渗漏，紧固可靠； ②燃油滤清器工作正常； ③燃油泵工作正常、油压符合规定
5	燃油蒸发控制装置	检查清洁，必要时更换	工作正常
6	曲箱箱通风装置	检查、清洁	清洁畅通。连接可靠，不漏气，各阀门无堵塞、卡滞现象，灵敏有效，符合规定
7	散热器、膨胀箱、百叶窗、水泵、节温器、传动皮带	①检查密封情况、箱盖压力阀、液面高度、水泵； ②检视皮带外观，调整皮带松紧度	①散热器及软管无变形、破损及渗漏；箱盖接合表面良好。胶垫不老化、箱盖压力阀开启压力符合要求；水泵不漏水，无异响；节温器工作性能符合规定； ②皮带应无裂痕和过量磨损，表面无油污、皮带松紧度符合规定
8	①进、排气歧管、消声器、排气管； ②汽缸盖	①检查、紧固，视情补焊或更换； ②按规定次序和扭紧力矩校紧汽缸盖	①无裂痕、漏气、消声器性能良好； ②扭紧力矩符合规定
9	增压器、中冷器	检查、清洁	符合规定
10	发动机支架	检查、紧固	连接牢固、无变形和裂缝
11	化油器及联动机构	清洁、检查、紧固	清洁，联动机构运动灵活，连接牢固；无漏油、气现象，工作系统和附加装置工作正常
12	油器、喷油器	检查喷油器和喷油泵的作用，必要时检测喷油压力和喷油状况，视情调整供油提前角	①喷油器雾化良好、无滴油、漏油现象，喷油压力符合规定； ②供油提前角符合规定
13	分电器、高压线	清洁、检查	分电器无油污，调整触点间隙在规定范围内，无松旷、漏电现象、高压线性能符合规定
14	火花塞	清洁、检查或更换火花塞，调整电极间隙	电极表面清洁，间隙符合规定
15	气门间隙	检查调查	符合规定
16	电控燃油喷射系统供油管路	检查密封状况	密封良好，作用正常

续上表

序号	维护项目	作业内容	技术要求
17	三效催化装置	检查三效催化装置的作用,必要时更换	作用正常
18	离合器	检查调整离合器踏板自由行程	离合器踏板自由行程符合规定
19	前轮制动	①检查前轮制动器调整臂的作用	作用正常
		②拆卸前轮毂总成、制动蹄、支承销;清洗转向节、轴承、支承销、清洁制动底板等零件	清洁、无油污
		③检查制动盘、制动凸轮轴,校紧装置螺栓	①制动底板不变形,按规定力矩扭紧装置螺栓; ②凸轮轴转动灵活、无卡滞,转向间隙符合规定
		④检查转向节及螺母、保险片及油封、转向节臂,校紧装置螺栓	①转向节无裂纹,螺纹完好,与螺母配合应无径向松旷,保险片作用良好,油封完好不漏油; ②转向节轴径与轴承的配合间隙符合要求,转向节臂装置螺栓扭紧力矩符合规定
		⑤检查内外轴承	滚柱保持架无断裂,滚柱无脱落、无裂损和烧蚀,轴承内圈无裂损和烧蚀
		⑥检查制动蹄及支承销	①制动蹄无裂纹及明显变形,摩擦片不破裂,铆接可靠,摩擦片厚度符合规定; ②支承销无过量磨损,支承销与制动蹄承孔衬套配合间隙符合规定
		⑦检查制动蹄复位弹簧	复位弹簧应无明显变形,自由长度、拉力符合规定
		⑧检查前轮毂、制动鼓及轴承外座圈,校紧轮胎螺栓内螺母	①轮毂无裂损; ②轴承外座圈无裂纹,无麻点,无烧蚀; ③制动鼓无裂纹,外边缘不得高出工作表面,检视孔完整,内径尺寸、圆度误差、左右内径差符合规定; ④轮胎螺栓齐全完好,规格一致、按规定力矩拧紧
		⑨装复前轮毂、调整前轮轴承松紧度及制动间隙	①装复支承销,制动蹄支承销孔均应涂润滑脂,开口销或卡簧齐全有效; ②润滑轴承; ③制动鼓、制动片表面清洁,无油污; ④制动片与制动鼓的间隙应符合规定,转动无碰擦现象或声响,检视孔挡板齐全; ⑤轮毂转动灵活,用拉力计测量时可转动、且无轴向间隙; ⑥保险可靠,防尘罩、衬垫完好,螺栓垫圈齐全紧固(螺栓规格一致)
20	后轮制动	①拆半轴、轮毂总成、制动蹄、支承销,清洗各零件及制动底板、半轴套管	①轮毂通气孔畅通; ②各零件及制动盘、后桥套管清洁无油污
		②检查制动底板、制动凸轮轴,校紧连接螺栓	①制动底板不变形,连接螺栓按规定力矩紧固; ②凸轮轴转动灵活,无卡滞,轴向间隙和径向间隙符合规定

续上表

序号	维护项目	作业内容	技术要求
20	后轮制动	③检查后桥半轴套管、螺母及油封	①套管无裂纹及明显松动，与螺母配合无径向松旷； ②油封完好，无损坏，无漏油； ③套管颈与轴承配合间隙符合规定
		④检查内外轴承	①轴承保持架无断裂，滚柱不脱落，无裂损和烧蚀； ②轴承内座圈无裂纹、烧蚀
		⑤检查制动蹄及支承销	①制动蹄无裂纹及变形，摩擦片不破损，铆接可靠，摩擦片厚度符合规定； ②支承销与制动蹄承孔衬套配合间隙符合规定； ③支承销无过量磨损
		⑥检查制动蹄复位弹簧	复位弹簧无变形，自由长度符合规定，拉力良好
		⑦检查后轮毂、制动鼓及轴承外座圈，检查扭紧半轴螺栓，检查轮胎螺栓，校紧内螺母	①轴毂无裂损； ②轴承外座圈不松动，无损坏； ③制动鼓无裂纹，内径、圆度误差、左右内径差符合规定，外边缘不得高出工作表面，制动鼓检视孔完整； ④半轴螺栓齐全有效
		⑧检查半轴	半轴无明显弯曲，不磨套管，无裂纹，花键无过量磨损或扭曲变形
		⑨装复后轮毂，调整制动间隙	①装复支承销、制动蹄片时，承孔均应涂润滑脂，开口销或卡簧齐全可靠； ②润滑轴承； ③套管轴颈表面应涂机油后再装上轴承； ④制动蹄片、制动鼓面应清洁，无油污； ⑤制动蹄片与制动鼓的间隙应符合规定，转动无碰擦现象或声响，检视孔挡板齐全紧固； ⑥轮毂转动灵活，拉力符合规定； ⑦锁紧螺母按规定力矩扭紧
21	转向器、转向传动机构	①检查转向器传动机构的工作状况和密封性，校紧各部螺栓； ②检查调整转向盘自由转动量	转向盘自由转动量符合规定，转向轻便、灵活，无卡滞和漏油现象。垂臂及转向节臂无弯曲及裂损，各部螺栓连接可靠
22	前束	调整	符合规定
23	变速器、差速器	检查密封状况和操纵机构，清洁通气孔	密封良好、通气孔畅通，操纵机构作用正常，无异响、跳动、乱挡现象
24	传动轴、传动轴承支架、中间轴承	①检查防尘罩； ②检查传动轴万向节工作状况； ③检查传动轴承支架； ④检查中间轴承间隙	①防尘罩不得有裂纹、损坏，卡箍可靠，支架无松动； ②万向节不松旷，无卡滞，无异响； ③传动轴承支架无松动； ④中间轴承间隙符合规定
25	空气压缩机、储气筒	清洁，校紧	清洁、连接可靠，无漏气，安全阀工作正常
26	制动阀、制动管路、制动踏板	①检查制动踏板自由行程； ②检查紧固制动阀和管路接头； ③液压制动检查制动管路内是否有气	①制动踏板自由行程符合规定； ②制动阀和管路接头连接可靠，无漏气； ③液压制动管路内无气
27	驻车制动	检查驻车制动性能，检查驻车制动器自由行程	符合规定、作用正常

续上表

序号	维护项目	作业内容	技术要求
28	悬架	检查、紧固,视情补焊、校正	不松动,无裂纹,无断片,按规定扭紧力矩紧固螺栓
29	轮胎(包括备胎)	检查紧固,补气,进行轮胎换位、磨损严重时更换轮胎	气压符合规定,清洁,无裂损、老化、变形,气门嘴完好,轮胎螺栓紧固,轮胎的装用符合规定
30	发电机、发电机调节器、起动机	清洁、润滑	符合规定
	蓄电池	检查,清洁,补给	清洁、安装牢固,电解液液面符合规定
31	前照灯、仪表、喇叭、刮水器、全车电器线路	检查、调整,必要时修理或更换	①前照灯、喇叭、各仪表及信号装置功能齐全、有效,符合规定; ②刮水器电机运转无异常,连动杆连接可靠; ③全车线路整齐,连接可靠,绝缘良好
32	车身、车架、安全带	检查、紧固	性能可靠,工作良好无变形、断裂、脱焊,连接螺栓、铆钉紧固
33	内装饰	检查、紧固	设备完好,无松动
34	空调装置	检查空调系统工作状况、密封状态	①制冷系统密封,制冷效果良好; ②暖气装置工作正常
35	润滑	全车加注润滑脂的部位全部润滑	润滑脂嘴齐全有效,润滑良好

注:技术要求栏中的"符合规定"指符合实际应用中在有关技术规定或技术要求。

(2)基本作业项目的作业内容。基本作业项目的作业内容,反映了作业的深度要求。按交通部13号令的精神,汽车维护的目的是保持车容整洁,及时发现和消除故障、隐患,防止汽车早期损坏;汽车二级维护作业的中心内容以检查、清洁、润滑、紧固、调整为主,并检查有关制动、操作等安全部件。即以不解体维护作业为中心,强调对部分安全部件的拆检要求,这与传统的总成全面解体式的三级保养有着根本的区别。《汽车维护、检测、诊断技术规范》提出的二级维护基本作业内容充分体现了这一精神。从基本作业的涉及面来看,涵盖了汽车传统结构和现代技术装置的作业内容,与传统的汽车维护工艺规范要求,包括《汽车维护工艺规范》(JT/T 201)相比,有以下3方面的主要特点:

①汽车排放控制装置的维护列入汽车二级维护基本作业项目,必须强制执行,体现了I/M制度在汽车维护作业中的具体实施。如基本作业的第5项:燃油蒸发控制装置检查、清洁,必要时更换;第6项:曲轴箱通风装置检查、清洁,要求清洁畅通,连接可靠,不漏气,各阀门无堵塞卡滞现象,灵敏有效,符合技术要求;第16项:检查三效催化转化装置的作用,必要时更换,要求工作正常。当然,现代汽车上,涉及发动机排放机内净化和机外净化的装置还有很多,在具体车型的维护作业中,应结合车辆结构予以体现。

②基本作业项目中强调对安全部件的维护。在全部35项维护作业中,唯有对前、后制动器有拆检的要求,这在以不解体维护为主的新的维护作业规范中仍保留了此部分内容,真正体现了对汽车安全性能的高度重视,也是汽车道路运输高速化发展的需要。

③基本作业项目涵盖了汽车高新技术应用的内容。如第16项:电控燃油喷射系统检查密封情况并紧固,要求密封良好、作用正常;第34项:检查空调系统工作状况、密封状况,要求制冷系统密封,制冷效果良好、暖气装置工作正常。

5.汽车二级维护检验技术规范

汽车二级维护检验技术规范包括:二级维护过程检验技术规范和二级维护竣工检验技术规范。

(1)二级维护过程检验技术规范。对汽车二级维护进行过程检验的目的是实现维护过程的质量控制,所以,影响到维修质量的主要作业项目都应进行严格的作业质量检验,特别是有配合间隙、调整数据或紧固力矩等技术参数要求的作业项目,在过程检验中还应做好检验记录,为汽车竣工出厂检验提供依据和参照。标准第7.4条规定了其检验项目(检验范围:贯穿二级维护全过程)和技术要求(满足相应的有关技术标准或出厂说明书的有关规定)。

(2)二级维护竣工检验技术规范。汽车维护竣工检验是一项对汽车维护质量进行的检测评定工作。标准第7.5条规定:“汽车在维修企业进行二级维护后,必须进行竣工检验;各项目参数符合国家或行业及地方标准;竣工检验合格的车辆填写维护竣工出厂合格证后,方可出厂;”并以“表4-7 二级维护竣工要求”规定了其检验项目和技术要求,明确了所应采取的相应检验方法。

按“表4-7 二级维护竣工要求”的相关规定,汽车二级维护竣工检验项目按检验方法分可以归纳为:

①人工检查内容。包括:整车外观检查(清洁、面漆、紧固、密封性,前照灯、信号、仪表、刮水器、后视镜装置等),发动机装置,横直拉杆装置,轮胎、钢板弹簧、车架、前后轴、车身及附件等的外观及技术状况检查。

②路试检验内容。包括:发动机工作状况,离合器、变速器、传动轴、主减速器、减振器、转向机构操作性能,行车制动和驻车制动性能和滑行性能。

③仪器、量具、检测设备测量及测试内容。采用仪器、量具测量的项目主要包括:离合器踏板自由行程、制动踏板自由行程、转向盘最大转动量、前束及最大转向角、轮胎气压、轴距等。采用检测设备测试的项目主要包括:发动机功率、侧滑、尾气排放含量、制动性能、滑行性能、前照灯光束照射位置和光强等。

二级维护竣工要求 表4-7

序号	检测部位	检测项目	技术要求	备注
1	整车	①清洁	汽车外部、各总成外部、三滤应清洁	检视
		②面漆	车身面漆、腻子无脱落现象,补漆颜色应与原色基本一致	检视
		③对称	车体应周正,左右对称	汽车平置检查
		④紧固	各总成外部螺栓、螺母按规定力矩扭紧,锁销齐全有效	检查
		⑤润滑	发动机、变速器、转向器、减速器润滑符合规定,各通气孔畅通。 各部润滑点润滑脂加注符合要求。润滑脂嘴齐全有效,安装位置正确	检视
		⑥密封及电器	全车无油、水、气泄漏,密封良好,电器装置工作可靠,绝缘良好	检视
		⑦前照灯、信号、仪表、刮水器、后视镜等装置	稳固、齐全、有效,符合有关规定	检视

续上表

序号	检测部位	检测项目	技术要求	备注
2	发动机	①发动机工作状况	发动机能正常启动，低、中、高速运转均匀及稳定、水温正常，加速性能良好，无断裂、回火、放炮等现象，发动机运转稳定后应无异响	路试
		②发动机功率	无负荷功率不小于额定值的80％	检测
		③发动机装置	齐全、有效	检视
3	离合器	①踏板自由行程	符合原厂规定	检测
		②离合情况	接合平稳，分离彻底，无打滑、抖动及异响	路试
4	转向系	①转向盘最大转动量	符合规定	检查
		②横直拉杆装置	球头销不松旷，各部螺栓螺母紧固，锁止可靠	检查
		③转向机构	操作轻便、转动灵活，无摆振、跑偏等现象。车轮转到极限位置时，不得与其他部件有碰擦现象	检测
		④前束及最大转向角	符合规定	检测
		⑤侧滑	符合GB7258中的有关规定	检测
5	传动系	变速器、传动轴、主减速器	变速器操纵灵活、不跳挡，不乱挡。变速器传动轴、主减速器各部无异响，传动轴装配正确	路试
6	行驶系	①轮胎	轮胎磨损应在规定范围内、同轴轮胎应为相同的规格和花纹，转向轮不得使用翻新轮胎，轮胎气压符合规定，后轮辋孔与制动鼓观察孔对齐	检查
		②钢板弹簧	钢板弹簧无断裂、位移、缺片，U形螺栓紧固，前后钢板支架无裂纹及变形	检查
		③减振器	稳固有效	路试
		④车架	车架无变形，纵横梁无裂纹，铆钉无松动，拖车钩、备胎架齐全，无裂损变形，连接牢固	检查
		⑤前后轴	无变形及裂纹	检查
7	制动系	①制动性能	应符合GB7258中的有关规定	路试或检测
		②制动踏板自由行程	符合规定	
		③驻车制动性能	应符合GB7258中的有关规定	路试和检测
8	滑行	滑行性能	符合规定	路试或检测
9	车身、车箱	车身	驾驶室装置紧固，门锁链灵活无松旷，限位装置齐全有效，驾驶室门关闭牢靠，无旷动，风窗玻璃完好，窗框严密，门把、门锁、玻璃升降器齐全有效。发动机罩锁扣有效，暖风装置工作正常	检查
		车箱	车箱不歪斜，整体不变形，底板无损坏，边板、后门平整无变形，铰链完好，关闭严密，前后锁扣作用可靠	检视
10	排放	尾气排放测量	符合有关标准的规定	检测

(六)各类型汽车维护、检测、诊断技术规范

该标准只是提出了汽车维护的原则要求,各类型车辆的维护、检测、技术规范必须具体化、有针对性,才能使该技术规范真正成为“工艺规范”,成为指导生产和质量监督的依据。为此,该标准提出“附录A 各类车型汽车维护、检测、诊断技术规范导则(提示的附录)”,规定:

A1 对于不同车型中汽车维护、检测、诊断技术规范相同作业内容部分,依据本标准中相应的条款执行。

A2 对于不同车型中汽车维护、检测、诊断技术规范不同作业内容部分,参照本标准中相对应的条款,依据车型的使用说明和维护手册中的有关条款执行。

依据该标准和附录A提出的原则,交通部组织行业有关专家和维修企业技术人员,在汽车制造厂所提供的各车型定期保养作业规范的基础上,制定并经行业权威机构审批发布了与该标准配套实施相适应的《主要车型维护工艺规程》,作为可操作性的标准附件,满足各地贯彻实施该标准的需要。

二、《液化石油气汽车维护检测规范》(JT/T 511—2004)

该标准由中华人民共和国交通部于2004年4月16日发布,2004年7月15日起实施。该标准规定了液化石油气(以下简称LPG)汽车维修企业具备的技术条件,LPG汽车维护、检测的周期、作业内容和技术要求。该标准属于推荐性交通行业标准,适用于LPG汽车,包括单一燃料LPG汽车和LPG/汽油两用燃料汽车。标准的主要内容介绍如下:

(一)LPG汽车相关定义

1.单一燃料液化石油气汽车

标准定义为:只有一套液化石油气燃料供给系统、只能燃用液化石油气单一燃料的汽车。

2.液化石油气/汽油两用燃料汽车

标准定义为:具有两套相互独立的燃料供给系统,一套供给液化石油气,另一套供给汽油,这两套燃料供给系统可分别但不可同时向发动机供给燃料的汽车。

3.液化石油气专用装置

为了在汽车上燃用液化石油气,在汽车上专门安装的由储气部件、供气部件、控制部件或燃料转换部件等组成的一整套燃料供给系统。

(二)LPG汽车维修企业应具备的技术条件

1.基本条件

标准规定:LPG汽车维修企业应符合《汽车维修业开业条件》(GB/T 16739)的相关规定。

2.人员条件(专项要求)

标准规定:维修LPG汽车的作业人员和竣工检验人员经过专项技术培训,持证上岗。

3.LPG专项维修生产技术条件

标准要求作为专项维修在生产技术,尤其是安全生产方面,LPG汽车维修企业还应达到4方面的条件,包括:

(1)具有LPG汽车维修专项维修、检测、诊断仪器设备;

(2)有专用操作场地和专用库房;

(3)作业车间通风良好,有安全警示标志;

(4)有完善的消防安全管理措施和必备的设备、消防人员等。

标准相关条款：

4.3 LPG汽车维修企业还应达到以下条件：

a)具备维修LPG汽车专用装置特殊要求所需的维修、检测、诊断仪器设备，包括密封性及压力检查等手段；

b)设有密封性检查、卸压操作的专用场地和存放专用装置的库房；

c)LPG汽车维修作业车间通风良好，不得有地沟及通往地下设施的通口，在有LPG泄漏可能的场所应明示防明火、防静电的标志；

d)有可行有效的消防安全管理措施和必备的设备、消防人员等。

4.LPG专用装置产品技术条件及使用技术条件

标准规定，维修所用LPG专用装置的产品质量应符合《汽车用液化石油气加气口(螺旋式)》(GB/T 18364.1)、《机动车用液化石油气钢瓶》(GB 17259)、《液化石油气汽车专用装置技术条件》(QC/T 247)、《汽车用液化石油气蒸发调压器》(QC/T 672)、《汽车用液化石油气电磁阀》(QC/T 673)、《汽车用汽油电磁阀》(QC/T 675)等相应技术法规，气瓶的运输、储存、经销和使用应符合有关部门的规定。

(三)LPG汽车维护分级、周期、作业内容与安全生产技术要求

1.LPG汽车维护的分级和周期

LPG汽车除了燃料供应系统与燃油汽车有所区别，其他部分是相同的，因此，对LPG汽车的定期强制维护，该标准规定：LPG汽车维护的分级和周期应符合《汽车维护、检测、诊断技术规范》(GB/T 18344—2001)的规定。

2.LPG汽车各级维护作业中心内容

该标准分别对LPG汽车日常维护、一级维护和二级维护的作业中心内容作了规定，基本内容与GB/T 18344相仿，重点强调了对LPG装置检查、紧固的维护要求，并规定LPG汽车一级维护以上作业必须由LPG汽车维修企业负责执行。

3.LPG汽车维护作业的安全生产技术要求

LPG及LPG装置属于易燃易爆物品，且鉴于气体燃料的特点，维修作业应特别注意安全操作规程。标准对此作了特别规定，并规定了在发生险情时应采取的安全应急措施，内容包括：LPG汽车维护作业前的安全检查规定；维护作业中操作步骤安排应先进行涉及LPG装置的维护；当需要进行焊割等有明火的作业时的安全操作规程；如需在气瓶附近打磨或切割时的安全操作规程；LPG汽车如发生漏气应采取的安全处理措施；如发生火情时应采取的安全处理措施。

标准相关条款：

5.2 维护作业的安全要求

5.2.1 LPG汽车维护作业前，应首先进行LPG专用装置的密封性检查，如有泄漏应先排除故障，在确认系统密封良好后再进行维护作业。

5.2.2 维护作业中应先进行涉及LPG使用的检查、维护等作业，然后关闭储气瓶截止阀并使管路内的LPG耗尽，再进行其他项目的维护。

5.2.3 当需要进行焊割等有明火的作业时，应拆掉蓄电池及重要总成的电控元件。应安全拆

卸气瓶并放入专用库房妥善保管；或在专用的符合安全防护要求的场地将 LPG 供气系统（包括储气瓶）卸压，确保供气系统内无 LPG。

5.2.4　如需在气瓶附近打磨或切割时，应先将其拆掉或进行有效隔离。应由具备认可资格的单位、人员从事气瓶维护与检测，不得在气瓶上进行挖补、焊割等作业。

5.2.5　LPG 汽车如发生漏气，应立即关闭电源和储气瓶截止阀，然后在专用场地进行处理。如果高压管路破裂或脱落导致气体大量泄漏而无法关闭储气瓶截止阀时，应立即将现场进行隔离，不允许人、车入内，隔离火源，待液化石油气散尽后再作处理。

5.2.6　如发生火情，除立即关闭电源和储气瓶截止阀外，应隔离现场，立即采取有效的灭火与救援措施。

（四）LPG 汽车维护、检测作业技术规范

1.LPG 汽车日常维护作业规范

标准规定：驾驶员应在出车前、行车中和收车后按国标 GB/T 18344 的规定对车辆进行日常维护，此外，还需进行 4 项针对 LPG 专用装置的日常维护作业，包括：

（1）检视 LPG 专用装置各部件工作状态及其连接和密封，要求状态正常且无松动、泄漏、损坏；气瓶及固定支架固定牢固、无损伤，必要时更换扎箍；管线不得与其他部件擦碰。

（2）检查 LPG 储气量，降至规定值以下时应立即加充 LPG。

（3）对于 LPG/汽油两用燃料汽车，油箱中存有的汽油应符合车辆使用规定及油品质量要求。当长期使用燃油时，应把储气瓶的燃气用完；当使用 LPG 时，应按规定定期转换燃料运行，确保两种燃料供给及其转换系统工作正常。

（4）行车中，应随时观察车辆各系统工作状况，当发现 LPG 专用装置有过热、过冷、异味等异常现象时，应立即关闭 LPG 储气瓶截止阀，并及时送 LPG 汽车维修企业进行维修。

2.LPG 汽车一级维护作业规范

标准规定：LPG 汽车一级维护按国标 GB/T 18344—2001 规定的工艺过程执行；一级维护基本作业项目和技术要求除国标 GB/T 18344 规定外，还需进行有关 LPG 装置的检查、维护作业，并以表 4-8 列出其作业项目、作业内容和技术要求。

LPG 汽车一级维护增加的基本作业项目、作业内容和技术要求　　表 4-8

序号	项　目	作业内容	技术要求
1	LPG 气瓶及固定支架	检查外观和紧固情况	①气瓶检定审验有效； ②气瓶表面应无严重划伤、凹凸、裂纹等缺陷； ③固定支架及扎带完好、无裂纹，固定牢固，垫层完好、无损坏，气瓶应固定可靠，无窜动和旋动现象； ④安装位置、方式符合 QC/T 247 的要求
2	LPG 管路及卡箍	①检查紧固管路及接头； ②检查各连接部位有无泄漏	①高压管路及接头应无擦伤及其他损伤； ②接头紧固良好，无漏气现象。涂检漏液至少观察 10s 后，无气泡出现； ③软管无老化、油垢、裂纹，连接可靠，与其他部件无摩擦； ④安装位置、方式符合出厂技术规定和 QC/T 247 的要求
3	截止阀、充气阀、组合阀等各类控制阀及相关仪表等	检查密封和工作性能	①各种阀密封良好、开闭性能灵活有效，相关仪表工作正常、安装牢固可靠； ②安装位置、方式符合 QC/T 247 和出厂技术规定的要求

续上表

序号	项目	作业内容	技术要求
4	加气口	①检查加气口的安装及紧固情况； ②检查单向阀	①符合 GB/T 18364.1 相关要求； ②加气口固定牢固、清洁； ③加气口、单向阀工作可靠无漏气现象，防尘盖可靠有效
5	蒸发调压器	①视外观，按规定进行调整； ②下排污塞，放掉残液； ③检查滤网、滤芯，必要时清洗	外观清洁，安装牢固，无泄漏现象，各部件性能良好，符合 QC/T 672 要求
6	混合器/喷气装置	检查	各气道通畅、无阻塞、无泄漏，混合器/喷气装置应清洁、固定牢固、装配正确
7	高频电磁阀	检查各电磁阀及其控制装置技术状况	连接可靠、工作正常
8	LPG 电喷控制装置	检查各功能的有效性	各参数均正常
9	燃料转换开关及仪表	检查	①燃料转换器开关转换灵活、可靠； ②气量显示正常，与储气瓶气压、储气量协调一致
10	LPG 电磁阀	检查、紧固	①接线牢固、可靠； ②开闭性能良好、无泄漏； ③符合 QC/T 673 规定
11	汽油电磁阀及管路	检查、紧固	①电磁阀及油管安装牢固，管路无碰擦现象； ②汽油管路无老化及损伤，接头密封良好； ③电磁阀开闭性能良好，无泄漏，符合 QC/T 675 规定
12	整车	检查、测试	燃油、燃气系统工作正常，LPG 汽车标志符合 GB/T 17676 规定

3. LPG 汽车二级维护作业规范

标准规定：LPG 汽车二级维护作业过程、工艺流程及检测诊断作业均应执行国标 GB/T 18344 的规定；二级维护基本作业项目和技术要求除国标 GB/T 18344 规定外，还需进行有关 LPG 装置的检查、维护作业，并以表 4-9 列出其作业项目、作业内容和技术要求。

LPG 汽车二级维护增加的基本作业项目、作业内容和技术要求　　表 4-9

序号	维护项目	作业内容	技术要求
1	LPG 气瓶及固定支架	①检查气瓶检定证明； ②按规定清理气瓶残液； ③紧固连接部位； ④视情更换安全装置	①气瓶检定审验有效； ②气瓶无残液； ③气瓶有下列情况应更换：瓶体或附件出现裂纹、烧伤、鼓泡、渗漏或明显的凹陷、膨胀、弯曲；外表明显损伤、瓶口螺纹损伤或严重锈蚀； ④气瓶及支架安装紧固，安装位置应符合 QC/T 247 规定； ⑤安全装置完好、有效，符合 QC/T 247 的规定
2	LPG 管路及卡箍	拆装、检查、紧固高压管路及接头，更换密封圈、环形卡箍	①高压管路及接头应无损伤及挤压变形，LPG 管路无老化、腐蚀，与相邻部件无碰擦现象； ②接头紧固良好，无漏气、阻塞现象，涂检漏液至少观察 10s 后，无气泡出现； ③管路通畅符合使用要求

续上表

序号	维护项目	作业内容	技术要求
3	截止阀、充气阀、组合阀等各类控制阀及相关仪表等	①检查各阀门工作性能及接口有无泄漏； ②视情拆检阀门，更换密封圈、垫	阀门开关灵活，紧固牢靠，阀门无泄漏，性能满足要求
4	加气口	①清洁、紧固加气口； ②视情更换单向阀阀芯及防尘盖	①加气口无油污、灰尘； ②单向阀工作可靠，无渗漏； ③防尘盖完好
5	液位传感器	性能检查	①显示准确； ②与进气座连接处无泄漏
6	限量充装阀	性能检查	满足设计要求
7	滤清器	清洁或更换滤网	清洁，工作良好
8	蒸发调压器	①拆检总成，清洁各工作腔并视情更换膜片、密封圈； ②按各型蒸发调压器技术要求，清洁并定期更换滤网或滤芯； ③检漏； ④检查安全阀； ⑤检查外观； ⑥检查有关热循环装置	①膜片等关键部件无变形、变质； ②装配好后的蒸发调压器外观清洁，工作正常； ③各处无泄漏，气密性等指标符合 QC/T 672 规定； ④安全阀工作可靠； ⑤无变形、变质； ⑥热循环装置工作正常
9	混合器/喷气装置	①拆洗混合器各部件，检查、更换密封胶圈； ②检查喷气装置	①各部件清洁，各处密封良好、无泄漏； ②混合器/喷气装置工作正常
10	高频电磁阀	清除电磁阀滤芯中的杂物、沉淀物，必要时更换	工作正常
11	安全阀	检查	按要求在标定压力范围内能及时开启和关闭
12	低压管路及卡箍	检查并视情更换	管路固定可靠、完好，无泄漏
13	燃料转换开关及仪表	①检查开关及控制电路； ②检查仪表及插接件	①开关操作灵活、可靠。开关在“气”位、发动机不运转时，气路电磁阀能在规定时间范围内自动关闭； ②气量显示正确
14	LPG 电磁阀	检查工作性能	各参数均正常
15	汽油电磁阀	检查工作性能	各参数均正常

4.LPG 汽车检验要求

标准规定：LPG 汽车二级维护的过程检验、竣工验收除执行国标 GB/T 18344 规定内容外，必须对 LPG 专用装置及系统的安装及密封性进行检查验收，确认符合国标 GB/T 18437.2、QC/T 256、QC/T 247、QC/T 689 等标准及企业技术要求的相关规定，确保无泄漏。

(五)各类型LPG汽车维护、检测技术规范

标准规定:各类型LPG汽车维护、检测技术规范参照附录A(各类型LPG汽车维护、检测技术规范导则)进行,要求:对于不同LPG车型中汽车维护、检测技术规范相同作业内容部分,依据本标准中相对应的条款执行;对于不同LPG车型中汽车维护、检测技术规范不同作业内容部分,参照本标准中相对应的条款,依据该车型的使用说明书和维护手册中的有关条款执行。

三、《轿车车身维护技术要求》(JT/T 509—2004)

该标准由中华人民共和国交通部于2004年4月16日发布,2004年7月15日起实施。

该标准规定了轿车车身、底盘外表及发动机室外表维护的主要内容与工艺要求。该标准属于推荐性交通行业标准,适用于轿车车身维护。标准的主要内容介绍如下:

(一)轿车车身维护主要内容

标准对轿车车身维护部位和项目作了规定,车身维护作业部位包括车身、底盘外表和发动机室外表三部分,各部作业内容包括:

(1)车身维护。含车身清洁,研磨,抛光,新车开蜡,打蜡,封釉,玻璃贴膜,内部清洁维护,附件清洁维护作业;

(2)底盘外表清洁;

(3)发动机室外表清洁。

(二)轿车车身维护工艺要求

按照上述车身维护作业内容,标准逐项对其操作工艺要求作了规定,主要内容有:

1.车身清洁工艺要求

标准第3.1.1～3.1.8条分别规定了车身清洁的条件和步骤,并对各道工序的操作工艺和用料,包括:高压水冲洗工艺、清洗用水和洗涤剂、擦拭工艺、清除沥青的工艺、冲净的工艺、擦干及车内清洁的要求等分别作了规定。

标准相关条款:

3.1.1　清洁条件和步骤

3.1.1.1　宜在车身表面冲冷却至60℃以下进行,环境温度应保持在0～4℃。

3.1.1.2　清洁步骤为:高压水冲洗、上液、擦拭、清除沥青、冲净、擦干、车内清洁。

3.1.2　高压水冲洗

3.1.2.1　冲洗时应使用中性水。

3.1.2.2　应将车轮及制动盘部位、翼子板部挡泥板、车前栅网部位、车身表面、门内边框和车裙等各处泥沙、污物彻底冲洗干净。冲洗车前栅网部位时,应使用雾状水流,不得对水箱或冷凝器的散热片造成损伤。

3.1.2.3　应全面冲洗底盘,彻底清洁边缘部分、弯曲部位、挡泥板等部位。

3.1.2.4　挡泥板处安装塑胶拱罩的,必要时应拆下清洗,并彻底冲洗挡泥板及翼子板内侧。

3.1.3　上液应使用专用洗涤剂,玻璃部分应使用玻璃清洁剂,并按规定比例与水充分混合。不得使用洗衣粉、皂水、脱蜡洗涤剂等其他洗涤剂。

3.1.4　擦拭

擦拭应均匀全面、由上至下进行，不应将漆面擦出划痕。

3.1.5 清除沥青

对于车身表面的焦油、沥青等污物，应使用专用焦油沥青清洗剂彻底清除。

3.1.6 冲净

擦拭完毕，应用清水冲刷车辆，并排除制动摩擦副中的积水。

3.1.7 擦干

擦干车身水分，擦干漆面、玻璃、门内边框、保险杠等，除去缝隙和接口处水分。全车无水痕，玻璃无污迹。

3.1.8 车内清洁

应彻底清洁汽车内室，将车内底部、座椅、布质旁侧板、车尾箱托架等各处的砂、尘、碎屑清除干净。烟灰缸应清洗干净；脚垫应取出车外清洁、干燥；仪表台、转向盘、踏板胶槽、门边和座椅下应清洁干净；后备箱应清洁并整理；清洁、消毒座垫。

2.车身漆面研磨工艺要求

标准第3.2.1～3.2.5条分别规定了车身漆面研磨的环境条件和步骤，并对各道工序的操作要点以及研磨后对车体的处理工艺作了规定。

标准相关条款：

3.2.1 工作时应在室内、干净、无风环境中进行。

3.2.2 研磨之前应用脱蜡洗车剂彻底清洁漆面，并遮挡空滤器进气口、橡胶件、镀铬件。

3.2.3 研磨前，应先开动研磨抛光机，清洁研磨头，再将其轻放于漆面；研磨力度应均匀加大至规定要求，并根据漆面状况进行调节；研磨过程中，研磨头应始终保持与工作面平行；研磨结束前，研磨力度应逐渐减小，最后慢慢抬离工作面；不得出现不易去除的磨痕。

3.2.4 研磨时，应按顺序近行施工，不应有遗漏；不应研磨到车身漆面之外的其他部件；不应研磨过甚，磨穿漆面；研磨时，应保持磨盘和漆面处于常温状态；研磨后漆面应呈均匀的亚光色。

3.2.5 研磨后，应用脱蜡洗车剂彻底清洁车体。

3.车身漆面抛光工艺要求

标准第3.3.1～3.3.8条分别规定了车身漆面抛光前应进行的操作项目、抛光时的操作要点、抛光完成后的检查和清洁要求，以及车身漆面抛光后应达到的质量标准。

标准相关条款：

3.3.1 抛光前如需研磨，按3.2进行。

3.3.2 抛光前应先用脱蜡洗车剂将车身表面清洗干净，干燥后再进行抛光工作。

3.3.3 抛光前应确认被抛光涂膜完全干硬。

3.3.4 抛光时应遵循先粗后细、最后进行镜面处理的顺序。每完成一道抛光工序后，应彻底清除残留物。

3.3.5 抛光轮应在使用前清洗干净，无残留颗粒及固蜡。

3.3.6 对于车身边角不宜使用抛光机的位置，应采用手工方法抛光。

3.3.7 抛光完成后应检查前后刮水器，喷水嘴应无堵塞，喷水良好。

3.3.8 抛光工序完成后全车应整洁，无油污、无氧化物、无粘附性杂质，玻璃、保险扛、饰条、轮胎、轮辋等表面、边角部位及缝隙不应有残留物。车身漆面色泽一致，亮度均匀，不应有划痕。

4.新车开蜡工艺要求

标准第3.4.1～3.4.5条分别规定了车身漆面开蜡前应进行的操作项目、开蜡的环境温度要求、开蜡操作要点和新车开蜡完成后的清洁和应及时打蜡的要求。

标准相关条款：

3.4.1　开蜡前应清洁车身。

3.4.2　开蜡环境温度应不低于15℃。

3.4.3　开蜡时应动作轻柔，避免划伤漆面。

3.4.4　开蜡完毕，应将车身冲洗干净，表面无残余车蜡，光泽均匀。

3.4.5　新车开蜡后，宜及时打蜡。

5.打蜡工艺要求

标准第3.5.1～3.5.6条分别规定了车身漆面上蜡前应进行的清洁和漆面检查要求、车身表面温度要求、车蜡选用要求，以及前挡风玻璃下方的塑胶板等一些特殊部位进行清洁、上蜡处理的要求。

标准相关条款：

3.5.1　上蜡前应彻底清洁车身表面，并确保车身干燥。

3.5.2　车身漆面如有严重氧化、龟裂、蚀痕、严重水痕、中度或严重褪色等现象，应视情进行研磨、抛光或喷漆作业后，再进行上蜡作业。

3.5.3　车身表面温度应降到常温，不应在阳光的直接照射下打蜡。

3.5.4　应采用与表面涂层相适宜的车蜡。

3.5.5　上蜡时要均匀涂在车漆表面(油漆面和镀铬面)，去污性蜡要用力以直线方式擦涂，油性蜡要以圈状擦涂。没有漆膜的部位不允许沾涂上蜡痕。

3.5.6　前挡风玻璃下方的塑胶板、前后车牌、转向灯、后视镜座、尾灯总成等胶质装配装饰件及其周围的细小部分及缝隙，均应进行清洁、上蜡处理，且不应存留上蜡残渣。

6.封釉工艺要求

标准第3.6.1～3.6.9条分别规定了车身漆面封釉工艺操作的环境条件、封釉前应进行的漆面处理(包括打磨、研磨、抛光、除蜡清洁等工序)的工艺要求、振抛封釉操作要点，以及封釉后的处理工艺规范。

标准相关条款：

3.6.1　封釉应避免在室外阳光下和相对湿度较大的地方进行，应选择阴凉和干净无尘的地方操作。

3.6.2　封釉前应用中性清洗剂清洁车身的漆面粉尘、油渍及污垢。

3.6.3　用专用材料打磨漆面的飞漆、沥青等粗糙颗粒，直到手感光滑。

3.6.4　研磨抛光及还原，直至漆面出现光亮效果。

3.6.5　除蜡清洁，将车身各部位用专用除蜡剂认真清洗，特别是边角及缝隙，并将水迹吹干。

3.6.6　用专用振抛机配合釉保护剂进行振抛封釉，反复振抛使釉面经过加热，挤压入漆孔内，形成牢固的保护层。

3.6.7　最后用干净柔软的无尘纸或漆面清洁巾进行擦拭除尘，清洁车身。

3.6.8　封釉后的车辆在8 h之内不得用水清洗车身。

3.6.9　应在产品规定周期内完成全套封釉，并按规定时间进行釉面护理。

7.玻璃贴膜工艺要求

标准第3.7.1～3.7.6条分别规定了玻璃贴膜工艺操作的环境条件、玻璃贴膜的工艺要求和质量标准。

标准相关条款：

3.7.1 玻璃应清洁，贴膜宜在无尘环境中进行。

3.7.2 除后挡外，应整张粘贴；拼接时刀法应精确，不得出现两次以上未对齐现象。

3.7.3 深色膜应按要求采取挖孔处理，边缘线平滑。

3.7.4 膜材粘贴完好，无起边现象，边缘应与玻璃边缘线保持平行，刀线平滑。

3.7.5 膜材与玻璃之间，无气泡、尘粒、折痕、水滴印痕。玻璃无划痕。

3.7.6 贴膜后不应有模糊、色差现象，从外侧看不应有强反光现象，边缘应无漏光现象。

8.车身内部清洁维护工艺要求

标准第3.8.1～3.8.7条分别规定了车身内部清洁维护作业的环境条件，规定了车身内部清洁维护内容，包括：地毯、绒布座椅及座椅面料、仪表台、空调通风口、转向盘、变速手柄、驻车制动器手柄、安全带、车门、门柱、门框边缘、车门内衬（旁板）和拉扶手、车门锁、铰链部位、踏板的支点处、车门内侧底部的排水孔等部位清洁、检查的工艺要求和技术要点，并规定：作业完成后，打开汽车电器、仪表等应工作正常。

标准相关条款：

3.8.1 作业时应将车内照明灯关闭。

3.8.2 地毯应取出车外，用专用地毯清洗机配合专用地毯清洁剂清洁，干燥后放回车内。

3.8.3 绒布座椅应进行清洁、消毒，应恢复其绒毛柔顺性，座椅面料不应有毛球、脱色等现象；皮革座椅的清洁护理，应使用专用皮革清洁护理剂及真皮清洁柔顺剂。

3.8.4 仪表台应清洁干净，并用含硅油的仪表喷蜡、胶质件润光剂或洁护剂等进行护理。空调通风口应用塑料皮革清洁剂处理。不应将仪表喷蜡喷涂到电器、开关、皮革座椅及靠背上；不应将合硅油的清洁护理剂喷涂到车身漆面上。

3.8.5 转向盘、变速手柄、驻车制动器手柄等部位清洁护理后不应有粘手、打滑的现象；安全带应清洁干净。

3.8.6 车门、门柱、门框边缘等喷漆表面部分，应使用防静电清洁除油剂清洁，再抛光处理。车门内衬（旁板）和拉扶手，按其不同材质分别使用绒布清洁剂或真皮清洁护理剂进行清洁护理。车门锁、铰链部位、踏板的支点处，应用清洁除锈剂清洁，并涂润滑油脂，动作时不应有异响，车门内侧底部的排水孔应畅通。

3.8.7 作业完成后，打开汽车电器、仪表等应工作正常。

9.附件清洁维护工艺要求

标准第3.9.1～3.9.3条分别规定了对车身附件，包括保险杠等塑胶件、轮毂、轮胎、金属、电镀件、铝合金件等不同材料的部件的清洁维护工艺要求。

标准相关条款：

3.9.1 对保险杠等塑胶件应使用清洁保护剂进行清洁维护。

3.9.2 对轮毂、轮胎等应进行清洁、保护及上光，且作业中不得取掉或移动平衡铅块。

3.9.3 对金属、电镀件、铝合金件应用专用材料进行清洁维护。

（三）底盘外表清洁工艺要求

标准第3.10.1～3.10.5条分别规定了对底盘外表清洗并干燥，对车身底部和底盘、悬架等处的锈痕或伤痕的处理，对底盘部位全面喷涂底盘防护材料，喷涂操作工艺，施工后对底盘漆面的要求。

标准相关条款：

3.10.1　底盘外表应按3.1.2.3进行清洗并干燥。

3.10.2　对车身底部和底盘、悬架等处的锈痕或伤痕，应磨去浮渣、锈污，彻底清洁干净后，再先后喷涂上底盘防锈漆和底盘涂料。

3.10.3　如需对底盘部位全面喷涂底盘防护材料，应先拆下四只车轮，将轮毂、减振器及转向节等有相对运动的结合表面，以及排气管等其他不得喷涂的部分覆盖、遮蔽，发动机室无防护板或防护板破损时，应先行遮蔽，然后进行底盘涂料的喷涂作业。

3.10.4　喷涂时应将材料充分摇匀，由前往后顺序均匀喷涂。

3.10.5　施工后的底盘应干透，触摸不粘手，按下不变软。

（四）发动机室外表清洁工艺要求

标准第3.11.1～3.11.9条分别规定了对发动机室外表进行清洁、检查的工艺要求，包括“对保险(配电)盒、发电机、分电器、汽车控制主电脑，以及各功能的控制模块、传感器及接插件等，应进行覆盖、包裹，防止潮湿”，“线束或塑胶物件，应喷涂胶质件润光剂加以保护”等的要求，以及电气线路清洁安全操作的技术要点。

标准相关条款：

3.11.1　对保险(配电)盒、发电机、分电器、汽车控制主电脑，以及各功能的控制模块、传感器及接插件等，应进行覆盖、包裹，防止潮湿。

3.11.2　对整个发动机室及发动机外围部件，应用发动机去污清洁剂清洁，细小部位应使用刷子擦拭。

3.11.3　发动机室周围漆面、发动机罩内表面、冷却水箱、雨刮、水箱应清洁。前风窗玻璃下方发动机盖与两前翼子板结合处的流水槽，应清洁，并保持畅通。

3.11.4　彻底除去清洁剂、无残留。不得使用高压水冲洗。

3.11.5　线束或塑胶物件，应喷涂胶质件润光剂加以保护。

3.11.6　发动机的电器部件，应用电器元件专用清洁剂清洁，再用多功能防腐润滑剂喷涂。

3.11.7　如须拆卸蓄电池接头，点火开关应置于OFF处，使用备用电池使车辆处于不间断供电状态。

3.11.8　蓄电池接线柱在拧紧接线箍后应涂上润滑脂。蓄电池支架及固定螺栓应进行防锈、补漆作业，装有蓄电池套子的车辆应对套子进行清洗，干燥后装复。

3.11.9　起动前应将电路系统彻底风干。

四、《汽车发动机电子控制系统修理技术要求》(GB/T 19910—2005)

该标准由中华人民共和国国家质量监督检验检疫总局、中国国家标准化管理委员会于2005年9月14日发布，2006年4月1日起实施。

该标准规定了汽车发动机电子控制系统维修前检查、视情维修，以及维修后检验的技术要求。该标准属于推荐性国家标准，适用于装用汽车发动机电子控制系统的点燃式汽油发动机的车辆，是指导汽车维修企业对汽车发动机电子控制系统修理和维修质量管理的主要技术依据。标准的主要内容介绍如下：

（一）汽车发动机电子控制系统的术语和定义

该标准第3条将汽车发动机电子控制系统定义为：汽车发动机电子控制单元根据各传感器传送来的信息，分析发动机运行中的各种参数，并予以综合处理，以期达到较为满意的工作效果。一般分为3个子系统，即进排气控制系统、燃油控制系统和计算机控制系统，并将系统各子系统，包括进排气控制系统、燃油控制系统、计算机控制系统，以及系统自诊断功能等分别给予定义，以明确概念、准确界定标准有关规定。

（二）汽车发动机电子控制系统维修前检查技术要求

标准第4.1条规定了对汽车发动机电子控制系统维修前检查的要求、检查项目、检验方法、安全操作技术要点等。主要内容有：

(1)维修前检查的规定(4.1.1 对装有汽车燃油电子喷射系统的车辆，在实施维修前，应按原厂的规定，对电子燃油喷射系统进行检查和诊断)。

(2)一般性检查的要求及方法的选择(4.1.2 一般性检查利用系统自诊断功能来读取故障码，或使用专用的仪器来检查和诊断。在条件不允许时，也可使用通用仪器或其他人工方法按维修手册规定进行)。

(3)维修前检查安全操作规程要点，包括检测仪器内阻的选择、断开蓄电池电缆线的注意点、电焊作业的安全措施、维修操作防磁防静电等要求(共11项，标准第4.1.3～4.1.12、4.1.46条)。

标准相关条款：

4.1.3 应用专用或通用的检测仪器对电子控制系统的各元器件进行检查时，检测仪器的内阻不得小于10 MΩ。

4.1.4 在接通点火开关实施检查时，不论发动机是否运转，不得断开蓄电池上的任一电缆线，也不允许断开控制系统的12 V电器工作元件，特别是电感型元件。

4.1.5 检查时，如需要跨接其他车辆，应先关闭点火开关，才能装、拆跨接线。

4.1.6 检查时，带有强磁的工具和仪器应远离电控单元。

4.1.7 蓄电池应符合GB/T 5008.1的技术要求，电压不得低于11 V。

4.1.8 断开蓄电池时，应先确定该车有无防盗系统，若有应按规定方式断开蓄电池，并应了解防盗密码。

4.1.9 禁止在未断开蓄电池负极时进行电焊作业。

4.1.10 检查作业时应防止电控单元等电器元件受潮，禁止用高压水冲洗电器元件。

4.1.11 检查、安装或拆卸电控单元前，操作人员应先消除自身静电，防止静电损坏电控单元。

4.1.12 检修作业后，应保持各接头、线柱的清洁与连接可靠。

……

4.1.46 检修作业中需拆装系统部件时，应避免其受到剧烈振动。

(4)维修前检查项目，包括进排气系统检查项目(共8项，标准第4.1.13～4.1.20条)，燃油系统检查项目(共5项，标准第4.1.21～4.1.24、4.1.28条)，排放净化系统检查项目(共3

项，标准第 4.1.25～4.1.27 条），点火及控制系统检查项目（共 17 项，标准第 4.1.29～4.1.45 条）。

标准相关条款：

4.1.13　检查进气系统中空气滤清器的密封性、清洁状况是否符合原厂规定。

4.1.14　检查进气系统中节气门体的密封性、清洁状况以及节气门体的电器元件在各种工况下的参数值是否符合原厂规定的标准值。

4.1.15　检查进气歧管的密封性、清洁状况是否符合原厂的规定。

4.1.16　检查涡轮增压系统的密封性、清洁状况以及在各种工况下的技术参数值是否符合原厂的规定。

4.1.17　检查进气歧管的真空度是否符合原厂的规定标准。

4.1.18　检查空气流量计的密封性、清洁状况以及其在各种工况下的技术参数值是否符合原厂规定的标准值。

4.1.19　检查汽缸压力是否符合原厂的规定。

4.1.20　检查可变进气门控制机构是否工作正常可靠。

4.1.21　检查喷油器是否工作正常，有无堵塞和卡死现象。

4.1.22　检查电动燃油泵在各种工况下的技术参数值是否符合原厂规定的标准值。

4.1.23　检查油压调节器是否工作可靠，燃油工作压力是否在原厂规定的范围内。

4.1.24　检查燃油滤清器的状态，工作是否可靠，有无堵塞现象。

4.1.25　检查废气再循环（EGR）控制组件，工作是否正常可靠。

4.1.26　检查 PCV 曲轴箱通风控制组件是否正常工作。

4.1.27　检查二次空气喷射系统工作是否正常可靠。

4.1.28　检查燃油系统的管路及接口是否有渗漏现象。

4.1.29　检查水温传感器、点火及控制系统在发动机工作的各种温度下，其技术参数值是否符合原厂的规定。

4.1.30　检查排气温度传感器是否工作正常可靠。

4.1.31　检查节气门位置传感器的各参数值在怠速、加速以及冷起动等工况下是否符合原厂的规定。

4.1.32　检查氧传感器的工作状况是否符合原厂的规定，在闭环控制下，如加速、怠速等工况的参数值应符合原厂的规定。

4.1.33　检查曲轴位置传感器是否工作正常。

4.1.34　检查凸轮轴位置传感器是否工作正常。

4.1.35　检查进气温度传感器在各种工况下的参数值是否符合原厂的规定。

4.1.36　检查冷起动时间—温度响应开关是否有效，工作是否可靠。

4.1.37　检查大气压力传感器是否工作正常可靠。

4.1.38　检查各缸高压线、点火线圈、火花塞等点火系统部件的参数、波形在各种工况下工作是否正常可靠。

4.1.39　检查分电器中心高压线是否工作正常可靠。

4.1.40　检查点火提前角是否在原厂规定的范围内。

4.1.41　检查爆震传感器工作是否正常。

4.1.42 检查 ECU 工作是否正常。

4.1.43 检查车速传感器是否工作正常可靠。

4.1.44 检查起动安全开关至电源继电器工作是否正常。

4.1.45 检查其他未包括的控制系统中，各传感器是否工作正常。

(5)维修前检查记录要求：对检查出的系统部件故障要认真记录，记录中要有系统部件名称、正常参数值的范围和检测到的参数值，并应注明故障分析原因以及维修方案(4.1.47 对检查出的系统部件故障，要认真记录，记录中要有系统部件名称、正常参数值的范围和检查到的参数值，并应注明故障分析原因以及维修方案)。参见附录 A 表 A.1。

(三)汽车发动机电子控制系统视情维修技术要求

标准第 4.2 条规定："针对 4.1 中所检查到的非正常工作的系统部件，需更换的元器件应予以更换，参见表 A.1 的故障分析及维修方案中的提示进行维修，使之恢复正常的工作状态并记录，参见表 A.2"，并提出维修技术要求，主要包括：

(1)安全操作规范(共 6 项，标准第 4.2.2～4.2.4、4.2.8～4.2.10 条)；

(2)维修技术要求(共 3 项，标准第 4.2.5～4.2.7 条)；

(3)修竣故障信息清除，并对控制系统进行重新设定的要求(标准第 4.2.10 条)。

标准相关条款：

4.2.1 针对 4.1 中所检查到的非正常工作的系统部件，需更换的元器件应予以更换，参见表 A.1 的故障分析及维修方案中的提示进行维修，使之恢复正常的工作状态并记录，参见表 A.2。

4.2.2 维修有故障的电控单元时，应使用专用仪器，由受过专业维修培训的人员检查维修。

4.2.3 燃油系统维修时，如油箱内无燃油，禁止燃油泵空转。更换时要采用原厂原型号的燃油泵，不许代用。同时更换滤网。

4.2.4 断开燃油管路、拆卸燃油管路上所连通的部件时，应先卸去管路中的压力，以防燃油喷溅。

4.2.5 维修中每次拆检喷油器后，应更换"O"形密封圈，且不得使用含硅密封胶。

4.2.6 确保 PCV 阀、EGR 阀、油压调节阀、活性碳罐电磁阀工作顺畅可靠、运转灵活，无卡滞现象。

4.2.7 保证氧传感器表面清洁，工作可靠。

4.2.8 进行点火系统及控制系统部件的维修时，拆卸任何电器部件插头前，应先关闭点火开关。有密封要求的部件一经拆装后，其密封件应予以更换。

4.2.9 电感型元件控制一端不得使用触碰搭铁或引入电瓶电压进行测试。

4.2.10 热线空气流量计严禁在打开点火开关的情况下，使用化油器清洗剂或其他高挥发性易燃溶剂进行清洗。

4.2.11 故障排除后，对系统故障信息要用专用仪器进行清除，并重新设定。

附录表 A.2 视情维修记录表中包括：分析故障原因及修理方案、维修部件及更换部件情况及备注。

(四)汽车发动机电子控制系统维修后检验技术要求

标准第 4.3 条规定："系统在视情修理后，应对有故障的系统部件用专用或通用的检测仪逐项进行检查，其测量参数、信号应在正常范围内或处于正常状态"，并对检验项目和操作技术要点作出相应规定，主要包括：

(1)检查发动机的自检警告灯或读取故障代码(标准第 4.3.2 条)；

(2)检查断电后重设的系统功能(标准第 4.3.3 条)；

(3)检查发动机的各项功能(标准第 4.3.4 条)；

(4)检查燃油蒸发净化装置(标准第 4.3.5 条)；

(5)检查各部件的密封性(标准第 4.3.6 条)。

(6)对汽车进行过量空气系数 λ 的测定，并按附录表 3 记录。λ 规定值为：发动机转速为 2 000 r/min时，λ 值为 1.00±0.03(或制造厂规定的范围)。

标准相关条款：

4.3.1　系统在视情修理后，应对有故障的系统部件用专用或通用的检测仪逐项进行检查，其测量参数、信号应在正常范围内或处于正常状态。

4.3.2　修理后发动机的自检警告灯应显示系统正常，或通过系统自诊断功能读取故障码为正常。

4.3.3　检查断电后需重设的系统是否恢复记忆(即学习控制功能)，且重设正确无误。

4.3.4　修理后，应检查发动机的各项功能是否正常，各工况工作是否正常、过渡顺畅。

4.3.5　修理后，应对燃油蒸发净化装置进行检查。

4.3.6　修理后，应对各部件的密封性进行检查，特别是对燃油系统是否泄漏进行检查。

4.3.7　系统在视情修理后，在确认点火系和发动机其他系统无故障的条件下，应按照制造厂使用说明书的规定预热发动机，再对汽车进行过量空气系数 λ 的测定，并记录，参见表 3。发动机转速为 2 000 r/min 时，λ 值为 1.00±0.03(或制造厂规定的范围)。

五、《汽车盘式制动器修理技术条件》(GB/T 18343—2001)

该国家标准是汽车修理系列标准之一，以保证修理完毕车辆的制动性能为目标，与《机动车运行安全技术条件》(GB 7258—2004)配套使用，规定了汽车盘式制动器主要零部件的修理技术要求及有关参数，对盘式制动器的修理提出了具体的要求，包括盘式制动器主要零配件的拆卸、检验、修理、换新、安装等工艺过程。该标准是指导维修操作和实施维修质量检验工作的重要依据。

该标准由国家质量技术监督局于 2001 年 3 月 26 日发布，自 2001 年 12 月 1 日起实施。标准的主要内容如下。

(一)盘式制动器维修总体要求

标准对盘式制动器维修的针对性(修前准备工作)、安全性及操作基本要点作了具体规定(标准第 3.1.1～3.1.8 条)。

标准相关条款：

3.1.1　修理前，应参照车辆生产厂家提供的制动系统故障诊断说明，判定故障的可能原因及故障部位，针对性地进行修理。

3.1.2　修理时不应用压缩空气或干刷子来清洁盘式制动器总成。

3.1.3　拆卸制动器时不应同时拆卸同一车轴两侧制动器，一次修理一个车轮，同时另一侧的车轮制动钳总成作为安装基准。

3.1.4　拆卸时应防止制动液溢溅，对 ABS 防抱死制动系统应先对其进行减压操作。不得将制动液溢溅到车漆上。不得混用不同牌号的制动液。

3.1.5 修理时，油脂、制动液或任何其他异物不得触及制动摩擦块、制动钳、制动盘表面以及轮毂外表面。

3.1.6 拆卸、安装车轮时，不应损伤制动盘、制动钳、外部管路、放气螺钉及挡泥板。

3.1.7 装配零部件应安装顺畅到位，各螺钉拧紧扭矩应满足各款车型的扭矩要求。

3.1.8 安装完毕应将储油罐制动液注满，并对制动系统进行排气操作。

（二）盘式制动器主要零部件修理技术要领

标准规定了包括制动钳、制动盘和制动摩擦块的拆卸分解、检查、维修、装配的技术要领（标准第3.2～3.4条），包括具体操作工艺过程，强调液压部件检修的注意事项，并给出一般技术参数。

标准相关条款：

3.2 制动钳

3.2.1 拆卸分解

3.2.1.1 拆卸分解前应将制动主缸储油室中的制动液吸出一半，防止活塞修后装配推回时制动液溢出。

3.2.1.2 拆卸分解过程应遵循“先外部后内部，先上部后下部，先总成后零件，先附件后主件”的原则。同时记下每一零部件的安装位置或记号，拆卸下的零部件应分类放好。

3.2.1.3 拆卸时应避免扯掉或损坏制动软管，软管如有龟裂、老化或严重折痕等应换新。

3.2.1.4 分解制动钳时，应先拧开放气螺钉放出剩余制动液，然后再拧紧放气螺钉。

3.2.1.5 制动钳活塞应用间断的不含润滑油的低压缩空气顶出。

3.2.1.6 检查修理前应彻底清洗制动钳各组成零件、各配合面。用清洁的制动液或规定的制动清洁剂清洗制动钳体、缸筒和活塞，禁止使用汽油、煤油、稀料或其他类似的溶剂。

3.2.2 修理

3.2.2.1 制动钳体缸筒不得有锈蚀、损伤现象，否则必须更换。制动钳体缸筒圆柱度误差应不大于0.02 mm，缸筒与活塞的极限配合间隙应小于0.15 mm，不得用研磨的方法修理缸筒。

3.2.2.2 沿活塞边缘不应有液体渗漏，必须保证密封圈、防尘罩的完好，否则应更换密封圈、防尘罩或活塞。密封圈必须保持良好的性能。

3.2.2.3 活塞表面不得有划痕、裂纹、凹坑、腐蚀和麻点，否则应更换活塞，不得使用打磨、擦刮、抛光的方法修理有划痕的活塞。

3.2.2.4 浮钳盘式制动器导向装置的配合面应光洁完好。防护套不应有切伤和破裂，否则应更换防护套。

3.2.2.5 制动钳安装架（对于浮钳盘式制动器）不得有裂纹和严重磨损，支承弹簧应性能完好，制动块支承板不应有损伤。

3.2.3 装配

3.2.3.1 装配前，应在制动钳、缸筒与活塞表面涂上新鲜、清洁的制动液，在制动钳缸体与活塞的防尘罩环形沟槽内及密封圈涂以硅酮润滑脂，密封圈安装时不得有扭曲。

3.2.3.2 在制动钳滑动衬套和护套内部及导向销应涂以硅酮润滑脂。

3.3 制动盘

3.3.1 制动盘不得有裂纹，其工作表面不得有锈斑、缩孔等现象。

3.3.2 制动盘总厚度一般不得小于标准厚度2.0 mm，划痕沟槽深度不得大于0.38 mm。具体车型的修理数据见附录A(标准的附录)。

3.3.3 修理后的和换新的制动盘其端面平面度公差应不大于0.02 mm,两端面平行度公差应不大于0.012 5 mm,工作表面粗糙度不得大于60 μm。

3.3.4 换新的制动盘应使用原车厂零配件或经原车厂认定的合格替换件。

3.3.5 装配后制动盘端面全跳动一般不应大于0.15 mm,(在消除系统全跳动误差情况下),具体车型的修理数据见附录A。

3.3.6 安装制动盘时应保持盘面干燥、干净,对换新制动盘应用修理手册中推荐的溶剂消除制动盘表面的保护膜,并在其制动工作表面涂防尖叫声化合物。

3.4 制动摩擦块

3.4.1 制动摩擦块不得有龟裂、烧伤等,否则应予以换新。

3.4.2 制动摩擦块磨损必须均匀,磨损后其厚度一般不小于1.5 mm或当摩擦块的平面沟槽已完全磨平时,必须更换摩擦块。更换时同轴两侧车轮须同时更换。常见中外车型修理数据见附录A。

3.4.3 换新制动摩擦块须满足原车厂推荐的摩擦材料,并有合法的生产厂家出具的合格证明。

3.4.4 安装制动块时,应保持制动块干燥,不可沾染上制动液或其他油类液体。用推荐的化合物(如:二硫化钼润滑剂M77)润滑垫片及垫片、钳体接触表面。

3.4.5 对浮钳式制动器,安装内摩擦块后,应检查防尘套是否接触制动摩擦块,否则,应卸下制动摩擦块并重新定位防尘套。

(三)盘式制动器维修检验规则

标准规定了盘式制动器维修检验规则,要求:汽车进行更新制动摩擦块和(或)修理制动盘之后,必须进行磨合,整车应进行制动性能的检验;规定了制动器磨合和制动性能检验的具体方法,并规定:经检验合格后应出具检验合格证或相关证明。

标准相关条款:

4.1 汽车进行更新制动摩擦块和(或)修理制动盘之后,必须磨合。即以50 km/h车速用中等稳定的踏板压力制动停车20次,每两次停车间隔不小于15 s。

4.2 盘式制动器修理装配完毕,应进行制动性能的检验,检验结果应满足GB 7258—1997第6章对制动性能的要求。

4.3 经修理后,检验合格后应出具检验合格证或相关证明。

(四)其他规定

本标准中未规定的技术要求,修理时应符合车辆制造厂修理手册的规定,并以附录A(标准的附录)给出“中外部分车型盘式制动器制动盘、制动块维修数据”。

六、《汽车制动传动装置修理技术条件》(GB/T 18275.1～2—2000)

该标准由中华人民共和国国家质量监督检验检疫总局于2000年12月18日发布,2001年9月1日起实施。该标准分为两部分:《汽车制动传动装置修理技术条件 气压制动》(GB/T18275.1—2000)、《汽车制动传动装置修理技术条件 液压制动》(GB/T 18275.2—2000)。两部分分别规定了汽车气压或液压制动传动装置修理的基本技术要求、试验方法和检验规则，适用于汽车制动气压或液压传动装置的修理。该标准属于推荐性国家标准，为规范维修操作、使修理后制动操作装置的能量能够顺利有效地提供给制动器，确保制动安全可靠，为加强汽车修理行业技术管理提供依据。标准各部分内容分别介绍如下：

（一）《**汽车制动传动装置修理技术条件 气压制动**》（GB/T 18275.1—2000）

本部分标准适用于汽车气压制动传动装置的修理。标准对气压制动传动装置各部件规定了修理基本技术要求、传动系统试验方法和检验规则等，主要内容包括：

1.气压制动传动装置各部件修理基本技术要求

气压制动传动装置各部件修理基本技术要求如下：

（1）空气压缩机修理技术要求（标准第3.1条）。标准第3.1.1～3.1.6条规定了空气压缩机修理过程中对各主要零部件检验的技术要求，包括：汽缸体形位公差；汽缸搪磨后的圆度及圆柱度公差；活塞与汽缸、活塞销与活塞销孔及连杆衬套的配合间隙；活塞环间隙，包括开口间隙、侧隙、背隙等；各轴承与轴颈配合间隙；曲轴端隙；修理后空气压缩机的磨合规范及压缩机工作性能参数的标准。

（2）压力控制器修理技术要求。标准第3.2条对压力控制器组件的技术状态，包括弹簧的自由长度、单向阀性能，提出了相关技术要求，并对压力控制器的密封性、工作可靠性、控制压力作了规定。

（3）油水分离器修理技术条件。标准第3.3条对油水分离器所有阀门及密封垫、滤芯，对油水分离器进气口与各出气口压力、安全阀气压等分别作了规定。

（4）储气筒修理技术要求。标准第3.4条对储气筒完好、内部清洁和密封性提出要求，并规定用水压试验的压力参数。

（5）制动阀修理技术要求。标准第3.5.1～3.5.4条分别对制动阀零件、制动阀的装配与调整、制动阀密封性能和静特性的技术要求作了规定，主要内容如下：

①制动阀零件修理技术要求。标准第3.5.1.1～3.5.1.4款对制动阀膜片及阀门橡胶件，进、排气阀门、阀座的技术状况，制动阀各弹簧的弹力，制动阀壳体及阀盖的完好性分别提出技术要求。

②制动阀的装配与调整技术要求。标准第3.5.2.1～3.5.2.4款对制动阀的装配要求与有关参数调整，包括平衡弹簧的预紧力调整，平衡弹簧的两端面与其中心轴线的垂直度要求，进气阀座与阀杆端部之间的距离，排气阀阀壳端面至阀杆端部之间的距离，制动阀拉臂的自由行程等提出技术要求。

③制动阀密封性能检验技术要求。标准第3.5.3.1～3.5.3.3款对制动阀密封性指数的定义、密封性试验方法、不同试验方法的密封性指数限值等分别作了规定。

④制动阀静特性及检验技术要求。标准第3.5.4.1～3.5.4.2款对制动阀静特性的要求、功能，试验方法及最初平衡气压参数的限值分别作了规定。

标准相关条款：

3.5　制动阀

3.5.1　制动阀零件

3.5.1.1　膜片及阀门橡胶件不应有变形、裂纹或老化现象，否则应予以更换。

3.5.1.2　进、排气阀门、阀座如有刮伤、凹痕或磨损过度，应予以更换；如有轻微磨损，应予以研磨修复。

3.5.1.3　制动阀的各弹簧弹力应符合其技术条件，否则应予以更换。

3.5.1.4　制动阀壳体及阀盖不得有裂纹、变形和缺损，否则应予以更换。

3.5.2　制动阀的装配与调整

3.5.2.1　平衡弹簧的预紧力应符合使用说明书的规定，平衡弹簧装配后，平衡弹簧的两端面应与其中心轴线相垂直，允许误差不超过 2 mm。

3.5.2.2　进气阀装配之前，检查进气阀座与阀杆端部之间的距离，应符合原产品技术要求。

3.5.2.3　排气阀阀壳端面至阀杆端部之间的距离应在 4～5 mm，阀杆实际工作行程应为1.2～1.7 mm。

3.5.2.4　制动阀拉臂的自由行程应调整到 1～3 mm，制动踏板的最大行程应能保证制动气室的稳定工作气压。

3.5.3　制动阀密封性能

3.5.3.1　密封性指数的定义按 QC/T 36—1992 中 3.2.1 的规定。

3.5.3.2　按 4.1规定的试验方法试验，制动阀处于解除制动状态，在额定气压下，密封性指数应不大于10 kPa。

3.5.3.3　按 4.1 规定的试验方法试验，制动阀处于全制动状态，在额定气压下，密封性指数应不大于 20 kPa。

3.5.4　静特性

3.5.4.1　静特性应符合设计要求，在特性范围内应能保持随动平衡。其试验方法按 4.2 的规定。

3.5.4.2　最初平衡气压不得大于 50 kPa。

(6)制动气室修理技术要求。标准第 3.6.1～3.6.6 条分别对制动气室膜片或活塞密封圈、弹簧的外观、弹力及自由长度，制动气室壳与盖的完好与接触面平面度，活塞式制动气室缸筒内表面状况、推杆的行程，制动气室的密封性及检验技术要求分别作了规定。

标准相关条款：

3.6.1　制动气室的膜片或活塞密封圈不得有裂纹、变形、油污或老化现象，否则应予以更换。

3.6.2　同轴上安装的制动气室弹簧弹力应一致，弹簧自由长度应不低于规定值，弹簧不得有断裂、变形或严重锈蚀等缺陷，否则应予以更换。

3.6.3　制动气室的壳与盖，不得有裂纹、凹陷及推杆孔磨损过大现象；固定盖和膜片凸缘接触面平面度公差应为 0.2 mm。

3.6.4　活塞式制动气室缸筒内表面应光滑，不允许有刮伤及凹凸不平等缺陷。

3.6.5　当压缩空气(气压表压力不小于 500 kPa)充入气室，推杆的行程应达到规定的最大行程，且左右制动气室动作应同步一致。

3.6.6　制动气室的密封性按 4.3 规定的试验方法，在额定工作压力作用下，保压 5 min，膜片式制动气室不得漏气；活塞式制动气室和储能弹簧室的气压下降不大于 10 kPa。

(7)制动连接件及制动管路修理技术要求。标准第 3.7 条对制动连接件及制动管路的完好性、管路内的清洁、管接头的密封、管路安装的可靠性等分别作了规定：制动连接件不得有裂纹或损伤，制动管路应完好无损，制动软管无裂纹、老化等现象；管路内应清洁，管接头应密封，接头连接螺母及螺纹应完好，管路安装应牢固可靠。

(8)制动踏板技术要求。标准第 3.8 条对制动踏板的操作性能，踏板的衬套和踏板轴的间隙,制动踏板的自由行程等分别提出有关技术要求,规定:制动踏板活动自由,踏板轴不松旷,踏板的衬套和踏板轴的间隙应不大于0.3 mm;制动踏板总成在正常装配和使用条件下,应保证制动灵活、轻便,不得发生阻碍或卡死现象;制动踏板的自由行程应符合原车使用说明书的规定。

(9)整车制动系统密封性技术要求。标准第3.9条对采用气压制动传动系统的不同车辆,规定了整车制动系统密封性的测试方法和相应技术标准:当气压升至600 kPa且不使用制动的情况下,停止空气压缩机工作3 min后,其气压降低应不大于10 kPa;在气压为600 kPa的情况下,将制动踏板踩到底,待气压稳定后观察3 min,单车气压降低值不得超过20 kPa;列车气压降低值不得超过30 kPa。

2.检验方法的规定

标准第4.1~4.3条分别规定了制动阀密封性试验方法、制动阀静特性试验方法、制动气室密封性试验方法的技术要求和有关限值。

3.检验规则

标准第5.1~5.3条规定了制动传动系统经对各零部件检验、空气压缩机磨合试验、制动阀逐件进行密封性试验后合格方能投入使用的有关原则,明确规定:制动阀应逐件进行密封性试验,符合制动阀密封性能的要求,方能出厂和投入使用;各零部件须经检验合格后,方能出厂或交付使用;修理的空气压缩机应进行磨合试验,达到原厂规定的技术要求后,方能出厂和投入使用。

4.其他技术要求

标准第6.1条规定:本规定未规定的技术要求,应符合原设计规定;第6.2条规定:修竣的各部件,经防锈处理后,应存放在通风、干燥、清洁之处。

(二)**《汽车制动传动装置修理技术条件 液压制动》**(GB/T 18275.2—2000)

本部分标准适用于汽车液压制动传动装置的修理。标准对液压制动传动装置各部件规定了修理基本技术要求、传动系统试验方法和检验规则等,主要内容包括:

1.液压制动传动装置各部件修理基本技术要求

液压制动传动装置各部件修理基本技术要求如下:

(1)液压制动主缸、轮缸修理技术要求(标准第3.1条)。标准第3.1.1~3.1.8条规定了液压制动主缸、轮缸修理过程中对各主要零部件检验和装配的技术要求,主要包括:液压制动主缸、轮缸缸筒外径和轮缸缸筒内孔尺寸公差,缸筒内外表面、活塞外圆柱面粗糙度,主缸活塞与缸筒的配合间隙,主缸、轮缸皮碗、皮圈、回位弹簧的完好性与安装要求,各零部件清洁和主缸补偿孔、加油盖通气孔畅通的要求,主缸、轮缸总成密封性能要求及试验方法,主缸、轮缸总成耐压性能要求及试验方法。

标准相关条款:

3.1.1 液压制动主缸,活塞与缸筒的配合间隙应符合原产品的规定,在一般情况下超过0.12 mm,应进行修复或更换新件。

3.1.2 主缸、轮缸的缸筒在活塞行程内之表面粗糙度和活塞外圆柱面表面粗糙度应不大于*Ra* 0.8。

3.1.3 主缸、轮缸缸筒和活塞外径公差应符合GB/T 1801的规定,轮缸缸筒内孔尺寸公差应按表1选取。

表 1

轮缸内孔直径 $D_0 \leqslant 29$ mm	H9
轮缸内孔直径 $D_0 > 29$ mm	H8

3.1.4 主缸、轮缸皮碗、皮圈应满足 HG/T 2865 的规定。如果出现磨损或老化现象，应更换。

3.1.5 主缸、轮缸的回位弹簧安装位置应正确，其弹性应符合该弹簧的技术条件。

3.1.6 零件在装配前应清洗干净，总成内部不允许有杂物存在，主缸补偿孔和加油盖的通气孔必须畅通。

3.1.7 主缸、轮缸总成密封性能

3.1.7.1 当制动液加至储液室最高位置时，在制动过程中主缸总成不得发生渗油、溅油和溢油等现象。

3.1.7.2 按 4.1 规定的试验方法，在制动回路中建立起最高工作压力，稳定后 30 s 各制动腔压力降不大于 0.3 MPa。

3.1.8 主缸、轮缸总成耐压性能按 4.2 规定的试验方法进行试验，各部位无任何泄漏及异常现象。

(2)真空增压器修理技术要求(标准第 3.2 条)。标准第 3.2.1～3.2.8 条分别对真空增压器加力缸、增压缸、控制阀、真空单向阀等部件，对真空增压器工作特性、真空密封性、液压密封性分别提出有关修理技术要求。主要内容包括：

①加力缸修理技术要求。包括缸壁、活塞皮碗或膜片、盖端油封和皮碗、推杆、回位弹簧外观检查，推杆直线度误差和与盖端中心孔配合松紧度检查，回位弹簧弹性检查等技术要求(标准第 3.2.1 条)。

②增压缸修理技术要求。包括活塞与缸筒间隙，液压皮圈、叉形顶杆的完好性，活塞顶端球阀密封性等技术要求(标准第 3.2.2 条)。

③控制阀修理技术要求。包括：活塞及皮碗、橡胶膜片和弹簧、真空阀和空气阀及其阀座的完好性，量孔的清洁畅通，弹簧的技术特性等技术要求(标准第 3.2.3 条)。

④真空单向阀修理技术要求。主要提出真空单向阀密封性技术要求(标准第 3.2.4 条)。

⑤真空增压器工作特性要求。主要提出真空增压器输入压力值和输出压力值要求(标准第 3.2.5 条)。

⑥真空增压器真空密封性要求。提出以不同方法检验真空密封性的操作步骤和检测参数技术标准(标准第 3.2.6 条)。

⑦真空增压器液压密封性要求。提出检验液压密封性的操作步骤和检测参数技术标准(标准第 3.2.7 条)。

⑧单向阀密封性试验的参数标准(标准第 3.2.8 条)。

标准相关条款：

3.2.1 加力缸

3.2.1.1 加力缸缸壁不应有刮伤、锈蚀及不正常的磨损现象。

3.2.1.2 活塞皮碗或膜片，如有磨损、裂纹、老化等现象应更换；盖端油封、皮碗发涨变形和损坏，应更换新件。

3.2.1.3 推杆不应有磨损、弯曲和锈蚀等现象，如有锈蚀应更换。推杆直线度误差超过

0.2 mm,应修理或更换。推杆在盖端中心孔内要松紧适度,保持滑动自如。

3.2.1.4 回位弹簧不得有变形或折断,其弹性应符合该弹簧的技术条件。

3.2.2 增压缸

3.2.2.1 活塞与缸筒间隙超过 0.15 mm,应更换新活塞。

3.2.2.2 液压皮圈变形或损坏应更换。

3.2.2.3 活塞顶端球阀密封应良好,不得有斑痕和剥落现象。

3.2.2.4 叉形顶杆若损坏,应更换新件。

3.2.3 控制阀

3.2.3.1 活塞皮碗不得有发涨变形,活塞不得有锈蚀。如有损伤,应更换新件。

3.2.3.2 量孔应保持畅通。

3.2.3.3 橡胶膜片和弹簧应完好无损,若有损坏应更换新件,弹簧的技术特性应符合规定。真空阀、空气阀及其阀座,若有损伤应修理或更换新件。

3.2.3.4 真空阀、空气阀及阀座,若有损伤应修理或更换新件。

3.2.4 真空单向阀应密封良好,各连接部位和橡胶软管不得有漏气现象。

3.2.5 工作特性真空增压器输入压力值和输出压力值应符合该装置规定的工作特性。

3.2.6 真空密封性

3.2.6.1 真空增压器真空度达到 66.7 kPa 后,切断真空源,15 s 内真空度的下降量不得大于 3.3 kPa。

3.2.6.2 当主缸输出压力为 9000 kPa 时,切断真空源,15 s 内真空室真空度从 66.7 kPa 处的下降量不应大于 3.3 kPa。

3.2.7 液压密封性

使增压缸压力值达到 9000 kPa,踏下踏板后,在 15 s 内压力值下降量应不大于 10 %,总成各部位不得有渗漏油现象。

3.2.8 按 4.3 规定的试验方法,15 s 内真空度下降量应不大于 2.7 kPa。

(3)真空助力器修理技术要求(标准第 3.3 条)。标准第 3.3.1 条分别对真空助力器解体后零部件检查项目和技术要求作了具体规定;第 3.3.2 条对真空助力器的真空密封性的试验方法和参数标准作了规定。

标准相关条款:

3.3.1 解体后应彻底清洗零件并干燥,检查膜片支承板、柱塞阀、弹簧、控制阀总成、密封圈、橡胶膜片、推杆和阀杆、前后壳体及螺栓等零件,如有损伤或变形,应进行修理或更换。

3.3.2 真空密封性

——非制动状态下按 4.4.1 规定的试验方法,15 s 内真空度下降值不得超过 3.3 kPa;

——制动状态下按 4.4.2 规定的试验方法,15 s 内真空度下降值不得超过 3.3 kPa。

(4)气压增压器修理技术要求(标准第 3.4 条)。标准第 3.4.1～3.4.8 条分别对气压增压器加力缸缸筒的表面、推杆、弹簧,增压缸活塞顶端球阀与阀座、空气滤清器滤网等部件检查,增压器气密性、油密性,推杆与增压器体中心孔配合的松紧度,进气阀、出油阀的密封性,输入液压一压缩空气压力一输出液压特性检验等分别提出有关修理技术要求。

标准相关条款:

3.4.1 所有缸筒的表面不应有磨损、刮伤和锈蚀。

3.4.2 推杆不应有磨损、弯曲、锈蚀等现象。推杆在增压器体中心孔内要松紧适度,保持滑动自如,推杆油封应无损坏。

3.4.3 所有弹簧不应有永久变形或折断,否则应更换。出油阀应保持密封,损坏应更换。

3.4.4 增压缸活塞顶端球阀与阀座不应刮伤、磨损;进气阀及座不得有损坏或凸凹不平现象。

3.4.5 空气滤清器应畅通,滤网清洁,如损坏应更换。

3.4.6 气压增压器修理后,其输入液压—压缩空气压力—输出液压特性应符合原产品规定。

3.4.7 气密性检查:检查加力气室皮碗、各阀门、连接头、管路不得有漏气现象。

3.4.8 油密性检查:检查推杆油封、增压缸皮碗和控制液压缸皮碗不得有漏油现象。

(5)气压加力器修理技术要求(标准第3.5条)。标准第3.5.1~3.5.8条分别对气压加力器主要部件,包括总泵壳体,总泵浮动支承体的密封圈,总泵卡簧,总泵浮动支承体和气压加力器活塞的弹簧,加力器活塞密封圈、壳体和管接头,缸体内表面等检查技术要求,以及气压加力器气密性和油密性检查方法和技术要求作了规定。

标准相关条款:

3.5 气压加力器

3.5.1 总泵壳体不应有任何损坏或裂纹。

3.5.2 总泵浮动支承体的密封圈不得损坏。

3.5.3 总泵卡簧不得损坏,并和其槽配合正确,保证有效锁止活塞。

3.5.4 总泵浮动支承体和气压加力器活塞的弹簧如软弱或折断,应予以更换,弹簧的特性应符合原产品规定。

3.5.5 加力器活塞密封圈、壳体和管接头不得损坏,否则应更换。

3.5.6 缸体内表面不应有刮伤、锈蚀和不正常磨损现象。

3.5.7 气密性检查:检查加力气室、各阀门、连接头、管路不得有漏气现象。

3.5.8 油密性检查:检查液压系统的密封性,不得有漏油现象。

(6)其他维修技术要求。包括汽车液压制动传动装置添加制动液的技术要求(标准第3.6条);汽车液压制动传动装置液压系统中的空气排除和系统密封性要求(标准第3.7条);制动踏板操作性能、踏板的衬套和踏板轴的间隙和自由行程检查调整的技术要求(标准第3.8、3.9条)。

2.试验方法规定

试验方法的要求包括:

(1)主缸、轮缸密封性试验。标准第4.1条规定了密封性试验的测试参数(制动腔工作压力降)和试验操作具体方法。

(2)主缸、轮缸耐压性能试验。标准第4.2条规定了耐压性能试验的测试参数(制动腔工作压力降)和试验操作具体方法。

(3)真空增压器单向阀密封性试验。标准第4.3条规定了单向阀密封性的测试参数(真空度下降值)和试验操纵具体方法。

(4)真空助力器真空密封性试验。标准第4.4.1~4.4.2条分别规定了非制动状态下和制动状态下真空密封性试验的的测试参数(真空度下降值)和具体方法。

标准相关条款:

4.1 主缸、轮缸密封性试验

将主缸的排液孔与轮缸连接，按规定向主缸、轮缸、储液室内注满制动液，排净系统中的空气，推动活塞，在制动腔中建立起最高工作压力，稳定后保持推杆位置不变，30 s 后记录压力降。

4.2　主缸、轮缸耐压性能试验

用 4.1 的试验装置，缓慢地推进活塞，经过 15 s±5 s 在制动腔内建立起最高工作压力的 130%，保持推杆位置不变，5 s 后记录压力降。

4.3　真空增压器单向阀密封性试验

在单向阀通向真空增压器的一侧，接一个大于 250 cm^3 的密封容器，另一端与真空源相通。当容器真空度达到 66.7 kPa 后，切断真空来源。记录 15 s 内真空度下降值。

4.4　真空助力器真空密封性试验

4.4.1　非制动状态下真空密封性试验

启动发动机，当真空表读数达到 66.7 kPa 时，使发动机熄火，记录 15 s 内真空度的下降值。

4.4.2　制动状态下真空密封性试验

在发动机运转情况下，踏下制动踏板，当真空表读数达到 66.7 kPa 时，停熄发动机，记录 15 s 内真空度的下降值。

3.检验规则

标准第 5.1～5.6 条规定了制动传动装置经对修理后各零部件检验，主缸、轮缸密封性和耐压性试验，真空增压器单向阀密封性试验，真空助力器真空密封性试验合格后方能投入使用的有关原则。

标准相关条款：

5.1　各零部件须经检验合格后，方能出厂或交付使用。

5.2　修理后的主缸、轮缸总成应按 4.1 规定方法进行密封性试验，达到 3.1.7 规定的要求；同时，应按 4.2 规定的方法进行耐压试验，达到 3.1.8 规定的要求，方能出厂和投入使用。

5.3　修理后的真空增压器达到 3.2.6 规定的性能要求，其单向阀应按 4.3 规定的方法试验，达到 3.2.8 的要求，方能出厂和投入使用。

5.4　修理后的真空助力器总成应按 4.4 规定的方法进行真空密封性试验，达到 3.3.2 规定的要求，方能出厂和投入使用。

5.5　修理后的气压增压器应达到 3.4.7 和 3.4.8 的要求，方能出厂和投入使用。

5.6　修理后的气压加力器应达到 3.5.7 和 3.5.8 的要求，方能出厂和投入使用。

4.其他技术要求

标准第 6.1 条规定：本标准未规定的技术要求，应符合原设计规定；标准第 6.2 条规定：修复后的各部件，经防锈处理后，应存放在通风、干燥、清洁之处。

七、《汽车大修竣工出厂技术条件》(GB/T 3798.1～2—2005)

该标准由中华人民共和国国家质量监督检验检疫总局、中国国家标准化管理委员会于 2005 年 3 月 21 日发布，2005 年 8 月 1 日起实施。

该标准代替了《汽车大修竣工出厂技术条件》(GB/T 3798—1983)。该标准分为两部分：《汽车大修竣工出厂技术条件　第 1 部分：载客汽车》(GB/T 3798.1—2005)；《汽车大修竣工出厂技术条件　第 2 部分：载货汽车》(GB/T 3798.2—2005)。两部分分别规定了载客汽车或载货汽车大修竣工出厂的技术要求及质量保证要求。

该标准属于推荐性国家标准，第 1 部分适用于大修竣工出厂的载客汽车，第 2 部分适用于大修竣工出厂的载货汽车。这里所指的载客汽车，标准定义为——在设计和技术特性上用于载运乘客及其随身行李的包括驾驶员座位在内座位数超过 9 座的汽车；载货汽车，标准定义为——在设计和技术特性上主要用于运送货物的汽车。该标准是指导汽车整车大修作业和汽车维修质量检验人员进行 9 座以上客车和所有各类载货汽车大修质量检验，包括过程检验和竣工检验的依据。

该标准与国标 GB/T 3798—1983 相比，主要变化包括：将原标准中"一般技术要求"和"主要性能要求"部分，修改为"技术要求"，并对其内容进行了调整、补充、修改和完善；增加了对发动机、客车车身、自动变速器，对前照灯光束、"转向轻便性"的规定；对"动力性"的要求修改为对汽车驱动轮输出功率的规定；将原标准中"检验规则"和"保用条件"内容进行合并，修改为"质量保证"；质量保证期增加了 1 倍。标准的主要内容介绍如下：

(一)**《汽车大修竣工出厂技术条件 第 1 部分：载客汽车》**(GB/T 3798.1—2005)

该标准对包括驾驶员座位在内座位数超过 9 座的载客汽车，规定了其整车大修竣工出厂的技术条件和质量保证要求。

1. 竣工出厂基本要求

标准第 4.1 条规定了载客汽车整车大修竣工出厂检验时的基本检验项目和技术要求，共 13 项，可以归纳为如下 3 部分：

(1)整车基本检查要求。标准第 4.1.1～4.1.6 条对整车外观，主要结构参数(包括整备质量、轴距)，各部运行温度和密封性，各仪表运行状况，发动机、底盘喷(涂)漆等各方面规定了基本检查项目和技术要求。

(2)各工作介质的检查要求。标准第 4.1.7 条对润滑及其他工作介质的使用规定了检查的项目和技术要求，包括：各润滑脂(油)嘴，各总成润滑剂，动力转向装置、变速器、分动器、主减速器，液力传动装置，发动机冷却系统，气压制动防冻装置，液压制动装置，空调冷媒，风窗清洗装置等，要求"加注规定品质与数量的介质"。

(3)各部安全可靠性检查要求。对各连接部位和连接件，包括：各总成与车架连接部位，全车所有螺栓、螺母，一般紧固件，各铆接件，各焊接部位等，标准第 4.1.8～4.1.11 条分别规定了检查要求，并特别强调：一次性锁止螺栓不得重复使用，不得用螺栓连接代替铆钉等。对"影响汽车行驶安全的转向系、制动系和行驶系的关键零部件"，标准第 4.1.12 条规定："不得使用修复件。"对有关悬挂减振系统的大修竣工出厂检验技术要求，标准第 4.1.13 条规定："不应改变其原车的平稳性能指标。"

标准相关条款：

4.1.1 整车外观应整洁、完好、周正，附属设施及装备应齐全、有效。

4.1.2 主要结构参数应符合原设计规定，由修理改变的整备质量，不得超过新车出厂额定值的 3%。

4.1.3 左右轴距差不得大于原设计轴距的 1/1 000。

4.1.4 各部运行温度正常，各处无漏油、漏水、漏电、漏气现象。

4.1.5 各仪表运行正常，指示正确。

4.1.6 发动机、底盘等各总成均应按原设计规定喷(涂)漆。

4.1.7 润滑及其他工作介质的使用要求:

a)各润滑脂(油)嘴应装配齐全、功能有效,各总成应按原设计规定加足润滑剂;

b)动力转向装置、变速器、分动器、主减速器、液力传动装置、发动机冷却系统、气压制动防冻装置、液压制动装置、空调冷媒、风窗清洗装置等均应按原设计要求,加注规定品质与数量的介质。

4.1.8 各总成与车架连接部位的支撑座、垫应齐全,稳定可靠。

4.1.9 全车所有螺栓、螺母应装备齐全,锁止可靠。关键部位螺栓、螺母的扭紧顺序和力矩应符合原制造厂维修技术要求;一般紧固件应牢固可靠,不得有松动、缺损现象。一次性锁止螺栓不得重复使用。

4.1.10 各铆接件的结合面应贴合紧密;铆钉应充满钉孔、无松动;铆钉头不应有裂纹、缺损或残缺现象;不得用螺栓连接代替铆钉。

4.1.11 各焊接部位应按规律焊接,焊缝应平稳、光滑;不应有夹渣、裂纹等焊接缺陷。

4.1.12 影响汽车行驶安全的转向系、制动系和行驶系的关键零部件,不得使用修复件。

4.1.13 对有关悬挂减振系统的大修作业,不应改变其原车的平稳性能指标。

2.竣工出厂各总成机构要求

竣工出厂各总成机构要求(标准第4.2条)包括:

(1)发动机的技术要求。标准第4.2.1条规定:发动机应符合国标GB/T 3799.1和国标GB/T 3799.2的规定(具体见国标GB/T 3799.1~2—2005主要内容介绍)。

(2)转向操纵机构技术要求。标准第4.2.2.1~4.2.2.6款分别从转向机构外观检查、基本参数检验与测试和路试等3方面规定了该机构的竣工检验技术要求。

①转向节及臂,转向横、直拉杆及球销外观检查项目与技术要求(标准第4.2.2.6款)。

②转向盘、转向机构各部件路试项目与技术要求(标准第4.2.2.1、4.2.2.2款)。

标准相关条款:

4.2.2.1 转向盘应转动灵活、操纵轻便,无异响,无偏重或卡滞现象。转向机构各部件在汽车转向过程中不得与其他部件相干涉。

4.2.2.2 转向盘应能自动回正,具有稳定的直线行驶能力。在平坦的道路上行驶不得有摆振或其他异常现象,曲线行驶时不得出现过度转向。

(3)转向盘的最大自由转动量、车轮定位、最大转向角、汽车转向轮的横向侧滑量等基本参数检验与测试项目与技术要求(标准第4.2.2.3、4.2.2.4、4.2.2.5款)。

标准相关条款:

4.2.2.3 转向盘的最大自由转动量,应符合GB 7258中有关条款的要求。

4.2.2.4 汽车转向轮的横向侧滑量,应符合GB 7258中有关条款的要求。

4.2.2.5 车轮定位、最大转向角应符合原设计规定。

4.2.2.6 转向节及臂,转向横、直拉杆及球销应无裂纹和损伤;并且球销不得松旷,横、直拉杆不得拼焊。

(4)传动机构技术要求。标准第4.2.3.1~4.2.3.6款分别对传动机构各部件检查和路试规定了该机构的竣工检验技术要求。

①离合器路试检验项目,离合器踏板力、自由行程和有效行程、衬套与轴配合的技术要求(标准第4.2.3.1、4.2.3.2款)。

②手动变速器及分动器操纵机构路试项目与技术要求(标准第4.2.2.1、4.2.2.2款)。

③自动变速器操纵机构检查、路试项目与技术要求(标准第4.2.3.4款)。

④传动轴及中间轴承路试项目与技术要求(标准第4.2.3.5款)。

⑤缓速器作用与缓速率检验技术要求(标准第4.2.3.5款)。

⑥主减速器、差速器和轮边减速器工作状况路试技术要求(标准第4.2.3.6款)。

标准相关条款:

4.2.3.1 离合器接合平稳、分离彻底、操作轻便、工作可靠,不得有异响、打滑或发抖现象;踏板力不大于300 N。

4.2.3.2 离合器踏板的自由行程、有效行程应符合原设计规定;动作时不应与其他非相关件发生干涉,放松踏板能迅速回位。衬套与轴的配合应符合原制造厂维修技术要求。

4.2.3.3 手动变速器及分动器应换挡轻便、准确可靠;互锁和自锁装置有效,不得有乱挡和自行跳挡现象;运行中无异响;正常情况下不过热。

4.2.3.4 自动变速器的操纵装置除位于P、N外的任何挡位,发动机均应不能启动;当位于P挡时,应有驻车锁止功能;车辆行驶中能按规定的换挡点进行升、降挡;换挡平顺、不打滑,无冲击、无异响。正常情况下不过热。

4.2.3.5 传动轴及中间轴承应正常工作,无松旷、抖动、异响及过热现象。装备有缓速器的车辆,缓速器应作用正常有效,缓速率应符合原设计要求。

4.2.3.6 主减速器、差速器和轮边减速器应正常工作,无异响,正常工况下不过热。

(5)行走机构技术要求。标准第4.2.4.1～4.2.4.8款分别对行走机构(行驶系统)各部件基本参数检验和路试2方面规定了该机构的竣工检验技术要求。

①车轮及轮胎的检验技术要求(标准第4.2.4.1～4.2.4.5款)。包括:轮胎使用规格检验(型号、品种、花纹、速度等级)、轮胎外观检验(花纹深度、胎冠和胎侧损伤)、车轮总成的横向摆动量和径向跳动量测量、轮胎气压检查、轮胎动平衡。特别规定:同轴上装用的轮胎型号、品种、花纹应一致,汽车转向轮不得装用翻新轮胎,用滚型工艺制作的轮辋损坏后必须换装相同的轮辋。

②转向节与衬套的配合及轮毂轴承预紧度检验技术要求(标准第4.2.4.6～4.2.4.8款)。

③悬架装置(减振器、钢板弹簧、减振弹簧、扭杆弹簧、气囊弹簧)检查、路试项目与技术要求(标准第4.2.4.6～4.2.4.8款)。

④各部连接杆件检查技术要求(标准第4.2.4.6～4.2.4.8款)。

相关标准条款:

4.2.4.1 车轮总成的横向摆动量和径向跳动量应符合GB 7258中有关条款的要求。

4.2.4.2 最大设计车速不小于100 km/h的汽车,车轮应进行动平衡试验,其动不平衡质量应不大于10 g。

4.2.4.3 汽车装用的轮胎应与其最大设计车速相适应。

4.2.4.4 轮胎胎冠和胎侧不得有足以暴露出轮胎帘布层的破裂和割伤。

4.2.4.5 轮胎胎冠上的花纹深度应符合GB 7258中有关条款的要求;同轴上装用的轮胎型号、品种、花纹应一致;汽车转向轮不得装用翻新轮胎;轮胎气压应符合原设计规定;用滚型工艺制作的轮辋损坏后必须换装相同的轮辋。

4,2.4.6 转向节与衬套的配合及轮毂轴承预紧度应符合原制造厂维修技术要求。

4.2.4.7 非独立悬架式车辆，转向节与衬套的配合，轴颈与轴承的配合，轴承预紧度调整符合原制造厂维修技术要求，无异响，正常工况下不发热；减振器、钢板弹簧，作用良好、有效，无异响；各部连接杆件不松旷。

4.2.4.8 独立悬架式车辆，转向节上下球销不松旷；轴承与轴颈的配合，轴承预紧度调整符合原制造厂维修技术要求，无异响，正常工况下不发热；减振弹簧、扭杆弹簧、气囊弹簧、减振器，作用正常有效，无异响；各部连接杆件衬套、球销、垫片，齐全不松旷。

(6)制动机构技术要求。标准第4.2.5.1～4.2.5.6款分别对制动机构各装置的工作状况检验项目及技术要求作了明确规定，包括：

①制动踏板的自由行程、有效行程检验技术要求(标准第4.2.5.5款)。

②驻车制动操纵杆的有效行程检验技术要求(标准第4.2.5.6款)。

③制动系统(气压或液压制动系统)的装备及其性能检验技术要求(标准第4.2.5.2、4.2.5.3款)。

④排气制动装置检验技术要求(标准第4.2.5.4款)。

⑤行车制动路试检验基本要求(标准第4.2.5.1款)。

标准相关条款：

4.2.5.1 汽车在行驶中无自行制动现象。

4.2.5.2 采用气压制动的汽车，制动系统的装备及其性能应符合GB 7258中有关条款的规定。

4.2.5.3 制动系装备的比例阀、限压阀、感载阀、惯性阀或制动防抱死装置，应工作正常有效。

4.2.5.4 装有排气制动的柴油车，当排气制动装置关闭3/4行程时，联动机构应使喷油泵完全停止供油；而当排气制动装置开启时，又能正常供油。

4.2.5.5 制动踏板的自由行程、有效行程应符合原设计规定。动作时不应与其他非相关件发生干涉，放松踏板能迅速回位；衬套与轴的配合应符合原制造厂维修技术要求。采用液压制动的汽车踏板行程应符合GB 7258中有关条款的规定。

4.2.5.6 驻车制动操纵杆的有效行程应符合原设计规定。动作时不应与其他非相关件发生干涉。衬套与轴的配合应符合原制造厂维修技术要求。

(7)车身、车架技术要求。标准第4.2.6条规定：车身应符合GB/T 5336的规定，具体见《大客车车身修理技术条件》(GB/T 5336—2005)内容介绍。特别提出车身、保险杠及翼子板左右对称的检验数据要求(标准第4.2.6.2款)。

(8)照明和信号装置及其他电器设备技术要求。标准第4.2.7.1～4.2.7.6款分别对全车电器线路，灯光、信号、电器设备等及其控制装置，空调系统，电子控制系统和蓄电池工作状况的检验项目及技术要求作了明确规定。

①全车电器线路布置、线束及安装检验技术要求(标准第4.2.7.1款)，特别强调了线束与排气管和裸露的电器接头及电器开关与燃油箱加油口和通气口的安全距离。

②灯光、信号、电器设备等及其控制装置检验技术要求(标准第4.2.7.2、4.2.7.3款)，特别提出前照灯光束的照射位置和发光强度的检测技术要求。

③空调系统性能检验技术要求(标准第4.2.7.4款)。

④电子控制系统的元器件检验技术要求(标准第4.2.7.5款)。

⑤行车制动路试检验基本要求(4.2.7.5)。

⑥蓄电池外观、安装及电解液检验技术要求(标准第4.2.7.6款)。

标准相关条款:

4.2.7.1 全车电器线路应布置合理、连接正确;线束包扎良好、牢固可靠;线束通过孔洞处应有防护设施,且距离排气管不小于 300 mm;导线规格及线色符合规定,接头牢固、良好;保险丝、熔断线及继电器的使用应符合原设计规定;裸露的电气接头及电气开关应距燃油箱的加油口和通气口 200 mm 以上。

4.2.7.2 灯光、信号、电器设备等及其控制装置应齐全有效,各元器件性能良好,工作正常,符合原设计要求。

4.2.7.3 前照灯光束的照射位置和发光强度应符合 GB 18565 中有关条款的规定。

4.2.7.4 装备有空调系统的载客汽车空调性能应符合原设计要求。

4.2.7.5 装备有其他与制动、行车安全有关的电子控制系统的元器件,应按原设计装备齐全,监控有效、正常。电子控制装置(ECU)应无故障码显示。

4.2.7.6 蓄电池外观应整洁、安装牢固,桩头完好、正负极标志分明,桩卡头及搭铁线连接牢实;电解液密度、液面高度及电压差应符合规定。

3.竣工出厂主要性能指标要求

(1)动力性。标准第 4.3.1 条规定了整车大修竣工出厂动力性测试方法、测试指标及技术要求,并规定:环境温度在 288 K～303 K(15 ℃～30 ℃)范围内,海拔高度变化后,驱动轮输出功率可按给定公式进行修正,标准规定了不同海拔高度的输出功率修正系数。

(2)经济性。标准第 4.3.2 条规定了整车大修竣工出厂经济性的测试条件、测试指标和技术要求。

(3)排放性能。标准第 4.3.3 条规定了整车大修竣工出厂排放性能检验项目和技术要求。

(4)制动性能。标准第 4.3.4 条规定了整车大修竣工出厂试验台试验或道路检验制动性能的检验技术要求,特别规定:制动系装有比例阀、限压阀、感载阀、惯性阀或制动防抱死装置的,在试验台上达不到规定制动力的车辆,应以满载路试的检验结果为准。装用 ABS 的汽车的制动性能应符合国家有关标准的规定。

(5)滑行性能。标准第 4.3.5 条规定了整车大修竣工出厂滑行性能的检验技术要求。

(6)转向轻便性。标准第 4.3.6 条规定了整车大修竣工出厂转向轻便性的检验技术要求。

(7)汽车噪声。标准第 4.3.7 条分别规定了整车大修竣工出厂车内噪声、车外噪声的检验技术要求。

(8)喇叭声级。标准第 4.3.8 条规定了整车大修竣工出厂喇叭声级的检验技术要求。

标准相关条款:

4.3.1 动力性

台架测试汽车额定转矩转速下的驱动轮输出功率应符合 GB/T 18276 的规定。

环境温度在 288 K～303 K(15 ℃～30 ℃)范围内,海拔高度变化后,驱动轮输出功率可按公式(1)进行修正。

$$P_{修正} = P_{输出}/k \tag{1}$$

式中:$P_{修正}$——修正功率,kW;

$P_{输出}$——驱动轮输出功率,kW;

k——不同海拔高度输出功率修正系数,见表 1。

不同海拔高度的输出功率修正系数　表1

海拔高度(m)	1 000	2 000	3 000	4 000	5 000
汽油机修正系数 k	0.87	0.77	0.67	0.57	0.47
柴油机修正系数 k	0.93	0.85	0.77	0.69	0.61

4.3.2　经济性

汽车大修走合期满后，每百公里燃料消耗量不得大于该车型原设计规定的相应车速等速百公里燃料消耗量的105%。

4.3.3　排放性能

各种排放控制装置应齐全、有效，汽车的排放指标应符合国家标准的要求。

4.3.4　制动性能

4.3.4.1　试验台或道路检验制动性能，应符合GB 18565中有关条款的规定。

4.3.4.2　制动系装有比例阀、限压阀、感载阀、惯性阀或制动防抱死装置的，在试验台上达不到规定制动力的车辆，应以满载路试的检验结果为准。装用ABS的汽车的制动性能应符合国家标准的规定。

4.3.5　滑行性能

滑行性能应符合GB 18565中有关条款的规定。

4.3.6　转向轻便性

转向轻便性应符合GB 18565中有关条款的规定。

4.3.7　汽车噪声

4.3.7.1　车内噪声应符合GB 7258的有关规定。

4.3.7.2　车外噪声应符合GB 1495的有关规定。

4.3.8　喇叭声级应符合GB 7258的有关规定。

4.整车大修质量保证

标准第5.1～5.2条规定了整车大修质量保证的形式(签发“汽车大修出厂合格证”及有关技术文件)和质量保证期(半年或行驶2万km)。

(二)**《汽车大修竣工出厂技术条件　第2部分:载货汽车》**(GB/T 3798.2—2005)

该标准对载货汽车，规定了其整车大修竣工出厂的技术条件和质量保证要求。

1.竣工出厂基本要求

标准第4.1条规定了载货汽车整车大修竣工出厂检验时的基本检验项目和技术要求，共12项，与载客汽车整车大修竣工出厂基本检验项目与技术要求相比，少了一项，即有关悬挂减振系统的大修竣工出厂检验技术要求(竣工出厂基本检验各部分的具体规定见国标GB/T 3798.1—2005的介绍)。

2.竣工出厂各总成机构要求

(1)发动机的技术要求。标准第4.2.1条规定:发动机应符合国标GB/T 3799.1和国标GB/T 3799.2的规定(具体见国标GB/T 3799—2005主要内容介绍)。

(2)转向操纵机构技术要求。标准第4.2.2.1～4.2.2.6款分别从转向机构外观检查、基本参数检验与测试和路试3方面规定了该机构的竣工检验技术要求(各项规定主要内容见国标GB/T 3798.1—2005的介绍)。

(3)传动机构技术要求。标准第4.2.3.1～4.2.3.6款分别对传动机构各部件检查和路试,规定了该机构的竣工检验技术要求(各项规定主要内容见GB/T 3798.1—2005的介绍)。

(4)行走机构技术要求。标准第4.2.4.1～4.2.4.8款分别对行走机构(行驶系统)各部件基本参数检验和路试2方面规定了该机构的竣工检验技术要求(各项规定主要内容见国标GB/T 3798.1—2005的介绍)。

(5)制动机构技术要求。标准第4.2.5.1～4.2.5.6款分别对制动机构各装置的工作状况检验项目及技术要求作了明确规定(各项规定主要内容见国标GB/T 3798.1—2005的介绍)。

(6)车身、车架、驾驶室技术要求。标准第4.2.6.1～4.2.6.15款对载货车车身、车架、驾驶室竣工质量检验要求,含大修过程质量检验要求,详细作了规定。主要内容分为以下几部分:

①车架整修技术要求。包括:车架纵梁上平面及侧面的纵向直线度公差,车架总成左、右纵梁上平面平面度公差,车架各段对角线长度差测量技术要求等。

②驾驶室与货厢技术要求。包括:驾驶室、货厢平整及完好要求,驾驶室总成翻转机构及隔热隔震措施要求,座椅可调节性能,驾驶室、货厢、保险杠及翼子板左右对称度,货厢边板和底板的平整度,货厢铰链支架及锁钩等。

③备胎架安装检验技术要求。

④发动机罩及附件检验技术要求。

⑤后视镜清晰度与安装可靠性检验。

⑥刮水器工作性能要求。

⑦内、外装饰件外观与连接状况检查技术要求。

⑧门锁、门把、玻璃升降器、门窗玻璃检验技术要求。

标准相关条款:

4.2.6.1　车架纵梁上平面及侧面的纵向直线度公差,在任意1 000 mm长度上为3 mm,在全长上为其长度的1‰。

4.2.6.2　车架总成左、右纵梁上平面应在同一平面内,其平面度公差为被测平面长度的1.5‰。

4.2.6.3　车架分段(前钢板前支架销孔轴线—前钢板后支架销孔轴线—后钢板前支架销孔轴线一后钢板后支架销孔轴线)检查,各段对角线长度差不大于5 mm。

4.2.6.4　驾驶室、货厢应平整完好,无变形、裂损、锈蚀等缺陷。货厢边板、铰链应铰接牢固、启闭灵活。

4.2.6.5　驾驶室总成采用翻转机构的,行驶中应无异响,减振有效,翻转轻便灵活,翻转角度符合原设计规定;定位及锁止机构,可靠、完整、有效;隔热隔振措施有效,符合原设计规定。

4.2.6.6　驾驶室座椅可调节部位,应调节灵活,锁止有效。

4.2.6.7　驾驶室、货厢、保险杠及翼子板左右对称。各对称部位离地面高度差:货厢不大于20 mm,其他不大于10 mm。

4.2.6.8　货厢边板和底板应平整完好;左、右边板应平行,其高度差不大于10 mm,边板关闭后,各边缝隙不应超过5 mm;货厢铰链支架及锁钩应按原设计修配齐全、有效。

4.2.6.9　备胎架安装牢固可靠、操纵灵活。

4.2.6.10　发动机罩应无裂损变形,盖合严密,附件齐全有效、灵活可靠、支撑牢固。

4.2.6.11　后视镜成像清晰,调节灵活,支架无裂损及锈蚀,安装牢固;刮水器工作可靠,有效刮水面达到原设计要求。

4.2.6.12 内、外装饰件外观应平顺贴合，紧固件整齐牢固；电镀、铝质装饰件应光亮，无锈斑、脱层、划痕。

4.2.6.13 可开启式门窗应开闭轻便、关闭严密、锁止可靠、合缝均匀，不松旷；门把、玻璃升降器齐全完好、灵活有效。

4.2.6.14 门窗玻璃应符合 GB 7258 有关规定的要求。

4.2.6.15 门窗及防尘、防雨密封设施应齐全、完好。

(7)照明和信号装置及其他电气设备技术要求。标准第 4.2.7.1～4.2.7.2 款分别对全车电器线路，灯光、信号、电器设备、蓄电池工作状况的检验项目及技术要求作了明确规定。

①全车电器线路、照明和信号装置及其他电器设备检验技术要求。

②蓄电池外观及电解液密度、液面高度及电压差的检验技术要求。

3. 竣工出厂主要性能指标要求

竣工出厂主要性能指标要求：

(1)动力性。标准第 4.3.1 条规定了整车大修竣工出厂动力性测试方法、测试指标及技术要求，并规定：环境温度在 288 K～303 K(15 ℃～30 ℃)范围内，海拔高度变化后，驱动轮输出功率可按给定公式进行修正，标准规定了不同海拔高度的输出功率修正系数。

(2)经济性。标准第 4.3.2 条规定了整车大修竣工出厂经济性的测试条件、测试指标和技术要求。

(3)排放性能。标准第 4.3.3 条规定了整车大修竣工出厂排放性能检验项目和技术要求。

(4)制动性能。标准第 4.3.4 条规定了整车大修竣工出厂试验台或道路检验制动性能的检验技术要求，特别规定：制动系装有比例阀、限压阀、感载阀、惯性阀或制动防抱死装置的，在试验台上达不到规定制动力的车辆，应以满载路试的检验结果为准。装用 ABS 的汽车的制动性能应符合国家标准的规定。

(5)滑行性能。标准第 4.3.5 条规定了整车大修竣工出厂滑行性能的检验技术要求。

(6)转向轻便性。标准第 4.3.6 条规定了整车大修竣工出厂转向轻便性的检验技术要求。

(7)汽车噪声。标准第 4.3.7 条分别规定了整车大修竣工出厂车内噪声、车外噪声的检验技术要求。

(8)喇叭声级。标准第 4.3.8 条规定了整车大修竣工出厂喇叭声级的检验技术要求。

4. 整车大修质量保证

标准第 5.1～5.2 条规定了整车大修质量保证的形式(签发“汽车大修出厂合格证”及有关技术文件)和质量保证期(半年或行驶 2 万 km)。

八、《商用汽车发动机大修竣工出厂技术条件》(GB/T 3799.1～2—2005)

该标准由中华人民共和国国家质量监督检验检疫总局、中国国家标准化管理委员会于 2005 年 3 月 21 日发布，2005 年 8 月 1 日起实施。该标准代替了《汽车发动机大修竣工出厂技术条件》(GB/T 3799—1983)。该标准分为两部分：《商用汽车发动机大修竣工出厂技术条件 第 1 部分：汽油发动机》(GB/T 3799.1—2005)、《商用汽车发动机大修竣工出厂技术条件 第 2 部分：柴油发动机》(GB/T 3799.2—2005)。两部分分别规定了商用汽车汽油发动机和商用汽车柴油发动机大修竣工出厂的技术要求、质量保证和包装要求。该标准所指商用汽车，按国标 GB/T 3730.1—2001 确立的术语定义应为：除乘用车（在其设计和技术特性上主要用于载运乘客及其随身行李和/或临时物品的汽车，包括驾驶员座位在内最多不超过 9 个座位）之外的所有车辆。

该标准属于推荐性国家标准，第 1 部分适用于大修竣工出厂的汽油发动机，第 2 部分适用于大修竣工出厂的柴油发动机。该标准是汽车维修质量检验人员进行商用汽车发动机大修质量检验，包括过程检验和竣工检验的依据。该标准与国标 GB/T 3799—1983 相比，主要变化包括：增加了关于汽油发动机电子控制燃油喷射系统的相关内容；对大修竣工后的汽油发动机的性能要求参数值进行了修订；对竣工检验条件提出了更科学合理的要求；增加了关于对不同海拔高度功率、转矩修正系数的内容；质量保证期增加了 1 倍。标准的主要内容介绍如下：

（一）**《商用汽车发动机大修竣工出厂技术条件 第 1 部分：汽油发动机》**（GB/T 3799.1—2005）

该标准规定了商用汽车汽油发动机大修竣工出厂的技术要求、质量保证和包装要求，适用于商用汽车汽油发动机（往复活塞式）。

1. 发动机大修竣工出厂外观检验技术要求

标准第 4.1 条规定了汽油发动机大修竣工出厂外观检验的项目和技术要求，共 3 项。

（1）发动机外观整洁与漆面检查技术要求。见标准第 4.1.1 条发动机的外观应整洁、无油污。发动机外表应按规定喷漆，漆层应牢固，不得有起泡、剥落和漏喷现象。

（2）发动机各部及附件检查技术要求。见标准第 4.1.2 条发动机点火、燃料供给、润滑、冷却和进排气等系统的附件应齐全，安装正确、牢固。

（3）发动机各部分密封性能和电器部分检查技术要求。见标准第 4.1.3 条发动机各部分应密封良好，不得有漏油、漏水、漏气现象；电器部分应安装正确、绝缘良好。

2. 发动机装备大修竣工出厂检验技术要求

标准第 4.2 条规定了汽油发动机大修各装备过程检验和竣工检验的项目和技术要求，共 8 项，主要包括：

（1）外购的零、部件和附件的产品质量要求（标准第 4.2.1 条）。

（2）零、部件修复质量及装配工艺技术要求（标准第 4.2.2～4.2.4 条）。

（3）发动机增压装置检验技术要求（标准第 4.2.5 条）。

（4）发动机限速装置安装、调整与拆除的技术要求（标准第 4.2.6 条）。

（5）电子控制燃油喷射系统装置检验技术要求（标准第 4.2.7 条）。

（6）发动机冷磨、热试技术要求（标准第 4.2.8 条）。

标准相关条款：

4.2.1　外购的零、部件和附件均应符合其制造或修理技术要求。

4.2.2　修复的零、部件装配前应经检验，其性能达到规定的技术要求。主要零部件汽缸体和汽缸盖、曲轴、凸轮轴等如进行修理，应满足原制造厂维修技术要求或 JT/T 104、JT/T 105 和 JT/T 106 的要求。

4.2.3　发动机应按装配工艺要求装配齐全；装配过程中应按要求进行过程检验，过程检验合格后再进行下一步装配。

4.2.4　装配后的发动机应按原设计规定加注润滑油、润滑脂、冷却液。

4.2.5　带有增压或中冷增压的发动机，增压装置应按原厂规定进行装配和检验，增压器工作应正常，转速应达到原设计规定。具有增压器旁通管道控制的发动机，旁通管道的开启与关闭应灵活可靠，开启及关闭的转速应符合原设计规定。

4.2.6　对原设计规定需加装限速装置的发动机，维修人员应对限速装置作相应调整并加铅封。限速装置宜在发动机走合期满进行首次维护后拆除。

4.2.7　电子控制燃油喷射系统装置应齐全有效。

4.2.8　装配后的发动机如需进行冷磨、热试，应按工艺要求和技术条件进行冷磨、热试、清洗，并更换润滑油、机油滤清器或滤芯。原设计有特殊规定的按相应规定进行。

3.发动机大修竣工出厂性能检测技术要求

标准第4.3条规定了汽油发动机大修竣工出厂性能检测的项目和技术要求，共11项，包括：

(1)发动机运转状况检验技术要求(标准第4.3.1条)。

(2)起动性能检验技术要求(标准第4.3.2条)。

(3)怠速运转性能检验技术要求(标准第4.3.3条)。

(4)进气歧管真空度(怠速时)检验技术要求(标准第4.3.4条)。

(5)增压发动机的增压压力及温度检验技术要求(标准第4.3.5条)。

(6)机油压力(怠速和高速时)和警示装置检验技术要求(标准第4.3.6条)。

(7)额定功率和最大转矩测试技术要求(标准第4.3.7条)。其中规定：在标准状态下，发动机额定功率和最大转矩不得低于原设计标定值的90%，并规定：环境温度在288 K～303 K(15 ℃～30 ℃)范围内，海拔高度变化后，驱动轮输出功率可按给定公式进行修正，标准规定了不同海拔高度的输出功率修正系数。

(8)最低燃料消耗率和机油消耗量(经济性)测试技术要求(标准第4.3.8条)。

(9)排放性能，包括排放控制装置和排放污染物含量检验技术要求(标准第4.3.9条)。

(10)发动机噪声测量技术要求(标准第4.3.10条)。

(11)电子控制燃油喷射系统技术参数和性能检验技术要求(标准第4.3.11条)。

标准相关条款：

4.3.1　发动机运转状况及检查发动机在各种工况下运转应稳定，不得有过热现象；不应有异常响声；突然改变工况时，应过渡圆滑，不得有突爆、回火、放炮等异常现象。

4.3.2　起动性能按GB/T 18297中的检验方法进行检验。发动机在正常环境温度和低温255K(－18℃)时，都能顺利起动。允许起动3次。

4.3.3　怠速运转性能，在正常工作温度下，发动机怠速运转稳定，其怠速转速应符合原设计规定，并能保证向其他工况圆滑过渡。

4.3.4　进气歧管真空度，在正常工作温度和标准状态下，发动机怠速运转时，进气歧管真空度符合原设计规定，其波动范围：6缸汽油发动机一般不超过3 kPa；4缸汽油发动机一般不超过5 kPa。

4.3.5　增压发动机的增压压力及温度，增压发动机的增压压力及温度应符合原设计规定。

4.3.6　机油压力，在规定转速下，发动机润滑系统工作正常，机油压力和机油温度应符合原制造厂维修技术要求，警示装置可靠有效。

4.3.7 额定功率和最大转矩，按 GB/T 18297 中的检验方法进行检验。在标准状态下，发动机额定功率和最大转矩不得低于原设计标定值的 90%。环境温度在 288 K～303 K(15 ℃～30 ℃)范围内，海拔高度变化后，发动机额定功率可按公式(1)进行修正。

$$P_{修正} = P_{实测}/k \tag{1}$$

式中：$P_{修正}$——修正功率，单位为千瓦，kW；

$P_{实测}$——实测功率，单位为千瓦，kW；

k——不同海拔高度额定功率、最大转矩修正系数，见表 1。

最大转矩的修正方法、修正系数与额定功率的修正方法、修正系数相同。

不同海拔高度额定功率、最大转矩修正系数 表 1

海拔高度(m)	1 000	2 000	3 000	4 000	5 000
修正系数 k	0.87	0.77	0.67	0.57	0.47

4.3.8 最低燃料消耗率和机油消耗量

按 GB/T 18297 中的检验方法进行检验。

最低燃料消耗率不得大于原设计标定值的 105%；机油消耗量符合原设计规定。

4.3.9 排放性能

发动机排放装置应齐全有效，排放污染物限值应符合国家有关标准的规定。

4.3.10 噪声

发动机的噪声应符合国家有关标准的规定。

4.3.11 电子控制燃油喷射系统

电子控制燃油喷射系统技术参数与性能应符合原制造厂维修技术要求。

4.发动机大修质量保证技术要求

标准第 5.1～5.4 条规定了商用汽车汽油发动机大修质量保证的竣工质量检验技术措施、过程质量控制要求、大修技术档案和质量保证期方面的要求。其主要内容包括：

(1)必须对修竣发动机性能指标(额定功率、最大转矩、燃料经济性)进行检验。

(2)发动机的装配过程中，要进行过程检验并记录，竣工检验合格的发动机应签发合格证。

(3)发动机维修技术资料应归档管理，发动机维修、检验记录信息，即检验表，参见标准附录 A。

(4)大修竣工出厂的发动机质量保证期。规定为：自竣工之日起，不少于半年或行驶里程为 20 000 km(以先到者为准)，并强调实施质量保证期的前提——送修方应按技术文件要求进行使用和维护。

5.发动机总成包装技术要求

标准第 6 条对按“送修方提出的包装要求”进行发动机总成包装的技术规定。

6.附录 A(资料性附录)汽油发动机维修、检验记录文件

附录 A 包括：表 A.1 发动机大修进厂检验单；表 A.2 发动机大修过程检验单；表 A.3 发动机大修竣工检验单。上述检验单规定了汽油发动机大修进厂检验、维修过程检验、出厂竣工检验的项目和检验记录要求。

标准相关附录如下：

附录 A
（资料性附录）
汽油发动机维修、检验记录文件。

A.1 发动机大修进厂检验单见表 A.1。

A.2 发动机大修过程检验单见表 A.2。

A.3 发动机大修竣工检验单见表 A.3。

发动机大修进厂检验单 表 A.1

进厂日期		进厂编号	
厂牌车型		车牌照号码	
发动机型号		发动机号码	
送修单位		单位地址	
联系电话		送修人	
用户报修项目及发动机现状	维修前使用此发动机的汽车驶入或拖入＿＿＿＿＿ 总行驶里程＿＿＿＿＿km 已进行发动机大修＿＿＿＿＿次 进厂前主要问题是＿＿＿＿＿ 此次要求＿＿＿＿＿		
发动机主要问题及重点修理部位			

发动机外观及装备（完整“○”，缺少“△”，损坏“×”）

检验项目	检验结果	检验项目	检验结果
空气滤清器		各传感器	
燃油滤清器		机油散热器及管道	
机油滤清器		加机油口盖	
化油器、喷油器（电控）		机油尺、放油塞	
机油泵		水泵	
燃油泵		风扇电机	
汽缸体、汽缸盖		风扇皮带	
进、排气歧管		风扇叶	
起动机		排气管、消声器	
发电机		尾气净化器	
火花塞		油管、真空管	
分电器			
电控系统			
点火线圈			
备注：			

进厂检验员：＿＿＿＿＿ ＿＿＿＿年＿＿＿＿月＿＿＿＿日

（二）**《商用汽车发动机大修竣工出厂技术条件 第 2 部分：柴油发动机》**（GB/T 3799.2—2005）

本部分规定了商用汽车柴油发动机大修竣工出厂的技术要求、质量保证和包装要求，适用于商用汽车柴油发动机（往复活塞式）。

1. 发动机大修竣工出厂外观检验技术要求

标准第 4.1 条规定了柴油发动机大修竣工出厂外观检验的项目和技术要求，共 3 项。

(1)发动机外观整洁与漆面检查技术要求(标准第 4.1.1 条)。

(2)发动机各部及附件，包括辅助起动装置的检查技术要求(标准第 4.1.2 条)。

(3)发动机各部分密封性能和电器部分检查技术要求(标准第 4.1.3 条)。

发动机大修过程检验单

表 A.2

进厂编号		厂牌车型		车牌照号码	
发动机编号		施工日期		主修人	

主要零部件换修记录

部件名称	续用	更换	修理	加大	缩小
汽缸体					
汽缸盖					
汽缸套					
进、排气歧管					
活塞					
曲轴					
曲轴轴承					
连杆轴承					
凸轮轴					
凸轮轴轴承					
气门					
气门导管					
正时皮带(齿轮)					

汽缸直径检验记录(mm)

汽缸直径	1 缸		2 缸		3 缸		4 缸		5 缸		6 缸	
	纵	横	纵	横	纵	横	纵	横	纵	横	纵	横
上部												
中部												
下部												
圆度												
圆柱度												

活塞连杆组检验记录(mm)

活塞直径	1 缸	2 缸	3 缸	4 缸	5 缸	6 缸
横向						
纵向						
活塞环(开口)						
活塞质量(g)						
活塞连杆组质量(g)						
活塞与缸壁间隙						

续上表

曲轴与轴承检验记录(mm)								
曲轴		1	2	3	4	5	6	7
主轴颈	圆度							
	圆柱度							
连杆轴颈	圆度							
	圆柱度							
主轴颈与轴承配合间隙								
连杆轴颈与轴承配合间隙								
曲轴端隙								

凸轮轴及轴承检验记录(mm)				
凸轮轴	1	2	3	4
轴颈直径				
轴颈与轴承配合间隙				
凸轮升程				
备注:				

过程检验员:________　　　　________年________月________日

发动机大修竣工检验单　　　　表 A.3

进厂编号		厂牌车型		牌照号码	
发动机编号		竣工日期		主修人	

<table>
<tr><th colspan="9">发动机外观、装备及性能(mm)</th></tr>
<tr><th>检验内容及结果</th><th colspan="8">检验内容及结果</th></tr>
<tr><td>发动机外观:</td><td colspan="8">怠速转速(r/min)</td></tr>
<tr><td>喷(涂)漆:</td><td colspan="8">运转状况怠速:　中速:　高速:　加速及过渡</td></tr>
<tr><td>四漏检查油:　水:　电:　气:</td><td colspan="8">发动机异响:</td></tr>
<tr><td>螺栓螺母:</td><td colspan="8">机油压力(MPa)
怠速:　　　高速:</td></tr>
<tr><td rowspan="4">润滑油:</td><td colspan="8">汽缸压力(MPa)</td></tr>
<tr><td>1</td><td>2</td><td>3</td><td>4</td><td>5</td><td>6</td><td>7</td><td>8</td></tr>
<tr><td></td><td></td><td></td><td></td><td></td><td></td><td></td><td></td></tr>
<tr><td colspan="8">汽缸压力差(MPa)</td></tr>
<tr><td>空气滤清器</td><td colspan="8">真空度(kPa)
怠速:　　　波动范围:</td></tr>
<tr><td rowspan="4">限速装置:</td><td colspan="8">排放污染物:</td></tr>
<tr><td colspan="4">怠速________r/min</td><td colspan="4">高怠速________r/min</td></tr>
<tr><td colspan="2">CO(%)</td><td colspan="2">HC(10⁻⁶)</td><td colspan="2">CO(%)</td><td colspan="2">HC(10⁻⁶)</td></tr>
<tr><td colspan="2"></td><td colspan="2"></td><td colspan="2"></td><td colspan="2"></td></tr>
<tr><td rowspan="2">起动性能</td><td colspan="4">额定功率(kW)</td><td colspan="4">最大转矩(N·m)</td></tr>
<tr><td colspan="8">发动机燃油消耗率(g/(kW·h))</td></tr>
<tr><td>电控系统有无故障码显示:</td><td colspan="8">发动机噪声:</td></tr>
<tr><td colspan="9">备注:</td></tr>
</table>

竣工检验员:________　　　　________年________月________日

2.发动机装备大修竣工出厂检验技术要求

标准第 4.2 条规定了柴油发动机大修各装备过程检验和竣工检验的项目和技术要求,共10 项,主要包括:外购的零、部件和附件的产品质量要求(标准第 4.2.1 条),零、部件修复质量及装配工艺技术要求(标准第 4.2.2～4.2.4 条),发动机装有的排气制动装置检验技术要求(标准第 4.2.5 条),喷油泵、喷油器、调速器调试、检测技术要求(标准第 4.2.6 条),发动机增压装置检验技术要求(标准第 4.2.7 条),发动机限速装置安装、调整与拆除的技术要求(标准第 4.2.8 条),电子控制燃油喷射系统装置检验技术要求(标准第 4.2.9 条),发动机冷磨、热试技术要求(标准第 4.2.10 条)。

标准相关条款:

4.2.1　外购的零、部件和附件均应符合其制造或修理技术要求。

4.2.2　修复的零、部件装配前应经检验,其性能应达到规定的技术要求。主要零部件汽缸体和汽缸盖、曲轴、凸轮轴等如进行修理,应满足原制造厂维修技术要求或 JT/T 104、JT/T 105 和 JT/T 106 的要求。

4.2.3　发动机应按装配工艺要求装配齐全;装配过程中应按要求进行过程检验,过程检验合格后再进行下一步装配。

4.2.4　装配后的发动机应按原设计规定加注润滑油、润滑脂、冷却液。

4.2.5　发动机装有的排气制动装置应可靠有效。

4.2.6　喷油泵、喷油器、调速器均应进行调试、检测,其性能指标符合原制造厂维修技术要求。

4.2.7　带有增压或中冷增压的发动机,增压装置应按原厂规定进行装配和检验,增压器工作应正常,转速应达到原设计规定。具有增压器旁通管道控制的发动机,旁通管道的开启与关闭应灵活可靠,开启及关闭的转速应符合原设计规定。

4.2.8　对原设计规定需加装限速装置的发动机,维修人员应对限速装置作相应调整并加铅封。限速装置宜在发动机走合期满进行首次维护后拆除。

4.2.9　电子控制燃油喷射系统装置应齐全有效。

4.2.10　装配后的发动机如需进行冷磨、热试,应按工艺要求和技术条件进行冷磨、热试、清洗,并更换润滑油、机油滤清器或滤芯。原设计有特殊规定的按相应规定进行。

3.发动机大修竣工出厂性能检测技术要求

标准第 4.3 条规定了柴油发动机大修竣工出厂性能检测的项目和技术要求,共 11 项,主要包括:

(1)发动机运转状况检验技术要求(标准第 4.3.1 条),特别强调发动机超速断油控制装置和紧急停机装置检验技术要求(标准第 4.3.1.2 条)。

(2)起动性能检验技术要求(标准第 4.3.2 条)。

(3)怠速运转性能检验技术要求(标准第 4.3.3 条)。

(4)增压发动机的增压压力及温度检验技术要求(标准第 4.3.4 条)。

(5)柴油发动机稳定调速率检测技术要求(标准第 4.3.5 条)。

(6)机油压力和警示装置检验技术要求(标准第 4.3.6 条)。

(7)额定功率和最大转矩测试技术要求(标准第 4.3.7 条)。规定:在标准状态下,发动机额定功率和最大转矩不得低于原设计标定值的 90%。并规定:环境温度在 288 K～303 K(15 ℃～30 ℃)范围内,海拔高度变化后,驱动轮输出功率可按给定公式进行修正,标准规定了不同海拔高度的输出功率修正系数。

(8)最低燃料消耗率和机油消耗量(经济性)测试技术要求(标准第4.3.8条)。

(9)排放性能,包括排放控制装置和排放污染物含量检验技术要求(标准第4.3.9条)。

(10)发动机噪声测量技术要求(标准第4.3.10条)。

(11)电子控制燃油喷射系统技术参数和性能检验技术要求(标准第4.3.11条)。

标准相关条款:

4.3.1 发动机运转状况及检查

4.3.1.1 发动机在各种工况下运转应稳定,不得有过热和异常燃烧、爆震等现象,不应有异常响声;改变工况时应过渡平稳。

4.3.1.2 当发动机转速超过额定转速时,断油控制装置正常有效。紧急停机装置在发动机整个运转过程中可靠有效,不得出现失控现象。

4.3.2 起动性能

按GB/T 18297中的检验方法进行检验。发动机在正常环境温度和低温263K(-10℃)时,都能顺利起动。允许起动3次。

4.3.3 怠速运转性能

在正常环境温度条件下,发动机怠速运转稳定,怠速转速应符合原设计规定,并能保证向其他工况圆滑过渡。

4.3.4 增压发动机的增压压力及温度

增压发动机的增压压力及温度应符合原设计规定。

4.3.5 调速率

按GB/T 18297中的检验方法进行检验。柴油发动机稳定调速率应符合原设计规定。

4.3.6 机油压力

在规定转速下,发动机润滑系统工作正常,机油压力和机油温度应符合原制造厂维修技术要求,警示装置可靠有效。

4.3.7 额定功率和最大转矩

按GB/T 18297中的检验方法进行检验。

在标准状态下,发动机额定功率和最大转矩不得低于原设计标定值的90%。

环境温度在288 K~303 K(15 ℃~30 ℃)范围内,海拔高度变化后,发动机额定功率可按公式(1)进行修正。

$$P_{修正} = P_{实测}/k \tag{1}$$

式中:$P_{修正}$——修正功率,单位为千瓦,kW;

$P_{实测}$——实测功率,单位为千瓦,kW;

k——不同海拔高度额定功率、最大转矩修正系数,见表1。最大转矩的修正方法、修正系数与额定功率的修正方法、修正系数相同。

不同海拔高度额定功率、最大转矩修正系数 表1

海拔高度(m)	1 000	2 000	3 000	4 000	5 000
修正系数 k	0.93	0.85	0.77	0.69	0.61

4.3.8 最低燃料消耗率和机油消耗量

按GB/T 18297中的检验方法进行检验。

最低燃料消耗率不得大于原设计标定值的105%;机油消耗量符合原设计规定。

4.3.9 排放性能

发动机排放装置齐全有效,排放污染物限值应符合国家有关标准的要求。

4.3.10 噪声

发动机的噪声应符合国家有关标准的要求。

4.3.11 电子控制燃油喷射系统

电子控制燃油喷射系统技术参数与性能应符合原制造厂维修技术要求。

4.发动机大修质量保证技术要求

标准第5.1~5.4条规定了商用汽车柴油发动机大修质量保证的竣工质量检验技术措施、过程质量控制要求、大修技术档案和质量保证期。其主要内容包括:

(1)必须对修竣发动机性能指标(额定功率、最大转矩、燃料经济性)进行检验。

(2)发动机的装配过程中,要进行过程检验并记录,竣工检验合格的发动机应签发合格。

(3)发动机维修技术资料应归档管理,发动机维修、检验记录信息,即检验表,参见附录A。

(4)大修竣工出厂的发动机质量保证期规定为:自竣工之日起,不少于半年或行驶里程为20 000 km(以先到者为准),并强调实施质量保证期的前提——送修方应按技术文件要求进行使用和维护。

5.发动机总成包装技术要求

标准第6条对按“送修方提出的包装要求”进行发动机总成包装的技术规定。

6.附录A(资料性附录)柴油发动机维修、检验记录文件

附录A包括表A.1发动机大修进厂检验单;表A.2发动机大修过程检验单;表A.3发动机大修竣工检验单。上述检验单规定了柴油发动机大修进厂检验、维修过程检验、出厂竣工检验的项目和检验记录要求。检验单表式和检验项目类似于国标GB/T 3799.1—2005附录A。

九、《大客车车身修理技术条件》(GB/T 5336—2005)

该标准由中华人民共和国国家质量监督检验检疫总局、中国国家标准化管理委员会于2005年3月21日发布,2005年8月1日起实施。该标准代替了《大客车车身技术条件》GB/T 5336—1985。该标准规定了大客车车身修理的技术要求、附件及电器的安装与使用要求、竣工检验及质量保证要求。该标准将所述大客车定义为:在设计和技术特性上用于载运乘客及其随身行李,包括驾驶员座位在内座位数超过16座的汽车。该标准属于推荐性国家标准,适用于大客车车身修理规范操作行为和质量检验,是大客车车身修理质量评定的依据之一。该标准与国标GB/T 5336—1985相比,增加了对换气装置、空调系统、售票装置、车内卫生间等要求的规定;取消了对无轨电车、木质地板、手工电弧焊等的规定。标准的主要内容介绍如下:

(一)车身修理技术要求

标准第4条规定了大客车车身各部修理作业和过程检验技术要求,共15项,主要包括以下几个方面。

1.车身骨架修理技术要求(标准第4.1条)

车身骨架修理技术要求:

(1)骨架构件局部损伤、断裂或严重锈蚀修理或换件的技术要求,骨架整形后外形面轮廓度公差值(标准第 4.1.1、4.1.5 条)。

(2)立柱锈蚀、损坏、断裂修理及立柱间距公差技术要求(标准第 4.1.2、4.1.3 条)。

(3)顶盖横梁弧度检查技术要求(标准第 4.1.4 条)。

(4)车架纵梁直线度、平面度公差、对角线长度差检验技术要求(标准第 4.1.6～4.1.8 条)。

(5)各装置支架检验技术要求(标准第 4.1.9 条)。

(6)车身框架,包括横断面框架、乘客门框、驾驶员门框、前后风挡窗框、无骨架的风挡窗框、侧窗框整形与检验技术要求(标准第 4.1.10～4.1.15 条)。

标准相关条款:

4.1.1　骨架各构件局部损伤、断裂或严重锈蚀时,允许加固修复或更换新件。更新件应符合原设计要求。

4.1.2　立柱下端锈蚀面积与其总面积之比达 1/3 以上应局部截换,如有上述损坏并断裂的,应整件更新。

4.1.3　立柱间距公差及相邻两侧框架间距累积公差均应符合原设计要求。

4.1.4　顶盖横梁弧度分 3 段用样板检查,其面轮廓度公差值为 4 mm。检查用样板的重叠长度应超过检查部位长度 100 mm 以上,保证 3 段结合圆顺。

4.1.5　骨架整形后,外形平整、曲面衔接变化均匀,侧窗下沿及地板围衬处用样板检查,其面轮廓度公差值为 4 mm。

4.1.6　车架纵梁上平面及侧面的纵向直线度公差,在任意 1 000 mm 长度上为 3 mm,在全长上为其长度的 1‰。

4.1.7　车架总成左、右纵梁上平面应在同一平面内,其平面度公差为被测平面长度的 1.5‰。

4.1.8　车架分段(前钢板前支架销孔轴线—前钢板后支架销孔轴线—后钢板前支架销孔轴线—后钢板后支架销孔轴线)检查,各段对角线长度差不大于 5 mm。

4.1.9　各装置支架应无脱焊、裂损,安装牢固。

4.1.10　车身横断面框架对角线长度差不大于 8 mm。

4.1.11　乘客门框对角线长度差不大于 4 mm,或用专用检具测量,允差符合设计要求。

4.1.12　驾驶员门框用样板检查,其线轮廓度公差为 4 mm。

4.1.13　前后风挡窗框整形后用样板检验,其形状、尺寸及止口弧度应符合原设计要求。止口弧度的面轮廓度公差值为 4 mm。

4.1.14　无骨架的风挡窗框,允许分段挖补,其要求同 4.1.13。

4.1.15　侧窗框对角线长度差不大于 3 mm。

2. 车身内外蒙皮及饰件修理技术要求(标准第 4.2 条)。

车身内外蒙皮及饰件修理技术要求:

(1)外蒙皮表面与外装饰带质量及安装技术要求,更换外蒙皮的操作技术要点(标准第 4.2.1、4.2.2 条)。

(2)内蒙皮(围板)、软质内顶篷技术状况要求(标准第 4.2.3 条)。

(3)内饰材料的阻燃性能、内饰板、内外装饰件外观技术要求(标准第 4.2.4、4.2.5 条)

(4)玻璃钢制件修复技术要求(标准第 4.2.6 条)。

(5)电镀装饰件、不锈钢件检验技术要求(标准第 4.2.7 条)。

(6)铝质装饰件检验技术要求(标准第 4.2.8 条)。

标准相关条款：

4.2.1 外蒙皮外表平整，外形曲面过渡均匀，无裂损，无严重锈蚀。更换外蒙皮时，对外蒙皮应做预应力拉伸和除锈、防腐处理；有加强折线的外蒙皮，折线应平齐，前后一致；外蒙皮内表面应与立柱骨架和衬板紧密贴合，应进行隔热、隔声处理。

4.2.2 外装饰带与蒙皮合金贴合良好，平直圆顺，分段接口处平齐，接口间隙不大于0.50 mm。

4.2.3 内蒙皮(围板)应无裂损、翘曲。软质内顶篷不得折皱、松弛、破损。

4.2.4 内饰材料的阻燃性能应符合 GB 8410 的规定。

4.2.5 内饰板、内外装饰件外观应平顺贴合，曲面过渡均匀，表面无凸凹变形、裂损、皱叠、划痕等。内饰板的面轮廓度公差为 1.5 mm。压条与各板之间应密合，紧固件排列整齐，安装牢固。

4.2.6 玻璃钢制件局部裂损允许用玻璃钢材料修复。

4.2.7 电镀装饰件、不锈钢件应光亮，无锈斑、脱层、凹凸、划痕。

4.2.8 铝质装饰件应进行表面抛光、氧化或电化学处理。

3.铆接与焊接修理技术要求(标准第 4.3 条)

铆接与焊接修理技术要求包括：

(1)铆接技术质量要求(标准第 4.3.1.1、4.3.1.2 款)。

(2)焊接技术质量要求(标准第 4.3.2.1、4.3.2.2 款)。

标准相关条款：

4.3.1 铆接

4.3.1.1 铆接应坚实牢固，所有铆钉应平贴紧固，排列整齐，间距均匀。铆钉头不应有破损、歪斜、压伤、头部残缺等现象。

4.3.1.2 蒙皮铆钉排列平直整齐，间隔均匀，位置度公差值为 Φ4 mm。

4.3.2 焊接

4.3.2.1 车身骨架焊接应牢固、可靠、安全。

4.3.2.2 焊缝表面平整，宽度均匀，焊点应平整光滑，无咬边、弧坑、烧蚀、飞边、虚焊接、夹渣、裂纹、焊瘤等缺陷。

4.油漆修理技术要求(标准第 4.4 条)

油漆修理技术要求包括：

(1)油漆前表面处理技术要求，包括：车身骨架、底架及蒙皮内表面，可利用的旧外蒙皮、零部件的处理工艺要求(标准第 4.4.1～4.4.2 条)

(2)油漆涂层质量要求，包括：外观色泽、表面漆膜附着性、漆面和漆层质量(标准第 4.4.3 条)。

(3)油漆覆盖面质量要求(标准第 4.4.4 条不需涂漆的部位，不应有漆痕)。

标准相关条款：

4.4.1 车身骨架、底架及蒙皮内表面应进行除锈及防锈、防腐处理。

4.4.2 对可利用的旧外蒙皮、零部件，涂漆前应清除旧漆皮、腻子、底漆及铁锈。

4.4.3 油漆涂层外观应色泽均匀，表面漆膜附着牢固，漆面和漆层无流痕、脱层、裂纹、起泡、皱纹和漏漆等现象。油漆涂层应符合 QC/T 484 的有关规定。

4.4.4 不需涂漆的部位,不应有漆痕。

5.其他技术要求(标准第 4.5 条)

标准第 4.5.1～4.5.14 条规定了油漆所涉及的各部技术检验要求,包括地板,车门(安全门)及车窗、门窗玻璃,门泵托板,扶手杆及托架座(包括三通),行李舱,发动机罩,铰接车车身铰接装置与连接机构、铰接机构的安全装置,篷骨,防尘装置,换气装置,空调系统,售票台及踏板,自动售票收款装置、车内卫生间。

(二)车身附件及电器的安装要求

1.车身附件安装技术要求

标准第 5.1.1～5.1.7 条规定了车身附件安装技术要求,包括座椅架及卧铺架,驾驶员及乘客座椅、卧具及车内具有调节装置的部位,座椅、卧具靠背及垫铺的缝制质量,安全带,仪表板,各开关、指示灯,刮水器,后视镜,遮阳板,保险杠,散热器面罩,灭火器,燃油箱安装,出油管等。

标准相关条款:

5.1.1 座椅架及卧铺架无裂损、变形及严重锈蚀,安装牢固,排列整齐,间距符合原车设计规定。驾驶员及乘客座椅、卧具及车内具有调节装置的部位,应装备齐全、灵活可靠,定位锁止机构有效。座椅、卧具靠背及垫铺应缝制均匀牢固,色调一致。原设计安全带应牢固有效。

5.1.2 仪表板无裂损、凹瘪、松动,仪表齐全,各开关、指示灯完好,刻度清晰,标志分明。

5.1.3 刮水器工作可靠,有效刮水面达到原设计要求。

5.1.4 后视镜成像清晰,调节灵活,支架无裂损及锈蚀,安装牢固并应满足 GB 15084 的规定。

5.1.5 遮阳板无翘曲、裂损,板面清洁,支架松紧适宜,作用良好。

5.1.6 保险杠、散热器面罩、灭火器完好可靠,安装牢固。

5.1.7 燃油箱安装牢固,支架、夹箍与油箱之间应装衬垫,不允许有摩擦或碰撞现象。出油管不松动,放油螺塞无渗油。

2.汽车电器安装技术要求

标准第 5.2.1～5.2.4 条规定了汽车电器安装技术要求,包括电器设备及线路安装,各仪表、车内外照明、影音装置、信号控制、报警装置及各调节控制装置和电器设备,外部照明位置和光色,低压线外表绝缘层及安装技术要求。

标准相关条款:

5.2.1 电器设备及线路安装应符合原设计要求,安装牢固,工作正常。

5.2.2 各仪表、车内外照明、影音装置、信号控制、报警装置及各调节控制装置和电器设备齐全完好。

5.2.3 外部照明位置和光色符合 GB 4785 的规定。

5.2.4 低压线外表绝缘层无老化、破损,穿线孔处应装有护线圈,包扎紧密,固定可靠。

(三)车身修理竣工检验项目及技术要求

标准第 6.1～6.8 条规定了车身修理竣工检验项目及技术要求,包括:

(1)车身外观、外形尺寸和装备检查(标准第 6.1、6.2 条)。

(2)整备质量及各轴负荷分配的最大值所增加的质量要求(标准第 6.3 条)。

(3)各操纵机构的安装情况检查(标准第 6.4 条)。

(4)车窗玻璃、顶窗、安全门检查(标准第6.5、6.6条)。

(5)路试车身各部蒙皮安装可靠性要求(标准第6.7条)。

(6)电器设备及各种仪表工作状况检查(标准第6.8条)。

标准相关条款:

6.1 外观整洁周正,装备齐全,表面无玷污、漏漆及机械损伤。

6.2 外形尺寸符合原设计规定。

6.3 整备质量及各轴负荷分配的最大值所增加的质量不得超过原设计质量的3%。

6.4 各操纵机构的安装应符合原设计规定,各部连接牢固,密封良好,操纵灵活有效,无相互干涉碰撞现象。

6.5 顶窗应开启到位,行车时不自行落下;安全门应工作有效。

6.6 车窗玻璃清洁、完整、不松动,可开窗应开关灵活,锁止可靠,行程符合要求。

6.7 车辆行驶时蒙皮不应有抖动声。

6.8 电器设备及各种仪表运行中工作正常。

(四)车身修理质量保证

标准第7条规定了车身修理质量保证的要求和质量保证期(半年或行驶2万km)。

第三节 汽车检测主要技术标准

汽车检测技术标准在"汽车维修标准体系结构"中属于"专用修理技术标准"类,为检验"方法"类标准,用以规范汽车检测和技术评定行为,如有关汽车安全性能检验标准、汽车排放检测标准等,是汽车检测技术管理和汽车维修质量评定工作的重要依据。此类标准主要介绍如下:

一、《营运车辆综合性能要求和检验方法》(GB 18565—2001)

该标准由中华人民共和国国家质量监督检验检疫总局、中国国家标准化管理委员会于2000年7月16日发布,2001年10月1日起实施。

该标准规定了营运车辆,即从事道路客货运输的经营性车辆的动力性、燃料经济性、制动性、转向操纵性、照明和信号装置及其他电气设备、排放与噪声控制、密封性、整车装备的基本技术要求和检验方法。该标准是车辆综合性能检测、评定的重要依据之一。

该标准属于强制性国家标准,适用于营运车辆,非营运车辆可参照执行。标准的主要内容介绍如下:

(一)营运车辆动力性要求和检验方法

标准第4.1、4.2条分别规定了发动机性能和整车动力性能的要求和检验方法,其主要内容是:

1.发动机性能要求

包括:发动机动力性,起动性能,各汽缸压缩压力及每缸压力与各缸平均压力的差,发动机点火、燃料供给、润滑、冷却和排气等系统的完好性,柴油机的停机装置技术状况。标准具体规定了各项发动机性能参数的限值及检验方法。

标准相关条款：

4.1　发动机性能

4.1.1　发动机应动力性能良好，运转平稳，怠速稳定。

4.1.2　发动机应有良好的起动性能，应能由驾驶员在驾驶座位上起动，当车辆置于：汽油发动机在不低于−5℃，柴油发动机在不低于5℃条件下，用起动机起动时，应在三次起动中至少有一次可在5 s内起动，在做重复起动试验时，每次间隔2 min。

4.1.3　发动机各汽缸压缩压力应不小于原设计规定值的85%；每缸压力与各缸平均压力的差：汽油发动机应不大于8%，柴油发动机应不大于10%。

4.1.4　发动机点火、燃料供给、润滑、冷却和排气等系统的机件应齐全，性能良好。

4.1.5　柴油机的停机装置必须灵活有效。

2.整车动力性要求

标准第4.2.1～4.2.5条分别规定了整车动力性的评价指标、检测工况、限值及合格条件等，主要内容归纳如下：

(1)整车动力性评价指标及检测工况。标准第4.2.1、4.2.2条规定：整车动力性可用底盘测功机，采用汽车发动机额定扭矩和额定功率时的工况，检测汽车驱动轮输出功率来评价。

(2)驱动轮输出功率的限值及动力性合格的条件。标准第4.2.3、4.2.4条规定：采用校正驱动轮输出功率与相应的发动机输出总功率的百分比作为驱动轮输出功率的限值，并给出相应计算公式和国产营运车辆的校正驱动轮输出功率的限值列于表4-10(标准中表1)，其他车辆可参照执行。

(3)整车动力性检测和评价工况。标准第4.2.5条特别规定：轿车的动力性按额定扭矩工况进行检测和评价。

标准相关条款：

4.2　整车动力性

4.2.1　按GB/T 18276的规定，整车动力性可用底盘测功机检测汽车驱动轮输出功率来评价。

4.2.2　驱动轮输出功率检测工况采用汽车发动机额定扭矩和额定功率时的工况，即发动机全负荷与额定扭矩转速和额定功率转速所对应的直接挡(无直接挡时，指传动比最接近于1的挡)车速构成的工况。

4.2.3　在第4.2.2条的检测工况下，采用校正驱动轮输出功率与相应的发动机输出总功率的百分比作为驱动轮输出功率的限值。

$$\eta_{vm} = P_{vmo}/P_m \tag{1}$$

$$\eta_{vp} = P_{vpo}/P_e \tag{2}$$

式中：η_{vm}——汽车在额定扭矩工况下的校正驱动轮输出功率与额定扭矩功率的百分比，%；

η_{vp}——汽车在额定功率工况下的校正驱动轮输出功率与额定功率的百分比，%；

P_{vmo}——在额定扭矩工况下的校正驱动轮输出功率，kW；

P_{vpo}——在额定功率工况下的校止驱动轮输出功率，kW；

P_m——在额定扭矩工况下的输出功率，kW；

P_e——发动机的额定功率，kW。

国产营运车辆的校正驱动轮输出功率的限值列于表1，其他车辆可参照执行。

校正驱动轮输出功率限值　　表 4-10(标准中表 1)

汽车类型	汽车型号		额定扭矩工况 直接挡检测车速(v_m)(km/h)	额定扭矩工况 校正驱动轮输出功率/额定扭矩功率的限值 η_{Ma}(%)	额定功率工况 直接挡检测车速(v_P)(km/h)	额定功率工况 校正驱动轮输出功率/额定扭矩功率的限值 η_{Pa}(%)
载货汽车	1010、1020 系列	汽油车	60	50	90	40
	1030、1040 系列	汽油车	60	50	90	40
		柴油车	55	50	90	45
	1050、1060 系列	汽油车	60	50	90	40
		柴油车	50	50	80	45
	1070、1080 系列	柴油车	50	50	80	45
	1090 系列	汽油车	40	50	80	45
		柴油车	55	50	80	45
	1100、1110 系列 1120、1130 系列	柴油车	50	45	80	40
	1140、1150、1160 系列	柴油车	50	50	80	40
	1170、1190 系列	柴油车	55	50	80	40
半挂列车①	10t 系列	汽油车	40	50	90	45
		柴油车	50	50	80	45
	15t、20t 系列	柴油车	45	45	70	40
	25t 系列	柴油车	45	50	75	40
客车	6600 系列	汽油车	60	45	85	35
		柴油车	45	50	75	40
	6700 系列	汽油车	50	40	80	35
		柴油车	55	45	75	35
	6800 系列	汽油车	40	40	85	35
		柴油车	45	45	75	35
	6900 系列	汽油车	40	40	85	35
		柴油车	60	45	85	35
	6100 系列	汽油车	40	40	85	35
		柴油车	40	45	85	35
	6110 系列	汽油车	40	40	85	35
		柴油车	55	45	80	35
	6120 系列	柴油车	60	40	90	35
轿车	夏利、富康		95/65②	40/35②	—	—
	桑塔纳		95/65②	45/40②	—	—

注：5010～5040 系列厢式货车和罐式货车驱动轮输出功率的允许值按同系列普通货车的允许值下调 2%；其他系列厢式货车和罐式货车驱动轮输出功率的允许值按同系列普通货车的允许值下调 4%。

①为半挂列车按载质量分类。

②为汽车变速挡使用三挡时的参数值。

4.2.4 动力性合格的条件

$$\eta_{vm} \geqslant \eta_{Ma} \tag{3}$$

或

$$\eta_{vp} \geqslant \eta_{pa} \tag{4}$$

式中：η_{Ma}——汽车在额定扭矩工况下的校正驱动轮输出功率与额定扭矩功率的百分比的允许值，%；

η_{pa}——汽车在额定功率工况下的校正驱动轮输出功率与额定功率的百分比的允许值，%。

4.2.5 轿车的动力性按额定扭矩工况进行检测和评价，其他车辆应按第4.2.4条规定的两种合格条件中任选一种工况进行检测和评价。

(二)营运车辆燃油经济性要求和检验方法

标准第5.1条规定了燃油经济性指标、检验方法及限值：按第12.2条规定的检验方法测得的汽车百公里燃油消耗量不得大于该车型原厂规定的相应车速等速百公里燃料消耗量的110%。

(三)营运车辆制动性要求和检验方法

标准第6.1～6.15条对营运车制动性的各项要求和检验方法作了明确规定，主要内容归纳如下：

1.制动系统功能要求(标准第6.1条)

标准规定：车辆应具有行车制动、应急制动和驻车制动功能。

2.制动系统基本参数要求(标准第6.2～6.4、6.6条)

包括：行车制动系制动踏板的自由行程，行车制动在产生最大制动作用时的踏板力，液压行车制动有效踏板行程，驻车制动操纵装置储备行程，施加于驻车制动操纵装置的力等。

3.驻车制动性能要求(标准第6.5条)

4.制动装置的要求(标准第6.7～6.12条)

包括：气压制动系统充气性能与限压装置技术要求(标准第6.7、6.8条)；行车制动管路要求(标准第6.9条)；关于车辆自行制动的规定(标准第6.10条)；车辆安装防抱制动装置的要求(标准第6.11条)；制动系统故障报警装置的要求(标准第6.12条)。

标准相关条款：

6.1 车辆应具有行车制动、应急制动和驻车制动功能。

6.2 行车制动系制动踏板的自由行程应符合该车原厂规定的有关技术条件。

6.3 行车制动在产生最大制动作用时的踏板力，对于座位数小于或等于9的载客汽车应不大于500 N，对于其他车辆应不大于700 N。

6.4 液压行车制动在达到规定的制动效能时，踏板行程(包括空行程，下同)不得超过全行程的四分之三；制动器装有自动调节间隙装置的车辆的踏板行程不得超过全行程的五分之四，且其座位数小于或等于9的载客汽车踏板行程不得超过120 mm，其他类型车辆不得超过150 mm。

6.5 驻车制动应能使车辆在即使没有驾驶员的情况下，也能停在上、下坡道上。驾驶员必须在座位上就可以实现驻车制动。施加于驻车制动操纵装置的力：手操纵时，座位数小于或等于9的载客汽车应不大于400 N，其他车辆应不大于600 N；脚操纵时，座位数小于或等于9的载客汽车应不大于500 N，其他车辆应不大于700 N。

6.6 驻车制动操纵装置必须有足够的储备行程，一般应在操纵装置全行程的三分之二以内产生规定的制动性能，驻车制动机构装有自动调节装置时，允许在全行程的四分之三以内达到规定的制动效能。棘轮式制动操纵装置应保证在达到规定驻车制动效能时，操纵杆往复拉动的次数不得超过三次。驻车制动应通过纯机械装置把工作部件锁止。不允许利用液压、气压或电力驱动来获得规定的驻车制动效能。

6.7 气压制动系统必须装有限压装置，确保储气筒内气压不超过允许的最高气压。

6.8 采用气压制动系统的车辆，发动机在75%的额定功率转速下，4 min(汽车列车为 6 min，城市铰接公共汽车和无轨电车为 8 min)内气压表的指示气压应从零开始升至起步气压(未标起步气压，按 400 kPa 计)。

6.9 车辆的行车制动必须采用双管路或多管路。

6.10 车辆运行过程中，不应有自行制动现象。当挂车与牵引车意外脱离后，挂车应能自行制动，牵引车的制动仍然有效。

6.11 车辆安装防抱制动装置的要求按 GB 12676—1999 中 4.2.20 和 4.3.13 的规定。

6.12 制动系统故障报警装置应完好有效。

5.台试制动性能要求(标准第 6.13 条)

台试制动性能要求包括：

(1)行车制动性能台试技术要求(标准第 6.13.1 条)。包括：

①制动力大小的规定。标准第 6.13.1.1 款以表 2 给出汽车在制动试验台上测出的制动力的规定，包括空载和满载不同情况下制动力总和与整车重量的百分比、轴制动力与轴荷的百分比的限值。

②制动气压和制动踏板力要求。标准第 6.13.1.2 款规定了满载或空载检验制动时制动气压和制动踏板力的要求。

③制动力平衡的规定。标准第 6.13.1.3 款规定了在制动力增长全过程中对前轴和对后轴左右轮制动力差的不同要求。

④制动协调时间的规定。标准第 6.13.1.4 款规定了汽车在急踩制动时，从踏板开始动作至制动力达到表 2 规定的制动力 75%时所需时间的限值。

⑤车轮阻滞力的要求。标准第 6.13.1.5 款规定了进行制动力检测时，车辆各轮的阻滞力大小的要求。

⑥制动完全释放时间的规定。标准第 6.13.1.6 款规定了从松开制动踏板到制动消除所需要时间的限值。

标准相关条款：

6.13 试验台检验(以下简称“台试”)制动性能

6.13.1 行车制动性能

6.13.1.1 汽车在制动试验台上测出的制动力应符合表 2 的规定。

台试制动力要求 表 2

制动力总和与整车重量的百分比(%)		轴制动力与轴荷的百分比(%)	
空载	满载	前轴	后轴
≥60	≥50	≥60	
空载和满载状态下测试均应满足此要求			

6.13.1.2 台试时的制动气压和制动踏板力要求

a)满载检验时

气压制动系:气压表的指示气压≤额定工作气压;

液压制动系:踏板力,座位数小于或等于9的载客汽车≤500 N;

其他车辆≤700 N。

b)空载检验时

气压制动系:气压表的指示气压≤600 kPa;

液压制动系:踏板力,座位数小于或等于9的载客汽车≤400 N;

其他车辆≤450 N。

6.13.1.3 制动力平衡要求

在制动力增长全过程中同时测得的左右轮制动力差的最大值,与全过程中测得的该轴左右轮最大动力中大者之比,对前轴不得大于20%;对后轴:当后轴制动力大于或等于后轴轴荷的60%时不得大于24%;当后轴制动力小于后轴轴荷的60%时,在制动力增长全过程中同时测得的左右轮制动力差的大值不得大于后轴轴荷的8%。

6.13.1.4 汽车制动协调时间(指在急踩制动时,从踏板开始动作至制动力达到表2规定的制动力75%时所需的时间):对采用液压制动系的车辆不得大于0.35 s;对于采用气压制动系的车辆不得大于0.56 s。

6.13.1.5 车轮阻滞力:进行制动力检测时,车辆各轮的阻滞力均不得大于该轴轴荷的5%。

6.13.1.6 制动完全释放时间(从松开制动踏板到制动消除所需要的时间)对单车不得大于0.88s。

(2)应急制动性能台试技术要求(标准第6.13.2条)。包括:

①应急制动安全保障要求。标准第6.13.2.1款提出在有一处管路失效的情况下应急制动装置应发挥的作用。

②检查应急制动装置有效性的要求及方法(标准第6.13.2.2款)。

③应急制动力大小的规定。标准第6.13.2.3款以表3给出汽车在制动试验台上测出的不同车辆类型应急制动力大小和允许操纵力大小的限值。

标准相关条款:

6.13.2.1 应急制动应在行车制动系统有一处管路失效的情况下,在规定的距离内将车辆停住。

6.13.2.2 检查汽车是否具有有效的应急制动装置。如受检汽车没有应急制动装置或对其应急制动性有质疑时,应按6.13.2.3的规定检验其应急制动性能。

6.13.2.3 应急制动性能要求:汽车在制动试验台上,应急制动起作用时,其测得的制动力应符合表3规定。

汽车应急制动力要求 表3

车辆类型	应急制动力总和占整车重量百分比(%)	允许操纵力(N)	
		手操纵	脚操纵
座位数≤9的载客汽车	≥30	≤400	≤500
其他载客汽车	≥26	≤600	≤700
载货汽车	≥23	≤600	≤700

(3)驻车制动性能台试技术要求(标准第 6.13.3 条)。标准规定:当采用制动试验台检验车辆驻车制动的制动力时,车辆空载,乘坐一名驾驶员,使用驻车制动装置,驻车制动力的总和应不小于该车在测试状态下整车重量的 20%;对总质量为整备质量 1.2 倍以下的车,限值为 15%。

6.路试制动性能要求(标准第 6.14 条)

标准规定车辆路试制动性能要求按 GB 7258—1997 中第 6.14 条的规定。

(编者注:GB 7258—1997 已更新为 GB 7258—2004,按标准的最新版本适用性的规定,原标准中有关条款也应作相应更新,下同。)

7.当车辆经台试后,对其制动性能有质疑时的处理规定

标准第 6.15 条规定:当车辆经台试后,对其制动性能有质疑时,可用第 6.14 条规定的路试进行复检,并以满载路试的结果为准。

(四)营运车辆转向操纵性技术要求和检验方法

1.转向盘最大自由转动量的要求(标准第 7.1 条)

按最大设计车速的不同,标准规定了转向盘最大自由转动量的限值。

2.转向轻便性测试要求(标准第 7.2 条)

标准第 7.2.1、7.2.2 条分别规定了路试检测和原地检测(仪器测试)汽车转向轻便性的技术要求,包括路试施加于转向盘外缘的最大切向力和转向力测试仪测得的转动转向盘的操纵力的限值。

3.转向轮的横向侧滑量要求(标准第 7.3 条)

标准第 7.3.1、7.3.2 条分别对前轴采用非独立悬架和采用非独立悬架的汽车,规定了转向轮的横向侧滑量的测试方法和侧滑量限值。

4.车轮定位值要求(标准第 7.4 条)

标准第 7.4.1、7.4.2 条分别对车辆的前轮定位值和后轮有定位参数的定位值要求作了规定。

5.车辆的最小转弯直径、转向轮的最大转向角技术要求(标准第 7.5 条)

标准规定了车辆的最小转弯直径的测量方法和限值,规定了转向轮的最大转向角和内、外轮转角关系的技术要求。

6.悬架特性要求(标准第 7.6 条)

标准规定了进行悬架特性检测的车辆范围,以及检测方法,并通过第 7.6.1、7.6.2 条分别对采用悬架检测台检测和采用平板检测台检测规定了检测参数和其限值,包括左右轮悬架性能差的限值。

7.动力转向(或助力转向)性能参数的要求(标准第 7.7 条)

标准规定了动力转向(或助力转向)车辆卸载阀工作时刻的技术要求。

8.转向操作稳定性和行驶稳定性要求(标准第 7.8~7.10 条)

标准提出:汽车应具有适度的不足转向特性,转向轮转向后应能自动回正、不跑偏,转向盘应转动灵活、不摆振等要求。

9.转向机构部件检验要求(标准第 7.11 条)

标准对转向节及臂,转向横、直拉杆及球销的外观、工作状况及修理技术提出相关要求。

标准相关条款:

7　转向操纵性

7.1　转向盘的最大自由转动量

7.1.1 最大设计车速大于或等于100 km/h的汽车:20°。

7.1.2 最大设计车速小于100 km/h的汽车:30°。

7.2 转向轻便性

7.2.1 路试检测:汽车空载在平坦、干燥和清洁的硬路面上以10 km/h的速度在5 s之内沿螺旋线从直线行驶过渡到直径为24m的圆周行驶,施加于转向盘外缘的最大切向力不得大于150 N。

7.2.2 原地检测:汽车转向轮置于转角盘上,转动转向盘使转向轮达到原厂规定的最大转角,在全过程中用转向力测试仪测得的转动转向盘的操纵力不得大于120 N。

7.3 转向轮的横向侧滑量

7.3.1 前轴采用非独立悬架的汽车,转向轮的横向侧滑量,用侧滑仪(包括单、双板)按12.4.2规定的方法检测时,侧滑量值应不大于5 m/km。

7.3.2 前轴采用独立悬架的汽车,可以前轮定位参数值符合原厂规定的该车有关技术条件为合格。

7.4 车轮定位值

7.4.1 车辆的前轮定位值应符合该车有关技术条件的规定。

7.4.2 凡后轮有定位技术参数的汽车,后轮定位值应符合该车有关技术条件的规定。

7.5 车辆的最小转弯直径以前外轮轨迹中心线为基线测量,其值不得大于24 m。转向轮的最大转向角应符合原厂规定的该车的有关技术条件。内、外轮转角应符合一定的几何比例关系。

7.6 悬架特性对于最大设计车速大于或等于100 km/h、轴载质量小于或等于1 500 kg的载客汽车,应按12.4.3规定的方法进行悬架特性检测。

7.6.1 用悬架检测台按12.4.3.1规定的方法检测时,受检车辆的车轮在受外界激励振动下测得的吸收率(被测汽车共振时的最小动态车轮垂直载荷与静态车轮垂直载荷的百分比值)应不小于40%,同轴左右轮吸收率之差不得大于15%。

7.6.2 用平板检测台按12.4.3.2规定的方法检测时,受检车辆制动时测得的悬架效率应不小于45%,同轴左右轮悬架效率之差不得大于20%。

7.7 动力转向(或助力转向)的车辆卸载阀的工作时刻应符合原厂规定的该车的有关技术条件。

7.8 汽车应具有适度的不足转向特性,以使车辆具有正常的操纵稳定性。

7.9 转向轮转向后应能自动回正,在平坦、硬实、干燥和清洁的道路上行驶不得跑偏,其转向盘不得有摆振或其他异常现象。

7.10 转向盘应转动灵活,操纵方便,无阻滞现象。车轮转向过程中不得与其他部件有干涉现象。

7.11 转向节及臂,转向横、直拉杆及球销应无裂纹和损伤,并且球销不得松旷。对车辆进行改装或修理时,横直拉杆不得拼焊。

(五)照明和信号装置及其他电器设备技术要求和检验方法

1.前照灯光束照射位置技术要求(标准第8.1条)

标准第8.1.1～8.1.4条对前照灯的近光、远光光束照射位置,包括在垂直方向和水平方向的偏差(限值)和检测方法作了详细规定,并对不同灯光配置(如二灯制、四灯制前照灯)的车辆提出了不同的技术要求。

2.前照灯远光光束发光强度要求(标准第8.2条)

标准对不同灯光配置的车辆提出了汽车每只前照灯光束发光强度不同的技术要求、测试方法和合格的判定标准。

3.汽车灯具及操作装置安装要求(标准第8.3、8.6~8.13、8.15、8.16、8.19条)

标准对汽车灯具及开关的配置,包括:后雾灯、危险报警闪光灯、侧转向灯、全挂车标志灯、示廓灯、前照灯远近光变换装置、回复反射器等,规定了配置和安装的技术要求。

4.灯光照射技术要求(标准第8.4、8.5、8.18条)

标准对所有前照灯的近光灯光束、外部照明和信号装置的光色、最小几何可见角度、可见距离等作了具体规定。

5.仪表与信号装置技术要求(标准第8.14、8.20条)

标准对转向指示信号和蓝色远光指示信号灯的设置、车速里程表、水温表、机油压力表、电流表、燃油表、气压表等各种仪表和信号装置的工作性能提出要求。

6.照明和信号装置电源及线路技术要求(标准第8.17、8.21条)

标准提出车辆照明和信号装置各条线路不相互干扰的技术要求,并对发电机、蓄电池,以及所有电气导线的技术要求作了规定。

标准相关条款:

8.1 前照灯光束照射位置

8.1.1 在检验前照灯的近光光束照射位置时,前照灯在距离屏幕前10 m处,光束明暗截止线转角或中点的高度应为0.6 H~0.8 H(H为前照灯基准中心高度),其水平方向位置要求向左向右偏均不得超过100 mm。

8.1.2 四灯制前照灯其远光单光束的照射位置,前照灯在距离屏幕10 m处,光束中心离地高度为0.85 H~0.90 H,水平位置要求左灯向左偏不得大于100 mm,向右偏不得大于170 mm;右灯向左或向右偏均不得大于170 mm。

8.1.3 汽车装用远光和近光双光束灯时以调整近光光束为主。对于只能调整远光单光束的灯,调整远光单光束。

8.1.4 前照灯光束照射位置检验按12.6规定的方法进行。

8.2 汽车每只前照灯远光光束发光强度应达到如下要求:

两灯制:12 000 cd;四灯制:10 000 cd。测试时,电源系统可处于充电状态。

采用四灯制的汽车,其中两只对称的灯达到两灯制的要求时,视为合格。

8.3 汽车的灯具应安装牢靠,完好有效,不得因车辆振动而松脱、损坏,失去作用或改变光照方向;所有灯光的开关应安装牢固、开关自如,不得因车辆振动而自行开关。

……

8.8 装有前照灯的车辆应有远近光变换装置,并且当远光变为近光时,所有的远光应同时熄灭。同一辆车上的前照灯不允许左、右的远、近光灯交叉开亮。

8.9 车辆的前位灯、后位灯、示廓灯、挂车标志灯、牌照灯和仪表灯应能同时启闭,当前照灯关闭和发动机熄火时仍能点亮。

……

8.20 车速里程表、水温表、机油压力表、电流表、燃油表、气压表等各种仪表和信号装置应齐全有效。

8.21 发电机技术性能应良好。蓄电池应保持常态电压。所有电气导线应捆扎成束、布置整齐、固定卡紧、接头牢固,并有绝缘套,在导线穿越孔洞时需设绝缘套管。

(六)排放与噪声控制技术要求和检验方法

1. 排气污染物控制技术要求和检验方法(标准第 9.1 条)

标准第 9.1.1、9.1.2 条分别对装配点燃式发动机和装配压燃式发动机车辆的排气污染物控制,规定了检测方法和排放限值。主要内容包括:

(1)双怠速法或加速模拟工况(ASM)法测试装配点燃式发动机车辆排气污染物的规定(标准第 9.1.1.1、9.1.1.2 款)。标准分别规定了按双怠速法和加速模拟工况(ASM)法测试点燃式发动机排气污染物的车辆范围、测试方法、排气污染物测试参数(双怠速测 CO、HC,加速模拟工况法测 CO、HC 和 NO)及限值(标准中表 4、表 5)。限值以 2001 年 1 月 1 日以后和 2002 年 1 月 1 日以后上牌照的不同车辆,测试工况不同(怠速或高怠速,ASM 5025 或 ASM 2540),分别加以规定。

(2)怠速法测试装配点燃式发动机车辆排气污染物的规定(标准第 9.1.1.3 款)。标准规定了按怠速法测试点燃式发动机排气污染物的车辆范围、测试方法和排气污染物限值(标准中表 6)。限值以 1995 年 7 月 1 日前后车辆上照为界,对不同类车辆分别加以规定。

(3)自由加速排气可见污染物试验法测试装配压燃式发动机的车辆排气污染物的规定(标准第 9.1.2 条)。标准规定了进行自由加速排气可见污染物试验的车辆范围、测试方法和排气可见污染物参数(光吸收系数,m^{-1})及限值(标准中表 7)。限值适用于 2001 年 1 月 1 日以后上照的在用车,并对是否装配废气涡轮增压的车辆分别规定了限值要求。

(4)自由加速烟度试验测试装配压燃式发动机的车辆排气污染物的规定(标准第 9.1.2 条)。标准规定了进行自由加速烟度试验的车辆范围、测试方法、自由加速试验烟度测试参数(烟度,Rb)和排放限值(标准中表 8)。其中,限值以 1995 年 7 月 1 日前后生产的车辆为界,对不同类车辆分别加以规定。

(5)汽油车燃油蒸发污染物排放控制技术要求(标准第 9.1.3 条)。标准第 9.1.3.1～9.1.3.3 款规定了应安装燃油蒸发污染物排放控制装置的车辆范围,燃油蒸发排放控制装置的有效性技术要求和连接管路技术状况检验技术要求。

(6)汽车曲轴箱污染物排放控制技术要求(标准第 9.1.4 条)。标准第 9.1.4.1～9.1.4.3 款规定:汽车必须安装曲轴箱强制通风系统,并规定了系统的结构和各部件技术状况要求,以及检查曲轴箱压力的方法和技术标准。

标准相关条款:

9.1.1　装配点燃式发动机的车辆排气污染物控制

9.1.1.1　按 GB 18352 通过型式认证的轻型汽车,应进行双怠速试验或加速模拟工况(ASM)试验。装配点燃式发动机的车辆双怠速试验按 12.7.1 规定的方法进行,其排气污染物限值见表 4。加速模拟工况试验按 12.7.2 规定的方法进行,其排气污染物限值见表 5。

装配点燃式发动机的车辆双怠速试验排气污染物限值　　表 4

车辆类型	怠速		高怠速	
	CO(%)	$HC(10^{-6})$[1]	CO(%)	$HC(10^{-6})$[1]
2001 年 1 月 1 日以后上牌照的 M_1[2] 类车辆	0.8	150	0.3	100
2002 年 1 月 1 日以后上牌照的 N_1[3] 类车辆	1.0	200	0.5	150

注:1)HC 容积浓度值按正己烷当量。

2)M_1 指车辆设计乘员数(含驾驶员)不超过 6 人,且车辆最大总质量不超过 2 500 kg。

3)N_1 还包括设计上乘员数(含驾驶员)超过 6 人,或车辆最大总质量超过 2 500 kg,但不超过 3 500 kg 的 M 类车辆。

装配点燃式发动机的车辆加速模拟工况试验排气污染物限值　　表5

车辆类型	基准质量(RM)(kg)	ASM 5025			ASM 2540		
		HC(10^{-6})[1]	CO(%)	NO(10^{-6})[1]	HC(10^{-6})[1]	CO(%)	NO(10^{-6})[1]
2001年1月1日以后上牌照的M_1[2]类在用车	<1050	260	2.2	2500	260	2.4	2300
	<1250	230	1.8	2200	230	2.2	2050
	<1470	190	1.5	1800	190	1.8	1650
	<1700	170	1.3	1550	170	1.5	1400
	<1930	150	1.1	1350	150	1.3	1250
	<2150	130	1.0	1200	130	1.2	1100
	<2500	120	0.9	1050	120	1.1	1000
2001年1月1日以后上牌照的N_1[3]类在用车	<1050	260	2.2	2500	260	2.4	2300
	<1250	230	1.8	2200	230	2.2	2050
	<1470	250	2.3	2700	250	3.2	2600
	<1700	190	2.0	2350	190	2.7	2200
	<1930	220	2.1	2800	220	2.9	2600
	<2150	200	1.9	2500	200	2.6	2300
	<2500	180	1.7	2250	180	2.4	2050
	<3500	160	1.5	2000	160	2.1	1800

注：1)HC容积浓度值按正己烷当量。

2)M_1是指车辆设计乘员数(含驾驶员)不超过6人，且车辆最大总质量不超过2 500 kg。

3)N_1还包括设计上乘员数(含驾驶员)超过6人，且车辆最大总质量超过2 500 kg，但不超过3 500 kg的M类车辆。

9.1.1.2　除9.1.1.1规定的其他M、N类装配点燃式发动机的车辆应按12.7.3规定的方法进行怠速试验，怠速试验排气污染物限值见表6。

装配点燃式发动机的车辆怠速试验排气污染物限值　　表6

车辆类型	轻型车		重型车	
	CO(%)	HC(10^{-6})[1]	CO(%)	HC(10^{-6})[1]
1995年7月1日以前生产的在用车	4.5	1 200	5.0	2 000
1995年7月1日起生产的在用车	4.5	900	4.5	1 200

注：1)HC容积浓度值按正己烷当量。

9.1.2　装配压燃式发动机的车辆排气污染物控制

9.1.2.1　按GB 18352通过型式认证的装配压燃式发动机的车辆，应按12.7.4.1进行自由加速排气可见污染物试验，排气可见污染物限值见表7。

装配压燃式发动机的车辆自由加速试验排气可见污染物限值　　表7

车辆类型	光吸收系数(m^{-1})
2001年1月1日以后上牌照的在用车	2.5
2001年1月1日以后上牌照装配废气涡轮增压器的在用车	3.0

9.1.2.2　除9.1.2.1规定的其他装配压燃式发动机的车辆应按12.7.4.2进行自由加速烟度

试验，自由加速试验烟度排放限值见表 8。

装配压燃式发动机的车辆自由加速试验烟度排放限值 表 8

车辆类型	烟度值(R_b)
1995 年 7 月 1 日以前生产的在用车	4.7
1995 年 7 月 1 日起生产的在用车	4.0

9.1.3 汽油车燃油蒸发污染物排放控制

9.1.3.1 1998 年 1 月 1 日以后生产的汽油车应安装燃油蒸发污染物排放控制装置。

9.1.4.1 汽油车应装有曲轴箱强制通风系统，包括 PCV 阀或流量孔和通风管。

9.1.4.2 曲轴箱强制通风系统连接管路应完好，胶管不得有断裂、老化、脱落现象。

9.1.4.3 用 U 形水压计或微型压力计在机油标尺孔处检查怠速、50％额定转速的曲轴箱压力，不得出现正压力。

2. 汽车噪声控制技术要求和检验方法（标准第 9.2 条）

标准第 9.2.1～9.2.4 条分别规定了汽车定置噪声、客车车内噪声声级、汽车驾驶员耳旁噪声声级、喇叭声级的测量方法限值标准，包括：

（1）汽车定置噪声限值（表 4-11，标准中表 9），对不同车辆类型、车辆出厂日期和燃料种类分别作了规定。

汽车定置噪声限值（dB） 表 4-11（标准中表 9）

车辆类型	燃料种类		车辆出厂日期	
			1998 年 1 月 1 日以前	1998 年 1 月 1 日及以后
轿车	汽油 87		85	
微型客车、货车	汽油		90	88
轻型客车、货车	汽油	$n_r \leq 4\ 300$ r/min	94	92
		$n_r > 4\ 300$ r/min	97	5
越野车	柴油		100	98
中型客车、货车、大型客车	汽油		97	95
	柴油		103	101
重型货车	$N \leq 147$kW		101	99
	$N > 147$kW		105	103

注：N—汽车发动机额定功率。
n—发动机额定转速。

（2）客车车内噪声声级，对中级以上营运客车车内噪声声级提出特殊要求。

（3）汽车驾驶员耳旁噪声声级对各类车辆有统一规定。

（4）喇叭声级对测量点有严格要求。

标准相关条款：

9.2 汽车噪声控制

9.2.1 汽车定置噪声：按 12.8.1 规定的方法进行测量，其限值如表 9 所示。

9.2.2 客车车内噪声声级：应不大于 82 dB(A)，中级以上营运客车车内噪声声级应不大于

79 dB(A)。其检验方法按 12.8.2 的规定进行。

9.2.3　汽车驾驶员耳旁噪声声级：应不大于 86 dB(A)，其检验方法按 12.8.3 的规定进行。

9.2.4　喇叭声级：汽车喇叭声级在距车前 2 m、离地高 1.2 m 处用声级计测量时，其值应为 90 dB(A)～115 dB(A)。

（七）密封性技术要求和检验方法

标准第 10.1～10.3 条分别对客车防雨密封性、汽车各部连接件密封性和制动系统密封性的技术要求和检验方法作了规定。其中对不同制动操作系统密封性技术要求和检验方法分别规定如下：

1.采用气压制动的汽车

标准第 10.3.1 条具体规定了对采用气压制动的汽车操作系统密封性能的检验步骤和技术要点，以及系统压力降的限值。

2.采用液压制动的汽车

标准第 10.3.2 条具体规定了对采用液压制动的汽车操作系统密封性、主要检测踏板力和踏板位置保持状况。

标准相关条款：

10.3　制动系统密封性

10.3.1　采用气压制动的汽车，当气压升至 600 kPa 且不使用制动的情况下，停止空气压缩机 3 min 后，其气压降低值应不大于 10 kPa。在气压 600 kPa 的情况下，将制动踏板踩到底，待气压稳定后观察 3 min，单车气压降低值应不大于 20 kPa；汽车列车气压降低值不得超过30 kPa。

10.3.2　采用液压制动的汽车在保持踏板力为 700 N 达到 1 min 时，踏板不得有缓慢向地板移动的现象。

（八）整车装备技术要求

1.基本要求（标准第 11.1 条）

标准第 11.1.1～11.1.3 条规定了整车基本结构外观检验的内容，包括整车装备、车体周正、车辆结构、营运车辆标识等方面的技术要求。规定：车体外缘左右对称部位（在离地面高 1.5 m 内测量）高度差不得大于 40 mm；左右轴距差不得大于轴距的 1.5‰。

2.车辆尺寸参数要求（标准第 11.2 条）

标准第 11.2.1～11.2.2 条规定了整车尺寸参数的技术要求，包括：不同车辆类型的外廓尺寸（长、宽、高）的限值（标准中表 10）和车辆后悬的计算方法及限值。

标准相关条款：

车辆外廓尺寸限值(m)　　表 10

车辆类型	长	宽	高
载货汽车（包括载货越野汽车）	≤12	≤2.5	≤4
整体式客车	≤12	≤2.5	≤4
半挂汽车列车	≤16.5	≤2.5	≤4
全挂汽车列车	≤20	≤2.5	≤4

3. **车辆质量参数要求**(标准第 11.3 条)

标准第 11.3.1～11.3.4 条规定了车辆质量参数的技术要求，包括：不同类型车辆总质量的限值，前后轴(轮)荷及整车重量的差值范围。标准还特别规定了对单轴轴载质量大于 10 t、小于或等于 13 t 车辆的限值标准。

4. **车速表检查技术要求**(标准第 11.4 条)

标准规定：车速表允许误差范围为＋20%～－5%，按第 12.10 条车速表检验方法检验。

5. **滑行性能检测及技术要求**(标准第 11.5 条)

标准第 11.5.1～11.5.4 条分别对采用底盘测功机检测或路试检测滑行距离的方法和限值，对滑行阻力检测的方法和限值，以及车辆的滑行性能合格的判定标准作了明确规定。标准中表 11 给出不同整备质量、不同驱动轴(双轴驱动或单轴驱动)汽车路试检测时的滑行距离要求。

标准相关条款：

车辆滑行距离要求 表 11

汽车整备质量 M(kg)	双轴驱动车辆滑行距离(m)	单轴驱动车辆滑行距离(m)
M＜1 000	≥104	≥130
1 000≤M≤4 000	≥120	≥160
4 000＜M≤5 000	≥144	≥180
5 000＜M≤8 000	≥184	≥230
8 000＜M≤11 000	≥200	≥250
M＞11 000	≥214	≥270

6. **异响检查技术要求**(标准第 11.6 条)

标准第 11.6.1～11.6.2 条主要对发动机运转和底盘运行中有无异响提出了有关技术要求。

7. **润滑状况检查技术要求**(标准第 11.7 条)

标准第 11.7.1～11.7.3 条对汽车各部润滑状况、发动机机油压力、汽油机油更换指标(包括换油周期和油品规格和数量等)，变速器、后桥等总成和部件的润滑油的规格和用量分别作了规定。

8. **车架、车身与驾驶室技术要求**(标准第 11.8 条)

标准第 11.8.1～11.8.15 条对车身、驾驶室、货箱、乘客舱、内饰材料、车门和车窗、行李架等各部技术状况和检验要求分别作了规定，主要内容有：车身和驾驶室结构、连接状况技术要求(标准第 11.8.1、11.8.2 条)；车厢、货箱、地板、车厢密封性、座椅安装及可靠性等技术要求(标准第 11.8.3 条)；车身外部和内部表面状况检查要求(标准第 11.8.4 条)；驾驶室和乘客舱内饰材料阻燃性要求(标准第 11.8.5 条)；车门和车窗技术要求(标准第 11.8.6、11.8.7 条)；刮水器安装及技术要求(标准第 11.8.8 条)；客车安全出口(安全门或安全窗)设置与技术要求(标准第 11.8.9 条)；客车座椅的座间距、折叠式座椅使用规定(标准第 11.8.10、11.8.13 条)；客车行李架、行李舱设置与技术要求(标准第 11.8.11 条)；卧铺客车的卧铺宽度与布置技术要求(标准第 11.8.12 条)；客车乘客通道设置技术要求(标准第 11.8.13 条)；客车乘客门一级踏步高度要求(标准第 11.8.14 条);轿车护轮板、挂车及其他车辆挡泥板使用要求(标准第 11.8.15 条)。

9.行驶系技术要求(标准第 11.9 条)

标准第 11.9.1～11.9.5 条分别对车轮和轮胎、钢板弹簧、减振器前后桥、车桥与悬架之间的连接件提出有关技术要求。重点对车轮和轮胎提出技术要求,主要包括:对车轮和轮胎花纹深度、轮胎胎面损伤、轮胎使用规格(包括速度等级、负荷)、转向轮规格、轮胎的充气压力、车轮动平衡、轮胎安装可靠性、车轮总成的横向摆动量和径向跳动量分别规定了技术要求(标准第 11.9.1 条)。

标准相关条款:

11.9.1 车轮和轮胎

11.9.1.1 轮胎的磨损:轿车和挂车胎冠上花纹深度不得小于 1.6 mm;其他车辆转向轮的胎冠花纹深度不得小于 3.2 mm,其余轮胎胎冠花纹深度不得小于 1.6 mm。

11.9.1.2 轮胎胎面不得有因局部磨损而暴露出轮胎帘布层。轮胎的胎面和胎壁上不得有长度超过 25 mm 或深度足以暴露出轮胎帘布层的破裂和割伤。

11.9.1.3 同一轴上轮胎规格和花纹应相同,轮胎规格应符合车辆出厂时的规定,同一轴上轮胎外径的磨损程度应大体一致。

11.9.1.4 汽车转向轮不得装用翻新的轮胎。

11.9.1.5 汽车装用的轮胎应与其最大设计车速相适应。

11.9.1.6 轮胎负荷不应超过该轮胎的额定负荷,轮胎的充气压力应符合该轮胎承受负荷时规定的压力。

11.9.1.7 最大设计车速超过 120 km/h 的车辆,其车轮应做动平衡,并应符合有关技术要求。

11.9.1.8 轮胎螺母和半轴螺母应完整齐全,并应按规定力矩紧固。

11.9.1.9 车轮总成的横向摆动量和径向跳动量:总质量小于或等于 4 500 kg 的汽车不得大于 5 mm;其他车辆不得大于 8 mm。

10.传动系技术要求(标准第 11.10 条)

标准第 11.10.1～11.10.6 条分别对离合器踏板自由行程、踏板力和工作状况,变速器和分动器操作性能和工作状况,传动轴、中间轴承和万向节外观与运转状况,驱动桥工作状况等提出有关技术要求。

标准相关条款:

11.10.1 离合器踏板自由行程应符合原厂规定的该车技术条件的有关规定。

11.10.2 离合器踏板力应不大于 300 N。

11.10.3 离合器应接合平稳,分离彻底,工作时不得有异响、抖动和不正常打滑等现象。

11.10.4 变速器和分动器,换挡时齿轮啮合灵便,互锁、自锁、倒挡锁装置有效,不得有乱挡和自行跳挡现象,换挡时变速杆不得与其他部件干涉。运行中无异响。

11.10.5 传动轴在运转时不得发生振抖和异响,中间轴承和万向节不得有裂纹和松旷现象。

11.10.6 驱动桥工作应正常且无异响。

11.安全防护装置要求(标准第 11.11 条)

标准第 11.11.1～11.11.12 条分别对汽车安全带、车内外后视镜和前下视镜、驾驶室内应设置防止阳光直射而使驾驶员产生眩目的装置、前风窗玻璃应装有除雾除霜装置、客车车内空气调节装置、燃油系统的安全保护装置与措施、汽车和挂车侧面及后下部防护装置、载货汽车车箱前部安全架、保险杠、灭火装置等设置和技术要求作出相应规定。

12. 危险货物运输车辆技术要求(标准第 11.12 条)

标准第 11.12.1～11.12.8 条分别对危险货物运输车辆的标志、车箱、底板、栏板、排气管隔热和熄灭火星的装置、电路系统切断总电源和隔离电火花的装置、接地线、消防器材和捆扎、防水、防散失等工具、装运危险货物的罐(槽)及附件、装运液化石油气和有毒液化气体的罐(槽)车及其设备等装置技术性能作了规定,并提出:对装运放射性同位素的专用运输车辆、设备、搬运工具、防护用品进行放射性污染程度的检查,对装运集装箱、大型气瓶、可移动罐(槽)等的车辆,必须设置有效的紧固装置等特殊要求。

标准相关条款:

11.12 危险货物运输车辆

11.12.1 危险货物运输车辆的标志应符合 GB 13392 的规定。

11.12.2 车箱、底板应平整完好,周围栏板必须牢固,铁质底板装运易燃、易爆货物时应采取衬垫防护措施。

11.12.3 车辆的排气管应装有有效的隔热和熄灭火星的装置,电路系统应有切断总电源和隔离电火花的装置。运送易燃易爆货物的车辆排气管应在车身的前部,车辆尾部应安装接地线。

11.12.4 应根据所装危险货物的性质,配备相应的消防器材和捆扎、防水、防散失等工具。消防器材在车上应安装牢靠并便于取用。

11.12.5 装运危险货物的罐(槽)应适合所装货物的性能,具有足够的强度,并应根据不同货物的需要,配备泄压阀、防波板、遮阳物、压力表、液位计、导除静电等相应的安全装置;罐(槽)外部的附件应有可靠的防护设施,必须保证所装货物不发生"跑、冒、滴、漏",并在阀门口装置积漏器。

11.12.6 使用装运液化石油气和有毒液化气体的罐(槽)车及其设备,应符合国家有关部门对液化石油气汽车、罐(槽)车安全管理的规定。

11.12.7 应定期对装运放射性同位素的专用运输车辆、设备、搬运工具、防护用品进行放射性污染程度的检查,当污染量超过规定的允许水平时,不得继续使用。

11.12.8 装运集装箱、大型气瓶、可移动罐(槽)等的车辆,必须设置有效的紧固装置。

13. 汽车列车技术要求(标准第 11.13 条)

标准第 11.13.1～11.13.4 条分别对汽车列车的动力性(比功率)、挂车后轴中心的最大摆动幅度、汽车列车制动滞后时间、牵引车与被牵引车的连接可靠性等作了规定。

14. 集装箱运输车技术要求(标准第 11.14 条)

标准第 11.14.1、11.14.2 条分别对集装箱与运输车体之间锁止的可靠性、挂车后轴独立操作制动装置的设置提出有关技术要求。

(九)检验方法

标准第 12.1～12.10 条分别对汽车驱动轮输出功率、燃料经济性、制动性能、转向操纵性、汽车噪声等各项性能参数的检验方法作了具体规定。主要内容如下:

(1)用底盘测功机按给定有关标准检测汽车驱动轮输出功率的规定(标准第 12.1 条)。

(2)用底盘测功机或路试检测汽车等速百公里燃料消耗量,并规定了检测条件、检测步骤、检测方法、检测结果计算、检测数据校正、重复性检验等要求(标准第 12.2 条)。

(3)分别规定了台试或路试制动性能的检验方法,并规定可采取新型制动性能测试仪器进行路试制动性能检验(标准第 12.3 条),如采用平板式制动试验台等。

(4)规定了转向操纵性检验,包括转向盘最大自由转动量检验、转向轮侧滑量检验的方法(标准第 12.4 条)。

(5)分别规定了用悬架装置检测台或用平板检测台,进行悬架特性检验的方法和技术要点(标准第 12.4.3 条)。

(6)分别规定了用底盘测功机或用路试方法进行滑行距离检验,以及滑行阻力测试的方法和技术要求(标准第 12.5 条)。

(7)按相关标准进行前照灯光束照射位置检验规定(标准第 12.6 条)。

(8)分别对各种汽车排气污染物检验方法,包括双怠速试验、加速模拟工况试验、怠速试验、自由加速试验,提出依据相应技术标准进行检验的技术要求(标准第 12.7 条)。

(9)分别对汽车定置噪声检验、客车车内噪声检验、驾驶员耳旁噪声检验的技术要求作了规定(标准第 12.8 条)。

(10)客车防雨密封性的检验方法(标准第 12.9 条)。

(11)车速表检验方法规定(标准第 12.10 条)。

[注:附录相关检验方法参见《机动车运行安全技术条件》(GB 7258—2004)]

二、《机动车运行安全技术条件》(GB 7258—2004)

强制性国家标准《机动车运行安全技术条件》(GB 7258—2004),规定了机动车的整车及主要总成、安全防护装置等有关运行安全的基本技术要求及检验方法,还规定了机动车的环保要求及消防车、救护车、工程救险车和警车的附加要求,是我国机动车安全技术管理最基本的技术性法规,同时,也是我国机动车新车定型强制性检验、新车出厂检验及进口机动车检验、事故车辆检验等机动车安全性能检验的主要技术依据。该标准于 2004 年 7 月 12 日由国家质量监督检验检疫总局和国家标准化管理委员会批准发布,自 2004 年 10 月 1 日起在全国范围内实施,适用于在我国道路上行驶的所有机动车(不适用于叉车)。标准主要内容介绍如下:

(一)标准修改的原则和实施要求

1. 标准的主要修订内容和修改的原则

该标准是对国标 GB 7258—1997 的修订,以配合《中华人民共和国道路交通安全法》的贯彻施行。标准"前言"部分介绍了本标准与 GB 7258—1997 相比有哪些主要修订内容,包括增加了"3 术语定义"等 15 个方面。标准"引言"部分介绍了此次国标 GB 7258 的修订所体现的主要原则,包括:更换"农用运输车"的名称,将其纳入"汽车"范围以加强管理;适当提高乘用车的安全技术要求,允许乘用车拖带挂车,以适应汽车快速进入普通居民家庭的现况;适当提高大型客车、中重型货车和高速机动车的安全技术要求,提高此类机动车的运行安全性能,以更好地保证道路交通安全;增加气体燃料汽车、两用燃料汽车和双燃料汽车的其他基本安全技术要求,以加强此类机动车的安全技术管理;根据汽车及其相关技术发展状况,适当简化管理环节。

2. 标准实施过渡期的要求

该标准在引言部分规定了其实施的过渡期要求,主要包括:部分内容对新注册车自标准发布之日起第7个月(即2005年1月)开始实施;部分内容对新生产车自标准发布之日起第13个月(即2005年7月)开始实施;产品标牌有中文名称的要求对新进口车自标准发布之日起第19个月(即2006年1月)开始实施;所有座椅装置汽车安全带的要求,对新生产座位数大于5的乘用车自标准发布之日起第19个月(即2006年1月)开始实施;汽车应具有应急制动功能的要求,对于新生产的低速货车自标准发布之日起第25个月(即2006年7月)开始实施;标明车辆识别代号的要求,对于三轮汽车和低速货车具体实施日期另行规定;汽车安装行驶记录仪的要求具体实施日期,按照相关法律法规的规定执行。

(二)各类机动车的术语和定义

该标准对所提及的机动车及各类机动车等术语和定义作了规定,对区别不同机动车的安全运行技术条件有指导意义。被定义的各类机动车包括:机动车、汽车、乘用车、客车、卧铺客车、公共汽车、半挂牵引车、货车、三轮汽车(原"三轮农用运输车")、低速货车(原"四轮农用运输车")、专用作业车、气体燃料汽车、两用燃料汽车、双燃料汽车、电动汽车、挂车、中置轴挂车、牵引杆挂车、半挂车、汽车列车、乘用车列车、货车列车、牵引杆挂车列车、全挂拖斗车、中置轴挂车列车、铰接列车、摩托车、轻便摩托车、拖拉机运输机组、轮式专用机械车。

标准相关条款:

3.2.1 乘用车 passenger car

在其设计和技术特性上主要用于载运乘客及其随身行李和/或临时物品的汽车,包括驾驶员座位在内最多不超过9个座位。它也可以牵引一辆挂车。

[GB/T 3730.1—2001 第2.1.1条]

3.2.2 客车 bus

在其设计和技术特性上主要用于载运乘客及其随身行李的商用车辆,包括驾驶员座位在内座位数超过9个。客车有单层的或双层的。

3.2.2.1 卧铺客车 sleeper coach

专门设计和制造供全体乘客卧睡的长途客车。

3.2.2.2 公共汽车 public city-bus

专门设计和制造供公众就坐或站立,有固定的线路和车站的城市客车。

3.2.3 半挂牵引车 semi-trailer towing vehicle

装备有特殊装置用于牵引半挂车的商用车辆。

[GB/T 3730.1—2001 第2.1.2.2条]

3.2.4 货车 goods vehicle

一种主要为载运货物而设计和装备的商用车辆,它能否牵引一辆挂车均可。

[GB/T 3730.1—2001 第2.1.2.3条]

3.2.4.1 三轮汽车(原"三轮农用运输车")tri-wheel vehicle

最高设计车速小于等于50 km/h的,具有三个车轮的货车。

3.2.4.2 低速货车(原"四轮农用运输车")low-speed goods vehicle

最高设计车速小于70 km/h的,具有四个车轮的货车。

3.2.5 专用作业车 specical motor vehicle

在其设计和技术特性上用于特殊工作的车辆。例如:道路清洁车辆、垃圾车、汽车起重机等。

3.2.6 气体燃料汽车 gaseous fuel vehicle

装备以液化石油气、天然气或煤气等气体为燃料的发动机的汽车。

3.2.7 两用燃料汽车 bi-fuel vehicle

具有两套相互独立的燃料供给系统，一套供给天然气或液化石油气，另一套供给天然气或液化石油气之外的燃料，两套燃料供给系统可分别但不可共同向汽缸供给燃料的汽车，如汽油/压缩天然气两用燃料汽车、汽油/液化石油气两用燃料汽车等。

3.2.8 双燃料汽车 dual-fuel vehicle

具有两套燃料供给系统，一套供给天然气或液化石油气，另一套供给天然气或液化石油气之外的燃料，两套燃料供给系统按预定的配比向汽缸供给燃料，在缸内混合燃烧的汽车，如柴油—压缩天然气双燃料汽车，柴油—液化石油气双燃料汽车等。

3.2.9 电动汽车 electric vehicle

纯电动汽车、混合动力(电动)汽车和燃料电池电动汽车的总称。

(三)整车技术条件

标准第4.1～4.14条对整车标志、外廓尺寸、后悬、轴荷和质量参数、核载、比功率、侧倾稳定角及驻车稳定角、图形和文字标志、外观、漏油漏水密封性检查、车速表指示误差、行驶轨迹等技术要求分别作了规定。主要内容有：

(1)整车标志主要规定了车辆应具有商标或厂标、产品标牌及内容(标准中表1)、车辆识别代号、发动机型号和出厂编号、道路运输危险货物车辆的标志等，并规定了各标志相应的位置(标准第4.1条)。

(2)规定了各种不同类型机动车及列车、挂车的外廓尺寸，包括长、宽、高(标准第4.2条)。

(3)规定了后悬的尺寸限值，并给出了不同车型后悬计算的规定(标准第4.3条)。

(4)规定了汽车及汽车列车、挂车的轴荷和质量参数的要求和限值，包括机动车轴荷分配要求、边三轮摩托车边车车轮轮荷要求(标准第4.4条)。

(5)荷载方面，规定了机动车最大允许总质量核定、不同类型机动车转向轴轴荷与整备质量和最大允许总质量的比值、汽车或汽车列车驱动轴的轴荷、货车列车的挂车的最大允许装载质量、轮式拖拉机运输机组的挂拖质量比的技术要求(标准第4.5.1条)。

(6)乘用车乘坐人数核定方面，规定了前排座位核定标准、其他排座位核定标准(标准第4.5.2条)。

(7)客车乘员数核定方面，规定了按乘员质量核定的依据、按座垫宽和供站立乘客用的地板面积核定的标准、按卧铺铺位核定的标准、核定乘员数的取值方法(标准第4.5.3条)。

(8)驾驶室乘坐人数的核定标准(标准第4.5.4条)。

(9)规定了摩托车及轻便摩托车乘坐人数核定标准(标准第4.5.5条)。

(10)规定了比功率(发动机最大净功率与机动车最大允许总质量之比)的限值(标准第4.6条)。

(11)规定了不同机动车在空载、静态状态下侧倾稳定角及驻车稳定角的限值(标准第4.7条)。

(12)规定了机动车操纵件、指示器及信号装置图形和文字标志，警告性文字，使用的气体燃料类型标志，道路运输危险货物车辆“禁止烟火”标记，安全警示标志(标准第4.8条)。

(13)规定了整车外观技术要求，包括外观整洁，零部件完好，车体周正、左右对称等(标准

第 4.9 条)。

(14)规定了整车密封性检查与技术要求,包括漏水检查、漏油检查的部位、检验方法及技术要求(标准第 4.10、4.11 条)。

(15)规定了车速表指示误差限值范围与检验方法(标准第 4.12 条),相对原标准作了修订。

(16)车辆行驶轨迹技术要求,包括挂车后轴中心相对于牵引车前轴中心的最大摆动幅度,机动车直线行驶轨迹中心线的要求(标准第 4.13 条)。

(17)其他包括专用作业车和轮式专用机械车特殊结构和专用装置技术要求(标准第 4.14 条)。

(四)发动机技术条件

标准第 5.1～5.4 条规定了发动机动力性能(功率限值),起动性能,柴油机停机装置,发动机点火、燃料供给、润滑、冷却和排气等系统完好技术要求。

(五)转向系技术条件

标准第 6.1～6.13 条规定了机动车转向系统设置、结构参数、技术性能、各部件的完好性等方面的要求。主要包括以下内容:

(1)汽车(三轮汽车除外)转向盘、转向限位装置设置及转向盘操作力、操作性能技术要求(标准第 6.1、6.2、6.7、6.8 条)。

(2)转向轮具有稳定的直线行驶能力的要求(标准第 6.3 条)。

(3)转向盘最大自由转动量限值(标准第 6.4 条)。

(4)汽车(三轮汽车除外)不足转向特性要求(标准第 6.5 条)。

(5)三轮汽车、摩托车及轻便摩托车的转向轮转角限值(标准第 6.6 条)。

(6)机动车直线行驶稳定性技术要求(不跑偏,标准第 6.7 条)。

(7)转向助力装置设置与技术要求(标准第 6.9 条)。

(8)汽车和汽车列车转弯特性要求(圆周运动,标准第 6.10 条)。

(9)汽车(三轮汽车除外)车轮定位值及动态测量(转向轮的横向侧滑量)测试技术要求与限值(标准第 6.11 条,检验方法见标准中附录 B)。

(10)转向机构主要部件检验技术要求(标准第 6.12、6.13 条)。

标准相关条款:

6　转向系

6.1　汽车(三轮汽车除外)的方向盘必须设置于左侧,其他机动车的方向盘不允许设置于右侧;专用作业车按需要可设置左右两个方向盘。

6.2　机动车的方向盘(或方向把)应转动灵活,操纵方便,无阻滞现象。机动车应设置转向限位装置。转向系统在任何操作位置上,不允许与其他部件有干涉现象。

6.3　机动车(两轮和三轮的机动车、手扶拖拉机运输机组除外)转向轮转向后应能自动回正,以使机动车具有稳定的直线行驶能力。

6.4　机动车方向盘的最大自由转动量不允许大于:

a)最高设计车速不小于 100 km/h 的机动车 20°;

b)三轮汽车 45°;

c)其他机动车 30°。

6.5 汽车(三轮汽车除外)应具有适度的不足转向特性。

6.6 三轮汽车、摩托车及轻便摩托车的转向轮向左或向右转角不允许大于:

a)三轮汽车、三轮摩托车、三轮轻便摩托车 45°;

b)两轮摩托车、两轮轻便摩托车 48°。

6.7 机动车在平坦、硬实、干燥和清洁的道路上行驶不应跑偏,其方向盘(或方向把)不应有摆振、路感不灵或其他异常现象。

6.8 机动车在平坦、硬实、干燥和清洁的水泥或沥青道路上行驶,以 10 km/h 的速度在 5 s 之内沿螺旋线从直线行驶过渡到直径为 24 m 的圆周行驶,施加于方向盘外缘的最大切向力不应大于 245 N。

6.9 机动车转向轴最大设计轴荷大于 4 000 kg 时,应采用转向助力装置。装有转向助力装置的机动车,行驶时其转向助力功能不允许出现时有时无的现象,当转向助力装置失效时,仍应具有用方向盘控制机动车的能力。装有电动转向助力装置的汽车,行驶时应保证转向助力装置的电能供应。

6.10 汽车和汽车列车(不计具有作业功能的专用装置的突出部分)、轮式拖拉机运输机组必须能在同一个车辆通道圆内通过,车辆通道圆的外圆直径 D_1 为 25.00 m,车辆通道圆的内圆直径 D_2 为 10.60 m。汽车和汽车列车、轮式拖拉机运输机组由直线行驶过渡到上述圆周运动时,任何部分超出直线行驶时的车辆外侧面垂直面的值(外摆值)不应大于 0.80 m(对铰接客车和铰接式无轨电车外摆值不允许大于 1.20 m),其试验方法见国标 GB 1589—2004 附录 A。

6.11 汽车(三轮汽车除外)的车轮定位应符合该车有关技术条件,车轮定位值应在产品使用说明书中标明。对前轴采用非独立悬架的汽车,其转向轮的横向侧滑量,用侧滑台检验时侧滑量值应在±5 m/km 之间。检验方法见附录 B。

6.12 转向节及臂,转向横、直拉杆及球销不允许有裂纹和损伤,并且球销不应松旷。对机动车进行改装或修理时,横、直拉杆不允许拼焊。

6.13 三轮汽车、摩托车及轻便摩托车的前减振器、上下联板和方向把不应有变形和裂损。

(六)制动系技术条件

标准第 7.1~7.16 条规定了机动车制动系统基本结构要求、各制动系统的技术性能、储气筒、制动报警装置、制动性能检验等方面的技术要求。主要包括以下内容:

1.制动系基本要求

标准第 7.1.1~7.1.8 条对“机动车应设置足以使其减速、停车和驻车的制动系统或装置”和各装置的基本结构要求作了具体规定。包括:

(1)机动车制动系各项功能(行车制动、应急制动、驻车制动)设置的要求(标准第 7.1.1~7.1.3 条)。

(2)各制动控制装置的独立性设置要求(标准第 7.1.4 条)。

(3)制动系使用可靠性(经久耐用)的要求(标准第 7.1.5 条)。

(4)制动系主要零部件的使用可靠性、维修便利性及用材要求(标准第 7.1.6、7.1.8 条)。

(5)制动系统的各种杆件运动的独立性(不发生相互干涉、摩擦)的技术要求(标准第7.1.7 条)。

2.各制动装置的技术条件

(1)行车制动装置技术要求。标准第7.2.1~7.2.12条对“行车制动必须保证驾驶员在行车过程中能控制机动车安全、有效地减速和停车。行车制动必须是可控制的,且必须保证驾驶员在其座位上双手无须离开转向盘就能实现制动”作了具体规定。包括:所有车轮应装备制动器,具有行车制动性能(标准第7.2.1条)、行车制动力的分配要求(标准第7.2.2条)、制动器应有磨损补偿装置(标准第7.2.3条)、真空助力器设置的要求(标准第7.2.4、7.2.5条)、制动踏板的自由行程与踏板力要求(标准第7.2.7、7.2.8条)、液压制动装置踏板行程要求(标准第7.2.9条)、制动液使用的安全可靠性(标准第7.2.10条)、防抱制动装置安装的规定(标准第7.2.11条)、挂车最后轴制动动作滞后时间要求(标准第7.2.12条)。

(2)应急制动装置技术要求。标准第7.3.1~7.3.2条对应急制动装置的功能要求、与行车制动系统的关系,以及应急制动控制装置的要求作了具体规定。

(3)驻车制动装置技术要求。标准第7.4.1~7.4.4条对驻车制动装置的功能要求、驻车制动控制装置的设置、安装位置和操作性能要求(包括有效行程),以及采用弹簧储能制动装置的技术要求作了具体规定。

3.制动系统密封性要求

标准第7.5、7.6条分别对采用液压制动和气压制动控制系统的密封性检查方法及相关检验参数作了规定。

4.气压制动系统充气及限压装置的性能要求

标准第7.5条对采用气压制动的机动车提出充气气压上升速度的技术要求;第7.6条对气压制动系统限压装置提出有关规定;第7.11条对气压制动系统储气筒压缩空气与真空保护装置、储气筒的容量和排污阀设置提出有关规定。

5.行车制动安全可靠性技术要求

标准第7.9.7.10条提出包括采用双回路或多回路、不允许有自行制动、挂车应能自行制动等确保行车制动安全可靠的规定。

6.制动报警装置技术要求

标准第7.12.1~7.12.4条分别对液压制动系统、气压制动系统和安装具有防抱制动装置的汽车制动报警装置的设置与技术要求作了相应规定。包括:

(1)采用液压制动的机动车方便加液和液面检查,设置制动液面过低报警装置,以及液压传能装置部件失效报警的设置与技术要求(标准第7.12.1、7.12.2条)。

(2)采用气压制动的汽车,制动系统的气压低于起步气压报警的设置与技术要求(标准第7.12.3条)。

(3)安装具有防抱制动装置的汽车,防抱制动装置失效报警的设置与技术要求。

7.制动性能检验技术要求

标准第7.13~7.16条分别对路试检验制动性能、台试检验制动性能和驻车制动性能检验的技术要求,包括检验方法和技术标准作了具体规定。

(1)路试检验制动性能的技术要求。标准第7.13.1~7.13.3条分别规定了路试行车制动性能、应急制动性能和驻车制动性能检验的技术条件、检验方法和技术标准。主要包括:

①检验技术条件,含路面与轮胎附着系数、发动机状况。

②用制动距离检验行车制动性能的概念和技术要求。包括制动距离的定义、不同车型路

试制动初速度和制动距离的限值(标准中表3)。

③路试制动稳定性的概念和技术要求(试验通道宽度,标准中表3)。

④用充分发出的平均减速度检验行车制动性能(包括制动稳定性)的技术要求(标准中表4)。

⑤制动协调时间的概念及检测方法、技术标准。

⑥制动性能检验时的制动踏板力或制动气压(或液压)的规定,分满载检验和空载检验两种不同情况的要求。

⑦行车制动性能路试合格与否的判定规则。

⑧路试检验应急制动性能的技术要求(标准第7.13.2条)。包括:机动车辆类型、制动初速度、允许操纵力(标准中表5)。

⑨路试驻车制动性能检验技术要求(标准第7.13.3条)。包括:试验坡道要求、附着系数要求、试验方法、检验时的操纵力和技术标准。特别对允许挂接挂车的汽车的驻车制动装置作出了规定。

(2)路试检验制动性能的技术要求。标准第7.14.1～7.14.3条分别对台试行车制动性能、驻车制动性能检验的技术条件和技术标准,以及台架检验后对其制动性能有质疑时可按要求路试进行复检作了相应规定。主要包括:

①台试检验行车制动性能的有关技术要求。包括:机动车类型划分,空载和满载不同情况下制动力总和与整车重量的百分比要求、轴制动力与轴荷的百分比要求(标准中表6),制动力平衡要求,制动协调时间,汽车车轮阻滞力要求,并给出各参数的限值,且特别规定:当机动车经台架检验后对其制动性能有质疑时,可用标准第7.13条规定的路试检验进行复检,以满载路试的检验结果为准。

②台试检验驻车制动性能的有关技术要求。包括试验条件、检验参数和标准,并规定:当机动车经台架检验后对其制动性能有质疑时,可用标准第7.13条规定的路试检验进行复检,并以满载路试的检验结果为准。

(3)机动车制动性能检验方法规定(标准第7.15条)。

标准以附录C分别对台试检验、路试检验,以及用平板式试验台检验制动性能的具体方法作了规定,并规定了各种检验方法选择的原则。

(4)汽车制动完全释放时间的规定(标准第7.16条)。

标准相关条款:

7 制动系

7.1 基本要求

机动车应设置足以使其减速、停车和驻车的制动系统或装置。

7.1.1 机动车应具有完好的行车制动系。

7.1.2 汽车(三轮汽车除外)应具有应急制动功能。

7.1.3 机动车(两轮、边三轮摩托车和轻便摩托车除外)应具有驻车制动装置。

7.1.4 行车制动的控制装置与驻车制动的控制装置应相互独立。

7.1.5 制动系应经久耐用,不允许因振动或冲击而损坏。

7.1.6 某些零件,如制动踏板及其支架、制动主缸及其活塞、制动总阀、制动主缸和踏板、制动气室、轮缸及其活塞和制动臂及凸轮轴总成之间的连接杆件应视为不易失效的零部件。这些零部件应易于维修保养。若这些零部件的失效会导致汽车无法达到应急制动规定的性能，则这些零部件都必须用金属材料或具有与金属材料性能相当的材料制造，并且在制动装置正常工作时不应产生明显的变形。

7.1.7 制动系统的各种杆件不允许与其他部件在相对位移中发生干涉、摩擦，以防杆件变形、损坏。

7.1.8 制动管路应为专用的耐腐蚀的高压管路。它们的安装必须保证其具有良好的连续功能、足够的长度和柔性，以适应与之相连接的零件所需要的正常运动，而不致造成损坏；它们必须有适当的安全防护，以避免擦伤、缠绕或其他机械损伤，同时应避免安装在可能与机动车排气管或任何高温源接触的地方。制动软管不允许与其他部件干涉且不应有老化、开裂、被压扁等现象。其他气动装置在出现故障时不允许影响制动系统的正常工作。

7.2 行车制动

行车制动必须保证驾驶员在行车过程中能控制机动车安全、有效地减速和停车。行车制动必须是可控制的，且必须保证驾驶员在其座位上双手无须离开方向盘(或方向把)就能实现制动。

7.2.1 汽车(三轮汽车除外)、摩托车及轻便摩托车、挂车(总质量不大于 750 kg 的挂车除外)的所有车轮应装备制动器。

7.2.2 行车制动应作用在机动车(三轮汽车、拖拉机运输机组及总质量不大于 750 kg 的挂车除外)的所有车轮上。

7.2.3 行车制动的制动力应在各轴之间合理分配。

7.2.4 机动车(两轮、边三轮摩托车和轻便摩托车除外)行车制动的制动力应在同一车轴左右轮之间相对机动车纵向中心平面合理分配。

7.2.5 制动器应有磨损补偿装置。制动器磨损后，制动间隙应易于通过手动或自动调节装置来补偿。制动控制装置及其部件以及制动器总成应具备一定的储备行程，当制动器发热或制动衬片的磨损达到一定程度时，在不必立即作调整的情况下，仍应保持有效的制动。

7.2.6 采用真空助力的行车制动系，当真空助力器失效后，制动系统仍应能保持规定的应急制动性能。

7.2.7 行车制动系制动踏板的自由行程应符合该车有关技术条件。

7.2.8 行车制动在产生最大制动效能时的踏板力，对于乘用车不应大于 500 N；对于其他机动车不应大于 700 N。摩托车及轻便摩托车(正三轮摩托车除外)行车制动系产生最大制动效能的踏板力不应大于 400 N，手握力不应大于 250 N。

7.2.9 液压行车制动在达到规定的制动效能时，踏板行程不应大于踏板全行程的四分之三；制动器装有自动调整间隙装置的机动车的踏板行程不应大于踏板全行程的五分之四，且乘用车不应大于 120 mm，其他机动车不应大于 150 mm。

7.2.10 液压行车制动系不允许因制动液对制动管路的腐蚀或由于发动机及其他热源的作用形成气阻而影响行车制动系的功能。

7.2.11 总质量大于 12 000 kg 的长途客车和旅游客车、总质量大于 16 000 kg，允许挂接总质量大于 10 000 kg 的挂车的货车及总质量大于 10 000 kg 的挂车必须安装符合 GB/T 13594 规定的防抱制动装置。

注:本条中半挂车的总质量是指半挂车在满载并且和牵引车相连的情况下,通过半挂车的所有车轴垂直作用于地面的静载荷,不包括转移到牵引车牵引座的静载荷。

7.2.12　汽车列车行车制动系的设计和制造应保证挂车最后轴制动动作滞后于牵引车前轴制动动作的时间不大于0.2 s。

7.3　应急制动

7.3.1　应急制动应保证在行车制动只有一处管路失效的情况下,在规定的距离内将汽车停住。

7.3.2　应急制动可以是行车制动系统具有应急特性或是与行车制动分开的系统。

7.3.3　应急制动应是可控制的,其布置应使驾驶员容易操作,驾驶员在座位上至少用一只手握住方向盘的情况下,就可以实现制动。它的控制装置可以与行车制动的控制装置结合,也可以与驻车制动的控制装置结合。

7.4　驻车制动

7.4.1　驻车制动应能使机动车即使在没有驾驶员的情况下,也能停在上、下坡道上。驾驶员必须在座位上就可以实现驻车制动。对于汽车列车和轮式拖拉机运输机组,若挂车与牵引车脱离,挂车(由轮式拖拉机牵引的装载质量3 000 kg以下的挂车除外)应能产生驻车制动。挂车的驻车制动装置应能够由站在地面上的人实施操纵。

7.4.2　驻车制动应通过纯机械装置把工作部件锁止,并且驾驶员施加于操纵装置上的力:手操纵时,乘用车不应大于400 N,其他机动车不应大于600 N;脚操纵时,乘用车不应大于500 N,其他机动车不应大于700 N。

7.4.3　驻车制动的控制装置的安装位置应适当,其操纵装置应有足够的储备行程(开关类操作装置除外),一般应在操纵装置全行程的三分之二以内产生规定的制动效能;驻车制动机构装有自动调节装置时允许在全行程的四分之三以内达到规定的制动效能。棘轮式制动操纵装置应保证在达到规定驻车制动效能时,操纵杆往复拉动的次数不允许超过三次。

7.4.4　采用弹簧储能制动装置做驻车制动时,应保证在失效状态下能快速解除驻车状态;如需使用专用工具,这种工具应作为随车工具。

7.5　采用液压制动的机动车,在保持踏板力为700 N(摩托车及轻便摩托车为400 N)达到1 min时,踏板不允许有缓慢向前移动的现象。

7.6　采用气压制动的机动车,在气压升至600 kPa且不使用制动的情况下,停止空气压缩机3 min后,其气压的降低值不应大于10 kPa。在气压为600 kPa的情况下,将制动踏板踩到底,待气压稳定后观察3 min,汽车气压降低值不应大于20 kPa,汽车列车、铰接客车及铰接式无轨电车、轮式拖拉机运输机组气压降低值不应大于30 kPa。

7.7　采用气压制动的机动车,发动机在75%的额定转速下,4 min(汽车列车为6 min,铰接客车和铰接式无轨电车为8 min)内气压表的指示气压应从零开始升至起步气压(未标起步气压者,按400 kPa计)。

7.8　气压制动系统应装有限压装置,以确保储气筒内气压不超过允许的最高气压。

7.9　汽车(三轮汽车除外)的行车制动应采用双回路或多回路,当部分管路失效后,剩余制动效能仍应能保持原规定值的30%以上。

7.10　机动车在运行过程中不允许有自行制动现象。当挂车(由轮式拖拉机牵引的装载质量3 000 kg以下的挂车除外)与牵引车意外脱离后,挂车应能自行制动,牵引车的制动仍应有效。

7.11　储气筒

7.11.1　压缩空气与真空保护:装备储气筒或真空罐的机动车均应采用单向阀或相应的保护装置,以保证在筒(罐)与压缩空气源(真空源)连接失效或漏损的情况下,由筒(罐)提供的压缩空气(真空度)不致全部丧失。

7.11.2　储气筒的容量应保证在调压阀调定的最高气压下,且在不继续充气的情况下,机动车在连续五次踩到底的全行程制动后,气压不低于起步气压(未标起步气压者,按400 kPa计)。

7.11.3　储气筒应有排污阀。

7.12　制动报警装置

7.12.1　采用液压制动的机动车,其储液器的加注口必须易于接近,从结构设计上必须保证在不打开容器的条件下就能很容易地检查液面。若不能满足此条件,则必须安装制动液面过低报警装置。

7.12.2　采用液压制动的汽车(三轮汽车和装用单缸柴油机的低速货车除外),若液压传能装置任一部件失效,应通过红色报警信号灯通知驾驶员,该信号灯不应迟于触动控制装置发亮。只要失效继续存在且点火开关处在开(运行)的位置,该信号灯应保持发亮。但也允许采用当储液器内液面低于制造厂规定值时点亮的红色信号灯。报警信号灯即使在白天也应很醒目,驾驶员在其座位上应能很容易地检查报警信号灯工作是否正常,该装置的失效不应导致制动系统完全丧失制动效能。

7.12.3　采用气压制动的机动车,当制动系统的气压低于起步气压(未标起步气压时按400 kPa计)时,报警装置应能连续向驾驶员发出容易听到或看到的报警信号。

7.12.4　安装具有防抱制动装置的汽车,当防抱制动装置失效时,报警装置应能连续向驾驶员发出容易听到或看到的报警信号。

7.13　路试检验制动性能

机动车行车制动性能和应急制动性能检验应在平坦、硬实、清洁、干燥且轮胎与地面间的附着系数不小于0.7的水泥或沥青路面上进行。检验时发动机应脱开。

7.13.1　行车制动性能检验

7.13.1.1　用制动距离检验行车制动性能

机动车在规定的初速度下的制动距离和制动稳定性要求应符合表3的规定。对空载检验的制动距离有质疑时,可用表3规定的满载检验制动距离要求进行。

制动距离:是指机动车在规定的初速度下急踩制动时,从脚接触制动踏板(或手触动制动手柄)时起至机动车停住时止机动车驶过的距离。

制动稳定性要求:是指制动过程中机动车的任何部位(不计入车宽的部位除外)不允许超出规定宽度的试验通道的边缘线。

7.13.1.2　用充分发出的平均减速度检验行车制动性能

汽车、汽车列车在规定的初速度下急踩制动时充分发出的平均减速度及制动稳定性要求应符合表4的规定,且制动协调时间对液压制动的汽车不应大于0.35 s,对气压制动的汽车不应大于0.60 s,对汽车列车、铰接客车和铰接式无轨电车不应大于0.80 s。对空载检验的充分发出的平均减速度有质疑时,可用表4规定的满载检验充分发出的平均减速度进行。

制动距离和制动稳定性要求 表 3

<table>
<tr><th>机动车类型</th><th>制动
初速度
(km/h)</th><th>满载检验制动
距离要求(m)</th><th>空载检验制动
距离要求(m)</th><th>试验通道
宽度(m)</th></tr>
<tr><td>三轮汽车</td><td>20</td><td colspan="2">≤5.0</td><td>2.5</td></tr>
<tr><td>乘用车</td><td>50</td><td>≤20.0</td><td>≤19.0</td><td>2.5</td></tr>
<tr><td>总质量不大于 3 500 kg 的低速货车</td><td>30</td><td>≤9.0</td><td>≤8.0</td><td>2.5</td></tr>
<tr><td>其他总质量不大于 3 500 kg 的汽车</td><td>50</td><td>≤22.0</td><td>≤21.0</td><td>2.5</td></tr>
<tr><td>其他汽车、汽车列车</td><td>30</td><td>≤10.0</td><td>≤9.0</td><td>3.0</td></tr>
<tr><td>两轮摩托车</td><td>30</td><td colspan="2">≤7.0</td><td></td></tr>
<tr><td>边三轮摩托车</td><td>30</td><td colspan="2">≤8.0</td><td>2.5</td></tr>
<tr><td>正三轮摩托车</td><td>30</td><td colspan="2">≤7.5</td><td>2.3</td></tr>
<tr><td>轻便摩托车</td><td>20</td><td colspan="2">≤4.0</td><td></td></tr>
<tr><td>轮式拖拉机运输机组</td><td>20</td><td>≤6.5</td><td>≤6.0</td><td>3.0</td></tr>
<tr><td>手扶变型运输机</td><td>20</td><td colspan="2">≤6.5</td><td>2.3</td></tr>
</table>

制动减速度和制动稳定性要求 表 4

<table>
<tr><th>机动车类型</th><th>制动
初速度
(km/h)</th><th>满载检验
充分发出的
平均减速度
(m/s^2)</th><th>空载检验
充分发出的
平均减速度
(m/s^2)</th><th>试验通道宽
度
(m)</th></tr>
<tr><td>三轮汽车</td><td>20</td><td colspan="2">≥3.8</td><td>2.5</td></tr>
<tr><td>乘用车</td><td>50</td><td>≥5.9</td><td>≥6.2</td><td>2.5</td></tr>
<tr><td>总质量不大于 3 500 kg 的低速货车</td><td>30</td><td>≥5.2</td><td>≥5.6</td><td>2.5</td></tr>
<tr><td>其他总质量不大于 3 500 kg 的汽车</td><td>50</td><td>≥5.4</td><td>≥5.8</td><td>2.5</td></tr>
<tr><td>其他汽车、汽车列车</td><td>30</td><td>≥5.0</td><td>≥5.4</td><td>3.0</td></tr>
</table>

7.13.1.3 进行制动性能检验时的制动踏板力或制动气压应符合以下要求：

a)满载检验时

气压制动系：气压表的指示气压≤额定工作气压；

液压制动系：踏板力，乘用车≤500 N；

其他机动车≤700 N。

b)空载检验时

气压制动系：气压表的指示气压≤600 kPa；

液压制动系：踏板力，乘用车≤400 N；

其他机动车≤450 N。

两轮、边三轮摩托车和轻便摩托车检验时，踏板力不应大于 400 N，手握力不应大于250 N。

三轮汽车、正三轮摩托车和拖拉机运输机组检验时，踏板力不应大于 600 N。

7.13.1.4 汽车、汽车列车在符合 7.13.1.3 规定的制动踏板力或制动气压下的路试行车制动性能若符合 7.13.1.1 或 7.13.1.2，即为合格。

7.13.2 应急制动性能检验

汽车(三轮汽车除外)在空载和满载状态下,按表5所列初速度进行应急制动性能检验,应急制动性能应符合表5的要求。

应急制动性能要求 表5

机动车类型	制动初速度(km/h)	制动距离(m)	充分发出的平均减速度(m/s^2)	允许操纵力不应大于(N)	
				手操纵	脚操纵
乘用车	50	≤38.0	≥2.9	400	500
客车	30	≤18.0	≥2.5	600	700
其他汽车(三轮汽车除外)	30	≤20.0	≥2.2	600	700

7.13.3 驻车制动性能检验

在空载状态下,驻车制动装置应能保证机动车在坡度为20%(对总质量为整备质量的1.2倍以下的机动车为15%)、轮胎与路面间的附着系数不小于0.7的坡道上正、反两个方向保持固定不动,其时间不应少于5 min。对于允许挂接挂车的汽车,其驻车制动装置必须能使汽车列车在满载状态下时能停在坡度为12%的坡道(坡道上轮胎与路面间的附着系数不应小于0.7)上。

检验时,操纵力按7.4.2规定。

注:在规定的测试状态下,机动车使用驻车制动装置能停在坡度值更大且附着力符合要求的试验坡道上时,应视为达到了驻车制动性能检验规定的要求。

7.14 台试检验制动性能

7.14.1 行车制动性能检验

7.14.1.1 汽车、汽车列车在制动检验台上测出的制动力应符合表6的要求。对空载检验制动力有质疑时,可用表6规定的满载检验制动力要求进行检验。

摩托车及轻便摩托车的前、后轴制动力应符合表6的要求,测试时只允许乘坐一名驾驶员。

检验时,制动踏板力或制动气压按7.13.1.3的规定。

台试检验制动力要求 表6

机动车类型	制动力总和与整车重量的百分比		轴制动力与轴荷[a]的百分比	
	空载	满载	前轴	后轴
三轮汽车	≥45			≥60[b]
乘用车、总质量不大于3500kg的货车	≥60	≥50	≥60[b]	≥20[b]
其他汽车、汽车列车	≥60	≥50	≥60[b]	
摩托车	—	≥60	≥55	
轻便摩托车	—	—	≥60	≥50[a]

注:a. 用平板制动检验台检验乘用车时应按动态轴荷计算。

b. 空载和满载状态下测试均应满足此要求。

7.14.1.2 制动力平衡要求(两轮、边三轮摩托车和轻便摩托车除外)

在制动力增长全过程中同时测得的左右轮制动力差的最大值，与全过程中测得的该轴左右轮最大制动力中大者之比，对前轴不应大于20%，对后轴(及其他轴)在轴制动力不小于该轴轴荷的60%时不应大于24%；当后轴(及其他轴)制动力小于该轴轴荷的60%时，在制动力增长全过程中同时测得的左右轮制动力差的最大值不应大于该轴轴荷的8%。

7.14.1.3　汽车的制动协调时间，对液压制动的汽车不应大于0.35 s，对气压制动的汽车不应大于0.60 s；汽车列车和铰接客车、铰接式无轨电车的制动协调时间不应大于0.80 s。

7.14.1.4　汽车车轮阻滞力要求：进行制动力检验时，各车轮的阻滞力均不应大于车轮所在轴轴荷的5%。

7.14.2　驻车制动性能检验

当采用制动检验台检验汽车和正三轮摩托车驻车制动装置的制动力时，机动车空载，乘坐一名驾驶员，使用驻车制动装置，驻车制动力的总和不应小于该车在测试状态下整车重量的20%(对总质量为整备质量1.2倍以下的机动车为不小于15%)。

7.14.3　当机动车经台架检验后对其制动性能有质疑时，可用7.13规定的路试检验进行复检，并以满载路试的检验结果为准。

7.15　机动车制动性能检验方法见附录C。

7.16　汽车制动完全释放时间(从松开制动踏板到制动消除所需要的时间)不应大于0.80 s。

(七)照明、信号装置和其他电气设备技术条件

标准第8.1～8.5条规定了机动车电器系统基本要求、照明和信号装置的要求、前照灯的技术要求、喇叭等电气设备和仪表的要求、无轨电车的电器要求。主要包括以下内容：

1.电器系统基本要求

主要包括：电器安装、灯光开关的可靠性，开关操作的便利性，灯具闪烁的限制性等技术要求。

2.照明和信号装置的数量、位置、光色和最小几何可见度技术要求

(1)汽车(三轮汽车和装用单缸柴油机的低速货车除外)及挂车的外部照明和信号装置的数量、位置、光色、最小几何可见度要求(标准第8.2.1条)。

(2)两轮摩托车和轻便摩托车的照明和信号装置及其安装的规定(标准第8.2.2条)。

(3)三轮机动车、部分低速货车及拖拉机运输机组、正三轮摩托车灯具设置及照明和信号装置的数量、位置、最小几何可见度、光色的规定(标准第8.2.3条)。

(4)其他机动车的外部照明和信号装置的数量、位置、光色、最小几何可见度的规定(标准第8.2.4条)。

(5)机动车装置后反射器的规定，以及反射器安装及性能的规定(标准第8.2.5条)。

(6)机动车示廓灯安装规定(标准第8.2.6条)。

(7)车身反光标识设置、粘贴技术规范及车身反光标识材料规定(标准第8.2.7、8.2.8条)。

(8)牵引杆挂车标志灯安装规定(标准第8.2.9条)。

(9)附加的灯具、反射器或附属装置的技术要求(标准第8.2.10条)。

3.照明和信号装置的一般要求

标准第8.3.1～8.3.9条分别对机动车灯具的控制、电路连接、发光强度、光色和亮度差异、仪表板、车内照明装置、危险警告信号装置、客车车厢灯和门灯设置等规定了一般性技术要求。

4.前照灯的一般要求

标准第8.3.1～8.3.9条分别对机动车前照灯光束照射位置,远、近光灯的位置,远、近光变换装置,前照灯的选用,远光光束发光强度,前照灯光束照射位置检验方法作了技术规定。GB 7258—2004适当提高了部分机动车远光光束的发光强度要求;调查整了前照灯近光光束和远光光束的高度照射位置和水平照射位置的要求。其中涉及机动车性能检测的内容主要有:

(1)远光光束发光强度技术要求(标准第8.4.6条)。标准规定了机动车每只前照灯的远光光束发光强度应达到的限值要求(标准中表7),并规定了测试时电源系统的状态。

表7中对不同类型车辆和不同的检查项目,分新注册车和在用车,以及前照灯的制式(数量),规定了不同的远光光束发光强度最小值要求。

(2)光束照射位置要求(标准第8.4.7条)。标准分别规定了不同类型机动车、不同位置的前照灯,以及不同类型前照灯光束照射位置的技术要求,包括高度范围、水平方向位置偏差和检验规范(标准中附录D)。

5.其他电器设备和仪表

标准第8.5.1、8.5.1.2条规定了喇叭性能要求,包括:喇叭设置和喇叭声级技术要求。标准第8.5.2条规定了发电机、蓄电池技术性能要求。标准第8.5.3条规定了三轮汽车、装用单缸柴油机的低速货车和轮式拖拉机运输机组仪表设置的要求。标准第8.5.4条规定了客车电源总开关设置的要求。标准第8.5.5条规定了行驶记录装置安装的要求。标准第8.5.6条规定了无轨电车的电器要求。

标准相关条款:

8 照明、信号装置和其他电器设备

8.1 基本要求

机动车的灯具应安装牢靠、完好有效,不允许因机动车振动而松脱、损坏、失去作用或改变光照方向;所有灯光的开关应安装牢固、开关自如,不允许因机动车振动而自行开关。开关的位置应便于驾驶员操纵。除转向信号灯、危险警告信号及消防车、救护车、工程救险车和警车安装使用的标志灯具外,其他外部灯具不允许闪烁。

8.2 照明和信号装置的数量、位置、光色和最小几何可见度

8.2.1 汽车(三轮汽车和装用单缸柴油机的低速货车除外)及挂车的外部照明和信号装置的数量、位置、光色、最小几何可见度应符合GB 4785的规定。

8.2.2 两轮摩托车和轻便摩托车的照明和信号装置及其安装应符合GB 18100的规定。

8.2.3 三轮机动车、装用单缸柴油机的低速货车及拖拉机运输机组应设置前照灯、前位灯、后位灯、制动灯、后牌照灯、后反射器和前、后转向信号灯,正三轮摩托车还应设置后雾灯。照明和信号装置的光色应符合GB 4785有关规定,其数量、位置、最小几何可见度等参照GB 4785执行。

8.2.4 其他机动车的外部照明和信号装置的数量、位置、光色、最小几何可见度等参照GB 4785执行。

8.2.5 机动车必须装置后反射器。挂车及车长大于6 m的机动车应安装侧反射器和侧标志灯。反射器应与机动车牢固连接,且应能保证夜间在其正后方150 m处用汽车前照灯照射时,在照射位置就能确认其反射光。

8.2.6　空载高大于3.00 m或宽度大于2.10 m的机动车均应安装示廓灯。

8.2.7　总质量不小于12 000 kg的货车和总质量大于3 500 kg的挂车应在后部设置车身反光标识，后部的车身反光标识应能体现机动车后部宽度。车长不小于10 m的货车和总质量大于3 500 kg的挂车都应在侧面设置车身反光标识，车身反光标识的长度不应小于车长的50%。

8.2.8　车身反光标识的粘贴技术规范及车身反光标识材料应符合GA406的规定。

8.2.9　牵引杆挂车应在挂车前部的左右各装一只前白后红的标志灯，其高度应比牵引杆挂车的前栏板高出300～400 mm，距车厢外侧应小于150 mm。

8.2.10　附加的灯具、反射器或附属装置不允许影响本标准规定安装的灯具和信号装置的性能且不应对其他的道路使用者造成不利影响。

8.3　照明和信号装置的一般要求

8.3.1　机动车(手扶拖拉机运输机组除外)的前位灯、后位灯、示廓灯(若安装)、侧标志灯(若安装)、挂车标志灯(若安装)、牌照灯和仪表灯应能同时启闭，当前照灯关闭和发动机熄火时仍应能点亮。汽车和挂车的电路连接应保证前位灯、后位灯、示廓灯(若安装)、侧标志灯(若安装)和牌照灯只能同时打开或关闭，但当前位灯、后位灯、侧标志灯作为驻车灯使用(复合或混合)时，则上述情况不适用。

8.3.2　机动车的前、后转向信号灯、危险警告信号及制动灯白天在距其100 m处应能观察到其工作状况，侧转向信号灯白天在距30 m处应能观察到其工作状况；前、后位置灯、示廓灯、挂车标志灯夜间好天气时在距其300 m处应能观察到其工作状况；后牌照灯夜间好天气时在距其20 m处应能看清牌照号码。制动灯的发光强度应明显大于后位灯。

8.3.3　对称设置、功能相同的灯具的光色和亮度不应有明显差异。

8.3.4　机动车照明和信号装置的任一条线路出现故障，不允许干扰其他线路的正常工作。

8.3.5　驾驶区的仪表板应采用不反光的面板或护板，车内照明装置及其在风窗玻璃、视镜、仪表盘等处的反射光线不应使驾驶员眩目。

8.3.6　仪表板上应设置仪表灯。仪表灯点亮时，应能照清仪表板上所有的仪表且不应眩目。

8.3.7　汽车(三轮汽车和装用单缸柴油机的低速货车除外)仪表板上应设置与行驶方向相适应的转向指示信号和蓝色远光指示信号。

8.3.8　汽车(三轮汽车除外)和轮式拖拉机运输机组均应具有危险警告信号装置，其操纵装置不应受灯光总开关的控制。对于牵引挂车的汽车，危险警告信号控制开关也应能打开挂车上的所有转向信号灯，即使在发动机不工作的情况下，仍应能发出危险警告信号。危险警告信号和转向信号灯的闪光频率应为1.5 Hz±0.5 Hz，启动时间不应大于1.5 s。

8.3.9　客车应设置车厢灯和门灯。车长大于6 m的客车应至少有两条车厢照明电路，仅用于进出口处的照明电路可作为其中之一。当一条电路失效时，另一条仍应能正常工作，以保证车内照明。车厢灯和门灯不应影响驾驶员的视线和其他机动车的正常行驶。

8.4　前照灯

8.4.1　在正常使用条件下，机动车前照灯光束照射位置应保持稳定。

8.4.2　装有前照灯的机动车应有远、近光变换装置，并且当远光变为近光时，所有远光应能同时熄灭。同一辆机动车上的前照灯不允许左、右的远、近光灯交叉开亮。

8.4.3　前照灯的远、近光灯上下并列设置时，近光灯应位于上侧，其他情况下近光灯应位于外侧。

8.4.4 所有前照灯的近光都不允许眩目。

8.4.5 汽车(三轮汽车除外)、摩托车及轻便摩托车装用的前照灯应分别符合 GB 4599、GB 5948及 GB 19152 的规定。

8.4.6 远光光束发光强度。

机动车每只前照灯的远光光束发光强度应达到表 7 的要求。测试时,其电源系统应处于充电状态。

前照灯远光光束发光强度最小值要求 表 7

机动车类型		检查项目					
		新注册车			在用车		
		一灯制	两灯制	四灯制[a]	一灯制	二灯制	四灯制[a]
三轮汽车		8 000	6 000	—	6 000	5 000	—
最高设计车速小于 70 km/h 的汽车		—	10 000	8 000	—	8 000	6 000
其他汽车		—	18 000	15 000	—	15 000	12 000
摩托车		10 000	8 000	—	8 000	6 000	—
轻便摩托车		4 000	—	—	3 000	—	—
拖拉机运输机组	标定功率>18 kW	—	8 000	—	—	6 000	—
	标定功率≤18 kW	6 000[b]	6 000	—	5 000[b]	5 000	—

注:a. 四灯制是指前照灯具有四个远光光束;采用四灯制的机动车其中两只对称的灯达到两灯制的要求时视为合格。
b. 允许手扶拖拉机运输机组只装用一只前照灯。

8.4.7 光束照射位置要求:

8.4.7.1 在检验前照灯近光光束照射位置时,前照灯照射在距离 10 m 的屏幕上时,乘用车前照灯近光光束明暗截止线转角或中点的高度应为 0.7~0.9 H(H 为前照灯基准中心高度,下同),其他机动车(拖拉机运输机组除外)应为 0.6~0.8 H。机动车(装用一只前照灯的机动车除外)前照灯近光光束水平方向位置向左偏不允许超过 170 mm,向右偏不允许超过350 mm。

8.4.7.2 轮式拖拉机运输机组装用的前照灯近光光束的照射位置,按照上述方法检验时,要求在屏幕上光束中点的离地高度不允许大于 0.7 H;水平位置要求,向右偏移不允许超过 350 mm,不允许向左偏移。

8.4.7.3 在检验前照灯远光光束及远光单光束灯照射位置时,前照灯照射在距离 10 m 的屏幕上时,要求在屏幕光束中心离地高度,对乘用车为 0.9~1.0 H,对其他机动车为 0.8~0.95 H;机动车(装用一只前照灯的机动车除外)前照灯远光光束水平位置要求,左灯向左偏不允许超过 170 mm,向右偏不允许超过 350 mm,右灯向左或向右偏均不允许超过350 mm。

8.4.7.4 前照灯光束照射位置检验方法见附录 D。

(八)行驶系技术条件

标准第 9.1~9.11 条规定了行驶系统各部件,包括轮胎、车架、车桥、悬架装置及连接件的技术要求,规定了有关技术参数的标准和测试方法。主要有:

1. 轮胎技术状况的要求

标准第 9.1.1~9.1.8 条对轮胎胎冠花纹深度、轮胎胎面损伤、轮胎规格及速度等级的选用、双式车轮的安装、乘用车用轮胎胎面磨耗标志等提出具体技术要求。

2.对轮胎使用技术参数的要求

标准第9.2条规定了轮胎使用参数,包括轮胎负荷和轮胎气压的技术要求,并对轮胎气压自动充气装置充气压力的可靠保证提出了要求。

3.车轮总成的横向摆动量和径向跳动量的要求

标准第9.3条规定了不同类型的机动车车轮总成横向摆动量和径向跳动量的限值。

4.车轮动平衡的要求

标准第9.4条规定了必须进行车轮动平衡的机动车类型和技术要求。

5.行驶系统主要部件的完好性要求

标准第9.5～9.7、9.9条对轮胎螺母和半轴螺母,悬架系统各球关节的密封件、钢板弹簧、中心螺栓和U形螺栓、减振器、车架、前后桥等部件,分别提出使用技术要求,以及完好性、密封性、连接可靠性等技术要求。

6.悬架特性要求

标准第9.8条对部分乘用车规定了悬架特性的测试要求。

标准相关条款:

9.1　轮胎要求

9.1.1　轮胎胎冠花纹深度:乘用车、摩托车及轻便摩托车和挂车轮胎胎冠上花纹深度不允许小于1.6 mm,其他机动车转向轮的胎冠花纹深度不允许小于3.2 mm;其余轮胎胎冠花纹深度不允许小于1.6 mm。

9.1.2　轮胎胎面不允许因局部磨损而暴露出轮胎帘布层。轮胎不允许有影响使用的缺损、异常磨损和变形。

9.1.3　轮胎的胎面和胎壁上不允许有长度超过25 mm或深度足以暴露出轮胎帘布层的破裂和割伤。

9.1.4　同一轴上的轮胎规格和花纹应相同,轮胎规格应符合整车制造厂的出厂规定。

9.1.5　机动车转向轮不允许装用翻新的轮胎。

9.1.6　机动车所装用轮胎的速度级别不应低于该车最高设计车速的要求。

9.1.7　双式车轮的轮胎的安装应便于轮胎充气,双式车轮的轮胎之间应无夹杂的异物。

9.1.8　乘用车用轮胎应有胎面磨耗标志。乘用车备胎规格与该车其他轮胎不同时,应在备胎附近明显位置(或其他适当位置)装置能永久保持的标识,以提醒驾驶员正确使用备胎。

9.2　轮胎负荷不应大于该轮胎的额定负荷,轮胎气压应符合该轮胎承受负荷时规定的压力。具有轮胎气压自动充气装置的汽车,其自动充气装置应能确保轮胎气压符合出厂规定。

9.3　车轮总成的横向摆动量和径向跳动量。

总质量不大于3 500 kg的汽车不应大于5 mm;摩托车及轻便摩托车不应大于3 mm;其他机动车不应大于8 mm。

9.4　最高设计车速大于100 km/h的机动车,其车轮的动平衡要求应符合有关技术条件的规定。

9.5　轮胎螺母和半轴螺母应完整齐全,并应按规定力矩紧固。

9.6　悬架系统各球关节的密封件不允许有切口或裂纹,稳定杆应连接可靠,结构件不允许有变形或残损。钢板弹簧不允许有裂纹和断片现象,同一轴上的弹簧形式和规格应相同,其弹簧形式和规格应符合产品使用说明书中的规定。中心螺栓和U形螺栓应紧固、无裂纹且不允许拼焊。钢板弹簧卡箍不允许拼焊或残损。

9.7　减振器应齐全有效,减振器不允许有明显渗漏油现象。

9.8　最高设计车速大于 100 km/h 且轴荷不大于 1 500 kg 的乘用车,其悬架特性应符合 GB 18565的有关规定。

9.9　车架不应有变形、锈蚀和裂纹,螺栓和铆钉不应缺少或松动。

9.10　前、后桥不应有变形和裂纹。

9.11　车桥与悬架之间的各种拉杆和导杆不应变形,各接头和衬套不应松旷或移位。

(九)传动系技术条件

标准第 10.1～10.5 条对传动系各总成部件的技术要求、工作性能和有关技术参数的限值。对各部件主要规定如下:

1.离合器

标准第 10.1 条分别规定了离合器工作性能、踏板自由行程、离合器彻底分离时的踏板力的技术要求。

2.变速器和分动器

标准第 10.2 条分别对变速器换挡时齿轮、换挡杆及其传动杆件工作状况,换挡杆上的挡位标志,分动器操作步骤的说明,电动汽车倒车操作安全可靠性设计要求等作出了规定。

3.传动轴

标准第 10.3 条对传动轴、中间轴承和万向节外观检验、运转技术状况、传动轴防护装置设置提出要求。

4.驱动桥

标准第 10.4 条对驱动桥壳、桥管完好性和工作声响提出要求。

5.车速受限车辆的特殊要求

标准第 10.5 条规定了三轮汽车和低速货车等车速受限车辆的技术特性要求。

(十)车身技术条件

标准第 11.1 条规定:车身的技术状况应能保证驾驶员有正常的工作条件和客货安全。为此,标准通过第 11.2～11.16 条对车身各部技术状况提出各项具体技术要求,主要包括:车身和驾驶室的完好性、安装可靠性要求(标准第 11.2 条);客车顶部的承载能力要求及试验方法规定(标准第 11.3 条);车身内外各部件表面对人体不致伤的要求(标准第 11.4 条);内饰材料阻燃性要求(标准第 11.5 条);车门和车窗启闭功能、门锁可靠性、门窗玻璃的安全性和密封性、驾驶视野、客车车门的设置、电动门窗的功能等技术要求(标准第 11.6.1～11.6.6 条);驾驶员座椅的可靠性、可调功能,驾驶区各操作机件布置的合理性要求(标准第 11.7 条);客车乘员座椅、卧铺客车的卧铺应合理分布的要求(标准第 11.8、11.9 条);客车乘客通道设置的技术要求(标准第 11.10 条);车外顶行李架设置的规定(标准第 11.11 条);城市客车和无轨电车乘客门一级踏步高的要求(标准第 11.12 条);货箱安装可靠性、栏板和底板强度要求(标准第 11.13 条);摩托车前后轮中心平面允许偏差要求(标准第 11.14 条);乘用车护轮板、挂车后轮和其他机动车所有车轮挡泥板的安装规定(标准第 11.15 条);机动车号牌板(架)设置要求(标准第 11.16 条)。

(十一)机动车安全防护装置技术要求

标准第 12.1～12.22 条规定了对机动车各项安全防护装置的技术要求。主要包括:

(1)各类汽车的安全带装置及技术要求(标准第 12.1.1~12.1.3 条)。

(2)车外后视镜和前下视镜设置及调节、缓冲功能要求(标准第 12.2.1~12.2.4 条)。

(3)前风窗玻璃刮水器装置及技术要求(标准第 12.3.1~12.3.2 条)。

(4)驾驶室内防眩目的装置设置及技术要求(标准第 12.4 条)。

(5)乘用车前风窗玻璃除雾、除霜装置设置的要求(标准第 12.5 条)。

(6)机动车安全出口、安全门、安全窗设置及标志等技术要求(标准第 12.6.1~12.6.5 条)。

(7)燃料系统的安全保护技术要求,主要包括燃料箱及燃料管路的安装可靠性、加油口及通气口的密封性和位置、“禁止直供油”、燃油箱位置等技术要求(标准第 12.7.1~12.7.6 条)。

(8)气体燃料专用装置的安全防护技术要求,主要包括:防止气体泄漏的安全保护结构措施,两用燃料汽车燃料转换系统及燃料转换开关的设置和功能,车用压缩天然气气瓶和液化石油气气瓶的技术要求及安装可靠性和安全保护措施、手动截止阀和调压器的技术要求和装置要求,高压管路的结构和安装要求、管路接头的密封性和检验方法(标准中附录 E,第12.8.1~12.8.14 条)。

(9)发动机的排气管口的指向规定(标准第 12.9 条)。

(10)易燃和易爆物品的道路运输危险货物车辆的安全标志、消防器材、排气管、接地装置等配置及安装技术要求(标准第 12.10 条)。

(11)客车灭火器装备的要求(标准第 12.11 条)。

(12)汽车(三轮汽车除外)装备三角警告牌的要求(标准第 12.12 条)。

(13)保险杠设置的技术要求(标准第 12.13 条)。

(14)货箱或其他载货装置的构造、安全架及厢式车的货物隔离装置技术要求(标准第12.14~12.17 条)。

(15)牵引车与被牵引车的连接装置的结构、可靠性和安全装置技术要求(标准第12.18.1~12.18.3条)。

(16)汽车和挂车侧面及后下部防护装置,包括货车和挂车的侧面防护、后下部防护装置的设置技术要求(标准第 12.19 条)。

(17)摩托车客座座垫、扶手(或拉带)和脚蹬设置的要求(标准第 12.20 条)。

(18)三轮汽车热表面防护装置或挡板的设置要求(标准第 12.21 条)。

(19)三轮汽车和拖拉机运输机组外露旋转件防护罩设置、踏板和脚踏板防滑措施的要求(标准第 12.22 条)。

(十二)消防车、救护车、工程救险车和警车的附加要求

标准第 13.1~13.6 条分别对消防车、救护车、工程救险车和警车提出安全技术条件方面的附加要求,主要包括:车身颜色的规定、装备与其功能相适应的装置的技术要求、安装使用的警报器和标志灯具的规定和安装技术要求。

(十三)机动车环保要求

标准第 14.1~14.5 条分别对机动车排气污染物排放、车外噪声、驾驶员耳旁噪声声级、客车车内噪声的技术要求作出相应规定。

(十四)标准的附录

1. 附录 A(规范性附录)　车速表指示误差检验方法

该附录规定了车速表指示误差检验的技术规范。包括:A1 规定了车速表指示误差应采用的检验方法(宜台试,可路试);A.2规定了用滚筒式车速表检验台检验的具体操作规范及车速表指示误差的合格范围。

2.附录B(规范性附录)　**转向轮横向侧滑量检验方法**

该附录规定了转向轮横向侧滑量检验的技术规范。包括检验应在侧滑检验台上进行的要求和台试检验的操作方法。

3.附录C(规范性附录)　**制动性能检验方法**

该附录规定了制动性能检验的技术规范。包括:路试制动性能检验方法、台试制动性能检验方法(包括用平板制动检验台检验)及检验方法的选择。针对用平板检验台检验乘用车行车制动提出了特殊要求。其中检验方法含检验条件、操作步骤和技术要点;检验方法的选择规定对科学实施制动性能检验有重要的指导意义。

4.附录D(规范性附录)　**前照灯光束照射位置检验方法**

该附录规定了前照灯光束照射位置检验的技术规范。包括:D.1屏幕法检验的技术条件、检验方法和参数测量要求;D.2用前照灯检测仪检验的操作技术要点;D.3检验方法的选择规定。

5.附录E(规范性附录)　**气密性检验方法**

该附录规定了气密性检验的技术规范。包括:

E.1压缩天然气汽车和汽油/压缩天然气两用燃料汽车气密性检验的内容(天然气低压检漏检验、高压气密性检验)和具体操作方法。

E.2液化石油气汽车和汽油/液化石油气两用燃料汽车气密性检验的内容(储气系统的气密性检验)和具体方法(检漏液检验、气体检漏仪检验和压力计检验方法)。

6.附录F(规范性附录)　**驾驶员耳旁噪声检验方法**

该附录规定了驾驶员耳旁噪声检验的技术规范,包括操作步骤和技术要点。

7.附录G(资料性附录)　**四种类型机动车技术条件要求对应一览表**

该附录以表G1给出三轮汽车、其他汽车、汽车列车、摩托车及轻便摩托车、拖拉机运输机组四种类型机动车技术条件要求对应一览表。

标准相关附录:

附录A

(规范性附录)

车速表指示误差检验方法

A.1　车速表指示误差的检验宜在滚筒式车速表检验台上进行。对于无法在车速表检验台上检验车速表指示误差的机动车(如全时四轮驱动汽车、具有驱动防滑控制装置的汽车等)可路试检验车速表指示误差。

A.2　将被测机动车的车轮驶上车速表检验台的滚筒上使之旋转,当该机动车车速表的指示值(v_1)为40 km/h时,车速表检验台速度指示仪表的指示值(v_2)为32.8 ～ 40 km/h范围内为合格。

当车速表检验台速度指示仪表的指示值(v_2)为40 km/h时,读取该机动车车速表的指示值(v_1),当v_1的读数在40～48 km/h范围内时为合格。

附录B

(规范性附录)

转向轮横向侧滑量检验方法

B.1　转向轮横向侧滑量的检验应在侧滑检验台上进行。

B.2　将汽车对正侧滑检验台，并使方向盘处于正中位置。

B.3　使汽车沿台板上的指示线以 3～5 km/h 车速平稳前行，在行进过程中，不允许转动方向盘。

B.4　转向轮通过台板时，测取横向侧滑量。

附录C

（规范性附录）

制动性能检验方法

C.1　路试制动性能检验方法

C.1.1　路试检验制动性能应在平坦（坡度不应大于 1 %）、干燥和清洁的硬路面（轮胎与路面之间的附着系数不应小于 0.7）上进行。

C.1.2　在试验路面上画出表 3 规定宽度的试验通道的边线，被测机动车沿着试验车道的中线行驶至高于规定的初速度后，置变速器于空挡（自动变速的机动车可置变速器于 D 挡），当滑行到规定的初速度时，急踩制动，使机动车停止。

C.1.3　用制动距离检验行车制动性能时，采用速度计、第五轮仪或用其他测试方法测量机动车的制动距离，对除气压制动外的机动车还应同时测取踏板力（或手操纵力）。

C.1.4　用充分发出的平均减速度检验行车制动性能时，采用能够测取充分发出的平均减速度（*MFDD*）和制动协调时间的仪器测量机动车充分发出的平均减速度（*MFDD*）和制动协调时间，对除气压制动外的机动车还应同时测取踏板力（或手操纵力）。

C.2　台试制动性能检验方法

C.2.1　用滚筒式制动检验台检验

滚筒式制动检验台滚筒表面应干燥，没有松散物质及油污，滚筒表面当量附着系数不应小于 0.75。

驾驶员将机动车驶上滚筒，位置摆正，置变速器于空挡。启动滚筒，在 2 s 后测取车轮阻滞力；使用制动，测取制动力增长全过程中的左右轮制动力差和各轮制动力的最大值，并记录左右车轮是否抱死。

在测量制动时，为了获得足够的附着力，允许在机动车上增加足够的附加质量或施加相当于附加质量的作用力（附加质量或作用力不计入轴荷）。

在测量制动时，可以采取防止机动车移动的措施（例如加三角垫块或采取牵引等方法）。当采取上述方法之后，仍出现车轮抱死并在滚筒上打滑或整车随滚筒向后移出的现象，而制动力仍未达到合格要求时，应改用本标准中规定的其他方法进行检验。

C.2.2　用平板制动检验台检验

制动检验台平板表面应干燥，没有松散物质及油污，平板表面附着系数不应小于 0.75。

驾驶员将机动车对正平板制动检验台，以 5 ～10 km/h 的速度（或制动检验台制造厂家推荐的速度）行驶，置变速器于空挡（自动变速的机动车可置变速器于 D 挡），急踩制动，使机动车停止，测取 7.14 所要求的参数值。

C.3　检验方法的选择

机动车安全技术检验时，机动车制动性能的检验宜采用滚筒反力式制动检验台或平板制动检验台检验制动性能，其中前轴驱动的乘用车更适合采用平板制动检验台检验制动性能。

不宜采用制动检验台检验制动性能的机动车及对台试制动性能检验结果有质疑的机动车应路试检验制动性能。

对满载/空载两种状态时后轴轴荷之比大于2.0的货车和半挂牵引车，宜加载（或满载）检验制动性能，此时所加载荷应计入轴荷和整车重量。加载至满载时，整车制动力百分比应按满载检验考核；若未加载至满载，则整车制动力百分比应根据轴荷按满载检验和空载检验的加权值考核。

附录D
（规范性附录）
前照灯光束照射位置检验方法

D.1　屏幕法：在屏幕上检查

检查用场地应平整，屏幕与场地应垂直。被检验的机动车应空载、轮胎气压正常且乘坐一名驾驶员。将机动车停置于屏幕前，并与屏幕垂直，使前照灯基准中心距屏幕10 m，在屏幕上确定与前照灯基准中心离地面距离H等高的水平基准线及以机动车纵向中心平面在屏幕上的投影线为基准确定的左右前照灯基准中心位置线。分别测量左右远近光束的水平和垂直照射方位的偏移值。

D.2　用前照灯检测仪检验

将被检验的机动车按规定距离与前照灯检测仪对正（宜使用车辆摆正装置），从前照灯检测仪的显示屏上分别测量左、右、远、近光束的水平和垂直照射方位的偏移值。

D.3　检验方法的选择

机动车安全技术检验时，宜采用前照灯检测仪检验前照灯光束照射位置。

附录E
（规范性附录）
气密性检验方法

E.1　压缩天然气汽车和汽油/压缩天然气两用燃料汽车气密性检验

E.1.1　检验内容

储气系统的气密性检验包括3～5 MPa天然气低压检漏检验和20 MPa天然气高压气密性检验。

E.1.2　3～5 MPa天然气低压检漏检验

可任选下列两种方法之一进行低压检漏检验：

a)检漏液检验

用肥皂泡沫或其他非腐蚀性的发泡水涂于所有管路接头上，待消除附着的表面气体后，观察有无气泡发生。

b)气体检漏仪检验

使用气体检漏仪检查所有管路接头，不应出现漏气现象。

在气体检漏仪发现泄漏后，应采用检漏液检验法证实泄漏的存在和确定泄漏的地方。

E.1.3　20 MPa天然气高压气密性检验

低压检漏检验确认无泄漏后，进行20 MPa天然气高压气密性检验，5 min内不允许有气体泄漏现象。

如发现管路有气体泄漏，应关闭集成阀，待管路中的气体排出后，再拧紧卡套或接头。不许带压紧固。

E.2　液化石油气汽车和汽油/液化石油气两用燃料汽车气密性检验

储气系统的气密性检验可任选检漏液检验、气体检漏仪检验和压力计检验三种方法之一进行。

压力计检验的方法为：将压力计与管路连接，当在额定工作压力 2.2 MPa 下，观察 1 min，压力表不允许有降压现象。

检漏液检验法和气体检漏仪检验法见 E.1.2。

附录 F

（规范性附录）

驾驶员耳旁噪声检验方法

测量驾驶员耳旁噪声时：

F.1 汽车空载，处于静止状态且置变速器于空挡，发动机应处于额定转速状态，门窗紧闭。

F.2 测量位置应符合 GB/T 18697—2002 的规定。

F.3 环境噪声应低于被测噪声值至少 10 dB(A)。

F.4 声级计置于“A”计权、“快”挡。

F.3 环境噪声应低于被测噪声值至少 10 dB(A)。

F.4 声级计置于“A”计权、“快”挡。

三、《机动车安全检验项目和方法》(GA 468—2004)

该标准由中华人民共和国公安部于 2004 年 2 月 27 日发布，2004 年 5 月 1 日起实施。该标准规定了机动车安全检验方式/工位/项目/常用设备和工具、检验流程、检验方法、检验结果及审核、合格签章与资料收存要求。该标准适用于机动车安全检验。标准主要内容介绍如下：

（一）机动车安全检验方式/工位/项目/常用设备和工具

该标准第 4 条以表 1 分别列出机动车安全检验方式/工位/项目/常用设备和工具。

标准相关条款：

1.检验方式

检验方式包括：线外检验、线内检验和路试检验三种。

2.检验工位

检验工位包括：外观检验、底盘动态检验、车速表检验、排气污染物测量、台试制动性能检验、转向轮横向侧滑量、前照灯、喇叭声级、地沟检查、行车制动、驻车制动、车速表等。

3.检验项目

如标准中表 1 所列，检验项目共 41 项，其中：线外检验 12 项，线内检验 23 项，路试检验 6 项。

（二）机动车运行安全检验流程

该标准第 5 条以流程图的形式给出“机动车运行安全检验流程”，包括从“车辆登记(登录)→车辆唯一性认定→线外检验→线内检验→审核→签章→车辆出站”全过程及其过程中的其他处理程序要求(图 4-2)。

（三）机动车安全检验方法

该标准第 6 条详细规定了各种检验方法的操作规程和技术要求。包括：第 6.1 条线外检验；第 6.2 条线内检验；第 6.3 条路试检验；第 6.4 条二三轮机动车检验方法。

机动车安全检验的检验方式/工位/项目/常用设备和工具一览表 表1

检验方式	检验工位	检验项目	常用设备和工具
线外检测	外观检查	①车辆唯一性认定； ②车身外观； ③发动机舱； ④驾驶室； ⑤发动机运转状况； ⑥灯光信号； ⑦客车内部； ⑧底盘件； ⑨车轮	轮胎气压表、轮胎花纹深度计、透光率计、钢卷尺(20 m和50 m各一)、钢直尺(50 m)、前铅锤、方向盘转向力一转向角检测仪、照明器具
	底盘动态检验	①转向系； ②传动系； ③制动系	
线内检查	车速表	车速表指示误差	滚动式车速表检测台
	排气污染物测量	①汽油车 CO、HC容积浓度值(双怠速法、怠速法)；CO、HC和NO容积浓度值(加速模拟工况法)。 ②柴油车 自由加速试验排气可见污染物限值:光吸收系数(m^{-1})或烟度值(Rb)	汽油车排气分析仪 底盘测功机 滤纸式烟度计 不透光烟度计 发动机转速表 秒表
	台试制动性能检验	①轮(轴)重； ②车轮阻滞力； ③轮制动力； ④左、右轮制动力过程差； ⑤整车制动率； ⑥驻车制动力	滚筒反力式制动检验台平板式制动检验台、秒表踏板力计、轮(轴)重仪
	转向轮横向侧滑量	转向轮的横向侧滑量	汽车侧滑检验台
	前照灯	①前照灯远光光束 远光光束发光强度、远光光束上下偏移量、远光光束左右偏移量； ②前照灯近光光束 近光光束的明暗截止线转角折点位置	前照灯检测仪 车辆摆正装置
	喇叭声级	喇叭声级	声级计
	地沟检查	①转向系检查； ②传动系检查； ③行驶系检查； ④制动系检查； ⑤底盘其他部件检查； ⑥电器线路检查	专用手锤 汽车悬架转向系间隙检查仪
路试检查	行车制动	充分发出的平均减速度(HFDD)、制动协调时间、制动稳定性:或制动距离、制动稳定性	便携式制动性能测试仪 第五轮仪 非接触式速度仪踏板力计
	驻车制动	驻车制动性能	
	车速表	车速表指示误差	第五轮仪等

注:1.存在严重漏油、漏水等有损检验设备的车辆必须经过整改后上线检验；
2.轴荷超过检验设备允许承载能力的车辆,多轴无法上线的车辆不得上线检验；
3.无法在车速表检验台检验车速表指示误差的车辆,路试检验车速表指示误差；
4.台试检验制动性能有质疑的或无法在制动检验台上检验的车辆应进行路试；
5.外观检查、底盘动态检验、地沟检查中检验项目的具体内容见附录A.1～附录A.3。

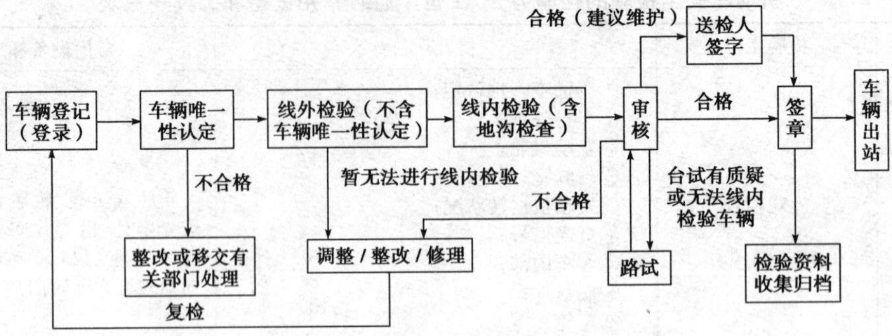

图 4-2　机动车安全检验流程图

标准相关条款：

6　检验方法

被检车辆应清洁，无明显漏油、漏水、漏气现象，轮胎完好、气压正常，胎冠花纹中无异物，发动机怠速正常。

6.1　线外检验

6.1.1　外观检查

检查时，车辆应停放在指定位置，发动机停转（“发动机运转状况”项目检验除外）。

以下各项检验的主要技术要求应符合附录 A 表 A.1 规定。检验内容及记录格式参照附录 B。

6.1.1.1　车辆唯一性认定

核对车辆的号牌、车辆类型、厂牌型号、颜色、发动机号码、VIN 代码/车架号，检查 VIN 代码/车架号和发动机号码有无被凿改嫌疑，必要时应检查车辆的外廓尺寸等主要特征技术参数，确认与机动车注册登记资料是否一致。

6.1.1.2　车身外观

检查保险杠、后视镜、下视镜等部件是否齐全、完好；车窗玻璃是否完好并符合规定；车体是否周正；后悬是否符合要求；检查货厢有无改动、固定是否可靠；检查车体外表面喷涂的颜色、字符等是否符合相关规定。

6.1.1.3　发动机舱

打开发动机罩（或翻转驾驶室），检查发动机各系统部件是否齐全有效；检查蓄电池桩头与导线连接是否牢固；检查电器导线捆扎、固定、绝缘保护等是否完好；各种管路是否完好，固定可靠；对于使用液压制动（含离合器液压传动）的汽车，检查储液器的液面及有无泄漏。

6.1.1.4　驾驶室（区）

检查驾驶员座椅固定是否可靠、前后是否可调节；检查门锁、铰链和前风窗玻璃是否完好；检查驾驶员两侧窗玻璃是否符合要求（必要时用透光率计检查可见光透射比）；检查刮水器、洗涤器工作是否正常，安全带是否齐全有效；检查折翻式驾驶室的固定是否可靠；检查长途客车是否按照规定安装了汽车行驶记录仪，其固定、连接是否安全、可靠。

6.1.1.5　发动机运转状况

检查发动机能否正常启动；启动发动机，检查怠速运转、电源充电状况、各仪表及指示器工作是否正常；检查发动机加速及在较高转速时急松油门能否回至怠速状态和有无“回火”、“放炮”等异常状况；检查水温、油压是否正常；检查点火开关关闭后发动机能否迅速熄火；对柴油车还应检查停机装置是否灵活、有效。

6.1.1.6　灯光信号

在车辆前部，检查前位灯、前/侧转向灯、危险报警闪光灯和示廓灯等前部照明和信号装置是否齐全完好，前照灯远、近光光束变换功能是否正常；在车辆后部，检查后位灯、后转向灯、危险报警闪光灯、示廓灯、制动灯、后雾灯、后牌照灯、倒车灯是否齐全完好；检查后反射器、侧反射器、侧标志灯是否齐全、完好；上述灯具的安装应符合 GB 4785 规定。

对全挂车检查挂车标志灯是否完好。

6.1.1.7　客车内部

检查客车座椅/卧铺位、扶手和行李架的安装是否牢固，客车座椅/卧铺位的数量和布置是否符合规定；检查客车地板密封是否良好，乘客通道、安全出口、车厢灯、门灯、灭火器、击碎安全出口玻璃的专用手锤等是否符合要求；对卧铺客车检查每个铺位的安全带是否齐全有效，对长途客车和旅游客车检查前面没有座椅或护栏的座椅的安全带是否齐全、有效。

6.1.1.8　底盘件

检查有无增设燃料箱，燃料箱是否固定可靠，燃料箱盖是否完好；检查挡泥扳、牵引钩是否完好，蓄电池、蓄电池架的固定是否牢固可靠；检查储气筒排污阀功能是否有效；检查钢板弹簧的形式、片数是否符合规定，有无裂纹和断片现象；对于厂定最大总质量大于 3 500 kg 的载货汽车和挂车，应检查是否装备了侧面及后下部防护装置，必要时测量侧面防护装置下缘离地高度及防护范围，检查前缘的垂直构件是否向内弯曲，测量后下部防护装置离地高度、宽度，检查其是否牢固可靠，安装是否符合 GB 11567.1 规定；对汽车列车，检查其牵引连接装置是否连接可靠和装有防止车辆行驶中脱开的安全装置；对货车列车还应检查牵引车和挂车之间是否装备了有效的侧面防护装置。

6.1.1.9　车轮

检查同轴两侧是否装用同一规格、型号轮胎；检查轮胎的型号、等级、承载能力及胎冠花纹深度（必要时用轮胎花纹深度计）是否符合规定，胎面、胎壁有无损伤；检查轮胎螺栓、半轴螺栓是否符合规定；检查转向轮是否装用翻新轮胎。

6.1.2　底盘动态检验

车辆静止时，检验员检验方向盘的最大自由转动量；起步并行驶一段距离，检验离合器、变速器换挡、转向系；车速在 20 km/h 时，施加部分制动后迅速放松踏板，检验是否有制动跑偏现象；对于气压制动汽车，停车后检查制动气压。

以下各项检验的主要技术要求应符合附录 A 表 A.2 规定。

6.1.2.1　转向系

检查方向盘的最大自由转动量是否符合要求，必要时应用方向盘转向力-转向角检测仪检测；行驶时检查转向是否沉重，转向后是否具有自动回正能力；车辆是否具有保持直线行驶的能力。

6.1.2.2　传动系

在车辆行驶过程中检查：

a)离合器接合是否平稳，有无异响、打滑、抖动、沉重、分离不彻底等现象；

b)变速器有无挡位标志，倒挡能否锁止，换挡是否正常，有无异响；

c)传动轴/链有无异响、抖动；驱动桥的主减速器和差速器有无异响。

6.1.2.3　制动系

以 20 km/h 左右的速度行驶，双手轻扶方向盘，急踩制动踏板后迅速放松，初步掌握车辆制动协调时间、释放时间和有无跑偏现象。对气压制动汽车，踩下并放松制动踏板若干次，使制动气压下降至起步气压(未标起步气压者，按 400 kPa 计)，检查低气压报警装置是否报警；对装用弹簧储能制动器的车辆，报警后起步行驶，检查在低气压时弹簧储能制动器自锁装置是否有效。

6.2　线内检验

各项线内检验的技术要求应符合 GB 7258 相关条款规定，检验内容及记录格式参照附录 C。车辆上线检验前，应对检测设备/仪器进行检查，保证其工作正常。

6.2.1　车速表

6.2.1.1　检验程序

a)将车辆正直驶上检验台，驱动轮停放在测速滚筒的中间位置；

b)降下举升器或放松滚筒锁止机构，在非驱动轮前部加止动块(前轮驱动车使用驻车制动)；

c)当车速表指示 40 km/h 时，维持 3 s～5 s 测取实际车速，检测结束；

d)升起举升器或锁止滚筒，将车辆驶出检验台。

6.2.1.2　注意事项

a)对于不能在车速表检验台上检测的车辆，应采取路试检验；

b)检测结束后，检验员不可猛踩制动器踏板使滚筒停止转动；

c)测速时，车辆前方及驱动轮两旁不准站立人员。

6.2.2　排气污染物测量

6.2.2.1　汽油发动机排气污染物测量

根据相关规定，选用以下三种方法之一进行汽油车排气污染物测量。

a)双怠速法：按 GB/T 3845—1993 附录 C 进行测量。具体测量程序参见资料性附录 D。

b)怠速法：按 GB/T 3845—1993 进行测量。具体测量程序参见资料性附录 E。

c)加速模拟工况法：按 GB 18285—2000 进行测量。

6.2.2.2　柴油发动机排气污染物测量

根据相关规定，选用以下二种方法之一进行测量。

a)滤纸烟度法。按 GB/T 3846—1993 进行测量。具体测量程序参见资料性附录 F。

b)用不透光烟度计测量光吸收系数。按 GB 18285—2000 进行测量。具体测量程序参见资料性附录 G。

6.2.3　台试制动性能检验

6.2.3.1　检验前准备

a)制动检验台滚筒(或平板)表面应清洁，没有异物及油污，表面附着系数不小于 0.75；

b)检测辅助器具应齐全；

c)气压制动的车辆，储气筒压力应能保证该车各轴制动力测试完毕时，气压仍不低于起步气压(未标起步气压者，按 400 kPa 计)；

d)液压制动车辆，根据需要将踏板力计装在制动踏板上。

6.2.3.2　用滚筒反力式检验台检验方法

a)被检车辆正直居中行驶，各轴依次停放在轮(轴)重仪中间位置并按仪器说明书规定的时间停放，分别测出轮(轴)静态载荷(轴重、制动分列式)；

b)被检车辆正直居中行驶，将被检测车轮停放在滚筒上，变速器置于空挡；

c)启动滚筒电机,在2 s后开始采样并保持足够的采样时间(5 s),测得阻滞力;

d)检验员按显示屏指示在5 s～8 s内(或按厂家规定的速率)将制动踏板逐渐踩到底(对气压制动车辆)或踩到制动性能检验时规定的制动踏板力,测得左、右车轮制动力增长全过程的数值,并依次测试各车轴;对驻车制动轴,拉紧驻车制动操纵装置,测得驻车制动力数值;

e)制动检验时,如果被测试车轮在滚筒上抱死,但制动力未达到合格要求的,应采用f)或g)方法进行检测;

f)在车辆上增加足够的附加质量或相当于附加质量的作用力(在设备额定载荷以内,附加质量或作用力应在该轴左右车轮之间对称作用,不计入轴荷)。为防止被检车辆在滚筒反力式制动检验台上后移,可在非检测车轮后方垫三角垫块或采取整车牵引的方法;

g)用平板式制动检验台检验制动力或按标准规定的路试方法检验制动距离或充分发出的平均减速度和制动协调时间;

h)台试检验制动力的过程差不合格,但底盘动态检验过程中点制动时,车辆无明显跑偏现象,应换用平板制动检验台或采用路试方法检验。

6.2.3.3　用平板式制动检验台检验

a)检验员将被检车辆以5 ～10 km/h的速度(或制动检验台生产厂家推荐的速度)滑行,置变速器于空挡后(对自动变速器车辆可位于"D"挡),正直平稳驶上平板;

b)当各车轮均驶上平板时,急踩制动,使车辆停止,测得轮重、制动力等各项数值。

6.2.3.4　注意事项

a)对于前轴驱动的座位数≤9的载客汽车,宜采用平板式制动检验台测试;

b)对于部分无法在滚筒反力式制动检验台上检测的车辆,如四轮同时驱动汽车、双后轴驱动汽车、多轴半挂车等,应路试检验制动性能。

6.2.4　转向轮横向侧滑量

6.2.4.1　检测前仪器及车辆准备

a)检查仪表零位;

b)侧滑检验台应具有轮胎侧向力释放功能,并工作正常。

6.2.4.2　检验程序

将车辆正直居中驶近侧滑检验台,并使转向轮处于正中位置,在驱动状态以3 ～5 m/h车速,平稳通过侧滑检验台,读取最大示值。

6.2.4.3　注意事项

a)车辆通过侧滑检验台时,不得转动方向盘;

b)不得在侧滑检验台上制动或停车;

c)应保持侧滑检验台滑板下部的清洁,防止锈蚀或阻滞。

6.2.5　前照灯

6.2.5.1　检验前仪器及车辆准备

a)检测仪受光面应清洁;

b)对手动式前照灯检测仪应检查电池电压是否在规定范围内;

c)轨道内应无杂物,使仪器移动轻便;

d)前照灯应清洁。

6.2.5.2 用自动式前照灯检测仪检验

a)车辆沿引导线居中行驶至规定的检测距离处停止,注意车辆的纵向轴线应与引导线平行(如不平行,车辆应重新停放,或采用车辆摆正装置进行拨正);

b)置变速器于空挡,车辆电源处于充电状态,开启前照灯远光灯;

c)给自动式前照灯检测仪发出启动测量的指令,仪器自动搜寻被检前照灯,并测量其远光发光强度及远光照射位置偏移值;

d)被检前照灯转换为近光光束,自动式前照灯检测仪自动检测其近光光束明暗截止线转角(或中点)的照射位置偏移值;

注:对远近光光束一体的灯在进行检验时,若被检前照灯近光光束没有明显的明暗截止线,或明暗截止线转角(或中点)的照射位置等于或高于远光光束中心的照射位置时,该前照灯不合格,应更换合格前照灯后复检。

e)按上述c)、d)步骤完成车辆所有前照灯的检测;

f)在对并列的前照灯(四灯制前照灯)进行检验时,应将与受检灯相邻的灯遮蔽。

6.2.5.3 用手动式前照灯检测仪检验

a)车辆沿引导线行驶至规定的检测距离处停止,注意车辆的纵向轴线应与引导线平行。(如不平行,车辆应重新停放,或采用车辆摆正装置进行拨正;或调整前照灯检测仪受光箱的方向,使受光箱的光学中心线与车辆纵向轴线平行);

b)置变速器于空挡,车辆电源处于充电状态,开启前照灯远光灯;

c)操作仪器,使前照灯检测仪与被检前照灯对准;

d)操作仪器,对被检前照灯的远光照射位置偏移值及远光发光强度进行测量;

e)被检前照灯转换为近光光束,观察手动式前照灯检测仪投影屏上所显示的近光光束明暗截止线转角(或中点)的照射位置,操作仪器测量偏移值;

注:对远近光光束一体的灯在进行e)项检验时,若被检前照灯近光光束没有明显的明暗截止线,或明暗截止线转角(或中点)的照射位置等于或高于远光光束中心的照射位置时,该前照灯不合格,应更换合格前照灯后复检。

f)按上述c)、d)、e)步骤完成车辆所有前照灯的检测;

g)在对并列的前照灯(四灯制前照灯)进行检验时,应将与受检灯相邻的灯遮蔽。

6.2.6 喇叭声级

a)将声级计放置于距被检车前2 m,离地高1.2 m处,传声器指向被检车辆驾驶员位置;

b)按使用说明书要求,调整网络开关到"A"级计权和快挡位置;

c)检测环境的本底噪声应<80 dB(A);

d)按响喇叭,保持发声3s以上,读取检测数据。

6.2.7 地沟检查

主要技术要求应符合附录A表A.3规定。检查各部件有无损伤、管线是否固定时应使用专用手锤。

6.2.7.1 待检车辆准备

车辆停放在地沟上方的指定位置,发动机停止运转。

6.2.7.2 转向系检查

由驾驶室操作人员配合来回转动方向盘，检查转向机构各部件紧固、锁止、限位情况；检查转向器固定情况（必要时，使用汽车悬架转向系间隙检查仪）；在转向过程中有无干涉或摩擦痕迹/现象；检查各机件有无损伤和横、直拉杆是否有拼焊情况。

6.2.7.3 传动系检查

a)检查变速器及分动器支架连接是否可靠；

b)检查传动各部件连接是否可靠；传动轴、万向节安装是否正确；中间轴承及支架有无裂纹和松旷现象。

6.2.7.4 行驶系检查

a)检查钢板吊耳及销有无松旷；中心螺栓、U形螺栓是否紧固；检查有无车桥移位现象（必要时用卷尺测量左、右侧轴距差值）；

b)检查车架纵梁、横梁有无变形、损伤，铆钉、螺栓有无缺少或松动；

c)检查车桥与悬架之间的拉杆和导杆有无松旷和移位。

6.2.7.5 制动系检查

a)检查制动系部件有无擅自改动；

b)检查制动总泵、分泵、制动管路等有无漏气、漏油，制动软管有无老化；

c)检查制动系管路与其他部件有无摩擦和固定松动现象。

6.2.7.6 电器线路检查

检查电器导线是否布置整齐、捆扎成束、固定卡紧；检查接头是否牢固并有绝缘套，在导线穿越孔洞时是否装设绝缘套管。

6.2.7.7 底盘其他部件检查

a)检查发动机的固定是否可靠；

b)检查排气管、消声器是否完好，固定是否可靠；排气管口指向是否符合要求；

c)检查燃料箱、燃料管路是否固定可靠；燃料管路与其他部件有无碰擦现象。

6.3 路试检验

6.3.1 行车制动

路试检验机动车制动性能时，应在纵向坡度不大于1%、轮胎与地面间的附着系数不小于0.7的硬实、清洁、干燥的水泥或沥青路面上进行。检验时变速器置于空挡。

6.3.1.1 对于无法上制动检验台检验的车辆及经台架检验后对其制动性能有质疑的车辆

用制动距离或者充分发出的平均减速度和制动协调时间判定制动性能。必要时应安装踏板力计，检查达到规定制动效能时的制动踏板力是否符合标准。

6.3.1.2 在试验路面上，按照GB 7258画出规定的试车道的边线，被测车辆沿着试车道的中线行驶，使用便携式制动性能测试仪进行测试时，行驶至规定初速度后，置变速器于空挡，急踩制动，使车辆停止，测量充分发出的平均减速度（*MFDD*）和制动协调时间，并检查车辆有无驶出车道边线；当使用第五轮仪或非接触式速度仪进行测试时，行驶至高于规定的初速度后，置变速器于空挡，滑行到规定的初速度时，急踩制动，使车辆停止，测量车辆的制动距离和检查车辆有无驶出车道边线。

6.3.1.3 对已在制动检验台上检验过的车辆，制动力平衡及前轴制动力符合要求，但整车制动力未达到合格要求时，用便携式制动性能测试仪检测，对于座位数≤9的载客汽车及其他总质量≤4.5t汽车的制动初速度应不低于30 km/h；对于其他汽车、汽车列车及无轨电车，制动初速度应不低于20 km/h，急踩制动后测取 *MFDD* 及制动协调时间。

6.3.2　驻车制动

将车辆驶上坡度为20％（总质量为整备质量的1.2倍以下的车辆为15％）、附着系数不小于0.7（混凝土或沥青路面）的坡道上，按正反两个方向保持固定不动，检验车辆的驻车制动是否符合要求。

6.3.3　车速表

对无法在车速表检验台上检验的车辆，可采用第五轮仪等仪器进行路试检验。

（四）机动车安全检验结果及审核

标准第7条严格规定了检验结果的内容，包括：检测线各设备的检验数据，外观检查、底盘动态检验、地沟检验的情况，检验结果评判的要求和评判结果的分类，以及发现误判或对检验结果有质疑时如何处理的规定。各项检验记录单详见标准附录B、附录C、附录I、附录J。

（五）机动车安全检验合格签章与资料收存

标准第8条规定：车辆经检验合格需办理签章手续；机动车安全检验结果的资料应妥善保管。

（六）标准的附录

标准包括以下附录，适用于规范检验行为和检验记录。

附录A（规范性附录）检验项目、主要技术要求。包括：表A.1外观检验项目、主要技术要求；表A.2底盘动态检验项目、主要技术要求；表A.3地沟检查项目、主要技术要求。

附录B（规范性附录）机动车安全检验记录单（人工检验部分）。

附录C（规范性附录）机动车安全检验记录单（线内检验部分）。

附录D（资料性附录）双怠速法。

附录E（资料性附录）怠速法。

附录F（资料性附录）滤纸烟度法。

附录G（资料性附录）用不透光烟度计测量光吸收系数。

附录H（规范性附录）检验项目、主要技术要求（二三轮机动车）。

附录I（规范性附录）二三轮机动车安全检验记录单（人工检验部分）。

附录J（规范性附录）二三轮机动车安全检测线检验记录单式样（不规定尺寸）。

附录K（资料性附录）摩托车排气污染物测量（怠速法）。

标准相关附录：

附录A

（规范性附录）

检验项目、主要技术要求

各检验项目、主要技术要求分别见表A.1～表A.3。

外观检验项目、主要技术要求 表 A.1

序号	检验项目	内　容	主要技术要求
1	车辆唯一性认定	车辆的号牌、车辆类型、厂牌型号、颜色、发动机号码、VIN 代码/车架号等主要特征参数	车辆的号牌、车辆类型、厂牌型号、颜色、发动机号码、VIN 代码/车架号,检查 VIN 代码/车架号和发动机号码有无被描改嫌疑,必要时应检查车辆的外廓尺寸等主要特征技术参数,确认与机动车注册登记资料是否一致
2	车身外观	保险杠	保险杠应无明显变形、损坏
		后视镜、下视镜、车窗玻璃	机动车(挂车除外)必须在左右各设置一面后视镜;安装、调节及视野范围应符合规定;车长大于 6 m 的平头客车、无轨电车和平头载货汽车车前应设置一面下视镜,下视镜应完好;车窗玻璃应完好,不得张贴镜面反光遮阳膜
		车体周正	车体应周正,车体外缘左右对称部位高度差不得大于 40 mm
		后悬	应符合 GB 7258 的要求
		货箱底板、栏板	货箱与车架连接牢固、底板平整、栏板铰链及栏板锁栓齐全有效
		外廓尺寸、货箱内部尺寸	必要时用钢卷尺检验货箱尺寸及货箱内部尺寸,应符合要求
		车辆喷涂(各省自定)、漆面	放大号及门徽应按规定喷制,漆面完好
3	发动机舱	发动机各系统机件	机件应齐全、有效
		蓄电池桩头及联线	应牢固、安全、可靠
		电器导线、各种管路	电器导线捆扎、布置、固定、绝缘保护等情况应完好,无私拉乱接导线现象。各种管路完好,固定可靠
		液压制动储液器	储液器的液面高度应符合规定且无泄漏
4	驾驶室(区)	驾驶员座椅/驾驶室固定	驾驶员座椅应固定可靠、位置可调整;驾驶室固定应可靠
		前风窗玻璃、两侧窗玻璃	前风窗玻璃及两侧玻璃应完好;驾驶员两侧窗玻璃的可见光透射比必须大于或等于 50%
		刮水器/洗涤器刮水器、洗涤器工作应正常	
		门锁、铰链	应牢固可靠
		安全带	齐全有效
		汽车行驶记录仪	长途客车应安装符合规定的汽车行驶记录仪,工作正常。其固定、连接应可靠
5	发动机运转状况	启动性能、怠速、电源充电、仪表	发动机应能正常启动;各仪表工作正常;电源系统充电正常;怠速运转稳定
		加速踏板控制	发动机加、减速反应迅速,应无"回火"和"放炮"现象
		水温、油压	水温、油压指示应正常
		熄火	关闭点火开关后能正常熄火
		柴油 车停机装置	应灵活有效
6	灯光信号	前后位灯/后牌照灯/示廓灯/挂车标志灯/倒车灯	齐全、完好
		前照灯(远光、近光)	近光不得眩目,远近光变换自如,不允许左、右的远、近光灯交叉开亮
		转向信号灯(前、后、侧),危险报警闪光灯	齐全、有效
		倒车灯、制动灯	齐全、有效。制动灯的亮度应明显大于后位灯
		后反射器、侧反射器、侧标志灯	后反射器应齐全有效;车长大于 10 m 的机动车应安装侧反射器和侧标志灯,汽车列车的挂车必须装有侧反射器
		前、后雾灯	后雾灯必须配备

续上表

序号	检验项目	内　容	主要技术要求
7	客车内部	座椅/卧铺位、扶手和行李架	安装应牢固可靠；座椅间距应符合规定；卧铺客车的卧铺排列和尺寸应符合《卧铺客车技术条件》(GB/T 16887－1997)的规定。每个卧铺均有两点式汽车安全带。卧铺客车不得设置车外顶行李架，其他客车的车外顶行李架长度不得超过车长的1/3
		安全带	对卧铺客车检查每个铺位的安全带应齐全有效，对长途客车和旅游客车检查驾驶员座椅及前面没有座椅或护栏的座椅的安全带应齐全、有效
		客车底板	客车底板应密封良好
		通道、安全出口	通向安全门的乘客通道宽度应不小于333 mm；采用动力开启的乘客门的应急开启装置；安全门开启时应报警，关闭时应能锁止
		车厢灯、门灯、灭火器、击碎安全出口玻璃专用手锤	车厢灯、门灯应齐全、有效。座位数大于9的客车应配置灭火器，安装牢固并便于取用；击碎安全出口处玻璃专用手锤等应符合要求
8	底盘件	燃料箱、燃料箱盖	燃料箱及燃料管路应固定可靠；燃料箱盖应关闭可靠。不允许用户加装燃料箱
		挡泥板/牵引钩、蓄电池、蓄电池架	挡泥板齐全、完好；牵引钩应安装牢固；蓄电池、蓄电池架安装应牢固、可靠
		储气筒排污阀	排污阀排污、关闭功能应正常
		钢板弹簧	钢板弹簧不得有裂纹和断片现象，其弹簧形式、片数应符合产品使用说明书的规定
		侧面及后下部防护装置	对于厂定最大总质量大于3 500 kg的载货汽车和挂车应装备符合要求的侧面及后下部防护装置，在空载状态检查，侧面防护装置下缘离地高度≤550 mm。后下部防护装置整个宽度上的下边缘离地高度应不大于450 mm(后下部防护装置的状态可以调整)，下边缘离地高度应不大于550 mm(后下部防护装置的状态不可以调整)，其强度要求应符合GB11567.2－2001有关规定 注：对结构本身已具备防护功能的除外
		牵引连接装置	牵引车与被牵引车的连接装置应连接牢固，并装有防止车辆行驶中脱开的安全装置
9	车轮	轮胎及轮胎螺栓、半轴螺栓	转向轮不得安装翻新轮胎；轮胎型号、速度等级、负载能力应符合出厂规定；同轴轮胎的花纹应相同；轮胎的胎面和胎壁上不得有长度超过25mm或深度足以暴露出帘布层的破裂和割伤；轮胎充气压力(用轮胎气压表检验)、轮胎胎冠花纹深度(必要时用轮胎花纹深度尺检验)等均应符合要求；轮胎螺栓，半轴螺栓齐全并按规定扭力紧固

底盘动态检验项目、主要技术要求　　表A.2

序号	检验项目	内　容	主要技术要求
1	转向系	方向盘最大自由转动量	从中间位置向左或向右自由转动量均不得大于： a)最大车速大于或等于100km/h的机动车10°； b)三轮汽车22.5°； c)其他机动车15°
		转向沉重、自动回正能力	转向力正常。转向后，检查方向盘应具有自动回正能力
		保持直线行驶能力	车辆应具有保持直线行驶能力

续上表

序号	检验项目	内容	主要技术要求
2	传动系	离合器接合情况	离合器接合时应平稳、无打滑、沉重、抖动、异响或分离不彻底现象
		变速器换挡情况	应能正常换挡，应有挡位标志，倒挡能锁止
		传动轴/链	运行中传动轴/链应无异响 一次制动压力降低值应不大于 50kPa
		驱动桥	驱动桥的主减速器和差速器应无异响
3	制动系	点刹跑偏(20km/h)	车辆应无明显跑偏现象，制动协调时间和释放时间应无异常
		低气压报警装置	制动系统的气压低于 400kPa 时低压报警装置应发出报警信号
		弹簧储能制动器	检查弹簧储能制动器低气压时制动器自锁装置是否正常有效

地沟检查项目、主要技术要求 表 A.3

序号	检验项目	内容	主要技术要求
1	转向系检验	转向各部件	转向机构各部件应无损伤；横直拉杆不得拼焊；球销应无裂纹和损伤，不得松旷；紧固、锁止及限位情况应良好；各部件在转向过程中应无干涉、摩擦痕迹/现象
		转向器固定	固定应牢固可靠
2	传动系	变速器及分动器支架	变速器及分动器支架应联接正常、固定可靠
		传动各部件	传动各部件应连接正常；传动轴、万向节安装正确；中间轴承及支架应无裂纹和松旷现象
3	行驶系	钢板吊耳及销	不得松旷
		中心螺栓、U 形螺栓	中心螺栓、U 形螺栓应紧固
		车桥移位	车桥不得移位
		车架纵梁、横梁	纵梁和横梁不得有变形，螺栓和铆钉不得缺少或松动
		悬架杆系	车桥与悬架之间的各拉杆和导杆应无松旷和移位
4	制动系	制动系部件	制动系部件不得擅自改动
		制动总泵、分泵、管路老化、漏气、漏油	制动分泵、总泵、制动管路不得有漏气、漏油现象；软管不得有老化开裂、磨损等异常现象
		制动管路固定	管路固定可靠，与其他部件不应有磨蹭现象
5	底盘其他部件	排气管、消声器	排气管、消声器应齐全、固定可靠，无破损和漏气现象；排气管口不得指向车身右侧
		发动机固定、燃料箱、燃料管路	发动机、燃料箱及燃料管路应固定可靠，不得有渗、漏油现象；燃料管路与其他部件不应有磨蹭现象；软管不得有老化开裂、磨损等异常现象
6	电器线路检查		所有电器导线均应捆扎成束、布置整齐、固定卡紧、接头牢固并有绝缘套，在导线穿越孔洞时需装设绝缘套管

附录B
(规范性附录)
机动车安全检验记录单(人工检验部分)

车牌号：　　　　　　　　车型：　　　　　　　　检验日期：　　　年　　月　　日

分类	检验项目	检验内容	判定
外观检查	车辆唯一性认定＊	①车辆号牌 ②车辆类型 ③车身颜色 ④发动机号	
		⑤VIN代码/车架号 ⑥主要特征参数＊	
	车身外观	⑦保险杠 ⑧后视镜＊/下视镜＊ ⑨车体周正＊	
		⑩后悬＊ ⑪货箱底板/栏板＊	
		⑫外廓尺寸＊ ⑬货箱内部尺寸＊ ⑭漆面	
	发动机机舱	⑮发动机各系统机件	
		⑯蓄电池桩头及联线	
		⑰电器导线、各种管路 ⑱液压制动储液器液面	
		⑲驾驶员座椅/驾驶室固定	
	驾驶室(区)	⑳门锁＊、铰链	
		㉑前风窗玻璃＊ ㉒两侧窗玻璃＊ ㉓刮水器＊/洗涤器	
		㉔安全带＊	
		㉕汽车行驶记录仪＊	
	发动机运转状况	㉖起动＊、怠速、仪表、电源充电	
		㉗加速踏板控制	
		㉘水温、油压 ㉙关电熄火	
		㉚柴油车停机装置＊	
	灯光信号	㉛前后位灯＊	
		㉜后牌照灯＊	
		㉝示廓灯＊ ㉞挂车标志灯＊	
		㉟前照灯(远、近光)＊	
		㊱危险报警闪光灯＊、转向信号灯(前、后、侧)＊	
		㊲制动灯＊ ㊳倒车灯	
		㊴前雾灯、后雾灯＊	
		㊵后反射器＊、侧反射器	

分类	检验项目	检验内容	判定
外观检查	客车内部	㊶座椅、卧铺位＊ ㊷扶手、行李架 ㊸安全带＊	
		㊹客车地板 ㊺通道、安全出口＊	
	客车内部	㊻车箱灯、门灯	
		㊼灭火器＊、击碎安全出口玻璃专用手锤＊	
		㊽燃料箱＊、燃料箱盖＊	
	底盘件	㊾挡泥板 ㊿牵引钩	
		(51)蓄电池、蓄电池支架	
		(52)储气筒排污阀 (53)钢板弹簧＊	
		(54)侧面防护装置＊ (55)后下部防护装置＊	
		(56)牵引连接装置	
	车轮	(57)轮胎＊ (58)轮胎螺栓＊ (59)半轴螺栓	
底盘动态检验	转动系	(60)方向盘自由转动量＊ (61)转向回正、转向、直行能力	
	传动系	(62)离合器接合情况	
		(63)变速挡，正常换挡情况	
		(64)传动轴/链	
		(65)驱动桥	
地沟检查	制动系	(66)点刹跑偏(20km/h)	
		(67)低气压报警装置＊	
		(68)弹簧储能制动器	
	转向系	(69)转向各部件＊	
		(70)转向器固定＊	
	传动系	(71)变速器支架＊	
		(72)分动器支架＊	
		(73)传动各部件＊	

续上表

分类	检验项目	检验内容	判定	分类	检验项目	检验内容	判定
地沟检查	行驶系	(74)钢板吊耳* (75)吊耳销		地沟检查	制动系	(82)制动结构变动*	
		(76)中心螺栓				(83)制动总泵、分泵管路漏气、漏油*,软管老化*	
		(77)U形螺栓				(84)制动管路固定、软管老化*	
					电器线路	(85)电器线路固定	
		(79)车架纵梁			底盘其他部件	(86)排气管 (87)排气管 (88)消声器	
		(81)悬架杆系				(89)燃料箱* (90)燃料管路*	
检验类别				检验员签字			
外观检查							
底盘动态检验							
地沟检查							
备注							

注：判定栏中√为合格；数字为相应不合格项，带*项不合格，车辆检验为不合格。

附录C
(规范性附录)
机动车安全检验记录单

××××机动车安全检测站　　　　代号：×××　　　　检测流水号：×××

号牌(自编)号		车主			
号牌种类		车辆类型		前照灯制	
厂牌型号		燃料类别		检验类别	
发动机号		驱动形式		检测项目	
VIN(或车架)号		驻车轴		登录员	
出厂年月		初次登记日期		检验日期	
台试检测数据				引车员：	

代号	项目	轮(轴)重(kg)		最人制动力(daN)		过程差最人差值点(daN)		制动率(%)	不平衡率(%)	阻滞率(%)		单项判定	项目判定	单项次数
		左	右	左	右	左	右			左	右			
B	制动	一轴												

续上表

代号	项目		轮(轴)重(kg)		最大制动力(daN)		过程差最大差值点(daN)		制动率(%)	不平衡率(%)	阻滞率(%)		单项判定	项目判定	单项次数
			左	右	左	右	左	右			左	右			
B	制动	二轴													
		三轴													
		四轴													
		驻车													
		整车													
H	前照灯	项目	远光	远光偏移					近光偏移				灯中心高(mm)		
			光强度(cd)	垂直(cm/dam)			水平(cm/dam)		垂直(cm/dam)		水平(cm/dam)				
		左外灯													
		左内灯													
		右内灯													
		右外灯													
X	排放	高怠速	CO(%)	HC(10^{-6})			判定		怠速		CO(%)		HC(10^{-6})		判定
	加速模拟工况		CO(%)					HC(10^{-6})			NO(10^{-6})				判定
	光吸收系数(m^{-1})						烟度(Rb)				平均值				
N	喇叭声级												dB(A)		
S	车速表												km/h		
A	侧滑												m/km		
路试制动性能															
制动距离(m)										检验员					
MFDD(m/s^2)				协调时间(s)						检验员					

续上表

路试制动性能					
制动稳定性			检验员		
人工检验结果					
1	外观检验不合格项		检验员		
2	底盘动态检验不合格项		检验员		
3	地沟检验不合格项		检验员		
主任检验员意见及签章			整车判定/总不合格次数		
			单位盖章		
备注					

标记说明：O：合格　×：不合格　——：未检　※：车轮抱死　W：结果无效

附录 D
（资料性附录）
双怠速法

D.1 检验前的仪器准备

a)装上长度等于 5 m 的取样软管和长度不小于 600 mm 并有插深定位装置的取样探头。检查取样软管和探头内残留 HC 不得大于 20×10^{-6}；

b)仪器的取样系统不得泄漏。

D.2 待检车辆准备

a)发动机点火正时应准确，并达到规定的热状态；

b)排气系统不得有漏气现象。

D.3 检验程序

按 GB/T 3845—1993 附录 C 规定进行检验，具体步骤如下：

a)发动机由怠速工况加速至 0.7 倍的额定转速，维持 60 s 后降至高怠速(即 0.5 倍的额定转速)，必要时在发动机上安装转速计；

b)将取样探头插入排气管中，深度等于 400 mm，并固定于排气管上；

c)在高怠速状态维持 15 s 基本稳定后读数，读取 30 s 排放的 CO 和 HC 的最高值和最低值，取其平均值即为高怠速排放检验结果；

d)发动机从高怠速状态降至怠速状态，在怠速状态维持 15 s 后开始读数，读取 30 s 内排放的 CO 和 HC 的最高值和最低值，取其平均值即为怠速排放检验结果。若为多排气管时，分别取各排气管高怠速检验结果平均值和怠速排放检验结果的平均值。

检验程序见图 D.1。

D.4 注意事项：

a)检验时，发动机怠速应符合规定；

b)检验结束后，抽出取样探头，待仪表指针回到零位，再检测下一辆车；

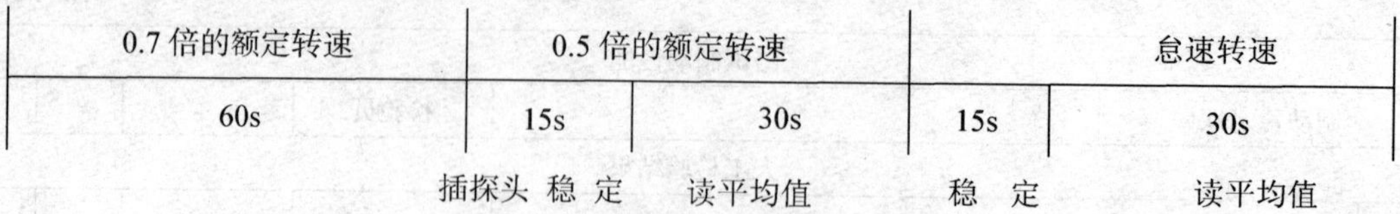

图D.1 汽油车排气污染物检验程序

c)应选择通风良好的地方检测；严禁在有油或有机溶剂的地方检测；取样探头不用时要垂直吊挂，防止因其他污染或受损，而影响检测精度。

附录E
（资料性附录）
怠速法

E.1 检验前的仪器准备

a)装上长度等于5 m的取样软管和长度不小于600 mm并有插深定位装置的取样探头；

b)仪器的取样系统不得泄漏。

E.2 待检车辆准备

a)发动机点火正时应准确，并达到规定的热状态；

b)排气系统不得有漏气现象。

E.3 检验程序

按GB/T 3845—1993规定进行检验，具体步骤如下：

a)必要时在发动机上安装转速计；

b)发动机由怠速工况加速至0.7额定转速，维持60 s后降至怠速状态；

c)发动机降至怠速状态后，将取样探头插入排气管中，深度等于400 mm，并固定于排气管上；

d)发动机在怠速状态，维持15 s后开始读数，读取30 s内的最高值和最低值，其平均值即为测量结果。若为多排气管时，取各排气管测量结果的算术平均值。

附录F
（资料性附录）
滤纸烟度法

F.1 检验前的仪器准备

滤纸烟度计每周至少一次按使用说明书所述方法进行检查，脚踏（或手控）抽气泵开关与抽气泵动作应同步，抽气动作时间应正常（1.4 s±0.2 s）；滤纸符合要求（洁白均匀，无受潮变质）；用标准烟度卡检查仪表的示值应准确。

F.2 待检车辆准备

a)发动机达到规定的热状态；

b)排气系统不得有泄漏现象。

F.3 检验程序

按GB/T 3846—1993规定进行检验，具体步骤如下：

a)由怠速工况将加速踏板迅速踏到底，4 s后松开，反复三次，以清除排气管和消声器里的炭渣；

b)将取样探头插入被检汽车的排气管约 300 mm，并使其中心线与排气管轴线平行，固定稳妥；

c)将脚踏板开关固定在油门踏板上端；

d)将脚踏板开关和油门踏板一并迅速踏到底，保待 4 s 后迅速松开油门踏板和脚踏板开关，完成第一次检验；

e)读取示值(自动)或取样(手动)；

f)相隔 11s 后，重复 d)、e)的检验步骤；

g)重复检验三次，取三次检验值的算术平均值为排气烟度的检验结果；

h)当发动机出现黑烟冒出排气管的时间和抽气泵开始抽气的时间不同步现象时，应取最大烟度值。检验程序见图 F.1。

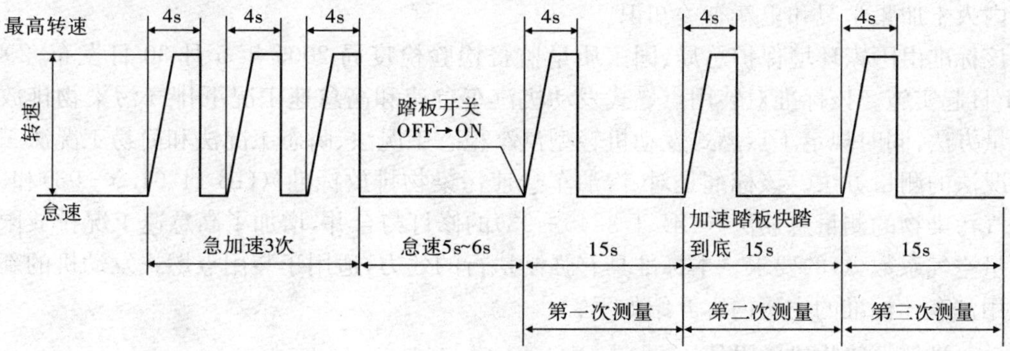

图 F.1　柴油车自由加速烟度检验程序

注：

a)每辆车测试结束后，应用压缩空气清洗取样管路，以免留在管壁上的碳烟影响下次检验的结果；

b)取样管的长度和内径对检测结果有影响，不得随意更换；

c)不得用手触摸标准烟度卡表面，校准时光电检测器应轻放在其上面。用毕将其存放在干燥处，防止受潮变质。

附录 G

(资料性附录)

用不透光烟度计测量光吸收系数

G.1 检验前的仪器准备

详见 GB 3847—1999 附录 G、附录 H 的有关规定。

G.2 车辆准备

a)发动机达到规定的热状态；

b)排气系统不得有泄漏现象。

G.3 检验程序

a)车辆在发动机怠速状态，取样探头插入被检车辆排气管内至少 $6D$(D 为排气管开口处直径)；

b)迅速但不猛烈地踏下油门踏板，使喷油泵供给最大油量。在发动机达到调速器允许的最大转速前，保持此位置。一旦达到最大转速，立即松开油门踏板，使发动机恢复至怠速，不透光烟度计恢复到相应状态；

c)重复上述操作过程至少六次，记录不透光烟度计的最大读数值。如果读数值连续四次均在 0.25 m^{-1}的带宽内，并且没有连续下降趋势，则记录值有效，取四次有效值的平均值作为测量结果。

四、《点燃式发动机汽车排气污染物限值及测量方法(双怠速法和简易工况法)》(GB 18285—2005)

随着人们环境保护意识的增强和环境保护部门管理力度的加大，各项环境保护标准与措施不断加严和细化。近年，有关部门相继修(制)订并发布实施了一系列机动车排放污染物限值和测量方法的标准(见国家环境保护总局公告 2005 年第 21 号)。原有的标准已不适应，需要业内人士加紧学习和更新有关知识。

该标准由国家环境保护总局、国家质量监督检验检疫局 2005 年 5 月 30 日发布，2005 年 7 月1 日起实施。该标准对装用点燃式发动机汽车怠速和高怠速工况下排气污染物排放限值及测量方法，同时规定了点燃式发动机轻型汽车稳态工况法、瞬态工况法和简易工况法三种简易工况法的测量方法。该标准是对《汽油车怠速污染物排放标准》(GB 14761.5—93)和《汽油车排气污染物的测量怠速法》(GB/T 3845—93)的修订与合并，增加了高怠速工况排放限值和对过量空气系数(λ)的要求。本标准具有强制执行的效力，适用于装用点燃式发动机的新生产和在用汽车。标准的主要内容介绍如下：

(一)排气污染物排放限值

1.新生产汽车排气污染物排放限值

对装用点燃式发动机的新生产汽车，形式核准和生产一致性检查的排气污染物排放限值作了规定，其中以 2005 年 7 月 1 日为时限，对此期起生产的第一类轻型汽车、第二类轻型汽车和重型汽车在怠速和高怠速两种工况下 CO 和 HC 排放的体积分数分别作了规定，见表 4-12 所列。

新生产汽车排气污染物排放限值(体积分数)　　表 4-12

	类别			
	怠速		高怠速	
	CO(%)	HC(×10^{-6})	CO(%)	HC(×10^{-6})
2005 年 7 月 1 日起新生产的第一类轻型汽车	0.5	100	0.3	100
2005 年 7 月 1 日起新生产的第二类轻型汽车	0.8	150	0.5	150
2005 年 7 月 1 日起新生产的重型汽车	1.0	200	0.7	200

2.在用汽车排气污染物排放限值

对装用点燃式发动机的在用汽车的排气污染物排放限值作了规定。分别以 1995 年 7 月 1 日、2000 年 7 月 1 日、2001 年 10 月 1 和 2004 年 9 月 1 日为时限，对此期前或此期起生产的轻型、重型汽车分别作了规定，见表 4-13 所列。

由表 4-13 可见，标准对在用车辆的排放限值，紧密结合了车辆的新旧程度和技术含量，科学、合理地作了不同规定，差距较大。

表 4-12、表 4-13 中所指的车型，在该标准中有准确的定义，在实际运用过程中，对不同车

型和不同时期生产的车型一定要正确加以区分。

在用汽车排气污染物排放限值(体积分数) 表 4-13

	类别			
	怠速		高怠速	
	CO(%)	HC(×10⁻⁶)	CO(%)	HC(×10⁻⁶)
1995年7月1日前生产的轻型汽车	4.5	1 200	3.0	900
1995年7月1日起生产的轻型汽车	4.8	900	3.0	900
2000年7月1日前生产的第一类轻型汽车	0.8	150	0.3	100
2001年10月1日起生产的第二类轻型汽车	1.0	200	0.5	150
1995年7月1日前生产的重型汽车	5.0	2 000	3.5	1 200
1995年7月1日起生产的重型汽车	4.5	1 200	3.0	900
2004年9月1日起生产的重型汽车	1.5	250	0.7	200

3.过量空气系数(λ)的要求

对于使用闭环控制电子燃油喷射系统和三效催化转化器技术的汽车,标准规定要进行过量空气系数(λ)的测定,并给出了发动机在高怠速转速时参数λ的标准范围(1.00±0.03或制造厂规定的范围内)和测试前应按照制造厂使用说明书的规定预热发动机的测试技术要点。

(二)排气污染物排放测量方法

1.对排放测量仪器作了规定

该标准规定,按不同排放标准生产的汽油车,或装用不同阶段生产的发动机的车辆,排放测量仪器应分别符合相应要求。这些要求包括《汽油机动车怠速排气监测仪技术条件》(HJ/ T3—93)和该标准的附录A(规范性附录)《双怠速法排放气体测试仪器技术条件》。

2.对排放测量程序,包括测量技术要求作了规定

标准第5.2条规定了怠速法排放测量程序,给出了被测车的技术要求、仪器安装的技术要领、测量步骤、操作要求和数据读取等技术要点。

标准有关条款:

5.2 测量程序

5.2.1 应保证被检测车辆处于制造厂规定的正常状态,发动机进气系统应装有空气滤清器,排气系统应装有排气消声器,并不得有泄漏。

5.2.2 应在发动机上安装转速计、点火正时仪、冷却液和润滑油测温计等测量仪器。测量时,发动机冷却液和润滑油温度应不低于80℃,或者达到汽车使用说明书规定的热车状态。

5.2.3 发动机从怠速状态加速至70%额定转速,运转30 s后降至高怠速状态。将取样探头插入排气管中,深度不少于400 mm,并固定在排气管上。维持15 s后,由具有平均值功能的仪器读取30 s内的平均值,或者人工读取30 s内的最高值和最低值,其平均值即为高怠速污染物测量结果。对于使用闭环控制电子燃油喷射系统和三元催化转化器技术的汽车,还应同时读取过量空气系数(λ)的数值。

5.2.4 发动机从高怠速降至怠速状态15 s后,由具有平均功能的仪器读取30 s内的平均值,或者人工读取30 s内的最高值和最低值,其平均值即为怠速污染物测量结果。

5.2.5　若为多排气管时，取各排气管测量结果的算术平均值作为测量结果。

5.2.6　若车辆排气管长度小于测量深度时，应使用排气加长管。

3.规定了对单一燃料车和两用燃料车排放检测的不同要求

标准规定：单一燃料车按燃气进行排放检测；两用燃料车应分别进行排放检测。

（三）排放测量结果的判定规则

该标准给出两条对排放测量结果进行判定的规则：

（1）所列车型 CO 和 HC 排放测试结果有一项不合格，即判为不合格；

（2）对于使用闭环控制电子燃油喷射系统和三效催化转化器技术装置的汽车，过量空气系数(λ)超出范围，即判为不合格。

（四）在用汽车的排放监控

1.排放监控测量方法

标准规定，自本标准实施之日起，全国点燃式发动机排放监控采用双怠速法；在机动车保有量大、污染严重的地区，也可按规定采用简易工况法。标准以附录 B、附录 C 和附录 D 分别给出了稳态工况、瞬态工况和简易瞬态工况法三种简易工况的测量方法。

标准相关附录：

附录 B

（规范性附录）

稳态工况法测量方法

B.1 范围

本附录规定了本标准 8.1 中规定的稳态工况法测量方法的测试规程。

B.2 稳态工况法

B.2.1　在底盘测功机上的测试运转循环

B.2.1.1　在底盘测功机上的测试运转循环由 ASM 5025 和 ASM 2540 两个工况组成，见图 B.1、表 B.1 所示。

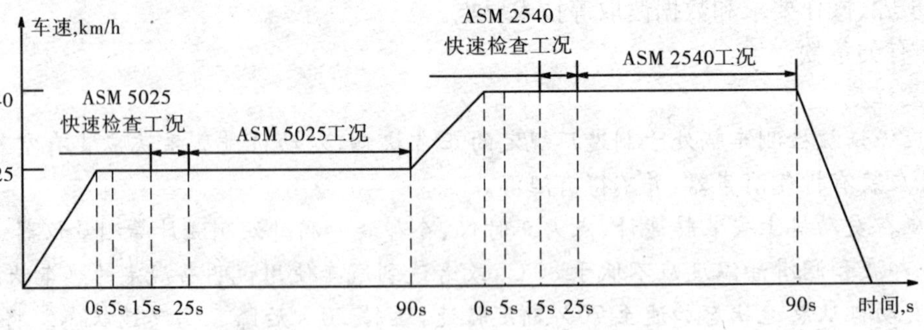

图 B.1　稳态工况法(ASM)试验运转循环

B.2.1.1.1　ASM5025 工况

经预热后的车辆加速至 25.0 km/h，测功机以车辆速度为 25.0 km/h、加速度为 1.475 m/s^2时的输出功率的 50% 作为设定功率对车辆加载，工况计时器开始计时（t=0s）。车辆以 25.0 km/h±1.5 km/h 的速度持续运转 5s，如果底盘测功机模拟的惯量值在计时开始后

稳态工况法(ASM)试验运转循环表　　表 B.1

工　况	运转次序	速度(km/h)	操作时间(s)	测试时间(s)
5025	1	25	5	—
	2	25	15	
	3	25	25	10
	4	25	90	65
2540	5	40	5	
	6	40	15	
	7	40	25	10
	8	40	90	65

持续 3s 超出所规定误差范围，工况计时器将重新开始计时(t=0)。如果再次出现该情况，检测将被停止。系统将根据分析仪最长响应时间进行预置，(如果分析仪响应时间为 10 s，则预置时间为 10 s，t=15 s)然后系统开始取样，持续运行 10 s(t=25 s)即为 ASM 5025 快速检查工况。ASM 5025 快速检查工况结束后继续运行至 90 s(t=90 s)即为 ASM 5025 工况。

B. 2. 1. 1. 2　ASM 2540 工况

ASM 5025 工况检测结束后，车辆立即加速至 40.0 km/h，测功机以车辆速度为 40.0 km/h，加速度为 1.475 m/s^2 时的输出功率的 25%作为设定功率对车辆加载。工况计时器开始计时(t=0 s)。车辆以 40.0 km/h±1.5 km/h 的速度持续运转 5 s，如果底盘测功机模拟的惯量值在计时开始后持续 3 s 超出所规定误差范围，工况计时器将重新开始计时(t=0)。如果再次出现该情况，检测将被停止。系统将根据分析仪最长响应时间进行预置，(如果分析仪响应时间为 10 s，则预置时间为 10 s，t=15 s)，然后系统开始取样，持续运行 10 s(t=25 s)即为 ASM 2540 快速检查工况。ASM 2540 快速检查工况结束后继续运行至 90 s(t=90 s)即为 ASM 2540 工况。

B. 2. 2　车辆和燃料

B. 2. 2. 1　试验车辆

B. 2. 2. 1. 1　车辆的机械状况应良好，无影响安全或引起试验偏差的机械故障。

B. 2. 2. 1. 2　车辆进、排气系统不得有任何泄漏。

B. 2. 2. 1. 3　车辆的发动机、变速箱和冷却系统等应无液体渗漏。

B. 2. 2. 1. 4　轮胎表面磨损应符合有关标准的规定。驱动轮轮胎压力应符合生产厂的规定。

B. 2. 2. 2　燃料

应使用符合规定的市售燃料，包括：无铅汽油、压缩天然气、液化石油气等。

……

B. 2. 4　试验准备

B. 2. 4. 1　车辆准备

B. 2. 4. 1. 1　据需要，可在发动机上安装冷却水和润滑油测温计等测试仪器。

B. 2. 4. 1. 2　应关闭空调、暖风等附属装备。装备牵引力控制装置的车辆应关闭牵引力控制装置。

B. 2. 4. 1. 3　车辆预热：进行试验前，车辆各总成的热状态应符合汽车技术条件的规定，并保持稳定，在试验前车辆的等候时间超过 20 min 或在试验前熄火超过 5 min，应选以下任一种方法预热车辆；

——车辆在无负荷状态使发动机以 2 500 r/min 转速运转 4 min；

——车辆在测功机上按 ASM 5025 工况运行 60 s。

……

B. 2. 4. 2. 6　测功机预热

测功机每天开机或停机、转速小于 25 km/h 超过 30 min，应在试验前进行自动预热。此预热应由系统自动控制完成，如没有按规定完成预热，系统应锁定不能进行检测。

B. 2. 4. 2. 7　载荷设定

在进行每个工况试验前，测功机应根据输入的车辆参数及试验工况按附件 BA 的要求自动设定对车辆的加载载荷，并符合 B. 2. 3. 1. 3. 1 条的要求。

B. 2. 4. 3　在试验循环开始前应记录环境温度、相对湿度和大气压力。

B. 2. 4. 4　CO 与 CO_2 浓度之和小于 6%，或发动机在任何时间熄火，应终止试验，排放测量无效。

B. 2. 5　测试程序

B. 2. 5. 1　车辆驱动轮位于测功机滚筒上，将分析仪取样探头插入排气管中深度为 400 mm，并固定于排气管上。对独立工作的多排气管应同时取样。

B. 2. 5. 2　ASM 5025 工况

车辆经预热后，加速至 25 km/h，测功机根据测试工况要求加载，工况计时器开始计时（t=0 s），车辆保持 25 km/h±1. 5 km/h 等速 5 s 后开始检测。当测功机转速和扭矩偏差超过设定值的时间大于 5 s，检测应重新开始。然后系统根据 B. 2. 1. 1. 1 所规定开始预置 10 s 之后开始快速检查工况，计时器为 t=15 s 时分析仪器开始测量，每秒钟测量一次，并根据稀释修正系数及湿度修正系数计算 10 s 内的排放平均值。运行 10 s（t=25 s）ASM 5025 快速检查工况结束。车辆运行至 90 s（t = 90 s）ASM 5025 工况结束。测功机在车速 25. 0 km/h ±1. 5 km/h的允许误差范围内，加载扭矩应随车速的变化做相应的调整，保证加载功率不随车速改变。扭矩允许误差为该工况设定扭矩的±5%。

在测量过程中，任意连续 10 s 内第一秒至第十秒的车速变化相对于第一秒小于±0. 5 km/h，测试结果有效。快速检查工况的 10 s 内的排放平均值经修正后如果等于或低于限值的 50%，则测试合格，检测结束；否则应继续进行至 90 s 工况。如果所有检测污染物连续 10 s 的平均值均低于或等于限值，则该车应判定为 ASM 5025 工况合格，继续进行 ASM 2540 检测；如任何一种污染物连续 10 s 的平均值超过限值，则测试不合格，检测结束。在检测过程中，如任意连续 10 s 内的任何一种污染物 10 次排放值经修正后均高于限值的 500%，则测试不合格，检测结束。

B. 2. 5. 3　ASM 2540 工况

车辆从 25 km/h 直接加速至 40 km/h，测功机根据测试工况要求加载，工况计时器开始计时（t=0 s），车辆保持 40 km/h±1. 5 km/h 等速 5 s 后开始检测。当测功机转速和扭矩偏差超过设定值的时间大于 5 s，检测应重新开始。然后系统根据 B. 2. 1. 1. 2 所规定开始预置 10 s 之后开始快速检查工况，计时器为 t=15 s 时分析仪器开始测量，每秒钟测量一次，并根据稀释修正系数及湿度修正系数计算 10 s 内的排放平均值。运行 10 s（t=25 s）ASM 2540 快速检查工况结束。车辆运行至 90 s（t = 90 s）ASM 2540 工况结束。测功机在车速 40. 0 km/h ±1. 5 km/h的允许误差范围内，加载扭矩应随车速的变化做相应的调整，保证加载功率不随车速改变。扭矩允许误差为该工况设定扭矩的±5%。

在测量过程中，任意连续 10 s 内第一秒至第十秒的车速变化相对于第一秒小于 ±0.5 km/h，测试结果有效。快速检查工况的 10 s 内的排放平均值经修正后如果等于或低于限值的 50%，则测试合格，检测结束；否则应继续进行至 90 s 工况。如果所有检测污染物连续 10 s 的平均值均低于或等于限值，则该车应判定为合格。如任何一种污染物连续 10 s 的平均值超过限值，则测试不合格，检测结束。在检测过程中，如任意连续 10 s 内的任何一种污染物 10 次排放值经修正后如高于限值的 500%，则测试不合格，检测结束。

……

附件 C
（规范性附件）
瞬态工况法测量方法

C.1　范围

本附录规定了本标准 8.1 中规定的瞬态工况法测量方法的测试规程。

C.2　瞬态工况法

C.2.1　测试运转循环

在底盘测功机上进行的测试运转循环列入表 C.1，并用图 C.1 加以描述。按运转状态分解的统计时间列入表 C.2 和 C.3。

瞬态工况法运转循环　　表 C.1

操作序号	操　作	工序	加速度 (m/s^2)	速度 (km/h)	每次时间(s) 操作	每次时间(s) 工况	累计时间 (s)	手动换挡时使用的挡位
1	怠速	1	—	—	11	11	11	6sPM[1]+5sK_1[2]
2	加速	2	1.04	0→15	4	4	15	1
3	等速	3	—	15	8	8	23	1
4	减速	4	−0.69	15→10	2	5	25	1
5	减速、离合器脱开		−0.92	10→0	3		28	K_1
6	怠速	5	—	—	21	21	49	16sPM+5sK_1
7	加速	6	0.83	0→15	5	12	54	1
8	换挡	6			2	12	56	—
9	加速		0.94	15→32	5		61	2
10	等速	7	—	32	24	24	85	2
11	减速	8	−0.75	32→10	8	11	93	2
12	减速、离合器脱开		−0.92	10→0	3		96	K_2
13	怠速	9	—	—	21	24	117	16sPM+5sK_1
14	加速	10	0.83	0→15	5	26	122	1
15	换挡				2		124	—
16	加速		0.62	15→35	9		133	2
17	换挡				2		135	—
18	加速		0.52	35→50	8		143	3
19	等速	11	—	50	12	12	155	3
20	减速	12	−0.52	50→35	8	8	163	3

续上表

操作序号	操作	工序	加速度 (m/s^2)	速度 (km/h)	每次时间(s) 操作	每次时间(s) 工况	累计时间 (s)	手动换挡时使用的挡位
21	等速	13	—	35	13	13	176	3
22	换挡				2		178	
23	减速	14	－0.86	32→10	7	12	185	2
24	减速、离合器脱开		－0.92	10→0	3		188	K
25	怠速	15	—	—	7	7	195	7sPM

注：1. PM ——变速器置空挡，离合器接合。

2. K_1、K_2——变速器置一挡或二挡，离合器脱开。

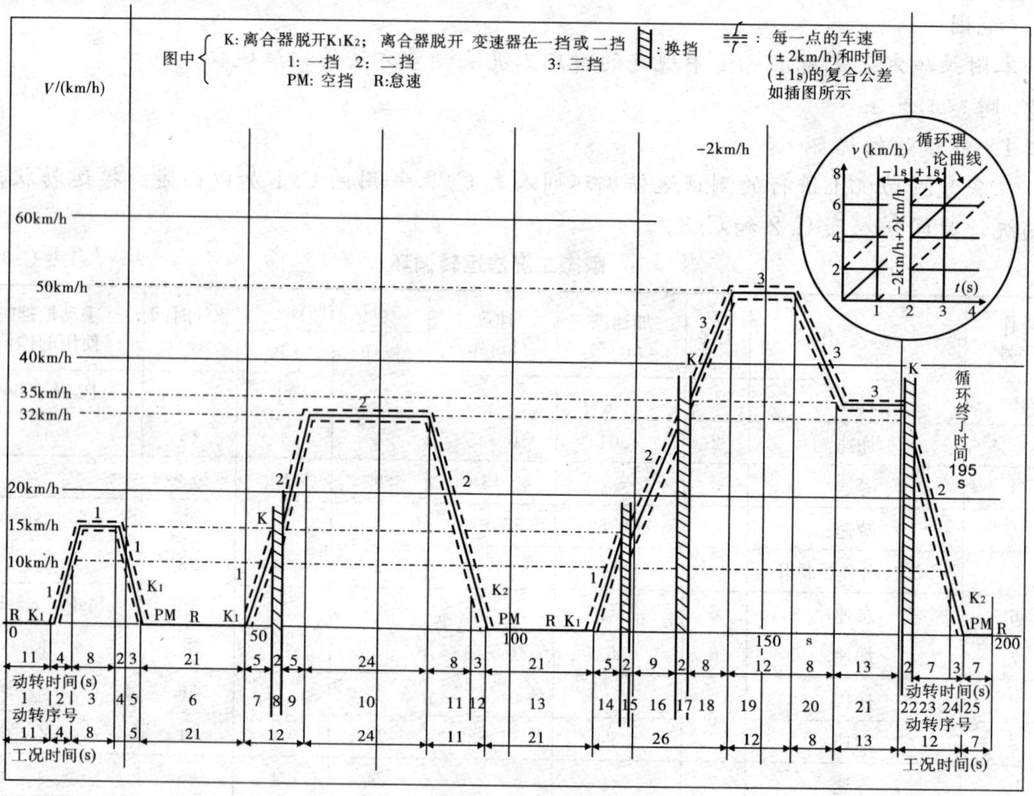

图 C.1 瞬态工况运转循环图

按工况分解表

表 C.2

工况	时间(s)	百分比(%)
怠速	60	30.8
怠速、车辆减速、离合器脱开	9	4.6
换挡	8	4.1
加速	36	18.5
等速	57	29.2
减速	25	12.8
合计	195	100

按使用挡位分解表　　表C.3

变速器挡位	时间(s)	百分比(%)
怠速	60	30.8
怠速、车辆减速、离合器脱开	9	4.6
换挡	8	4.1
一挡	24	12.3
二挡	53	27.2

注：一般资料：1、测试期间平均车速：19 km/h。
2、有效行驶时间：195 s。
3、循环理论行驶距离：1.013 km。

C.2.2　测试车辆和燃料

C.2.2.1　测试车辆

C.2.2.1.1　车辆机械状况应良好，无影响安全或引起试验偏差的机械故障。

C.2.2.1.2　车辆进、排气系统不得有任何泄漏。

C.2.2.1.3　车辆的发动机、变速箱和冷却系统等应无液体渗漏。

C.2.2.1.4　应关闭空调、暖风等附属装备。

C.2.2.1.5　测试前，车辆工作温度应符合出厂规定，过热车辆不得进行测试。

C.2.2.1.6　车辆驱动轮胎应干燥防滑。轮胎气压应符合车辆使用说明书的规定。

C.2.2.1.7　车辆应限位良好。

C.2.2.2　燃料

应使用符合标准的市售燃料，包括：无铅汽油、压缩天然气、液化石油气等。

C.2.5　测试程序

C.2.5.1　根据需要在发动机上安装转速表和润滑油测温计等测试仪器。

C.2.5.2　车辆驱动轮停在底盘测功机的转鼓上。

C.2.5.3　按照试验运转循环开始进行试验

C.2.5.3.1　启动发动机

C.2.5.3.1.1　按照制造厂使用说明书的规定，使用起动装置，启动发动机。

C.2.5.3.1.2　发动机保持怠速运转40 s，在40 s终了时开始循环，并同时开始取样。

C.2.5.3.2　怠速

C.2.5.3.2.1　手动或半自动变速器

(1)怠速期间，离合器接合，变速器置于空挡位置；

(2)为了按正常循环进行加速，车辆应在循环的每个怠速后期即加速开始前5 s，使离合器脱开，变速器置于一挡。

C.2.5.3.2.2　自动变速器

在试验开始时，放好选择器后，除了C.2.5.3.3.3所述情况或选择器可以使超速挡工作外，在试验期间，任何时候不得再操作选择器。

C.2.5.3.3　加速

C.2.5.3.3.1　进行加速时，在整个工况过程中，应尽可能地使加速度恒定。

C.2.5.3.3.2　如果在规定时间内未能完成加速工况，如果可能，所需的额外时间应从工况改变的复合公差允许的时间中扣除，否则，应该从下一等速工况的时间内扣除。

C. 2. 5. 3. 3. 3　自动变速器如果在规定时间内不能完成加速工况，则应按手动变速器的要求，操作挡位选择器。

C. 2. 5. 3. 4　减速

C. 2. 5. 3. 4. 1　在所有减速工况时间内，应使油门踏板完全松开，离合器接合，当车速降至 10 km/h时，使离合器脱开，但不操作变速杆。

C. 2. 5. 3. 4. 2　如果减速时间比相应工况规定的时间长，则允许使用车辆的制动器，以使循环按照规定的时间进行。

C. 2. 5. 3. 4. 3　如果减速时间比相应工况规定的时间短，则应由下一个等速或怠速工况中的时间补偿，使循环按规定的时间进行。

C. 2. 5. 3. 5　等速

C. 2. 5. 3. 5. 1　从加速工况过渡到下一等速工况时，应避免猛踏油门踏板或关闭节气门。

C. 2. 5. 3. 5. 2　等速工况应采用保持油门踏板位置不变的方法实现。

C. 2. 5. 3. 6　当车速降低到 0 km/h 时（车辆停止在转鼓上），变速器置于空挡，离合器接合。

C. 2. 6　排气污染物测量值计算

C. 2. 6. 1　排气污染物测量值应由系统主机自动进行计算和修正。

C. 2. 6. 2　系统主机最后应给出各污染物排放计算结果。

C. 2. 6. 3　测试过程及结果数据应在系统数据库进行记录存储。

……

附录 D
（规范性附录）
简易瞬态工况法测量方法

D. 1　范围

本附录规定了本标准 8. 1 中规定的简易瞬态工况法测量方法的测试规程。

D. 2　简易瞬态工况法

D. 2. 1　试验运转循环

在底盘测功机上进行的测试运转循环列入表 C. 1，并用图 C. 1 加以描述。按运转状态分解的统计时间列入表 C. 2 和表 C. 3。

D. 2. 2　车辆与燃料

D. 2. 2. 1　试验车辆

D. 2. 2. 1. 1　车辆机械状况应良好，无影响安全或引起试验偏差的机械故障。

D. 2. 2. 1. 2　车辆进、排气系统不得有任何泄漏。

D. 2. 2. 1. 3　车辆的发动机、变速器和冷却系统等应无液体渗漏。

D. 2. 2. 1. 4　应关闭空调、暖风等附属装备。

D. 2. 2. 1. 5　进行试验前，车辆工作温度应符合出厂规定，过热车辆不得进行测试。

D. 2. 2. 1. 6　车辆驱动轮应位于滚筒上，必须确保车辆横向稳定。驱动轮胎应干燥防滑。

D. 2. 2. 1. 7　车辆应限位良好。对前轮驱动车辆，试验前应使驻车制动起作用。

D. 2. 2. 2　试验燃料

应使用符合标准的市售燃料，包括：无铅汽油、压缩天然气、液化石油气等。

D. 2. 3 试验设备

D. 2. 3. 0 前言

点燃式发动机汽车简易瞬态工况污染物排放试验设备包括一个至少能模拟加速惯量和匀速负荷的底盘测功机、一个五气分析仪和一个气体流量分析仪组成的采样分析系统。它可以实时地分析车辆在负荷工况下排气污染物的排放质量。

……

D. 2. 5 测试程序

D. 2. 5. 1 根据需要在发动机上安装冷却水和润滑油测温计等测试仪器。

D. 2. 5. 2 车辆驱动轮停在转鼓上，将分析仪取样探头插入排气管中，深度为 400 mm 以上，并固定于排气管上。

D. 2. 5. 3 按照试验运转循环开始进行试验

D. 2. 5. 3. 1 启动发动机

D. 2. 5. 3. 1. 1 发动机保持怠速运转 40 s，终了时开始循环，并同时开始取样。

D. 2. 5. 3. 2 怠速

D. 2. 5. 3. 2. 1 手动或半自动变速器

(1)怠速期间，离合器接合，变速器置空挡。

(2)为了按正常循环进行加速，车辆应在循环的每个怠速后期，加速开始前 5 s 离合器脱开，变速器置一挡。

D. 2. 5. 3. 2. 2 自动变速器

在试验开始时，放好选择器后，在试验期间，任何失火不得再操作选择器，但除了 D. 2. 5. 3. 3 所述情况或选择器可以使超速挡工作外。

D. 2. 5. 3. 3 加速

D. 2. 5. 3. 3. 1 进行加速时，在整个工况过程中，应尽可能地使加速度恒定。

D. 2. 5. 3. 3. 2 若加速度未能在规定时间内完成，如有可能，超出的时间应从工况改变的复合公差允许的时间中扣除，否则，必须从下一等速工况的时间内扣除。

D. 2. 5. 3. 3. 3 自动变速器。

若加速度不能在规定时间内完成，则应按手动变速器的要求，操作挡位选择器。

D. 2. 5. 3. 4 减速

D. 2. 5. 3. 4. 1 在所有减速工况时间内，应使加速踏板完全松开，离合器接合，当车速降至 10 km/h时，离合器脱开，但不操作变速杆。

D. 2. 5. 3. 4. 2 如果减速时间比响应工况规定的时间长，则应使用车辆的制动器，以使循环按照规定的时间进行。

D. 2. 5. 3. 4. 3 如果减速时间比响应工况规定的时间短，则应在下一个等速或怠速工况时间中恢复至理论循环规定的时间。

D. 2. 5. 3. 5 等速

D. 2. 5. 3. 5. 1 从加速过渡到下一等速工况时，应避免猛踏加速板或关闭节气门。

D. 2. 5. 3. 5. 2 等速工况应采用保持加速踏板位置不变的方法实现。

D. 2. 6 排气污染物测量值计算和试验结果修正

D.2.6.1　排气污染物测量值应由系统主机自动进行计算和修正，计算公式如下：

单位时间排放质量(g/s)＝浓度×密度×气体总流量

D.2.6.2　气体污染物密度和气体流量都应修正为标准状态下的对应值。

D.2.6.3　系统主机最后应给出各污染物排放因子计算结果，计算公式如下：

排放因子(g/km)＝单位时间排放量(g/s)/车辆单位时间当量行驶距离(km/s)

D.2..6.4　一氧化碳(NO)的测量值应由系统主机自动进行计算机修正后，以氮氧化物(NO_x)的形式表示，氮氧化物(NO_x)用二氧化碳(NO_2)当量表示。

2.排放监控方案的确定

标准规定：各省级环境保护行政主管部门根据当地实际情况，确定排放监控方案、选择排放监控测量方法，但同一类型车辆环保定期检测时不得采用二种或二种以上测量方法。

3.简易工况法测量的排放限值

标准规定：采用简易工况法测量的地区，应按国务院下达的相关原则和方法，制定地方排气污染物限值，经省级人民政府批准、报国务院备案后实施。

五、《车用压燃式发动机和压燃式发动机汽车排气烟度排放限值及测量方法》(GB 3847—2005)

该标准由国家环境保护总局、国家质量监督检验检疫总局 2005 年 5 月 30 日发布，2005 年 7 月 1 日起实施。

该标准为贯彻《中华人民共和国环境保护法》和《中华人民共和国大气污染防治法》，控制汽车污染物排放，改善环境空气质量而制定。对车用压燃式发动机和压燃式发动机汽车的排气烟度排放限值及测量方法作了规定。

该标准是对《压燃式发动机和装用压燃式发动机的车辆排气可见污染物限值及测试方法》(GB 3847—1999)等标准的修订版。本标准修改采用联合国欧洲经济委员会(UNECE)1986 年4 月20 日生效的 ECER 24/03 法规《对压燃式发动机和压燃式发动机汽车排气可见污染物排放的核准规则》的主要技术内容。对于在用汽车自由加速实验的排放限值及测量方法，参考了欧洲共同体委员会 96/96/EC 指令中第 8.2.2 条对装用压燃式发动机汽车排气可见物排放的相关规定。

和原标准相比，本标准的主要变化是：修订了型式核准和生产一致性检查申请的要求；增加了对车(机)型形式核准和生产一致性检查申请的要求；增加了对新生产汽车和在用汽车进行检测试验的要求；增加了加载减速工况法的测量方法内容；增加了规范性附录 I、附录 J、附录 K 和附录 F。

本标准具有强制执行的效力，适用范围包括：

(1)压燃式发动机排气烟度的排放，包括发动机型式核准和生产一致性检查；

(2)压燃式发动机汽车排气烟度的排放，包括新车型式核准和生产一致性检查；

(3)按《柴油车自由加速烟度排放标准》(GB 14761.6—1993)生产制造的在用汽车(测量方法与原《柴油车自由加速烟度测量滤纸烟度法》(GB 3846—1993)规定的波许烟度法相同，相应的排放限值及测量方法列入本标准；

(4)污染物排放符合 GB 18352 的装用压燃式发动机的轻型汽车。

本标准不适用于低速载货汽车和三轮汽车。

自本标准实施之日起，下列标准同时废止：《压燃式发动机和装用压燃式发动机的车辆排气可见污染物限值及测试方法》(GB 3847—1999)、《在用汽车排气污染物限值及测试方法》(GB 18285—2000)、《汽车柴油机全负荷烟度排放标准》(GB 14761.7—1993)、《汽车柴油机全负荷烟度测量方法》(GB 3847—1983)、《柴油车自由加速烟度排放标准》(GB 14761.6—1993)、《柴油车自由加速烟度的测量滤纸烟度法》(GB 3846—1993)。

标准第3条对本标准所采用的有关术语和定义作了规定，包括：净功率、压燃式发动机、冷起动装置、不透光烟度计、最高额定转速、最低额定转速、轮边功率、最大轮边功率(MaxHP)、光吸收系数(k)、发动机最大转速(MaxPPM)、实测最大轮边功率时的转鼓线速度(VelMax-HP)、新生产汽车和在用汽车。本标准由国务院环境保护总局解释。

标准具体规定共分4个部分，包括第Ⅰ部分 压燃式发动机的排气烟度排放控制要求；第Ⅱ部分 装用发动机型式核准已批准的压燃式发动机汽车的排气烟度排放控制要求；第Ⅲ部分 装用未单独进行发动机型式核准的压燃式发动机汽车的排气烟度排放控制要求；第Ⅳ部分 在用汽车的排气烟度排放控制要求。下面将第Ⅳ部分的主要内容介绍如下：

1.在用车排放控制要求

该部分标准对不同时期生产的在用汽车，分三个阶段分别提出不同的排放控制要求(检测方法和限值标准)，包括：

(1)对于本标准实施后(2005年7月1日后)生产的在用汽车的排放控制要求(标准第23条)。

(2)对于2001年10月1日起生产的在用汽车的排放控制要求(标准第24条)。

(3)对于2001年10月1日前生产的在用汽车的排放控制要求(标准第25条)。

2.在用汽车的排放监控技术要求

标准根据实事求是的原则，提出因地制宜采取不同排放监控手段和方法的基本原则和相关规定(标准第26.1～26.3条)。

标准相关条款：

第Ⅱ部分 装用发动机型式核准已批准的压燃式发动机汽车的排气烟度排放控制要求。

……

15 在用汽车检测

按本标准规定经型式核准批准车型的在用汽车检测，按第23条规定进行。检测应采用符合国家标准的商品燃料。

……

第Ⅲ部分 装用未单独进行发动机型式核准的压燃式发动机汽车排气烟度排放控制要求。

22 在用汽车检测

按本标准规定经型式核准批准车型的在用汽车，按第23条规定进行。

……

第Ⅳ部分 在用汽车的排气烟度排放控制要求

23 对于本标准实施后生产的在用汽车

自本标准实施之日起，按本标准规定经型式核准批准车型生产的在用汽车，应按附录Ⅰ的要求进行自由加速试验，所测得的排气光吸收系数不应大于车型核准批准的自由加速排气烟度排放限值，再加$0.5m^{-1}$。

24 对于2001年10月1日起生产的在用汽车

自2001年10月1日起至本标准实施之日生产的汽车，应按附录I的要求进行自由加速试验，所测得的排气光吸收系数不应大于以下数值：

——自然吸气式：2.5 m^{-1}；

——涡轮增压式：3.0 m^{-1}。

25 对于2001年10月1日前生产的在用汽车

25.1 自1995年7月1日起至2001年9月30日期间生产的在用汽车，应按本标准附录K的要求进行自由加速试验，所测得的烟度值应不大于4.5 Rb。

25.2 自1995年6月30日以前生产的在用汽车，应按本标准附录K的要求进行自由加速试验，所测得的烟度值应不大于5.0 Rb。

26 在用汽车的排放监控

26.1 自本标准实施之日起，压燃式发动机在用汽车排放监控，采用本标准规定的排气烟度排放限值及测量方法。在机动车保有量大，污染严重的地区，可采用本标准附录J中所规定的加载减速工况法。在用汽车的排放监控也可采用目测法，对高排放汽车进行筛选，由具有资格的人员进行。

26.2 各省级有关行政主管部门可根据当地实际情况，确定在用汽车排放监控方案，选择自由加速法或加载减速工况法中的一种方法作为在用汽车排气污染物排放检测方法。对于同一车型的在用汽车实施排放监控或环保定期检测时不得采用二种或二种以上的排气污染物排放检测方法。

26.3 采用加载减速工况法的地区，应制定地方排气烟度排放限值，经省级人民政府批准，报国务院有关行政主管部门备案后实施。加载减速法排气烟度排放限值确定的基本原则和方法由国务院有关行政主管部门另行制定。

附录C
（规范性附录）
全负荷稳定转速试验不透光烟度法

C.1 引言

C.1.1 本附录规定了在全负荷曲线上不同稳定转速下测定排气烟度排放的方法。

C.1.2 本试验既可以在发动机上，也可以在汽车上进行。

C.2 测量原则

C.2.1 应在发动机全负荷稳定转速下测量发动机排气的光吸收系数值。

C.2.2 要进行足够数量转速工况点测量，其范围在最高额定转速和最低额定转速之间且适当分布，其中测点必须包含最大功率转速和最大扭矩转速。

C.3 试验条件

C.3.1 汽车或发动机

C.3.1.1 提交的发动机或汽车，其技术状况应良好，发动机应已经磨合。

C.3.1.2 发动机试验时应带有附录A规定的装备。

C.3.1.3 发动机的调整应按制造厂的规定，并如附录A所示。

C.3.1.4 在进行发动机试验时，发动机功率应按GB/T 17692的规定测定，并采用C.3.1.5规定的允差。在进行汽车试验时，应确认燃油流量不小于制造厂规定的值。

C.3.1.5　在台架上作全负荷稳定转速试验时，所测得的发动机功率可以与制造厂规定的功率有如下差别：

最大功率点：±2%；

其他测量点：+6%～-2%。

C.3.1.6　排气装置上不得有任何可能使发动机排气稀释的孔隙。如果发动机有几个排气出口则应将这些出口连接到一个单一的出口上，以便测量光吸收系数。

C.3.1.7　发动机应处于制造厂规定的正常工作状态，尤其是冷却液和机油，均应处于制造厂规定的正常温度。

C.3.2　燃油

试验采用符合国家标准的商品燃料也允许制造厂提出用基准燃油作试验，见附录E。

C.3.3　实验室

C.3.3.1　应测量发动机进气口处空气[1]的绝对温度 T，单位为开尔文度(K)，测量点在空气滤清器进口点上游0.15 m以内，如没有用空气滤清器，则在进气管口上游0.15 m以内，并应测量干空气压力 Ps，单位为千帕斯卡(kPa)，并且按GB/T 17692—1999第5.4.2.1条的规定确定大气系数 fa，此系数应符合下列规定：

C.3.3.1.1　自然吸气和机械增压发动机；

C.3.3.1.2　涡轮增压发动机，无论带进气冷却与否。

C.3.3.2　如参数 fa 满足 $0.98 \leqslant l \leqslant 1.02$，则认为试验有效。

C.3.4　取样和测量仪器

排气的光吸收系数应使用不透光烟度计测量，不透光烟度计应满足附录G规定的条件，其安装应符合附录H的规定。

C.4　光吸收系数的评定

C.4.1　对于按上述C.2.2测定的各个发动机转速工况的排气光吸收系数，每一个都应根据下列公式计算名义气体流量：

对于二冲程发动机：G(二冲程)$=Vn/60$

对于四冲程发动机：G(四冲程)$=Vn/120$

式中：G(二冲程)、G(四冲程)——名义气体流量，L/s；

V——发动机汽缸容积，L；

n——发动机转速，r/min。

C.4.2　名义气体流量值若不是表1表中给出的数值，则适用的限值应根据比例原则用插入法求得。

注：1)试验可在空调试验间内进行，其大气条件是可控制的。

附录D
（规范性附录）
自由加速试验不透光烟度法

D.1　试验条件

D.1.1　试验应在安装于试验台架的发动机或汽车上进行。

D.1.1.1 如果在台架上进行发动机试验，则应在全负荷稳定转速下测定排气光吸收系数的试验后尽快进行。特别是冷却液和机油应达到制造厂规定的正常温度。

D.1.1.2 如果试验在静止的汽车上进行，则应首先通过道路行驶或动态试验，使发动机进入正常工作状态，并应在此热机过程完成之后尽快进行试验。

D.1.2 试验前不应长时间怠速，以免燃烧室温度降低或积污。

D.1.3 C.3.1、C.3.2和C.3.3规定的试验条件适用于本试验。但对于生产一致性检查和新生产汽车检测，发动机是未经磨合。

D.1.4 C.3.4规定的关于取样和测量仪器的条件亦适用本试验。

D.1.5 试验采用符合国家标准的商品燃料，也允许制造厂提出用基准燃油作试验，见附录E。

D.2 试验方法

D.2.1 进行自由加速试验的发动机必须达到其规定的最高额定转速和最大额定功率。

D.2.2 在制造厂的要求下，对于降低额定转速和额定功率的发动机，应以五组以上的其他功率/转速组合进行测量，以组成一个矩阵，该矩阵覆盖第Ⅰ部分6.3.4中允许的、适用于机型更改的转速和功率范围。在此情况下，也应在发动机的这些其他额定点下测定其稳态烟度，采用附录C中叙述的方法，以便按D.3对自由加速试验排气光吸收系数进行校正。这些测量值应记录在附录B的表B.2中。

图D.1所示为矩阵的六个可能的测量点，以及每个点控制的功率和转速范围。

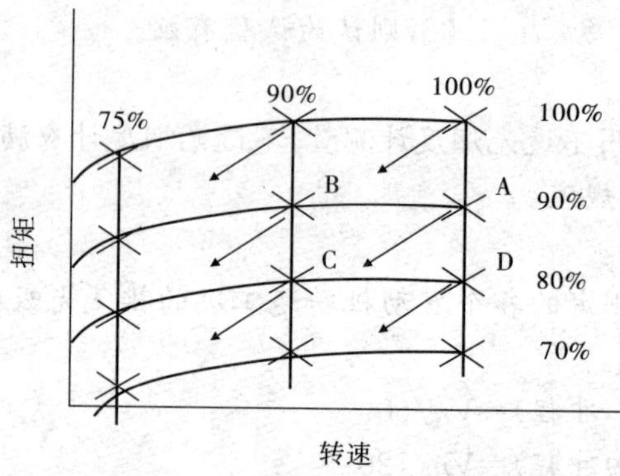

图 D.1

图中每一测量点分管该点左下方的功率和转速区域，并且是该区域内发动机任何一个额定值的测量点。例如，位于90%全负荷线及100%最大额定转速交点的测量点"A"，该点的测量结果适用于图中ABCD所包围的额定功率/转速区域(表D.1)。

表D.1

序　号	最大额定转速之百分数	该转速下最大扭矩之百分数
1	100	100
2	90	100
3	100	90
4	90	90
5	100	80
6	90	80

D. 2. 3 如果在台架上进行试验,发动机应与测功机脱开,由被驱动的旋转部件(空挡下)或由与上述部件大致相当的惯量代替(见 A8. 3)。

D. 2. 4 如果在汽车上进行试验,换挡操纵件应置于空挡位置,发动机和变速器之间的传动件应啮合。

D. 2. 5 在发动机怠速下,迅速地操作油门执行器,使喷油泵在最短时间内供给最大油量。在发动机达到调速器允许的最大转速前,保持此位置。一旦达到最大转速,立即松开油门执行器,使发动机恢复至怠速。

D. 2. 6 上述 D. 2. 5 所述操作过程应至少重复 6 次,以便吹净排气系统,并便于对仪器作必要的调整。应观察每次连续加速中不透光烟度计的最大读数值,直至得到稳定值为止。不必读取每次加速后发动机怠速工况下的读数值。如读数值连续四次均在 0. 25 m^{-1}的带宽内,并且没有连续下降趋势,则应认为读数值是稳定的。所记录的光吸收系数 X_m 应为这四个数值的算术平均值。

D. 2. 7 对于装有增压器的发动机,应满足下列特殊要求:

D. 2. 7. 1 如果发动机所装增压器是与发动机机械连接或由发动机机械驱动,并且能够与发动机脱开的,则应进行两完整的初选自由加速试验测量循环,即一次接合增压器,另一次脱开增压器,应记录两次测量结果,取较高值。

D. 2. 7. 2 如果发动机有几个排气出口,则试验时应将所有出口连接到一个适当的装置上,保证气体混合,最后从单一孔口排出,但自由加速试验也可以在每个排气口上进行。此时,用于计算校正吸收系数的数值,应为每一排气口测得值的算术平均值,且只有当所测得的最大值和最小值之差不超过 0. 15 m^{-1}时,才认为试验是有效的。

D. 3 光吸收系数校正值的确定

本方法适用于车(机)型核准时自由加速光吸收系数值的校正,其稳定转速的排气光吸收系数已经测定。

D. 3. 1 符号

X_m——按 D. 2 规定测得的自由加速试验排气光吸收系数值;

X_L——自由加速试验排气光吸收系数之校正值;

S_M——稳定转速试验(C. 2. 1)下测得的排气光吸收系数值中,最接近名义流量所对应的规定限值的实测光吸收系数值;

S_L——C. 4. 2 中与实测的 S_M 所对应的相同名义流量下规定的排气光吸收系数值。

D. 3. 2 光吸收系数用 m^{-1}表示,校正值 X_L 由下列两个表达式中的较小者给出。

附录 H

(规范性附录)

不透光烟度计的安装和使用

H. 1 范围

本附录规定了不透光烟度计的安装和使用,供附录 C 和附录 D 所述试验用。

H. 2 取样式不透光烟度计

H. 2. 1 稳定转速试验时的安装

H. 2. 1 取样探头与排气管的横截面积之比应不小于 0. 05。在排气管中探头开口处测得的背压应不超过 735 Pa。

H.2.1.2　探头应是一根管子，其开口端向前并位于排气管或其延长管（必要时）的轴线上。探头应位于烟气分布大致均匀的断面上，为此，探头应尽可能放置在排气管的最下游，必要时放在延长管上。设 D 为排气管开口处的直径，探头的端部应位于直管段取样点上游，直管长度至少为 $6D$，下游直管长至少为 $3D$。如果使用延长管，则接口处不允许有空气进入。

H.2.1.3　排气管中的压力和取样管道中的压力降特性，应使探头的取样达到等动态取样的效果。

H.2.1.4　必要时，可在取样管道中接入结构紧凑、有足够容积的膨胀箱以减弱脉动，膨胀箱应尽可能地靠近探头。也可以加装冷却器。膨胀箱和冷却器的结构应不至于过度干扰排气的成分。

H.2.1.5　可在排气管中安装蝶形阀或增加取样压力的其他手段，但应在取样探头下游至少 $3D$ 处。

H.2.1.6　探头、冷却装置、膨胀箱（如果需要装用）和不透光烟度计之间的连接管应尽可能地短，同时满足 G.3.8 和 G.3.9 中对压力和温度规定的要求。管路应从取样点倾斜向上至不透光烟度计，且应避免会使碳烟积聚的急弯。如果不透光烟度计内未装旁通阀，则应在上游加装。

H.2.1.7　试验期间应进行检查，以确保 G.3.8 关于测量室中压力的要求，以及 G.3.9 关于测量室中温度的要求得以满足。

H.2.2　自由加速试验时的安装

H.2.2.1　取样探头与排气管的横截面积之比应不小于 0.05，在排气管中探头开口处测得的背压应不超过 735 Pa。

H.2.2.2　探头应是一根管子，其开口端向前并位于排气管或其延长管（必要时）的轴线上。探头应位于烟气分布大致均匀的断面上，为此，探头应尽可能放置在排气管的最下游，必要时放在延长管上。设 D 为排气管开口处的直径，探头的端部应位于直管段，取样点上游直管长至少为 $6D$，下游直管长至少为 $3D$。如果使用延长管，则接口处不允许有空气进入。

H.2.2.3　取样系统应保证在发动机所有转速下，不透光烟度计内样气的压力在 G.3.8.1 规定的限值范围内。这可以通过记录发动机怠速和最大无负荷转速下的样气压力来进行检查。根据不透光烟度计的特性，样气的压力可以通过排气管或延长管上的固定节流装置或蝶形阀加以控制。无论用何种方法，在排气管中探头开口处测得的背压应不超过 735Pa。

H.2.2.4　连接不透光烟度计的各种管子也应尽可能短。管路应从取样点倾斜向上至不透光烟度计，且应避免会使碳烟积聚的急弯。在不透光烟度计上游可设置一旁通阀，以便在不测量时，将不透光烟度计与排气流隔开。

附录 I
（规范性附录）
在用汽车自由加速试验不透光烟度法

I.1　试验条件

I.1.1　试验应在汽车上进行。

I.1.2　试验前不应长时间怠速，以免燃烧室温度降低或积污。

I.1.3　C.3.4 规定的关于取样和测量仪器的条件也适用本试验。

I.1.4　试验采用符合国家标准的商品燃料。

I.2　车辆准备

I.2.1　车辆在不进行预热处理的情况下也可以进行试验。出于安全考虑，必须确保发动机处于热状态，并且机械状态良好。

I.2.2　发动机应充分预热，例如，在发动机机油标尺孔位置测得的机油温度应至少为 80℃；如果温度低于 80℃，发动机也应处于正常运转温度。因车辆结构无法进行温度测量时，可以通过其他方法使发动机处于正常运转温度，例如，通过控制发动机冷却风扇。

I.2.3　采用至少三次自由加速过程或其他等效方法对排气系统进行吹拂。

I.3　试验方法

I.3.1　目测检测车辆的排气系统的相关部件是否泄漏。

I.3.2　发动机包括所有装有废气涡轮增压的发动机，在每个自由加速循环的起点均处于怠速状态。对重型发动机，将油门踏板放开后至少等待 10 秒钟。

I.3.3　在进行自由加速测量时，必须在 1 秒内，将加速踏板快速、连续地完全踩到底，使喷油泵在最短时间内供给最大油量。

I.3.4　对每一个自由加速测量，在松开加速踏板前，发动机必须达到断油点转速。对带自动变速器的车辆，则应达到制造厂申明的转速(如果没有该数据值，则应达到断油转速的 2/3)。关于这一点，在测量过程中必须进行检查，例如，通过监测发动机转速，或延长油门踏到底后与松开油门前的间隔时间，对于重型汽车，该间隔时间应至少为 2 秒。

I.3.5　计算结果取最后三次自由加速测量结果的算术平均值。在计算平均值时可以忽略与测量平均值相差很大的测量值。

附录 IA

(规范性附录)

在用汽车自由加速试验(不透光烟度法)检测报告格式

检测报告编号：

检测站名称：________________________检测日期：____________

1. 测试车辆信息

车辆号牌号码：__________________车辆识别代码(VIN)：__________

登记年月：____________________车型和生产厂：____________

基准质量：____________________最大总质量：______________

发动机型号/排量：________________试验用油牌号：____________

进气方式：自然/增压________________累计行驶里程：______________

供油系统型式：________________排气后处理装置：有/无____________

2. 车主姓名：________________联系地址：____________

3.　测试现场环境条件

温度：____________大气压：____________相对湿度：____________

4. 检测结果

怠速转速(r/min)	最后三次测量值(m^{-1})			平均值(m^{-1})	限值(m^{-1})	合格判定
	1	2	3			

测试仪器型号:________

检测员:________

审核员:________

批准人:________

附录J
(规范性附录)
在用汽车加载减速试验　不透光烟度法

J.1　前言

本附录规定了道路用柴油车加载减速烟度排放测量方法。

本附录适用于装用压燃式发动机、最大总质量大于400 kg、最大设计速度大于或者等于50 km/h的在用汽车。

J.1.1　对车辆及发动机的要求

试验前应该对车辆的技术状况进行预检,以确定待检车辆是否能够进行后续的排放检测,对车辆的预检要求见附录JA。待检车辆放在底盘测功机上,按照规定的加载减速检测程序,检测最大轮边功率,和相对应的发动机转速和转鼓线速度(VelMaxHP)、并检测VelMaxHP点、90%VelMaxHP点和80%VelMaxHP点的排气光吸收系数k。排气烟度检测应采用分流式不透光烟度计。

功率扫描过程中实测的最大轮边功率不得低于制造厂规定的发动机标定功率的50%。

J.1.2　试验用燃料

试验采用符合国家标准的商品燃料。

J.1.3　车辆预检要求

在按附录JA进行预检查时,如果发现受检车辆的车况太差,不适合进行加载减速法检测,必须先进行修理后才能进行检测。

全时四轮驱动车辆不能按加载减速法进行试验,对于这类车辆可按自由加速法进行排气烟度的检测,其他装用压燃式发动机的在用汽车可按本标准进行排放检测。

检测过程中由于发动机出现故障,使检测工作终止时,必须待故障排除后重新进行排放检测。

J.1.4　检测结果格式

装用压燃式发动机的在用汽车加载减速排气烟度测量的检测报告格式见附录JB。

J.2　检测规程

J.2.1　排放检测由三部分组成:第一部分是对车辆进行预先检查,以保证受检车辆与证件的一致性和进行检测的安全性;第二部分是检查检测系统和车辆的状况是否适合进行检测;第三部分则是进行排放检测,检测工作由系统控制自动进行,以保证检测过程的一致性和检测结果的可靠性。每条检测线至少应配备三名检测员,一名检测员操作控制计算机,一名检测员负责驾驶受检车辆，另一名检测员进行辅助检查，并随时注意受检车辆在检测过程中是否出现异常情况。

J.2.2 预先检查

J.2.2.1 待检车辆完成检测登记后，驾驶检测员应将车辆驾驶到底盘测功机前等待检测，并进行车辆的预先检查。预先检查的目的是核实受检车辆是否和行驶证相符，并评价车辆的状况是否能够进行加载减速检测，预先检查按附件JA规定的程序进行。

J.2.2.2 在将车辆驾驶上底盘测功机前，检测员还应对受检车辆进行以下调整：

J.2.2.2.1 中断车上所有主动型制动功能和扭矩控制功能（自动缓速器除外），例如中断制动防抱死系统（ABS）、电子稳定程序（ESP）等。

J.2.2.2.2 关闭车上所有以发动机为动力的附加设备，或切断其动力传递机构。

J.2.2.2.3 除检测驾驶员外，受检车辆不能载客，也不能装载货物，不得有附加的动力装置。必要时，可以用测试驱动桥质量的方法来判断底盘测功机是否能够承受待检车辆驱动桥的质量。

J.2.2.2.4 在检测准备工作中，应特别注意以下事项：

J.2.2.2.4.1 对非全时四轮驱动车辆，应选择后轮驱动方式；

J.2.2.2.4.2 对紧密型多驱动轴的车辆，或全时四轮驱动车辆，不能进行加载减速检测，应进行自由加速排气烟度排放检测。

J.2.2.2.5 附录JA详细描述了对车辆的预检要求，预检不合格的车辆均不得进行加载减速排气烟度试验，待检修合格后才能进行检测。

J.2.3 检测系统的检查

J.2.3.1 检测系统检查的目的是为了判断底盘测功机是否能够满足待检车辆的功率要求，同时检查检测系统的工作状态是否正常。

J.2.3.2 如果待检车辆通过了J.2.2规定的预检程序，检测员应按以下步骤将待检车辆驾驶到底盘测功机上：

a)举起测功机升降板，并检查是否已将转鼓牢固锁好。

b)小心将车辆驾驶到底盘测功机上，并将驱动轮置于转鼓中央位置。

[注意：除测功机允许双向操作外，一定要按测功机的规定方向驶入，否则，有可能损坏底盘测功，当驱动轮位于转鼓鼓面上时，严禁使用倒挡。]

c)放下测功机升降板，松开转动鼓制动器。待完全放下升降板后，缓慢驾车使受检车辆的车轮与试验转鼓完全吻合。

d)轻踩制动踏板使车轮停止转动，发动机熄火。

e)按照测功机设备商的建议将非驱动轮楔住，系扣车辆安全限位装置。对前轮驱动的车辆，应有防侧滑措施。

f)应为受检车辆配备辅助冷却风扇，应掀开大型机动车的动力舱盖板，保证冷却气流通顺畅，以防止发动机过热。

J.2.3.3 检测准备

J.2.3.3.1 连接好发动机转速传感器，以测量发动机转速。

J.2.3.3.2 选择合适的挡位，使油门踏板在最大位置时，受检车辆的最高车速最接近70 km/h。

J.2.3.4 由计算机判断测功机是否能够吸收受检车辆的最大功率，如果车辆的最大功率超过了测功机的功率吸收范围，不能进行检测。

J.2.4 排气烟度检测

如果受检车辆顺利通过了上述J.2.3规定的检测，则可以接着进行下述加载减速排气烟度检测。

J.2.4.1 检测前的最后检查和准备

J.2.4.1.1 在开始检测以前，检测员必须检查用于通信的系统是否能够正常工作。

J.2.4.1.2 除检测员外，在检测过程中，其他人员不得在测试现场逗留。

J.2.4.1.3 如果发动机冷却液温度低于正常温度，应进行发动机预热操作。这时需要将测功机切换到手动控制模式，检测驾驶员应在小负荷下预热发动机，直到冷却液的温度达到制造厂规定的正常温度范围为止。

J.2.4.1.4 发动机熄火，变速器置空挡，检查不透光烟度计的零刻度和满刻度。检查完毕后，将合适尺寸的采样探头插入受检车辆的排气管中，注意连接好不透光烟度计，采样探头的插入深度不得低于400 mm。不应使用太大尺寸的采样探头，以免受检车辆的排气背压过大，影响输出功率。在检测过程中，必须将采样气体的温度和压力控制在规定的范围内，必要时可对采样管进行适当冷却，但要注意不能使测量室内出现冷凝现象。

J.2.4.2 检测程序

J.2.4.2.1 正式检测开始前，检测员应按以下步骤操作，以使控制系统能够获得自动检测所需的初始数据：

a)启动发动机，变速器置空挡，逐渐增大油门踏板直到开度达到最大，并保持在最大开度状态，记录这时发动机的最大转速，然后松开油门踏板，使发动机回到怠速状态。

b)使用前进挡驱动被检车辆，选择合适的挡位，使加速踏板处于全开位置时，测功机指示的车速最接近70 km/h，但不能超过100 km/h。对装有自动变速器的车辆，应注意不要在超速挡下进行测量，加载减速的自动试验规程详见J.4。

J.2.4.2.2 计算机对按上述步骤获得的数据自动进行分析，判断是否可以继续进行检测，所有被判定为不适合检测的车辆都不允许进行加载减速烟度检测。

J.2.4.2.3 在确认机动车可以进行排放检测后，将底盘测功机切换到自动检测状态。

a)加载减速测试的过程必须完全自动化，具体要求见J.4的控制软件说明。在整个检测循环中，都是由计算机控制系统自动完成对测功机加载减速过程的管理。

b)自动控制系统采集三组检测状态下的检测数据，以判定受检车辆的排气光吸收系数k是否达标，三组数据分别在VelMaxHP点、90%VelUaxHP点和80%VelMaxHP点获得。

c)上述三组检测数据包括轮边功率、发动机转速和排气光吸收系数k，必须将不同工况点的测量结果都与排放限值进行比较。若修正后的最大轮边功率低于所要求的最小功率，或者测得的排气光吸收系数k超过了标准规定的限值，均判断该车的排放不合格。

J.2.4.2.4 检测开始后，检测员始终将油门保持在最大开度状态，直到检测系统通知松开油门为止。在试验过程中，检测员应实时监控发动机冷却液温度和机油压力。一旦冷却液温度超出了规定的温度范围，或者机油压力偏低时，都必须立即暂时停止检测。冷却液温度过高时，检测员应松开油门踏板，将变速器置空挡，使车辆停止运转。然后使发动机在怠速工况下运转，直到冷却液温度重新恢复到正常范围为止。

J.2.4.2.5 检测过程中，检测员应时刻注意受检车辆或检测系统的工作情况。

J.2.4.2.6 检测结束后，打印检测报告并存档。

J.2.5 受检车辆的卸载程序

J.2.5.1 将受检车辆驾离底盘测功机以前，检测员应检查是否已经完全完成相关的检测工作，完成了对相关检测数据的记录和保护。

J.2.5.2 按下列步骤将受检车辆驾离底盘测功机。

J.2.5.2.1 从受检车辆上拆下所有测试和保护装置。

J.2.5.2.2 将动力舱盖复位。

J.2.5.2.3 举起测功机升降板，锁住转鼓。

J.2.5.2.4 去掉车轮挡块，确认受检车辆及其行驶路线周围没有障碍物或人员。

J.2.5.2.5 慢慢将受检车辆驶离底盘测功机，并停放到指定地点。

J.3 对测试设备的描述

测试设备主要包括底盘测功机、不透光烟度计和发动机转速计等，由中央控制系统集中控制。

附录JA

（资料性附件）

在用汽车加载减速法车辆预检要求

JA.1 本附件的内容为不透光度测试前的预检要求

检查可分两部分：车辆身份确认和安全检查。车辆预检不合格，不允许进行检测。

JA.2 车辆身份确认

检测员仔细检查车辆，确认车辆与车辆行驶证相符合。若车辆身份无法确认，不允许参加测试。

JA.3 安全检查

安全检查用于确定车辆是否适合进行加载减速测试。检测员应彻底检查车辆的状况。如果出现下列情况或缺陷，均不能进行检测。

JA.3.1 仪表（下列仪表无法正常工作）

1)里程表失灵；

2)机油压力偏低；

3)冷却液温度表失灵；

4)空气制动阀压力偏低。

JA.3.2 车辆制动失灵

JA.3.3 机动车车身和结构

1)驾驶员无法在短时间内打开车门；

2)车身的任何部分与车轮或传动轴相接触；

3)在加载和卸载时，车身部件有可能损坏检测设备。

JA.3.4 发动机系统

1)无法加满冷却液；

2)冷却系统泄漏；

3)散热器管路有裂缝；

4)冷却风扇损坏或无法正常工作；

5)冷却风扇皮带损坏；

6)发动机机油量不足；

7)发动机工作过程中，机油严重泄漏；

8)机油泄漏到排气系统上；

9)涡轮增压器的润滑油可能泄漏；

10)发动机空气滤清器丢失或损坏，或中冷器严重堵塞；

11)真空管损坏；

12)供油系统(高压油泵或喷油器)故障；

13)调速器工作不正常；

14)怠速时排气管排出过浓的白烟、蓝烟；

15)燃料油油位偏低；

16)发动机进排气管松脱；

17)发动机排放系统严重泄漏；

18)发动机异响。

JA. 3. 5　变速器

1)变速器油严重泄漏；

2)变速器异响。

JA. 3. 6　驱动轴和轮胎

1)固定螺钉松动或丢失；

2)轮胎损坏；

3)轮胎橡胶磨损超过厂商设定的警告线；

4)轮胎在行驶中不正常膨胀，或轮胎等级低于 70 km/h；

5)使用了不符合尺寸的轮胎；

6)轮胎有径向或横向裂纹；

7)轮胎间夹杂其他物体。

附录 K

(规范性附录)

在用汽车自由加速试验　滤纸烟度法

K. 1　主题内容与适用范围

本标准规定了道路用柴油车在自由加速工况下排气中烟度的测量仪器和测量方法。

本标准适用于装有柴油发动机、最大总质量大于 400 kg、最大设计车速等于或大于 50 km/h的汽车。

K. 2　引用标准

GB 9804 烟度卡。

HJ/T4—93 柴油车滤纸式烟度计技术条件。

K. 3　术语

K. 3. 1　自由加速工况

在发动机怠速下，迅速但不猛烈地踏下油门踏板，使喷油泵供给最大油量。在发动机达到调速器允许的最大转速前，保持此位置。一旦达到最大转速，立即松开油门踏板，使发动机恢复至怠速。

K.3.2　自由加速滤纸式烟度

在自由加速工况下，从发动机排气管抽取规定长度的排气柱所含的碳烟，使规定面积的清洁滤纸染黑的程度，称为自由加速滤纸式烟度。

K.4　测量仪器技术要求

K.4.1　规定采用滤纸式烟度计（以下简称烟度计）。该烟度计由取样系统和测量系统组成，除本标准提出的特殊要求外，其技术参数和要求应符合 HJ/T 4—93 的规定。

K.4.2　取样系统

取样系统由取样探头、抽气装置、清洗装置和取样用连接管组成。

K.4.2.1　取样探头应符合图1的要求。

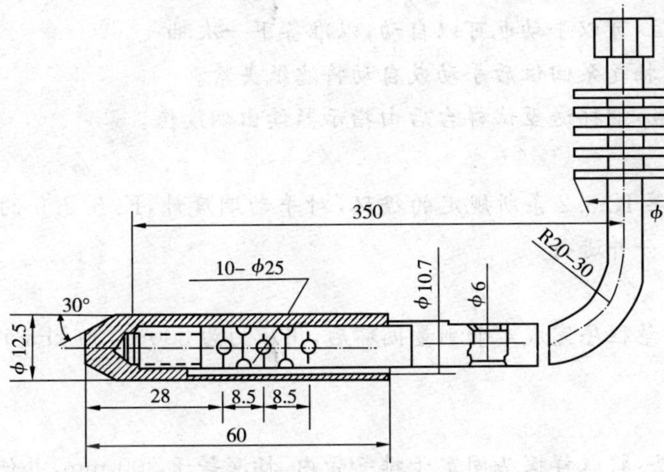

图1　取样探头

K.4.2.2　滤纸有效工作面直径为 ϕ32 mm。

K.4.2.3　取样用连接管长度为 5.0 m，内径等于 $\phi 5.0_{-0.2}$ mm，取样系统局部内径不得小于 ϕ0.4 mm。

K.4.3　测量系统：测量系统由光电反射头、指示器和试样台组成。

K.4.4　滤纸规格

K.4.4.1　反射因数(92±3)%。

K.4.4.2　当量孔径为 45 μm。

K.4.4.3　透气度为 3 000 ml/cm^2 · min（滤纸前后压差为 1.96～3.90 kPa）。

K.4.4.4　厚度为 0.18～0.20 mm。

K.4.5　烟度卡

烟度卡的技术要求应符合 GB 9804 的规定。

K.4.5.1　标定烟度计用烟度卡，按量程均匀分布不得少于 6 张。

K.4.5.2　使用烟度计用烟度卡，标值应选 4.0～5.0 Rb，每台烟度计 3 张。

K.4.6　烟度计必须定期标定，在有效期内方可使用。

K.5　受检车辆

K.5.1　进气系统应装有空气滤清器，排气系统应装有消声器并且不得有泄漏。

K.5.2 柴油应符合国家标准的规定，不得另外使用燃油添加剂。

K.5.3 测量时，发动机的冷却水和润滑油温度应达到汽车使用说明书所规定的热状态。

K.5.4 自 1995 年 7 月 1 日起新生产柴油车装用的柴油机，应保证起动加浓装置在非启动工况不再起作用。

K.6 测量循环

K.6.1 测前准备

用压力为 300～400 kPa 的压缩空气清洗取样管路，置于待取样位置，把抽气泵置于待抽气位置，将洁白的滤纸置于待取样位置，将滤纸夹紧。

K.6.2 循环组成

K.6.2.1 抽气泵抽气：由抽气泵开关控制，抽气动作应和自由加速工况同步。

K.6.2.2 滤纸走位：每次抽气完毕后应松开滤纸夹紧机构，把烟样送至试样台。

K.6.2.3 抽气泵回位：可以手动也可以自动，以准备下一次抽气。

K.6.2.4 滤纸夹紧：抽气泵回位后手动或自动将滤纸夹紧。

K.6.2.5 指示器读数：烟样送至试样台后由指示器读出烟度值。

K.6.3 循环时间

应于 20s 内完成第 K.6.2 条所规定的循环，对手动烟度计，K.6.2.5 的规定可以在完成第 K.7 条测量程序后一并进行。

K.6.4 清洗管路

在按第 K.7 条测量程序完成 4 个测量循环后，用压力为 300～400 kPa 的压缩空气清洗取样管路。

K.7 测量程序

K.7.1 安装取样探头：将取样探头固定于排气管内，插深等于 300 mm，并使其中心线与排气管轴线平行。

K.7.2 吹除积存物：按 K.3.1 条进行三次，以清除排气系统中的积存物。

K.7.3 测量取样：将抽气泵开关置于油门踏板上，按 K.3.1 条规定的工况及 K.6.2 条规定的循环测量四次，取后三次读数的算术平均值即为所测烟度值。

K.7.4 当汽车发动机出现黑烟冒出排气管的时间和抽气泵开始抽气的时间不同步的现象时，应取最大烟度值。

六、《营运车辆技术等级划分及技术评定要求》(JT/T 198—2004)

该标准由中华人民共和国交通部于 2004 年 3 月 17 日发布，2004 年 6 月 1 日起实施。该标准是对《汽车技术等级评定标准》(JT/T 198—1995)和《汽车技术等级评定的检测方法》(JT/T 199—1995)中营运车辆相应内容的修订，修订后的标准将《汽车技术等级评定标准》(JT/T 198—1995)和《汽车技术等级评定的检测方法》(JT/T 199—1995)两项标准的内容合并。标准规定了营运车辆技术状况等级的评定内容、评定规则、等级划分、评定项目和技术要求，适用于营运车辆，是交通行政主管部门对营运车辆进行技术管理的重要依据，也是指导汽车维修和汽车综合性能检测部门对营运车辆实施维修和检验工作的技术法规之一。标准的主要内容介绍如下：

(一)营运车辆技术评定内容

标准第3条明确规定了营运车辆技术评定内容,包括:营运车辆整车装备及外观检查、动力性、燃料经济性、制动性、转向操纵性、前照灯发光强度和光束照射位置、排放污染物限值、车速表示值误差等。

(二)营运车辆技术评定规则

标准第4.1、4.2条分别对营运车辆技术评定的原则和营运车辆技术等级划分作了有关规定。其中:

1.评定原则

规定了营运车辆综合性能应达到的技术要求,营运车辆技术等级评定项目和技术要求(标准中表1),营运车辆的技术等级评定的检测方法。

2.等级划分

标准规定:营运车辆技术等级划分为一级、二级和三级,并通过第4.2.1～4.2.3条分别对各级应达到的技术要求作了具体规定(体现在标准的表1中)。

(三)营运车辆技术评定项目和技术要求

标准中表1给出营运车辆技术等级的评定项目和技术要求,评定项目包括10个部分,共47项:整车装备与外观(23项,含:整车装备与标识,车架、车身、驾驶室,车门、车窗,车轮、轮胎等各部件完好、齐全,各部密封性能,无异响,润滑良好,安全可靠);动力性(2项,驱动轮输出功率和滑行性能);燃料经济性(1项,等速百公里油耗);制动性(5项,制动力、制动力平衡、制动协调时间、车轮阻滞力、驻车制动);转向操纵性(3项,转向轮横向侧滑量、转向盘最大自由转动量、悬架特性);前照灯(2项,发光强度、光速照射位置);排放污染物控制(4项,汽油车怠速污染物排放、双怠速污染物排放,柴油车自由加速烟度、排气可见污染物);喇叭声级(1项);车辆防雨密封性(1项);车速表示值误差(1项)。

各项评定项目的技术要求,包括参数标准和测试方法,在表1中都有针对不同营运车技术等级要求给出在GB 18565－2001中相对应的规定。

表1中所设评定项目有部分是针对特定车型类别的,表1中有备注说明。

本 章 小 结

本章是汽车维修行业主要技术标准的内容简介。

所选作重点介绍的技术标准共20项,按其适用范围归类为汽车维修管理技术标准、汽车维修主要技术标准和汽车检测主要技术标准,便于标准介绍的系统性和方便不同维修技术人员学习时的选择,其中,管理技术标准,是技术负责人的重点学习内容,维修技术标准是各类技术人员的重点学习内容(还可以根据工种不同有所侧重),检测类技术标准是检验员、检测员的重点学习内容。

在对每一项标准进行介绍时,本着"能够帮助学员正确理解该标准提出了哪些方面的要求,明确怎样依据标准的规定去作业(维修或检测)"的指导思想,主要采用标准总体轮廓介绍(包括:标准属性、适用范围和总体要求概括)与对标准具体条款项目进行归纳(一般不作具体内容展开,对重点要求的事项有所强调)相结合进行阐述的方法,并将相关重要条款附后。

通过本部分内容学习，达到了解汽车维修、检测、经营管理的相关技术条件，掌握从业人员职业资格要求，了解汽车维修包括汽车维护，发动机、底盘、车身、电子控制系统修理，以及整车大修相关技术条件，掌握维修操作技术规范，汽车维修质量检验、汽车综合性能检测、车辆技术评定等相关技术条件，促进汽车维修生产技术管理行为规范化，确保维修与检测质量。

复习思考题

1.《汽车维修业开业条件》(GB/T 16739—2004)规定汽车整车维修企业必须具备的哪些条件？

2.《汽车维修业开业条件》(GB/T 16739—2004)中所指的二类维修企业与GB/T 16739—1997规定的经营范围相同吗？

3.《汽车维修业开业条件》(GB/T 16739—2004)规定，汽车整车维修企业如何按主修车型分类？

4.《汽车维修业开业条件》(GB/T 16739—2004)规定，整车维修企业主要检测设备配置要求对一二类企业有何不同要求？

5.《汽车维修业开业条件》(GB/T 16739—2004)规定，汽车专项维修业户的不同经营范围包括哪些内容？

6.《汽车维修业开业条件》(GB/T 16739—2004)规定，汽车专项维修业户开业通用条件包括哪些方面？

7.《汽车维修业开业条件》(GB/T 16739—2004)规定，发动机专项修理业户开业特定条件对人员配置有何要求？

8.《汽车维修业开业条件》(GB/T 16739—2004)规定，供油系统维护及油品更换专项维修业户开业特定条件对设备有何要求？

9.《摩托车维修业开业条件》(GB/T 18189—2000)规定，摩托车维修企业如何分类？

10.《机动车维修技术人员从业资格条件》对哪些人员做了规定？

11.《机动车维修技术人员从业资格条件》对机动车维修技术负责人的任职资格有哪些基本要求？

12.《机动车维修技术人员从业资格条件》对机动车维修质量检验员的岗位职责如何规定？

13.《机动车维修技术人员从业资格条件》对机动车维修岗位主修人员专业技能提出哪些要求？

14.《汽车维修行业计算机管理信息系统技术规范》(JT/T 640—2005)作了哪些规定？

15.《汽车维修行业计算机管理信息系统技术规范》(JT/T 640—2005)规定，汽车维修行业计算机管理信息系统由哪两部分构成？

16.《汽车维修行业计算机管理信息系统技术规范》(JT/T 640—2005)规定，汽车维修企业管理信息系统应具有哪些功能？

17.《汽车综合性能检测站能力的通用要求》(GB/T 17993—2005)要求汽车综合性能检测站应具备哪些功能？

18.《汽车综合性能检测站能力的通用要求》(GB/T 17993—2005)对汽车综合性能检测站技术能力提出了哪些要求？

19.《汽车综合性能检测站能力的通用要求》(GB/T 17993—2005)，对汽车综合性能检测站计算机联网检测方式提出哪些具体要求？

20.《汽车维护、检测、诊断技术规范》(GB/T 18344—2001)规定了哪些内容？

21.按《汽车维护、检测、诊断技术规范》(GB/T 18344—2001)规定，汽车二级维护以什么为作业中心内容？

22.按《汽车维护、检测、诊断技术规范》(GB/T 18344—2001)规定，汽车二级维护的工艺过程如何？

23.按《汽车维护、检测、诊断技术规范》(GB/T 18344—2001)规定，汽车二级维护前为什么首先要进行检测诊断？

24.按《汽车维护、检测、诊断技术规范》(GB/T 18344—2001)规定，汽车二级维护基本作业项目中规定要拆检车轮制动器吗？

25.按《汽车维护、检测、诊断技术规范》(GB/T 18344—2001)规定，汽车二级维护竣工检验技术规范如何？

26.《汽车维护、检测、诊断技术规范》(GB/T 18344—2001)附录 A 各类车型汽车维护、检测、诊断技术规范导则如何理解？

27.《液化石油气汽车维护检测规范》(JT/T 511—2004)的适用范围如何？

28.按《液化石油气汽车维护检测规范》(JT/T 511—2004)的规定，LPG 汽车维修企业应具备的基本技术条件如何？

29.按《液化石油气汽车维护检测规范》(JT/T 511—2004)的规定，LPG 汽车各级维护作业中心内容与 GB/T 18344 的要求有何区别？

30.《轿车车身维护技术要求》(JT/T 509—2004)主要有哪些内容？

31.《轿车车身维护技术要求》(JT/T 509—2004)对车身维护作业部位和作业项目有何规定？

32.《汽车发动机电子控制系统修理技术要求》(GB/T 19910—2005)的作用如何？

33.《汽车发动机电子控制系统修理技术要求》(GB/T 19910—2005)对汽车发动机电子控制系统维修前检查和维修有哪些要求？

34.《汽车盘式制动器修理技术条件》(GB/T 18343—2001)对盘式制动器修理如何规定？

35.《汽车盘式制动器修理技术条件》(GB/T 18343—2001)规定安装制动块时应满足哪些要求？

36.《汽车盘式制动器修理技术条件》(GB/T 18343—2001)对制动盘拆检作了什么规定？

37.《汽车盘式制动器修理技术条件》(GB/T 18343—2001)规定汽车更换制动摩擦块和(或)修理制动盘之后如何进行磨合？

38.《汽车制动传动装置修理技术条件》(GB/T 18275.1～2—2000)主要作了哪些规定？

39.《汽车制动传动装置修理技术条件》(GB/T 18275.1—2000)对空气压缩机修理过程中对各主要零部件检验提出哪些技术要求？

40.《汽车制动传动装置修理技术条件 液压制动》(GB/T 18275.2—2000)对汽车液压制动传动装置添加制动液提出了哪些要求？

41.《汽车制动传动装置修理技术条件 液压制动》(GB/T 18275.2—2000)规定了液压制动传动系统修理后的检验规则有哪些？

42.《汽车大修竣工出厂技术条件》(GB/T 3798.1~2—2005)适用于哪些车？

43.《汽车大修竣工出厂技术条件》(GB/T 3798.1~2—2005)对整车大修修竣出厂各部安全可靠性检查有哪些要求？

44.《汽车大修竣工出厂技术条件》(GB/T 3798.1~2—2005)对整车大修修竣出厂转向盘、转向机构各部件路试作了什么规定？

45.《汽车大修竣工出厂技术条件》(GB/T 3798.1~2—2005)对整车大修货车车架整修有哪些技术要求？

46.《商用汽车发动机大修竣工出厂技术条件》(GB/T 3799.1~.2—2005)主要作了什么规定？

47.《商用汽车发动机大修竣工出厂技术条件》(GB/T 3799.1~.2—2005)规定，汽油发动机大修竣工出厂外观检验的项目和技术要求有哪些项目？

48.《商用汽车发动机大修竣工出厂技术条件》(GB/T 3799.1~.2—2005)规定，柴油发动机运转状况检验技术要求强调了什么？

49.《商用汽车发动机大修竣工出厂技术条件》(GB/T 3799.1~.2—2005)规定，发动机大修竣工检验要求必须对性能指标进行检验的项目是哪些？

50.《商用汽车发动机大修竣工出厂技术条件》(GB/T 3799.1~.2—2005)规定，汽油(柴油)发动机维修、检验记录文件包括哪些？

51.《大客车车身修理技术条件》(GB/T 5336—2005)主要在哪些方面作了规定？

52.《大客车车身修理技术条件》(GB/T 5336—2005)规定，大客车车身骨架修理有什么技术要求？

53.《大客车车身修理技术条件》(GB/T 5336—2005)规定，车身修理竣工检验项目包括哪些？

54.《营运车辆综合性能要求和检验方法》(GB 18565—2001)主要作了哪些规定？

55.《营运车辆综合性能要求和检验方法》(GB 18565—2001)规定，营运车辆整车动力性评价指标是什么，如何检测？

56.《营运车辆综合性能要求和检验方法》(GB 18565—2001)规定，制动系统基本参数要求包括哪些内容？

57.《营运车辆综合性能要求和检验方法》(GB 18565—2001)对营运车辆制动协调时间是如何规定的？

58.《营运车辆综合性能要求和检验方法》(GB 18565—2001)对营运车辆转向操纵性技术要求有何规定？

59.《机动车安全检验项目和方法》(GB 7258—2004)有哪些主要内容？

60.《机动车安全检验项目和方法》(GB 7258—2004)对转向盘最大自由转动量限值有何规定？

61.《机动车安全检验项目和方法》(GB 7258—2004)对行车制动装置提出哪些技术要求？

62.《机动车安全检验项目和方法》(GB 7258—2004)对台试检验行车制动性能提出哪些技术要求？

63.《机动车安全检验项目和方法》(GB 7258—2004)对车辆前照灯照射位置作了什么规定？

64.《机动车安全检验项目和方法》(GB 7258—2004)对轮胎技术状况提出哪些要求?

65.《机动车安全检验项目和方法》(GB 7258—2004)对机动车各项安全防护装置的技术要求作了哪些规定?

66.《机动车安全检验项目和方法》(GB 7258—2004)规定机动车运行安全性能检验流程如何?

67.《机动车安全检验项目和方法》(GB 7258—2004)规定了机动车安全检验的方式有哪些?

68.《机动车安全检验项目和方法》(GB 7258—2004)对路试检验方法的操作规程和技术要求作了哪些规定?

69.《点燃式发动机汽车排气污染物限值及测量方法(双怠速法和简易工况法)》(GB 18285—2005)的主要内容是什么?

70.《点燃式发动机汽车排气污染物限值及测量方法(双怠速法和简易工况法)》(GB 18285—2005)对不同时期生产的汽车,排放污染物限值是如何区分的?

71.《点燃式发动机汽车排气污染物限值及测量方法(双怠速法和简易工况法)》(GB 18285—2005)对什么类型的车辆标准规定要进行过量空气系数(λ)的测定?

72.怠速法测试装配点燃式发动机车辆排气污染物的方法有何要求?

73.《点燃式发动机汽车排气污染物限值及测量方法(双怠速法和简易工况法)》(GB 18285—2005)对排放测量结果的判定规则作了什么规定?

74.《点燃式发动机汽车排气污染物限值及测量方法(双怠速法和简易工况法)》(GB 18285—2005)对排放监控测量方法作了什么规定?

75.《车用压燃式发动机和压燃式发动机汽车排气烟度排放限值及测量方法》(GB 3847—2005)适用范围如何?

76.如何按《车用压燃式发动机和压燃式发动机汽车排气烟度排放限值及测量方法》(GB 3847—2005)的规定对柴油机冷启动装置实施排放控制?

77.《车用压燃式发动机和压燃式发动机汽车排气烟度排放限值及测量方法》(GB 3847—2005)对不同年代在用汽车的排放烟度控制提出了怎样的具体要求?

78.《营运车辆技术等级划分及技术评定要求》(JT/T 198—2004)适用范围如何?

79.《营运车辆技术等级划分及技术评定要求》(JT/T 198—2004)规定营运车辆技术评定内容包括哪些方面?

80.《营运车辆技术等级划分及技术评定要求》(JT/T 198—2004)规定营运车辆技术等级如何划分?